Studiën In Neuerlandsche Namekunde

Johan Winkler

Studiën in Nederlandsche Namenkunde.

STUDIËN

IN

NEDERLANDSCHE NAMENKUNDE

DOOR

JOHAN WINKLER.

HAARLEM

H. D. TJEENK WILLINK & ZOON

1900

Boeck, ey soo men di wil laecken,
Segg' dat si yet beters maecken.
Laecken end maecken is groet verscil,
Dye nyet en can maecken magh swigen still.

                                        ?

D'æbarre traeppet plomp yn 't gnod,
Oer 't goe kruwd hinne in sykt de Podd'.
Dy hier uwt naet az fuwl op-syckje,
Momme eack, mey rjuecht, by Rea-schonck lyckje.

                        GYSBERT JAPICX.

Wy willen gheerne 't onse om een beter gheven,
   Isser iet ghefaelt, tsy groot oft cleene.
Maer qualick can ment elck te passe gheweven:
   Want niemant volmaeckt, dan God alleene.

                        MARCUS VAN VAERNEWYCK.

INHOUD.

———

INLEIDING.

De Namenkunde vormt een belangrijk onderdeel van de Taalkunde in haren grootsten omvang, en staat tevens in menigvuldige betrekking tot Geschiedenis en Volkenkunde.

De kennis van de namen in 't algemeen, wat hun oorsprong, geschiedenis en beteekenis aangaat, is inderdaad een zeer bijzonder vak van wetenschap, een tak van studie die mij steeds bijzonder heeft aangetrokken, en die bij voorkeur door mij beoefend is geworden. Herhaaldelijk heb ik dan ook het een en ander werk of werkje geschreven en in 't licht doen komen, dat de Namenkunde van Nederland (plaatsnamen) en van Nederlanders (vóórnamen en geslachtsnamen) in bijzondere onderdeelen behandelt. Ik behoef hier slechts mijn werk *De Nederlandsche Geslachtsnamen in Oorsprong, Geschiedenis en Beteekenis* (Haarlem, H. D. Tjeenk Willink, 1885) te noemen en mijne *Friesche Naamlijst* (Leeuwarden, Meyer en Schaafsma, 1898), twee uitgebreide, omvangrijke werken, die mij veel moeitevolle studie hebben gekost, maar die mij evenzeer veelvuldige voldoening hebben bereid. Buitendien is er nog in tijdschriften en jaarboekjes [1] menig opstel van mijne hand verschenen, dat het een of ander gedeelte der Namenkunde tot onderwerp heeft, dat Nederlandsche namen uit verschillende tijdperken van ons volksbestaan, en uit verschillende gouwen en plaatsen behandelt.

---

[1] *De Navorscher*, *De Vrije Fries* (tijdschrift van het Friesch Genootschap voor Geschied-, Oudheid- en Taalkunde, Leeuwarden), *Rond den Heerd* (Brugge), *Ostfriesisches Monatsblatt* (Emden), *Nomina Geographica Neerlandica* (tijdschrift van het Nederlandsch Aardrijkskundig Genootschap)), *Belfort* (Gent), *de Friesche Volksalmanak* (Leeuwarden), *de Noordbrabantsche Almanak* (Helmond), enz.

Een zestal van die verhandelingen, uit den aard der zaak weinig bekend, heb ik uitgekozen, en, ten deele aangevuld, vermeerderd, verbeterd, hier opnieuw doen afdrukken. Een grooter opstel, over de Spotnamen van steden en dorpen, het hoofdnummer van dezen bundel, heb ik daarbij gevoegd. Dat verschijnt hier voor 't eerst in 't licht.

Deze verschillende verhandelingen hangen slechts los te zamen; slechts in zooverre als ze allen een onderwerp van Namenkunde behandelen. Overigens niet.

Millioenen namen, mans- en vrouwen-vóórnamen in honderderlei vormen en vervormingen, oorspronkelijk volkseigene en vreemde, zoowel als geslachts- en plaatsnamen, eveneens in honderderlei vormen, en die voor een groot deel van die vóórnamen zijn afgeleid — inderdaad millioenen namen zijn over alle Nederlanden verspreid, bij het Nederlandsche volk in gebruik. Elke naam heeft zijnen eigenen, bijzonderen oorsprong, zijne geschiedenis, zijne beteekenis, en zeer vele namen zijn in hunnen oorsprong, in hunne geschiedenis en beteekenis belangrijk en merkwaardig. Elke naam kan met andere soortgelijke in verschillende groepen vereenigd worden, en al die namengroepen afzonderlijk in wetenschappelijken zin beoefend en behandeld worden. Welk een arbeidsveld! En, voor zooveel het onze Nederlandsche namen betreft, is dat veld nog zoo weinig ontgonnen!

Ik heb slechts hier en daar een greep kunnen doen in deze rijke stof, die zoo ruimschoots voorhanden, en voor iedereen toegankelijk is; slechts hier en daar een greep ter verklaring van sommige namengroepen en namen.

Mogen de volgende studiën, die uit den aard der zaak slechts in zeer beperkten en beknopten vorm sommige namengroepen behandelen, den lezer welkom zijn, en zijne belangstelling opwekken! En mogen velen, door de lezing en de beoefening dezer verhandelingen zich aangespoord gevoelen om al mede aan dit onderwerp, aan de Namenkunde, hunne krachten te wijden; en moge onze vaderlandsche wetenschap daardoor grootelijks verrijkt en gebaat worden!

Den vriendelijken lezer een vriendelijke groet van

Haarlem, 1900.   JOHAN WINKLER.

I

SPOTNAMEN VAN STEDEN EN DORPEN.

Onderscheid in geaardheid, onderscheid in volkseigene zaken, taal en tongval, kleeding, zeden en gebruiken, nering en bedrijf bij zee-, steê- en landvolk, onderscheid in richting en partijschap op godsdienstig en op staatkundig en maatschappelijk gebied is er heden ten dage in ons vaderland nog ruimschoots voorhanden, tusschen de bevolking van het eene en van het andere gewest, van de verschillende Nederlandsche gewesten onderling. Niettegenstaande dit onderscheid langzamerhand al minder en minder wordt, en gedurig uitslijt, vooral door het meerdere en gemakkelijke verkeer tusschen de lieden uit de verschillende gewesten van ons land onderling, zoo onderkent men toch den Fries aan allerlei volkseigene en bijzonder Friesche zaken en eigenaardigheden nog gemakkelijk uit alle andere Nederlanders. Maar ook de Groningerlander en de Zeeuw, de Hollander en de Gelderschman, de Overijsselaar en de Brabander, de Drent en de Limburger, ja ook de Hollander uit het Noorden (West-Friesland) en die uit het Zuiden (het Overmaassche) zijn voor den opmerkzamen man duidelijk en gemakkelijk te kennen, duidelijk en gemakkelijk de een van den ander te onderscheiden.

Oudtijds traden de kenteekenen die den Fries en den Brabander, den Gelderschman en den Hollander, den Drent en den Zeeuw onderscheiden, veel sterker te voorschijn dan heden ten dage. Ja, allerlei bijzondere kenmerken waren zelfs op te merken

bij de bewoners van verschillende steden en dorpen — kenmerken, waardoor dezen zich onderscheidden van de ingezetenen
van andere, van naburige of ook van verderaf gelegene plaatsen.
Het onderscheid tusschen de bewoners van twee naburige plaatsen, al waren die lieden dan ook oorspronkelijk van geheel den
zelfden volksstam, viel juist hen onderling, over en weêr, bijzonder in 't oog, klonk juist te duidelijker in hun oor, werd
juist door hen te scherper opgemerkt. Voor den Hollander moge
er geen onderscheid zijn te bespeuren, in spraak noch in voorkomen, noch in eenigerlei andere volkseigene zaak tusschen
eenen burgerman uit Leeuwarden en eenen uit Dokkum, voor
den Leeuwarder en den Dokkumer zelven is dit onderscheid
zeer wel te hooren en te zien. De Friezen mogen de Noord-
Brabanders en Limburgers dooréén werpen, en niet afzonderlijk
onderkennen, Bosschenaren en Maastrichtenaren, die van Breda
en die van Roermonde, zijn diep doordrongen van het verschil
dat er tusschen hen onderling bestaat. De Hollander, in 't algemeen de Nederlander uit het Westen en het Zuiden des lands
moge al Groningerlanders en Friezen over eenen en den zelfden
kam scheren en niet onderscheiden, de Amsterdamsche groot-
stedeling moge die twee gelijkelijk als „buitenlui", als „provin-
cialen, uit het Noorden" bestempelen en ze niet onderscheidenlijk
onderkennen, voor den Fries en den Groningerlander zelven,
over en weêr, zijn de bijzondere kenmerken, die hen onderscheiden, zeer duidelijk en zeer groot, en de Leeuwarder begrijpt zoo min als de Groninger hoe de Hollander den een met
den ander als in eenen adem kan noemen, hoe hij den een met
den anderen kan verwisselen en verwarren.

In oude tijden, toen de gelegenheden van onderling verkeer
tusschen de verschillende Nederlandsche gewesten, ook tusschen
de verschillende steden en dorpen van het zelfde gewest zoo
veel minder en geringer waren dan thans, kwamen de menschen,
over 't algemeen genomen, uit de eene plaats vaak weinig of
niet, soms schier nooit in aanraking met die uit eene andere
plaats, al ware 't ook dat die twee plaatsen, naar ons hedendaagsch
begrip, volstrekt niet verre van elkander af lagen. Natuurlijk
bleven, ten gevolge van dit besloten zijn binnen de muren en
wallen en grachten van de eigene stad, hoogstens binnen de

grenzen van de eigene gouw, de oude volkseigenheden steeds vast
en duidelijk in wezen, bleven scherper begrensd, hielden veel
langer stand dan heden ten dage, nu schier de helft van de Nederlanders niet meer woont in de plaatsen, waarin ze geboren en groot
gebracht zijn, waar hunne maagschap van oudsher gezeten is.

Het onderlinge verschil tusschen de ingezetenen van de eene
plaats en die van de andere, werd ook wel eene oorzaak van
min vriendelijke verhouding over en weêr, van onderlingen
naijver — ja, als 't hoog liep, van onderlingen afkeer, zelfs
van haat. Kleingeestigheid, bekrompenheid, uit onkunde geboren, weêrhield, aan den eenen kant, wederzijdsche erkenning
als volks-, als stamgenooten, en mat, aan de andere zijde, het
onderlinge, veelal onwezenlijke verschil ten breedsten, ten
hatelijksten uit. Leeuwarders en Dokkumers, bij voorbeeld, ge-
voelden zich niet als volksgenooten, als Friezen, de eene zoo
goed als de andere, maar als Leeuwarders en Dokkumers op
zich zelven, als „Leeuwarder Galgelappers" en als „Dokkumer Garnaten", zoo als men elkanderen over en weêr
betitelde, ja wel uitschold. Tusschen Amsterdammers en Haar-
lemmers, al hoe nabij elkanderen hunne steden ook gelegen
zijn, heerschte in de 16e eeuw de grootste naijver — een naijver
die zich onder anderen lucht gaf in de spotnamen „Koeketers"
en „Muggen", die men elkanderen wederkeerig toevoegde —
een naijver die, bij voorbeeld, ook blijkt uit het min of meer
smalende vers, waarmede de blijspeldichter Gerbrand Adriaense
Brederoô, een Oud-Amsterdammer in merg en been, de Haar-
lemmers uitdaagde:

> »Haerlemsche drooge harten nu,
> Toont nu eens wie gy syt!
> Wy Amsterdammers tarten u
> Te drincken eens om stryt."

En juist zulk eene verhouding bestond er tusschen den Zwol-
schen Blauwvinger en den Kamper Steur, tusschen den
Deventerschman en den Zutfenaar, tusschen den Franeker Klokke-
dief en den Harlinger Tobbedanser, tusschen den Rotter-
dammer en den Dordtenaar, tusschen den Emder Potschijter
en den Auriker Pogge, tusschen den Antwerpschen Sinjoor
en den Mechelschen Maneblusscher, tusschen den Gentenaar

en den Bruggeling, tusschen den Keuneter van Duinkerke
en den Drinker van St. Winoksbergen.

Overal in al de Nederlanden, Noord en Zuid, en in aangrenzende stamverwante gewesten die thans tot Duitschland en
Frankrijk behooren (Oost-Friesland, Bentheim, Munsterland,
Fransch-Vlaanderen en Artesië), had men oudtijds zulke spotnamen voor de inwoners van steden en dorpen; en al mogen
die namen tegenwoordig al minder sterk op den voorgrond treden
als in vorige tijden het geval geweest is, ze zijn toch heden
ten dage nog geenszins volkomen verdwenen. Oudtijds gaf de onderlinge naijver, zich vooral ook uitende in het wederkeerig elkander
noemen en schelden met spotnamen, wel aanleiding tot zeer
gespannen verhoudingen, tot wrevel en haat, tot vechtpartijen
zelfs, waarbij men elkanderen wel bloedige koppen sloeg. Dit
behoort in onzen tijd tot het verledene, maar de oude spotnamen
zijn nog wel bekend, en worden nog wel eens gebruikt, zij
het dan ook in tamelijk onschuldige plagerij, of geheel in scherts.

Deze oude spotnamen zijn voor een goed deel belangrijk in
menig opzicht. Velen daarvan zijn reeds zeer oud en dagteekenen
uit de middeleeuwen. Velen ook berusten op het eene of andere geschiedkundige feit, anderen op het wapen dat eigen is aan stad
of dorp (Klokkedieven van Franeker, Balkedieven van
't Ameland, Mollen van Schermerhorn). Anderen weêr danken
hun ontstaan aan het eene of andere bijzondere voorval, waarbij
door den nabuur, den tegenstander, in 't geven van den spotnaam, juist de domme, de belachelijke zijde der zaak werd in
't licht gesteld (Kalfschieters van Delft, Keislepers van
Amersfoort, Maneblusschers van Mechelen, Rogstekers
van Weert). Weêr anderen zijn ontleend aan eenen bijzonderen
tak van handel, van nering of bedrijf, die in de eene stad bestond, in de andere niet; Gortbuiken of Gortzakken van
Alkmaar — te Alkmaar bestonden oudtijds vele grutterijen, en
de Alkmaarsche gort was wijd vermaard in den lande; Boter-
vreters van Diksmude en Kaasmakers van Belle — beide
deze Vlaamsche plaatsen zijn van ouds bekend om hare zuivel-
bereiding. Sommigen ook zijn ontstaan door de eene of andere
lekkernij, die in de eene of andere stad bijzonder gemaakt en

door de inwoners bij voorkeur gegeten of gedronken werd. (Koeketers van Amsterdam, Klienroggen van de Joure, Dúmkefretters van Sneek, Molboonen van Groningen, Roodbierdrinkers van Harelbeke.

Kieskeurig waren de oude Nederlanders geenszins, in het bedenken en gebruiken van spotnamen. Van daar dat sommige dezer namen heden ten dage slechts ternauwernood in beschaafd mannen-gezelschap genoemd kunnen worden; (Zandpissers van de Zijpe, Gruppendrieters van Oldenzaal, Potschijters van Emden, Luzeknippers van Eernewoude, Mosterd-schijters van Diest). Maar, jufferachtig preutsch moet men niet zijn, als men sommige eigenaardigheden onzer voorouders in nadere behandeling neemt.

Al deze Oud-Nederlandsche spotnamen te zamen genomen geven een veelal verrassend, ook leerzaam en soms niet onver-makelijk inzicht in de beschavingsgeschiedenis van ons volk.

De spotnamen zijn over al de Nederlanden, Noord en Zuid, verspreid; in al de Nederlandsche gewesten zijn ze in gebruik. In 't eene gewest echter meer dan in het andere. In de Friesche en in de Vlaamsche gewesten zijn ze het talrijkst. Ook in de oorspronkelijk Dietsche gewesten van Frankrijk (Fransch-Vlaanderen en Artesië) komen er voor, en niet minder in de Friesche gouwen van Noord-Duitschland (Oost-, Wezer- en Noord-Friesland). [1]

Als Fries zijn mij de Friesche spotnamen het beste en het volledigste bekend. Dus komt in deze verhandeling aan de Friesche spotnamen het leeuwendeel toe, en worden ze in de eerste plaats uitvoerig besproken en verklaard. Vervolgens worden de spot-namen van de overige Nederlandsche gewesten, voor zooverre ze mij bekend zijn, hier allen vermeld. Bij sommigen van die namen heb ik eene kleine aanteekening gevoegd, zonder echter den oorsprong en de beteekenis van al die namen in het alge-

---

[1] Vermoedelijk komen soortgelijke spotnamen als de Nederlandsche, wel in alle landen en bij alle volken voor. Eenigen van die namen uit Duitschland vindt men ver-meld in het *Korrespondenzblatt des Vereins für Niederdeutsche Sprachforschung*, VIII, 47; en anderen uit Frankrijk in *De Navorscher*, XV, 318. En wat Engeland aan gaat, de spotnaam van de Londenaars. *Cockneys*, is daar algemeen bekend.

meen na te speuren en aan te geven. De Oud-Vlaamsche spotnamen die ons overgeleverd zijn in het allermerkwaardigste gedicht *Den langen Adieu*, van den Bruggeling EDUWAERT DEN DENE,
worden ten stotte nog bijzonderlijk vermeld, en, ten deele althans,
in hunnen oorsprong en in hunne beteekenis nader besproken.
Zoo is de indeeling van deze verhandeling.

De Friesche spotnamen zijn in de Friesche taal gesteld —
dat spreekt geheel van zelven. Daar is nog geen man van Arum
ooit voor „kruiper in het stof van den weg" gescholden; geen
man uit Sneek voor „duimpjevreter", geen man uit Warns voor
„schapenkeutel". Maar „Moudekrûpers", zóó heeten de
Arummers; „Dûmkefretters" de Sneekers; „Skiepe-
loarten" de Warnsers. De Friesche spotnamen zijn hier
en vervolgens dan ook in het Friesch vermeld, en daarbij, voor zooverre noodig, verdietscht, of anderszins in het Nederlandsch
verklaard.

In mindere mate is het gelijke ook met andere namen het geval,
die steeds in gouwspraak genoemd worden. Welke Hollander
en welke Vlaming, of welke andere Nederlander, die de
gouwspraak van Twente niet kent, zal den spotnaam van de
Oldenzalers, „Gruppendrieters", verstaan? Die Friesche
namen, of die welke in de eene of andere gouwspraak genoemd
worden, verliezen in oorspronkelijkheid, in eigenaardigheid, in
kracht, als ze vertaald worden of in algemeen Nederlandsch
overgezet. Moudekrûper, Gruppendrieter, dat is kern-
achtig, kort en krachtig, volkseigen-schoon gezegd. Hoe lam-
lendig en laf staat daar tegenover „Kruiper in het stof van den
weg", en: „Iemand, die zijne lichamelijke ontlasting verricht
in eene greppel" — 'k weet waarlijk niet hoe men dit best in
zoogenoemd beschaafd Nederlandsch zal zeggen of schrijven.

Leeuwarden is de hoofdstad van Friesland. Met Leeuwarden
willen we beginnen.

De Leeuwarders dragen den spotnaam van „Galgelappers".
Zij zijn eigenlijk wel twee spotnamen rijk. Immers heeten ze
ook wel Speknekken. Speknek is een bijnaam voor een wel-
gesteld, lichamelijk ook zeer welvarend man, wiens glad-ge-

schoren nek, zoo als bij zulke lieden wel 't geval pleegt te
zijn, als 't ware glimt van vet (spek), en met plooien van eene
dikke, onderhuidsche vetlaag is voorzien. Maar deze spotnaam
voor eenen ouderwetschen, dikken, kwabbigen burgerman, zoo
als ik die in den goeden ouden tijd, in mijne jeugd te Leeuwarden nog velen heb gekend (een geschoren nek, en krullokken vóór
de ooren, was „mode" in de eerste helft dezer eeuw) — de
spotnaam S p e k n e k is verdrongen door dien van G a l g e l a p p e r.

Hoe nu de Leeuwarders aan den spotnaam G a l g e l a p p e r s
gekomen zijn, wil ik hier eens uitvoerig mededeelen, en wel,
voor de verandering, geschreven in de dagelijksche spreektaal
der ouderwetsche Leeuwarder burgerij; geheel zóó als een Leeuwarder burgerman van den ouden stempel, dat verhaal den
zijnen zoude doen. Dit dient dan met één als een staaltje van
de spreektaal der Leeuwarders, van het verkeerdelijk zoogenoemde Stad-Friesch (het *Stêdsk* der Friesch sprekende
Friezen), 't welk anders niet is als goed Oud-Dietsch, rijk
vermengd met Friesche woorden en woordvormen en zinwendin-
dingen, en dan uitgesproken door eenen Frieschen mond, die
geen letter *n* op 't einde der woorden verwaarloost, maar
dit wel doet met de *r* in 't midden der woorden; ook met
sk, *s* en *f* en zachte *g* in plaats van de Hollandsche *sch*, *z* en *v* en
rochelende *g*, die geen Fries uitspreken kan (de *s* of *z*, de *f*
of *v* dan in 't begin der woorden), tenzij dan kunstmatig, met
veel moeite, en met veel keelgeschrap wat de *sch* en *g*
betreft.

Luuster nou 'ris! Dan sa' 'k jimme 'ris fertelle, hoe-'t de
Leewarders an har bijnaam fan Galgelappers komen binne.

Oudtiids hadden alle steden in Friesland, in de groote dorpen
oek, daar 't rechthuus fan 'e grietenij staat, in oek wel sommige
staten (dat binne fan die groote, oud-adellike boereplaatsen), it
recht fan galg in rad, liik as dat doe soo hiette. Dat is te seggen: in die plaatsen mochten in musten de boosdoenders, de
moordenaars, de branstichters in suk gespuus, foor soo feer as
se daar, of in 'e onderhoorichheit fan die plaatsen har misdaden
uutricht hadden, oek ophongen wudde an 'e galge.

Later, doe-'t Leewarden, in 'e plaats fan Staveren, de hoofd-

stad fan Friesland wudden waar, in doe de regeering over
Friesland hoe langer hoe meer in ien han komen waar, in te
Leewarden har setel hadde, doe houdde dat op. Doe musten
alle boosdoenders, die-'t in Friesland oppakt waren, in tot 'e
dood feroordeeld, die musten te Leewarden an 'e galge ophongen wudde. It lansbestuur liet in alle steden in andere plaatsen, die-'t it recht fan galg in rad hadden, wete — om so mar
'ris te seggen, met dizze woorden: „Hur ris, jimme Franekers
in Harlingers, jimme Dokkumers, Sneekers in Bolseters, in die
't it meer angaat, jimme hewwe ont nou toe jimme eigen
moordenaars sels ophongen, mar dat houdt nou op; dat mut
deen weze. As jimme en moordenaar of en andere kwaaddoen-
der snapt hewwe, in feroordeeld om te hangen, dan mutte
jimme die man na Leewarden sture, om daar dan ophongen
te wudden. Set de man dan mar, goed in 'e boeiens slagen,
met een paar dienders of feldwachters of wat jimme hewwe
(as it mar goed fortroude mannen binne), in 't trekskip na
Leewarden, met en briefke der bij, hoe in wat. Dan salle se
te Leewarden dat saakje wel feerder opknappe, in de man an
'e galge ophange."

Nou! dat ston alle minsen lang niet an, in die kleine
plaatsen. Want jimme mutte begripe, d'r gebeurt daar niet
veul nijs, soo deur 'n bank; in dan gaf soo'n ophangerij
altiid nog 'ris en aardig fersetsje, in 'n mooi fleurig kiikje.
Mar wat suden se d'ran doen? Se musten wel doen soo-'t de
regeering it hewwe wude, hee? Mar de Leewarders! nou,
die hadden en boel wille deur die nijigheit; in en hopen foordeel oek.

De merkedag wudde doe te Leewarden houden op Saterdag,
in niet op Frijdag, soo as nou teugenwoordig. In fan sels, op
merkedag wudde der ophongen, in branmerkt, in giisseld, in
te pronk set. Want sien! merkedag dan waar der altiid en
hopen boerefolk in 'e stad, die daar dan doch weze musten
foor har saken, in om te koopen in te ferkoopen. Mar dan
kwammen d'r altiid oek en boel uut nijsgierigheit om 't op-
hangen te sien. In soo had de Leewarder galge it mar drok;
hast alle Saterdags waar d'r 't ien of ander op 't skawot te
redden. In daar hadden de Leewarders dan niet allienig de nocht

in de wille fan, mar oek groot foordeel. Fooral de kas'leins in de koekebakkers. Want en koem koffi met en stuk koek, in en burreltsje — dat waar al 't minste dat de lui bruukten. De meesten nammen feul meer achter 't fesje. In daar kwam dan nog bij alderlei koopmanskap fan alderlei guud dat 't boerefolk noodig had, oek fan goud in sulver in mooie kleeren foor de froului — dus de Leewarder merkedag wudde mar deeg fleurig fan dat alles.

Dat gong soo jaren heene, in de Leewarder galge had mar en boel te doen. In fan sels — soodoende sleet-i oek deeg. Langsamerhand begon-i al mooi oud te wudden, in te ferfallen. D'r muste noodig in nije galge komme, soo noodig as eten in 'e mon.

Ja, mar wie must die nije galge betale? Daar kwam it mar op an. De Leewarders seiden: Alles goed in wel! 't is ons galge, in as d'r allienig mar Leewarders an ophongen wudden, dan musten wij him oek allienig onderhoude; of fernije, as 't noodig waar. Mar nou al die kleinsteedsers d'r an ophongen wudde, in al dat butenfolk, nou mutte die minsen d'r oek mar an betale. It sude wat moois weze! Wij de galge onderhoude, of en nije galge geve; in die Franeker klokkedieven in Harlinger tobbedansers, die Dokkumer garnaten, Sneeker duumkefreters in Bolseter olikoeken, in al die butenminsen, die suden d'r mar frij anhange! — alles in recht in billikheid! Mar soo niet!

Hou wat! seiden doe de kleinsteedsers in it boerefolk, hou wat! Jimme Leewarder Speknekken! jimme hewwe alle wille in oek alle foordeel fan 'e ophangerij, mar wij krije d'r in ons eigen plaatsen niks meer fan te sien. 'T is billik in recht dat jimme nou oek de galge onderhoude, of anders en nije galge make late!

Dat gaf nou fan sels 'n hopen roezje onder 'e lui, in 'n hopen geskriif in gewriif onder 'e heeren. Want sien, ieder bleef fan sels stiif op siin stuk staan — dat is 't oude Friesse gebruuk soo, in daar mut me ien dan oek an houde — is 't nou waar of niet?

Nou, de galge waar oek nog niet soo, al sag-i d'r frij wat skunnig uut, of-i kon nog wel wat dienst doen. In soo bleef dan die saak fan 'n nije galge fooreerst mar sloeren.

Doe waar daar in die tiid 'n kleermaker te Dokkum, in die

man had 'n boos wiif. Benaud boos, kan 'k jimme segge. In
op 'n goeie morgen sloeg die man siin frou dood, met 't striikiisder
in de parsplanke. 'T waar anders mar en klein, springerig
in spichtig kereltsje, soo as de sniders feulal binne; mar sien,
die booze flarde had de man breinroer maakt. Goed! Hij wudde
oppakt, in fonnisd, in na Leewarden brocht, in 't trekskip, om
daar ophongen te wudden. De Frijdagsmiddags kwam-i te Leewarden an, in de Saterdagsmiddags om twaalf uur suud-i ophongen
wudde. Eerst kreeg-i nog siin galgemaal. Want de lui die-'t
oudtiids ophongen wudden, mochten die daags foor 't laast nog
'ris uutkieze, wat se ete wuden. In wat se dan begeerden —
as 't niet al te mal waar, dat kregen se dan oek. Nou — dizze
man dan, die koos eindfeugel met appelsmots; want it waar in
't najaar. In daar 'n fles wiin bij; want wiin had de man
eigentlik nooit niet goed proefd. In doe-'t-'i dat lekker oppeuzeld
hadde, doe kwam d'r nog 'n domenij 'n half uurke bij him —
och ja, mins! — In daarna brochten se him op 't skawot.

Doe die man daar soo ston onder 'e galge, in de beulsknecht
sette de ledder al klaar, in de burgemeester met de froedsmannen
stonnen om him heene, doe keek die man 'ris na boven, na de
galge daar-'t-i an hange muste. In doe skudd'-'i 't hoofd, in
doe wudd'-'i moeielik. Sij froegen him wat of-'t-'i hadde. Och!
seid-'i, Heeren fan 'e stad fan Luwarden! [1] dat ik hier ophongen wudde sil, dat is tot daair an toe. Daair sil ik niks
fan segge. Dat hew ik ferdiend; in die wat ferdient, die mut
wat hewwe, segge se bij ons in Dokkum. Dat is niet anders.
Mar — (in doe sag die man al weêr na boven, na de galge)
mar dat ik nou an soo'n skunnige, an soo'n rotterige galge mut —
dat krinkt mij. Ik bin 'n fatsoendelik burgermanskiin fan 'e stad
fan Dokkum, fan ouder tot foorouder. In dat ik nou an soo'n
wrak, onsjog ding bongele sil, daair skiet mij 't moed fan fol.

---

[1] De Dokkumer kleermaker spreekt hier natuurlijk ook de dagelijksche spreektaal
van Dokkum — dat is: gewoon stad-Friesch, met enkele bijzonderheden. Bij voorbeeld:
Luwarden en *sil*, waar de Leeuwarders *Leewarden* en *sal* zeggen. Ook brengt de Dokkumer
tongval meê, dat de lange *a* eenigermate naar den *aai* klank zweemende wordt uitgesproken. Van daar dat andere Friesche stedelingen de Dokkumers ook plagen en be-
spotten, door, hunne bijzondere uitspraak nog overdrijvende, te zeggen: *Faaider! de
blaaiker staait op 'e taaifel.*

Waar it nog 'n knappe, krease galge, ik suud d'r niks fan segge. Sien! ik hew miin leven lang feul fan Luwarden seggen hoord, dat it soo'n mooie stad is, in sukke mooie groote huzen, in alles like deftig, knap in kreas. Mar die rotterige galge, die skeint de hele stad. It is suver en skande foor de hoofdstad fan Friesland. In jimme Luwarders! jimme sille om die oude galge, nog 'n kwaaide naaim krije bij andere lui. Dit is te slim, Heeren! fur 'n fatsoendelik burgermanskiin fan Dokkum!"

Mar, ons maat mocht lipe of pipe, in hij mocht hoog springe of leeg springe, dat holp him allemaal niks. Hij muste d'r an geloove. In gien twie minuten later, doe bongeld'-i al boven an 't dwarshout fan 'e galge.

Nou, doe dat karwei dan ofloopen waar, doe seide de burge-meester fan Leewarden teugen 'e froedsmannen: „Hur 'ris! die Dokkumer kleermaker het geliik had. Ik wude d'r niks fan segge, daar die man bij waar, mar geliik het-i. Ons galge is te min. In d'r mut ferandering komme; anders houdt heele Friesland ons nog voor de gek. Wij binne 't an de eere in an de goede naam fan ons stad ferplicht, om hierin ferbetering an te brengen. In kan d'r dan gien gloednije galge op staan, in fredesnaam! dan mutte wij de oude galge mar wat oplappe in opknappe. Dat kan oek best!"

In soo wudde 't dan besloten. De stads-timmerbaas hakte de rotterige steden d'r uut, in-i sette daar nije stukken foor in 't plak, in-i bespikerde de galge wat, in-i skoorde 'm wat. In doe ferwde de ferwer him mooi rood op. In sie daar! de galge waar alheel oplapt in opknapt, in-i leek wel weer nij.

Ja — mar de Leewarders, omdat se soo skriel waren, dat se gien nije galge betale wuden, die hewwe daar fan de bij-naam kregen van:

Leewarder Galgelappers

tot 'e dag fan fandaag toe. In se salle him wel houde, soo lang as Leewarden bestaat, in soo lang as d'r Leewarders binne. In wij wille hope dat dat nog duzent jaar in langer dure sal!

———

Na de Leeuwarder Speknekken en Galgelappers zijn de andere Friesche stedelingen aan de beurt. Dat zijn dan de

Tobbedounsers van Harlingen, de Dúmkefretters van Sneek, de Oaljekoeken van Bolsward, de Garnaten van Dokkum, de Klokkedieven van Franeker, de Brijbekken van Workum, de Ribbekliuwers van Staveren, de Keapmankes van IJlst, en de Tjeeunken van Hindeloopen. De burgers van Slooten zijn eigenlijk geen bijnaam rijk; maar over hen zal verder in dit opstel nog gesproken worden.

Te Harlingen waren oudtijds vele weverijen, waar eene bijzondere soort van linnen (later katoenen) stof vervaardigd werd; wit, met licht-blauwe ruitjes in verschillende teekening. Dit weefsel, deze kleedingstof had eenen zeer goeden naam in den lande, wegens hare deugdelijkheid, hare sterkte en haar fraai voorkomen. Ze werd vooral voor vrouwenschorten of voorschooten gebruikt, en ze was (en is nog heden, al wordt ze te Harlingen niet meer gemaakt) in Friesland als *Harnser bûnt*, Harlinger bont, in andere Nederlandsche gewesten als Friesch bont bekend. Dit maken van Harlinger bont geschiedde te Harlingen door wevers en verwers in het klein, bij wijze van handwerk, in het eigene woonhuis. Dat was lang voor den tijd van groote stoomfabrieken en van maatschappijen tot uitoefening van allerlei takken van nijverheid in het groot. Iedere burger, iedere „baas", werkte toen op zich zelven en voor zich zelven als vrij man. Als het linnen garen dan ook blauw geverfd was geworden, moest het ter dege in frisch water uitgespoeld worden, eer het gebruikt, eer het geweven werd. Dat uitspoelen geschiedde in groote kuipen, en de verwer sprong met bloote beenen in die kuip of tobbe, en bearbeidde het garen, al trappelende met zijne voeten, tot het spoelwater helder en ongekleurd afliep, en het garen niet meer afgaf. De Harlinger stoffenverwer stond als 't ware te dansen in de tobbe, en dat zonderling en dwaas schijnende werk heeft den Harlingers in 't algemeen hunnen spotnaam van Tobbedansers bezorgd.

Nijverheid, van welken aard ook, is eigenlijk den echten Fries, die boer of zeeman is, een vreemd bedrijf. Nijverheid heeft dan ook nooit vasten voet in Friesland kunnen vatten, vooral geen nijverheid in 't groot. En die daar dan nog de eene of andere tak van noodzakelijke nijverheid uitoefende, deed dit in 't klein, en was in den regel een vreemdeling, veelal een

„Bovenlander", uit Westfalen, uit Lippe of uit Hessen. Zulk een vreemdeling was bij voorbeeld ook Toon Wever, die in de geestige zedeschets van Dr. EELTJE HALBERTSMA, in *De Reis nei de Jichtmasters* zijn rol speelt. Ook de Harlinger-bontwevers en verwers waren oorspronkelijk vreemdelingen in Friesland, die hunne kunst, hunne nijverheid uit Vlaanderen, hun vaderland, waar ze, om geloofs wille, in de 16de en 17de eeuw waren uitgedreven, naar Friesland hadden meêgebracht, en in hunne nieuwe woonplaats uitoefenden, tot eigen opkomst en bloei, en almede tot opkomst en bloei van Harlingen. Die verdrevene Vlaamsche nijverlingen waren Doopsgezinden, en ze stichtten te Harlingen, te Haarlem, aan de Zaan en elders hunne eigene kerkelijke gemeenten, wier leden nog tot in het laatst der vorige eeuw als „Vlamingen", als „Oude Vlamingen", als „Vlaamsche Mennisten" in Friesland en Holland bekend waren, en zich van de landseigene Mennonieten afgezonderd hielden. Hunne nakomelingen zijn nog heden ten dage aan hun veelal bijzonder Vlaamsche namen, en aan andere bijzondere zaken kenbaar. —

De Sneekers heeten D ú m k e f r e t t e r s. Het ligt voor de hand aan te nemen, dat de Sneekers van ouds bijzondere liefhebbers zijn geweest van *dúmkes*, dus gaarne en veelvuldig *dúmkes* aten, en alzoo zich dezen spotnaam verwierven. Een bijzonder soort van klein gebak, van koekjes, hard, droog en zoet, en rijkelijk met halve amandelen doorspekt (zal ik maar zeggen), in vorm eeniger mate en in grootte als een mansduim, draagt den naam van *dúmkes* (*duumkes*), verhollandscht tot duimpjes, en ook wel den griezeligen, alle eetlust benemenden naam van „*doodemansfingers*". Die *dúmkes* zijn overal in Friesland bekend, en worden er vooral in kermistijd veelvuldig als snoeperij gegeten. Dus zegt ook Hoatse, de bloode vrijer uit het aardige liedje van *De Boalserter Merke* (bij de Friezen zoo zeer bekend, en zoo gaarne door hen gezongen), als hij voornemens is van de kermis naar huis toe te gaan:

»Ik koft hwet dúmkes for de bern."

De Sneeker koekbakkers kunnen anders niet uit tegen die van Franeker, in het bakken van bijzonder lekkere *dúmkes*. De Franeker *dúmkes* hebben den voorrang bij de Friezen, en

genieten zekere mate van bekendheid, ja van roem. Toch is
ook Sneek niet verstoken van eene eigene lekkernij; de *drabbelkoeken* van Sneek zijn vermaard. Ik zie waarlijk geen kans,
om dat eigenaardige gebak hier duidelijk te beschrijven. Die
het kennen wil, koope het en ete het. In blikken bussen gesloten, naar hedendaagsch gebruik, zijn de Sneeker drabbelkoeken tegenwoordig ook in Holland en andere Nederlandsche
gewesten verkrijgbaar.

Nog eene bijzonderheid; de drabbelkoeken hebben van ouds
te Leeuwarden eenen eigenen naam. De Leeuwarders noemen
ze *keugels*. Ik versta dezen naam niet, al ben ik Leeuwarder
van ouder tot voorouder. Het Nederlandsche woord *kogel* is
het niet — al zoude de vorm van den drabbelkoek anders wel
aanleiding kunnen geven tot dezen naam; immers een kogel
heet in de Oud-Leeuwarder spreektaal *'n koegel*.

Ook die van Bolsward dragen hunnen spotnaam, die aan eene
lekkernij, aan zeker gebak ontleend is. De Bolswarders heeten
O a l j e k o e k e n, Oliekoeken.

Oliekoeken zijn zeker eene versnapering, die bijzonderlijk
bij de Friezen in 't algemeen veel gebakken en veel gegeten
werd, en nog wordt, en die bij het Friesche volk zeer in den
smaak viel, en nog valt; ofschoon — heden ook al minder dan
vroeger. In vroegere tijden, veertig en vijftig jaren geleden,
waren de Friesche oliekoek- en wafelkramen op alle kermissen,
ook in Holland en andere Nederlandsche gewesten te vinden.
Het bakken van de bruin-glanzende oliekoeken, op een rookend
vuur van turf en hout, verspreidde zijnen vettigen, scherpen,
eigenaardigen walmgeur over alle kermissen in den lande, en
het Friesche *famke* (meisje), Friesch sprekende en in Friesche
kleeding, dat de oliekoek- of wafelssmullende gasten in het kraamke
bediende, of anders het gebak aan de huizen der ingezetenen
bracht of in de straten uitventte, was als „Friesch wafelmeisje"
alom bekend. Zij vervulde eene vroolijke, vriendelijke rol in het
Oud-Nederlandsche volksleven, en is in het bekende werk *De
Nederlanden, Karakterschetsen*, enz. ('s-Gravenhage, Nederl. Maatschappij van Schoone Kunsten, 1862), in woord en beeld ver-
heerlijkt.

Zulk eene Friesche wafel- en oliekoekenkraam zag ik nog ten jare 1878 te Hamburg, op de Neumarkt, nadat al in de verte de eigenaardige walm aan het oliekoekbakken verbonden, mijne reukzenuwen had geprikkeld, en, onbewust, Oud-Vaderlandsche herinneringen bij mij had opgewekt. En een paar jaren later zag ik er nog eene te Brussel, op het plein bij de Halsche Poort. Beide keeren kon ik het niet laten mijnen landsman, die daar oliekoeken zat te bakken, eens vriendelijk goeden dag te zeggen, en den man en zijne vrouw, die met een oorijzer getooid was, eens aan te spreken in de zoete klanken der Friesche moedertaal.

Omstreeks het midden dezer eeuw werden oliekoeken nog te Leeuwarden op straat uitgevent, vooral des Zondags-avonds, en meest in de buiten- en achterbuurten der stad. Dan galmde het geroep „Oliekoeken hie-ie-iet, hiet ende warrem!" op lang gerekten, weemoedig-zangerigen toon, door de stille straten. De verkooper had zijne oliekoeken in eenen grooten schotel van grof aardewerk, dien hij in eene hengselmand aan den arm droeg; en, om zijne waar hiet ende warrem te houden, had hij een kussen boven op het deksel van den schotel gelegd. Uit dezen ouden woordvorm ende (min of meer als inne klinkende), die bij dezen oliekoekenroep nog steeds voluit werd gesproken, blijkt het dat deze wijze om oliekoeken uit te venten, al zeer oud, wel minstens twee-honderd jaren oud was. In de dagelijksche spreektaal der Leeuwarders van deze eeuw werd ende (inne) nooit meer gezegd. — Ook op de Oude Veemarkt te Leeuwarden zaten er op marktdag altijd een paar oude wijfkes, bij den ingang van het marktplein, te oliekoekbakken, ten dienste van de veedrijvers, die het vette gebak zóó uit de hand opaten, en hunnen voorraad daarvan soms in hunne petten bewaarden. En des winters, bij mooi ijs, als schier alle Friezen en Friezinnen tusschen de zes en de tachtig jaren, op schaatsen waren, zaten er hier en daar te lande, onder bruggen waar veel volk onder door reed, en bij de toegangen der waterherbergen, [1] waar veel volk inkeerde, oude vrouwen te oliekoekbakken, met vuurpot en bakpot in eene oude theekist, voor den wind. Vooral de vrouw,

---

[1] Zie mijn werk Oud Nederland, ('s-Gravenhage, 1888) bladz. 327, 353, 358, 361.

die onder de brug van Uultsjestein (aan de Bolswarder trekvaart, halfweg Leeuwarden en Bolsward) oliekoeken bakte, had veel gunst van Leeuwarder jongelieden, die reeds bij haar hunnen voorraad oliekoeken opdeden, waarmede zij de Bolswarders zouden hoonen, zoo als hier vervolgens zal vermeld worden.

Maar — om op de Bolswarder oliekoeken in het bijzonder terug te komen — of men nu dit volkseigene gebak oudtijds te Bolsward bijzonder lekker wist te maken, dan wel of de Bolswarder burgers het bijzonder gaarne en veelvuldig aten, daarvan melden „'s Lands Historieblaân" niemendal. Toch heeft iemand verkondigd dat de bijnaam der Bolswarders (Oliekoeken) wel degelijk eenen geschiedkundigen oorsprong zoude hebben. PAULUS C. SCHELTEMA vermeldt in zijne *Verzameling van Spreekwoorden* (Franeker, 1826) het volgende: „Zoo stamt de naam, „waarmede men de Bolswarders alsnog betitelt, af van den „hoofdman over Bolsward, Edo Jongema, die vreemde gezan- „ten, bij zekere gelegenheid op oliekoeken onthaalde. Het „spreekwoord *Bolswarder oliekoeken* was reeds bekend in de vijf- „tiende eeuw."

Waar of SCHELTEMA dit bericht vandaan had, heeft nog geen Friesche navorscher ooit kunnen ontdekken; en of hij het mis- schien uit den mond des volks heeft opgeteekend, meen ik sterk te mogen betwijfelen. Immers als zulk eene overlevering, sedert de vijftiende eeuw, nog in de eerste helft dezer eeuw bij den volke bekend geweest was, me dunkt dan kon ze in de laatste helft dezer eeuw moeielijk geheel en al reeds bij het volk vergeten zijn. Toch hebben anderen en ik nooit ofte nimmer gehoord noch bespeurd, dat het volk iets wist van deze oliekoeken van Jonker Edo. Trouwens, men dient SCHELTEMA's mededeelingen altijd *cum grano salis* op te vatten; dit is bij de Friesche geschied- en oudheidkundigen bekend genoeg.

Een ander weet er weêr wat anders op ter verklaring van den spotnaam der Bolswarders. WALING DYKSTRA schrijft daarvan in zijn werkje *In doaze fol âlde Snypsnaren* (Frjentsjer, 1882):

„To Bolswert plichte in oaljemounle to wêzen der sokke bêste „lyn- en raepkoeken makke waerden, dat de lju fier en hein „der fen ha woene. Dy neamde men den, om de aerdichheid, „Bolswerter oaljekoeken."

Maar het volk weet ook niets af van die oliekoeken voor het vee. Het Friesche volk kent, in betrekking tot de Bolswarders, slechts de oliekoeken voor de menschen. Om nu de Bolswarders niet openlijk en luide met dezen spotnaam te noemen, maar toch stilzwijgende daar mede te plagen, als door een teeken, rijden de jonge lieden uit andere plaatsen, des winters als er ijs is, wel te Bolsward op de gracht, die de geheele stad omgeeft, met een oliekoek op de punt van de schaats gestoken, gespietst. De Bolswarders plegen deze hoon en smaad, hunner oude en wijdvermaarde stede aangedaan, bijzonder kwalijk op te vatten. Zij vergelden deze beleediging gaarne, als ze daar kans toe zien, door de bedrijvers van die, in hunne oogen zoo gruwelijke wandaad, eens flink af te kloppen. Menigeen die het stoute stuk waagde te Bolsward op de gracht te rijden met oliekoeken op de schaatspunten, heeft deze zijne koene daad moeten boeten met een duchtig pak slagen, dat de verwoede Bolswarders hem gratis verstrekten, en dat lang niet malsch was, zoodat er wel blauwe oogen, bebloede koppen en andere krijgstropeeën bij te pas kwamen. Het gold in mijne jeugd dan ook nog voor eene schitterende heldendaad, bij de jongelieden van Leeuwarden, Sneek, Makkum, Harlingen, Franeker en de tusschen gelegene dorpen, als men te Bolsward de gracht om de stad rondgereden was, met oliekoeken op de schaatspunten. Want bij mooi weêr en mooi ijs, als het Friesche jongvolk, in kleine of groote gezelschappen vereenigd, voor pleizier naar naburige, vaak ook naar ver verwijderde plaatsen reed, stonden de Bolswarder jongelui (die anders ook wel uitgereden waren, maar waarvan er altijd eenigen opzettelijk om in de stad bleven) wel op den uitkijk of ook een vreemdeling het zoude wagen dien smaad hunner stede toe te voegen. En wee hem, dien ze betrapten en achterhaalden! Er behoorde moed toe om het stuk te bestaan, en vlugheid en behendigheid om de Bolswarder hoonwrekers te ontkomen. Slechts kloeke, dappere jongelingen, flinke schaatsrijders tevens, waagden zich daaraan.

Waarlijk, eene eigenaardige, echt Oud-Vaderlandsche soort van *sport*, die geen Engelschman den Frieschen jongelingen had behoeven te leeren! Die de gracht van Bolsward rond gereden had, de geheele stad om, met oliekoeken op de schaatsen,

gevolgd, maar niet ingehaald noch gegrepen door de wraak-
snuivende bende Bolswarder hoonwrekers, was de held van den
winter in 't geheele Friesche land.

De Friezen zijn van ouds bekend als liefhebbers van zoetigheid, vooral van allerlei soorten koek en zoet gebak. Ook wordt
in de Friesche keuken veelvuldiger en meer suiker gebruikt
bij de bereiding der spijzen dan in andere Nederlandsche gewesten gebruikelijk is, veelvuldiger en meer dan den smaak
der andere Nederlanders behaagt. Trouwens, hoe noordelijker
men komt, hoe meer de smaak voor zoetigheid toeneemt bij
't eenvoudige, krachtige en frissche, door de scherpe prikkels
der verfijnde Fransche kokerij niet verwende en bedorvene volk.
In Skandinavië staat de suikerpot bij het middagmaal altijd op
tafel, zoo als bij ons het zoutvaatje, de peperbus, het mosterd-
potje, enz. Zelfs strooit men in Zweden wel suiker over gebakken
visch, en voor de Lappen is een mondvol keukenstroop de
grootste lekkernij.

De liefhebberij der Friezen voor zoet gebak blijkt almede uit
hunne hiervoren verklaarde spotnamen Dúmkefretters en
Oaljekoeken, en blijkt ook uit .den spotnaam, dien men den
ingezetenen van 't stedeke IJlst aanhangt. De lieden van IJlst
(of van Drylts, zoo als de Friezen zelven dit plaatske noemen —
en die zullen toch wel best weten hoe het heet —) de lieden
van Drylts dan noemt men Keapmankes of Keapmantsjes,
Kjepmankes of Kypmankes; ik weet waarlijk niet hoe ik
dezen naam best spellen zal. WALING DYKSTRA zegt van dezen
naam, in zijne *Doaze fol alde Snypsnaren*: „To Drylts wirdt en
„soarte fen moppen bakt, dy kypmantsjes neamd wirde. Dy
„'t winters oer iis to Drylts komt, moat kypmantsjes mei nei
„hûs nimme."[1]

Ook de ingezetenen van 't dorp Hallum dragen hunnen spotnaam naar hunne liefhebberij voor koeketen; zij heeten Koekefretters. Over de Amsterdamsche koeketers vind men verder
in dit opstel nader bescheid.

---

[1] Te IJlst wordt eene soort van moppen gebakken, die *kypmantsjes* genoemd worden.
Die des winters op 't ijs te IJlst komt, moet *kypmantsjes* mede nemen naar huis. (Als
zoogenoemd „welkom-t'-huis" voor de t'huisgeblevene huisgenooten.)

Niet aan zoetigheid, maar aan eene hartige versnapering danken (of wijten) de Dokkumers hunnen spotnaam. Zij heeten namelijk G a r n a t e n.

Garnaet is het Friesche woord, beter gezegd: de Friesche woordvorm voor het bekende schaaldiertje *Crangon vulgaris*, dat in 't Hollandsch Garnaal heet. De Oud- en Echt-Dietsche, de oorspronkelijke en volledige naam van den *Crangon* is *Geernaart*, *Gernaart* of *Garnaart* — dat is 't zelfde, met een gering, onwezenlijk verschil in uitspraak of tongval. De West-Vlamingen, die onder alle Nederlanders juist het beste de oorspronkelijke, oude woorden en woordvormen tot op den dag van heden in hunne spreek- en schrijftaal hebben bewaard, zeggen nog voluit *Geernaart*, of, bij afslijting der sluitletter, *Geernaar* (Zie DE BO, *Westvlaamsch Idioticon*, op dat woord). Even als de West-Vlamingen de laatste letter in dit woord wel veronachtzamen, doen de Friezen dit met de voorlaatste, met de r. Trouwens, dit is geheel volgens den aard der Friesche taal, geheel volgens de volkseigene uitspraak der Friezen, die in al zulke woorden, vooral als de r op eene d of op eene t stuit, die r zóó flauw uitspreken, dat zij ter nauwer nood of ook in 't geheel niet gehoord wordt. De Friezen zeggen dan *Garnaet* (Garnaat), met de volle stemzate op de laatste lettergreep, waardoor de eerste lettergreep zoo onduidelijk wordt, dat het woord in den mond van geheel ongeletterden en van slordig sprekenden wel als *Ge'naat* luidt. Deze woordvorm en uitspraak geldt ook voor andere Friesche gewesten, voor Groningerland, Oost- en Weser-Friesland, met dit onderscheid, dat de oostelijk wonende Friezen de a van de laatste lettergreep niet zuiver, maar op Sassische wijze, sterk naar de o zweemende, uitspreken. De Hollanders vervallen weêr in eene andere fout, door hunne eigenaardige uitspraak van dit woord, waarbij de t aan 't einde, even als bij de West-Vlamingen, vervalt, maar tevens de r in eene l overgaat (r en l zijn wisselletters). Zoo is uit deze bijzonder-Hollandsche tongvalsvorm de hedendaagsche geijkt-Nederlandsche naam Garnaal ontstaan. De Strand-Hollanders spreken den zuiveren, onzijdigen aklank van 't woord garnaal, volgens hunnen eigenen tongval, al blatende, naar de e zweemende, als *æ* uit. Te Haarlem hoort men de Zandvoorders (visscherlui van het zeedorp Zandvoort) hunne waar op zangerigen toon uitventen, zoodat het des morgens al vroeg door de straten der stad galmt: *Garn œ œ le - n - ekoakte garn œ œ le!*" Noordelijker nog in Noord-Holland gaat de Strand-Hollandsche *œ* klank in de West-Friesche volkomene *e* over. Men spreekt daar van *Garneel*, of, gerekt, *Garreneel*. Zie Dr. G. J. BOEKENOOGEN, *De Zaansche volkstaal.* De Hoogduitschers, op hunne bergen en in hunne bosschen van geen Geernaarts wetende, hebben voor hunne boeketaal den Noord-Hollandschen vorm des woord overgenomen, ofschoon anders de Oost-Friesche vorm hen toch veel nader lag. Immers den *Crangon* noemen ze *Garnele.*

De Dokkumers dan heeten G a r n a t e n. Hoe ze aan dien naam gekomen zijn, daarvan weet het volksverhaal eene heele geschiedenis te vertellen, eene geschiedenis die men uitvoerig, en óp geestige wijze naverteld, kan lezen in de *Rimen ind Teltsjes fen de Broarren* HALBERTSMA, het geliefde volksboek als bij uitnemendheid, van de Friezen. Uit dat werk heb ik die geschiedenis hier overgenomen en uit het Friesch in het algemeen Nederlandsch vertaald, waarbij ik echter de Dokkumers, den Groninger en den Duitscher hunne volkseigene spreektaal heb laten houden.

Het is gebeurd in het jaar 1623, dat een schipper met eene lading hout uit Noorwegen kwam, en te Ezumazijl[1] binnen liep. Die schipper had uit aardigheid eenige levende kreeften in eenen korf meegebracht voor zijnen reeder, die te Leeuwarden woonde. Dien korf met kreeften droeg hij 's avonds, toen het al duister was, door de stad Dokkum, en toen kwam er, bij ongeluk een van die beesten uit de mand te vallen, juist voor de deur van zekeren vroedsman, Grada. Des anderen daags, 's morgens vroeg, toen de dienstmaagd de straat zoude aanvegen, vond zij dat beest daar liggen. Zij liep verschrikt het huis weêr in, en riep: „Heere, Froedsman! Kom gau 'ris foor deur. Heere, wat leit „daair 'n raair ding op 'e straaite?" Vroedsman, met eene roode kamerjapon aan, met de witte slaapmuts op het hoofd, en met afgezakte kousen, liep terstond naar buiten. Hij sloeg de handen van verbazing in één, en zei: „Dit is 'n mirakel! suud dat ok „'n jong weze van die roek, die hier boven in 'e lynneboom nes-

---

[1] Eene kleine havenplaats, oostwaarts van Dokkum, aan de Lauwersee.

„telt?" Het duurde niet lang of daar liep al spoedig een half honderd menschen bijéén, om het schepsel te beschouwen. Een catechiseermeester, die daar ook voorbij kwam, riep: „Minsken! mins-„ken! sien it beest dochs niet an; want ik loof dat it de „Basiliscus is, daar men fan in 'e Skrift leest; it kon jimme „allegaar it leven koste." — „'t Mocht in skyt, meester!" zeide een turfdrager, die daar met zijn korf voorbij kwam, „ik hew „him al goed in siin freet sien; 't stomme beest sal ons niks „doen, in die d'r in mingelen bier foor over het, dan sal ik „him daaidlik met de tange in miin korf legge, in draaige him „waair de frinden him hewwe wille". — „Dat gaait an!" zei vroedsman. De tang werd gehaald, de kreeft in den korf gelegd, en toen ging de man eerst naar de brouwerij, om zijn kan bier op te drinken. Daar van daan recht uit naar den burgemeester, met een troep straatjongens achteraan. De turfdrager zette den korf in het voorhuis neêr, en vroedsman ging in de kamer bij burgemeester. Hij sprak den burgemeester met een erg bedrukt en verschrikt gezicht aan, en zei: „Goeie morgen, Burgemeis-„ter!" — „Goeden morgen, Froedsman! Jou hier soo froeg al „over de floer, man?" — „Ja, Burgemeister! Wij hewwe hier „'n raair stuk, Burgemeister. Wij hewwe fan 'e morgén 'n levendig „ding op straait fonnen, en gien minske weet wat ding of it is, „of hoe it hiet, Burgemeister. Wij hewwe it metnomen, Burge-„meister: it staait in 't foorhuus, Burgemeister. Wil Burgemeister „it ok 'ris sien, Burgemeister?" — „Fooral in believen, Froeds-„man!" zei die heer; „Jou wete, seldsaamheden bin ik altoos „nieuwsgierig na." De Burgemeester, die een eerste grappenmaker was, zag terstond wel dat het een kreeft was, maar hij hield zich nog dommer als de vroedsman eigenlijk was. Hij sloeg dan de handen samen en zei: „Froedsman! Froedsman! ik loof dat „er ons slimme dingen over 't hoofd hange! Soo'n ding staat „in gien kronyk beschreven, in soo lang as de wereld staat is „er soo'n ding in Dokkum niet vertoond. Het is een stuk van „te feel belang. Daarom gefoel ik mij verplicht om nog heden „morgen om tien uur den raad te beleggen, om dan te bepalen, „wat of wij met dit monster sullen aanfangen. — Jou komme dochs „ok, Froedsman?" — „Ja wis, Burgemeister!"

Des morgens om tien ure dan kwamen de Heeren bij elkanderen

in het Raadhuis. De mand met den kreeft er in werd in de
Raadzaal gebracht; ieder van de Heeren zag beurt voor beurt in
de mand, en ging daarna weêr op zijne plaats zitten. Sommigen
van de Heeren waren maar juist dapper genoeg om het onnoozele
beest aan te durven zien. Toen allen weer gezeten waren, zei de
Burgemeester: „Heeren van de Raad van Dokkum! De Heeren
„hebben gezien dat er in onze stad een wonderlijk creatuur ge-
„fonden is, en daar men niet weet, welk dier dit is, en fanwaar het
„gekomen is, soo heb ik het selve hier gebracht ten einde het
„advys fan de Heeren te hooren. Daarom U, froedsman Grada!
„als de oudste fan den raad dezer stad, fraag ik het eerst:
„wat dunkt u fan dit beest?"

   „Ikke?" zei vroedsman Grada, „ik bliif bij miin eerste advys,
„dat it namentlik ien fan die jonge roeken is, die foor miin deur
„daair in die hooge lynneboomen nestele; want waar duvel suud
„it ding anders wegkomen weze? 't Kan ok niet uut 'e straait-
„stienen kropen weze."

   „Daar ben je mis in, Froedsman!" zei de burgemeester. „Miin
„soon heeft onlangs een nest fol roeken uitgehaald, en die jonge
„roeken geleken nergens meer op as op oude roeken. Nu is de
„beurt aan u, froedsman Inia!"

   „Heeremistiid, Burgemeister! wat weet ik, froedsman Ynje,
„fan fremde gediertens. Ik hew wel seggen hoord, dat de kanarje-
„feugels, as se jong binne, dat se dan kropen. Suud ik ok 'n
„kanarjefeugel weze?"

   „Zou een jong kanariefogel dan grooter zijn als een oude?
„Dat spreekt sich immers selfs tegen," sprak daarop de burgemeester.

   „Dat weet ik niet," zei vroedsman Inia. „Wij sien alderde-
„genst, dat groote minsken klein wudde kinne.' Miin grootfader
„is fan burgemeister al bierdrager wudden."

Nu was de beurt aan den vroedsman Starkenbolte, een
Groningerlander, een rijk man en een fijn man; fijn in de kerk,
en fijn in de wereld. Toen diens beurt was om te spreken,
zeide hij in zijne eigene Groningerlandsche spreektaal: „Ik wijt
„nijt, ik leuf Burgemeister! dat onze Meister Douwe nog geliik
„had het, dat et nomentlik 'n Bosiliscus of 'n ploagbeest is,
„doar de Heere ons met besuiken wil veur onze sonden en

„ongerechtigheid, en al dat goddelooze vlouken, dat in Dokkom „doan wordt. Doarom hol ik mi oan Meister Douwe."

„Meister Douwe," yiel vroedsman Grada daarop in, „die het „wel eerder de planke mis weest. Ferleden jaar song er foor „it bordtsje in 'e kerk: „Aller oogen wachten", op 'n Karsmorgen.

Bij dezen uitval begon de geheele raad van Dokkum te lachen, maar de burgemeester niet. Die moest zijne deftigheid ophouden, en hij sprak weêr:

„Als er dan niemand fan de Heeren is, die mij eenige in- „lichting in de saak geven kan, soo laat dan eens de beide „stadsboden boven komen, of die ons in dit gefal ook nog „souden kunnen dienen."

De boden kwamen boven, en zagen een voor een in den korf. De een was een stakker; hij durfde het beest niet bezien, en geloofde ook steevast aan Meester Douwe. „Ik sil der miin „oogen niet na draaye, Heeren!" zei die man. „Want as it gien „Basiliscus is, dan is it 'n plaaigbeest, die nachts omloope en „pest en kwalen ferkondige, en ik suud er foor weze om it „heele beest met korf en al te ferbrannen." Maar de tweede stads- bode zei ronduit, dat het een kleermaker was, omdat hij twee flinke scharen vooruit stak.

Toen werd er ook nog een kleermaker, een oude Duitscher, ten raadhuize geroepen. Maar toen die man den kreeft in de mand zag liggen, toen werd hij nog bleeker om zijne smalle kaken als tien bleeke kleermakers met elkanderen, en hij riep het uit: „Gott beware, Her Pirgemeister! soll mich die sweer- „noot straffen, wenn ich solchen Peest langer in de Stadt von „Dokkom tolden sollte. Et is de Teufel, prave Herren! de le- „bendige Teufel. On wann ikke Pirgemeister war, ik that den „Hundsfot in de Graft gooyen on versupen him."

„Heb ik it nijt seid," zei vroedsman Starkenbolte, „dat we „'t hijr met de kwoade te doun hebben? Dat komt nou van „'t vervlouken en 't koartspeulen, dat de noatie hyr dout; nou „loat de Heere hem los, en geeft hem an de kwoade over."

„Ja," zei vroedsman Inia, „as it de kwaaide is, dan is fer- „supen de baais, want dan helpt gien ferbrannen, want die is „fuurfast."

En de heele Raad van Dokkum riep: „Fersupe mar, fersupe!"

De turfdrager smeet den kreeft in de gracht, en de heele stad van Dokkum was blijde. Maar de kreeft nog blijder.

Ettelijke jaren daarna, toen de kreeft al lang vergeten was, toen vischten de Heeren van Dokkum de stadsgrachten met een' zegen af, en toen vingen ze onzen maat den kreeft weêr in hunne netten. „Soo'n groote garnaait is der nog nooit in Europa „fonnen, as dizze hier in dit kleine Dokkum," zei een hopman „van de burgerwacht. „Die sal ik bewaaire, soo lang tot Syn „Hoochheit de Prins hier komt!" Hij legde de kreeft (anders gezegd de groote garnaat van Dokkum), om hem in 't leven te houden, met een zilveren kettinkje vast in 't water onder eene brug. —

Nog heden ten dage pleegt men er de Dokkumers veelvuldig mede te plagen, dat hun „groote garnaat" te Dokkum onder de „Syl" ligt, dat is onder de breede, gewelfde steenen brug over het vaarwater dat midden door de stad stroomt, en welke „Syl", als een plein vlak voor het Raadhuis gelegen, als 't ware het middenpunt van de stad uitmaakt. De Dokkumers zijn zeer gevoelig op dit punt; zij worden wrevelig, als men er hen, met geveinsde belangstelling en ernst, naar vraagt of hun „groote garnaat" nog wel veilig aan de ketting ligt. Juist dien tengevolge worden ze daar nog altijd mede voor den gek gehouden.

Buitendien, onder de Friesche steden lijdt Dokkum altijd veel aanstoot. Het overoude, gansch niet onaardige, vroeger ook bloeiende stadje, met herinneringen, in overblijfselen en in overleveringen, aan Bonifacius, den Apostel der Friezen, moet in Friesland de zelfde ongelukkige rol vervullen, die in de andere Nederlandsche gewesten aan Kampen eigen is, evenals aan Büsum in Noord-Friesland, aan Schilda en Krähwinkel in Duitschland, aan de Pintschgau in Duitsch-Oostenrijk, aan Iglau in Bohemen, aan Beaune in Frankrijk, enz. Van de Dokkumers vertelt men in Friesland honderd en meer domme stukjes, zotternijen, uien, grappen en grollen, de zelfde honderd en meer, die men elders van Kampen, van Büsum, van Schilda vertelt, en nog honderd anderen bovendien. Deze kluchten strekken nog steeds tot vermaak voor andere Friezen, en worden nog steeds in vroolijke gezelschappen verteld, vooral als er een Dokkumer bij is, en vooral als deze zich daarover gekrenkt toont te zijn — zooals in den regel het geval

is. Wij willen hier het leed der Dokkumers niet vermeerderen,
en laten de domme stukjes die men hen nahoudt, hier verder
onvermeld, al zijn velen daarvan ook nog zoo vermakelijk, en ge-
schikt om geestig verteld en lachende aangehoord te worden.

De Dokkumers zijn onder de Nederlanders de eenigsten niet
wier bijnaam aan de garnaal is ontleend. Ook de ingezetenen
van het zeedorp Blankenberge in Vlaanderen, deelen in deze
zaak hun lot. Immers ook dezen dragen bij de andere Vlamingen
den spotnaam G e e r n a a r t s.

K l o k k e d i e v e n, dat is de bijnaam van de burgers van
Franeker, en zij dragen dezen leelijken naam om de onnoozele
reden dat het wapenschild hunner stad een gouden klok vertoont
op een blauw veld. Onschuldiger is wel niemand ooit aan eenen
leelijken bijnaam gekomen dan die van Franeker aan den hunnen.
Zij dragen hem echter niet alleen. Ook de ingezetenen van
Oudewater, van Delfzijl, van Schermerhorn en van Carolinensyl
(Oost-Friesland) deelen hun lot. Maar bij dezen moet eene andere
oorzaak als te Franeker in het spel zijn; immers op hunne wapenschilden prijkt er geen klok.

Ook andere Friezen, die van 't eiland Ameland, moeten zich
zulk eenen oneerlijken spotnaam laten welgevallen, naar aanleiding van het wapenschild hunner woonplaats. Het wapenschild
van het Ameland vertoont op de eene helft drie balken, op de
andere eene halve maan. Dies noemen de andere Friezen de
Amelanders B a l k e t s j e a v e n, B a l k e d i e v e n, en zingen hen ook
dit spotrijmke toe:

> De Amelander schalken,
> Die stalen eens drie balken,
> 's Avonds in den maneschijn,
> Daarom zal 't hun wapen zijn.

Een schalk en een guit, dat is vrijwel het zelfde, volgens de
hedendaagsche beteekenis van deze woorden. En zoo heeten de
Amelanders niet enkel S c h a l k e n, ze heeten ook G u i t e n. Te
Holwerd, het Friesche dorp aan den vasten wal waar het hoofd-
veer is op het Ameland, waar dus de Amelanders in den regel
eerst voet aan wal zetten, zingt de straatjeugd dien eilanders
toe — in het Friesch natuurlijk:

> De Amelânner Guten,
> Dy komme hjir mei skuten:
> Hja geane foar de finsters steau
> En kypje troch de ruten.

Voor eenen Amelander is Holwerd, wat voor eenen Holwerder
Leeuwarden is, voor eenen Leeuwarder Amsterdam, voor eenen
Amsterdammer Londen. Als een Amelander jongmensch voor het
eerst aan den vasten wal komt, ziet hij daar zoo veel, dat zijne
nieuwsgierigheid grootelijks opwekt. Hij kan zich niet bedwingen,
en, gewend als hij is aan het vertrouwelijke, ongedwongene,
gemeenzame verkeer van de menschen onderling op zijn eiland,
gaat hij ook te Holwerd al te vrij voor de ramen der ingezetenen
staan om naar binnen in de kamer te turen.

Die van Workum heeten B r ij b e k k e n. De uitlegging van den
oorsprong van dezen spotnaam is tweeërlei. Sommigen meenen, dat
er van ouds onder de Workumers steeds velen geweest zijn,
die de letter *r* niet wel konden uitspreken, die dus behept
waren met het spraakgebrek dat men in Friesland *brijen*, en in
Holland brouwen noemt; en dat men deswegen den Workumers
den spotnaam van B r ij b e k k e n gegeven heeft. Anderen denken
eenvoudig aan eene bijzondere liefhebberij der Workumers voor
het eten van brij. Welke van deze twee meeningen nu de ware
is, moet ik in het midden laten. De eene reden is zoo waarschijnlijk of zoo mogelijk, als de andere. Onder de Friezen,
vooral onder de Friesche stedelingen, zijn er steeds velen voor
wie de goede uitspraak der letter *r* een struikelblok is —
meer in aantal dan elders in de Nederlanden het geval is. Wijl
dit spraakgebrek veelal erfelijk is, van ouder op kind overgaat,
zoo kan het zeer wel zijn dat er een tijd geweest is, waarin
een groot deel der Workumers *brijde*. En aan den anderen kant,
brij, de bekende melk- en meelspijze, is steeds eene zeer
algemeen en dagelijks gebruikte spijze bij het Friesche volk
geweest; en is dit nog.

De Workumers deelen hunnen spotnaam met de Zwollenaars.
Immers de inwoners van Zwolle, ofschoon meest als B l a u w-
v i n g e r s bekend, moeten zich toch ook den spotnaam van
B r ij b e k k e n laten welgevallen. En bij de Zwollenaars behoeft
men niet te twijfelen of hun spotnaam B r ij b e k k e n van het

brijen of gebrekkig spreken herkomstig zij, dan wel van de bekende volksspijze. De Zwollenaren *brijen* schier allen. Te Zwolle zijn duizenden menschen, die de *r* niet goed uitspreken; 't zij dan dat deze gebrekkige uitspraak veroorzaakt wordt door eenig aangeboren gebrek aan de spraakwerktuigen — 't zij dat bij dit *brijen* eenvoudig nabootsing van anderen, of eenvoudig gewoonte in het spel is. In der daad zijn er duizenden Zwollenaars die, als ze in Holland zijn, of met Hollanders spreken, of anderszins bij andere gelegenheden eens niet hunne aangeborene stadstaal willen spreken, maar Hollandsch, — alsdan volstrekt niet *brijen*. Maar die anders, als ze in hunne eigene stad zijn, of elders met stadgenooten spreken en dus hunne eigenlijke, aangeborene, hunne ware moedertaal spreken, terstond weer in die zonderlinge uitspraak vervallen. Zulk een echte Zwollenaar zal in het eerste geval heel duidelijk b.v. Overijssel zeggen, en in 't andere geval zoo ongeveer *Ovechüssel (Ovech-üissel)*.

Hindeloopen en Staveren zijn twee hoogst merkwaardige stedekens. Hindeloopen, wegens talrijke bijzonderheden en eigenaardigheden in de taal, de kleeding, de zeden en gebruiken der ingezetenen, waardoor ze zich van andere Friezen onderscheiden. En Staveren, omdat het in de middeleeuwen eene welvarende, wijd vermaarde handelstad was, als 't ware de poorte des lands — ja meer! omdat het, volgens de overlevering, de woonplaats is geweest der Oud-Friesche koningen, omdat het de oudste hoofdstad is geweest van het Land tusschen Flie en Lauwers. Het is wel opmerkelijk dat de eigenaardigheden van het bijzondere Hindeloopen en van het Oud-Friesche Staveren als 't ware eenen weêrklank gevonden hebben in de spotnamen, waarmede andere Friezen de ingezetenen dezer steden noemen. Immers is (of was althans voor een 50-tal jaren nog) de spreektaal der Hindeloopers, ofschoon oorspronkelijk goed Oud-Friesch, toch voor andere Friezen ten deele onverstaanbaar, althans moeielijk verstaanbaar, — hunne spotnamen (want ze hebben er wel drie) zijn dit ook. Ik vind als spotnamen der Hindeloopers aangegeven, volgens HALBERTSMA T h j e u n k e n of T j e e u n k e n (WALING DYKSTRA spelt T j e u n k e n en zelfs T h é - u n k e n) en T h j o a t e n of T s j o a t e n. Deze namen zijn bij het tegenwoordige geslacht niet meer in gebruik. Ik weet niet wat ze beteekenen, noch ook wat hun oorsprong is, en niemand heeft mij dit ook kunnen verkondigen, al hoe dikwijls ik er naar gevraagd, of er anderszins onderzoek naar gedaan heb. Ook W. P. DE VRIES, in zijnen *Lapekoer trochskodde* (Deventer, 1895), schrijft er van: „Ik haw in bulte war dien om to witten to kommen hwat dizze wirden bitsjutte, mar it wier om 'e nocht."

De spotnaam van de Hindeloopers, heden ten dage meest in gebruik, is Uilen (*ûlen* in het Friesch, *ulen* in den tongval der stedelingen); sommigen echter zeggen *hûlen*, of *huwlen* volgens HALBERTSMA's spelling. Deze tweeërlei uitspraak is bij de nog Friesch sprekende Friezen zeer vreemd, en komt anders nooit voor, tenzij dan bij de Schellingers. Immers de letter *h* pleegt in den mond der Friezen wel goed vast te staan, en geenszins te wankelen, zooals bij Vlamingen en Zeeuwen, bij Flielanders en Zwollenaren en sommige andere Nederlanders. En waarom de Hindeloopers dan *ûlen* moeten heeten, of anders *hûlen*, heb ik ook niet kunnen uitvorschen. Inderdaad, het schijnt wel of de Hindeloopers altijd en in alles iets bijzonders moeten hebben, of iets vreemds. Het gaat niet anders!

De lieden van Staveren, die oude Friezen, heeten Ribbekliuwers — en dit is een naam, dien ik niet met een enkel woord verdietschen kan. Bij hunne wedstrijden in het schaatsrijden, rijden de Friesche *hirdriders* in voorover gebogene houding (*mei de noas op 't iis*, zooals de term luidt), al roeiende met de armen, alsof dit molenwieken waren, met korte, krachtige, krassende streken, geenszins met lange, sierlijke zwaaien, maar schier rennende, scharrelende voort; en deze voor 't oog zoo leelijke, maar snel vorderende wijze van schaatsrijden heet in het Friesch *kliuwe*, volgens den tongval der stedelingen *klouwe*. Oudtijds, in overoude tijden, toen de hedendaagsche, maar ook reeds zeer oude ijzeren, in hout gevatte schaatsen nog niet bekend en in gebruik waren, reed men op het ijs, op beenderen, op pijpbeenderen uit de pooten, of ook op de ribben van het rund. Zulke runderbeenderen, die den ouden Friezen als schaatsen hebben gediend, glad afgeslepen op hunnen vlakken kant door het schuren over 't ijs, en met gaten doorboord, waar men de riemen door stak, die dienden om ze aan den voet te bevestigen, vindt men nog wel in Friesland in den bodem. Bij het slatten van vaarten en stroomen, bij het afgraven van terpen, komen ze nog wel aan den dag. Natuurlijk was er, bij het gebruiken dezer beenderen-schaatsen geen sprake van schaats- rijden in den hedendaagschen zin met bevallige draaien, met zwierige zwenkingen en zwaaien. Het kan niet anders dan een onbevallig en onbeholpen *kliuwen* geweest zijn. Al is het nu eeuwen en eeuwen geleden, dat de oude Friezen zich met zulke runder-pijpbeenderen en runderribben op het ijs behiel- ·pen, de heugenis aan deze zaak is nog steeds 'bij het Friesche volk in leven gebleven, zoo als blijkt uit eene spreekwijze, nog heden in zwang. Een overmoedige Friesche schaatsrijder daagt nog wel, al spottende en snoevende, eenen anderen uit, in wedstrijd tegen hem te rijden om het hardst of snelst, daar- bij aanbiedende dat de tegenpartij op gwone ijzeren schaatsen mag rijden, hij zelf daarentegen het wel op koeribben zal doen. Zoo daagt ook, in het overschoone gedicht van Dr. E. H. HALBERTSMA, *De Winter yn it Wetterlân*", een overmoedige Friesche jongeling, Worp met name, de Groningerlanders uit, tegen hem te rijden:

> »Sa geide do d'útlitt'ne Woarp:
> 'k Wol ride om liif en libben,
> 'k Wol tsjin de bèste út jimm' doarp,
> Den ik op koueribben." [1]

En ook uit den spotnaam der inwoners van Staveren, R i b b e- k l i u w e r s, blijkt het gebruik dat de oude Friezen van zulke beender-, van zulke ribbeschaatsen hebben gemaakt. Onder de Friezen die in de vijfde eeuw, met Sassen en Angelen, in Brittanje hunne volkplantingen stichtten, was dit rijden of *kliuwen* op beenderschaatsen natuurlijk ook in gebruik; en zelfs heeft het, onder hunne nakomelingen, de Engelschen, nog stand gehouden tot in het laatst der vorige eeuw. Immers Dr. J. H. HALBERTSMA deelt ons mede: „Het schijnt dat men in Friesland eertijds ook gebruik maakte van koeribben; althans de zwetsers op het ijs, om hunne minachting ·voor het rijden van eenen mededinger

---

[1] Zoo schreeuwde toen de uitgelatene Worp:
Ik wil rijden om lijf en leven,
Ik wil tegen den besten uit ulieder dorp,
Dan ik op koeribben.

uit te drukken, nemen aan op koeribben tegen hem op ijzeren
schaatsen om snelst te rijden. En deze gissing is mij tot zekerheid geworden, toen de bedaagde pedel van het antiquarisch
kabinet te Newcastle mij verhaalde, dat hij in zijne kindsch-
heid op koeribben gereden had." [1]

Slooten is de laatste en de kleinste der Friesche steden, en
de inwoners van dit stadje hebben geenen bijzonderen spotnaam.
Toch blijven ze van spot niet vrij. Integendeel! De gebruikelijke
hoeveelheid hoon en smaad wordt hun door de andere Friezen
rijkelijk toegediend in een vierregelig rijmke.

Men verhaalt dat een gezelschap vroolike en overmoedige
jongelingen (*en espel búsfeinten*), met elkanderen, des avonds laat,
den koster van de kerk te Slooten een bezoek bracht, en den
man zoo onthaalde op meêgebrachten sterken drank, dat hij daar
dronken van werd, ja zich aanstelde alsof hij stapel gek was.
Dit werkte aanstekelijk op het jonge volkje. Zij ontnamen den
man den sleutel van den kerktoren, klommen in den toren naar
boven, en verstelden het uurwerk, zoo dat het te middernacht
zes ure zoude wijzen en slaan. Toen weer naar beneden gaande,
vonden ze beneden in den toren, in het vertrekje dat den nacht-
wachter van het stedeke tot verblijfplaats diende als hij zijne
ronde had gedaan, dien man slapende. Zij namen zijnen ratel,
waarmede hij op zijne ronde het uur verkondigde, al zingende:
tsien úre hat de klok! en verstaken dien, waar de man hem
niet zoude kunnen vinden. Ook, van kwaad tot erger vervallende,
namen zij zijnen toethoorn, waarmede hij den dageraad verkondigde, en de burgerij wekte (des winters te zes ure), en deden
daarin iets wat er volstrekt niet in behoorde. Toen maakten ze
door eenig gedruisch den man wakker. Hij hoorde daarop de
torenklok zes ure slaan, en geheel verbijsterd denkende dat hij
den geheelen nacht doorgeslapen had, wilde hij zijnen ratel
nemen, en vond dien niet; nam zijnen hoorn, en wierp dien vol
afschuw weer weg; ging naar den koster, en vond dien gek
van dronkenschap. In vertwijfeling holde hij de straat op,
roepende:

---

[1] Dr. J. H. Halbertsma, *Ringmunten en oorijzers*, in *Overijsselsche Almanak voor
Oudheid en Letteren*, 1853.

Boargers fen Sleat, stean op! it is dei;
De hoarn is fol skyt, en de rottel is wei,
De koster is gek, en de toer is mal,
Ik wyt net hwet ik roppe sal!

Met dit rijmke worden nu nog steeds de ingezetenen van
Slooten geplaagd, alsof zij het kunnen helpen dat het oudtijds
eens zóó is toegegaan in hun stadje.

Hebben we hiermede de spotnamen van de elf steden van
Friesland (en nog van een Friesch eiland op den koop toe)
afgehandeld, thans zijn die van de Friesche dorpen en vlekken
aan de beurt. Het aantal dorpen in Friesland is zeer groot;
maar onder die dorpen zijn er dan ook velen die zeer klein
zijn. Volgens de volksmeening zijn er 365 dorpen in Friesland:
„sa folle doarpen as der dagen yn 't jier binne", zegt men. En
het getal spotnamen is weinig kleiner dan het aantal dorpen is;
immers schier ieder dorp in Friesland heeft zijnen spotnaam. In
der daad zijn er in geen ander Nederlandsch gewest zoo vele
spotnamen bekend en in gebruik als juist in Friesland. Dr. J. H.
HALBERTSMA zegt van deze zaak: „Dit sit yn 't Frysce laech om
„eltsjoar to narjen mei bynammen, dorp tsjin dorp, ind stæd
„tsjin stæd. De Anglen ind Angelsaxen hienen dat eak hiem,
„ind de scrandre Kemble het yn Sept. 1845 ien geleard stik
„foarlæzen yn it Archaeological Institute of·Great Britain to
„London, oer de by- ind sceldnammen, dy de Angelsaxen
„eltsjoar joegen." De Friezen zijn dus met hunne spotnamen in
oud en goed gezelschap.

Maar al zijn die spotnamen ook al oud en volkseigen, ze
strekken juist niet ter beschavinge des volks, noch ook ter
bevordering van vrede en eendracht, van goede verstandhouding
en vriendschap. WALING DYKSTRA schrijft hiervan: „Overal waren"
(oudtijds in Friesland) „befaamde vechtersbazen, die snoefden op
„hunne kracht en dapperheid, en door velen werden gevreesd.
„De feesten waar 't jonge volk samenkomt om pret te hebben,
„bezochten zij met het bepaalde doel om te vechten. Maar dan
„moest er eerst twist gezocht worden, en hiervoor was gewoon-
„lijk niets anders noodig dan het noemen van den schimpnaam
„waarmeê de inwoners van een dorp gebrandmerkt waren. Een

3

„gezelschap jonge lieden van Menaldum b. v. bezocht de kermis
„te Berlikum, en begon daar in de herberg, ten aanhoore van
„de aanwezigen, te zinspelen op het konsumeeren van honden.
„De Belkumers verstonden dat, en kwamen spoedig tot het
„besluit dat die Menamer Beren voor hun geschimp eens duchtig
„dienden afgerost te worden. Zoo ontstond niet zelden een
„allerbloedigst gevecht, dat voor de belhamels correctioneele
„gevangenisstraf ten gevolge had."

In bonte rij wil ik die dorps-spotnamen hier opnoemen (voor
zooverre ze mij bekend zijn — immers daar zijn er zekerlijk nog
veel meer). Zoo heeten de ingezetenen van Berlikum H o u n e f r e t-
t e r s (Hondevreters), bij verkorting H o u n e n (Honden). Ook die
van Peasens moeten den hondennaam dragen, maar dan in
verkleinvorm; men noemt ze Peasumer H o u n t s j e s (Hondtjes),
in tegenstelling met hunne buren, die van Wierum, die men
K a t s j e s (Katjes) noemt. Honden en katten behooren bij elkanderen,
even goed of even kwaad, als Peasumers en Wierumers, beide
visscherliën op de Noordzee, dus vrienden of vijanden al naar
het valt, medestanders tegenover de boeren van Ternaard en
Anjum en Metslawier, maar onderling tegenstanders. De Wie-
rumer K a t s j e s hebben hunne naamgenooten in de bewoners van
het dorp Winaldum, en in die van Baard, die beide K a t t e n
heeten. Bij de katten noemt men zoowel de ratten, als in 't
bovenstaande geval de honden. Dies heeten dan de ingezetenen
van Midlum, het dorp dat het naaste bij Winaldum ligt, R o t t e n.
Men heeft van deze Winaldumer Katten en Midlumer Rotten
zelfs een volksgezegde, dat eigenlijk een raadsel is, maar waarvan ik de oplossing niet weet:

> De Winamer Katten
> Jeye de Mullumer Rotten
> Troch de Harnser kloksgatten.

Verder heeten de ingezetenen van Warga B r ê g e b i d l e r s
(Bruggebedelaars), even als die van Heeg, omdat in deze
plaatsen op de bruggen tol placht geheven te worden. Die
van Oldeboorn heeten T o e r m j i t t e r s (Torenmeters) en die
van Tzum L y n t s j e s n i d e r s (Lijntjesnijders); deze twee namen
staan met elkanderen in verband, zoo als verder in dit opstel zal worden aangetoond. Die van Ureterp heeten O a n-

breide Hoasen (Aangebreide Kousen), en die van Eernewoude Luzeknippers. Dit is een leelijke naam, die de
Eernewoudsters als onzindelijke en vuile menschen voorstelt,
't welk bij de Friezen, die zindelijkheid en reinheid zoo hoog
in eere houden, eene groote blaam is. De Eernewoudsters nemen
het dan ook driedubbel kwalijk, als ze met hunnen bijnaam
genoemd worden, en juist daarom is hun schimpnaam meer
bekend en wordt meer genoemd dan met die van de bewoners.
der naburige plaatsen het geval is. Volgens het volksverhaal
zoude 't geheele dorp Eernewoude zoo dik in 't ongedierte zitten,
dat dit er zelfs den toren bedekt. Als het dan kermis wezen
zal te Eernewoude, en de Eernewoudsters zich zelven, hunne
kleeding en hunne huizen wat opknappen tegen dien tijd, wordt
het ongedierte dan ook vooraf met bezemen van den toren ge-
veegd. En zoo hijschen dan de overmoedige jongelieden uit
Leeuwarden en Grouw, die des zomers, al spelevarende, met
hunne jachten en boeiers op de breede stroomen langs Eernewoude zeilen, wel eenen bezem in den mast van hun vaartuig,
tot eene stilzwijgende beschimping; even als ze des winters te
Bolsward op de gracht wel met oliekoeken op de schaatsen
rijden (zie bladzijde 19 hiervoren). En even als de Bolswarders
door die oliekoeken, zoo worden de Eernewoudsters dan door
dien bezem in den mast, in helle woede ontstoken en tot wraak
geprikkeld, die dan in vervolging en beschimping van de be-
leedigers, en zelfs in vechtpartijen, soms te water, als in een
zeeslag, voldoening eischt en vindt.

De inwoners van Arum heeten Moudekrûpers (Kruipers in
het stof van den weg), en die van de naburige dorpen Pingjum
en Kimswerd noemt men ook wel zoo. Deze bijnaam, die nog
al raadselachtig is, schijnt dus aan den geheelen noordwestelijken
hoek van Wonseradeel eigen te zijn. De ingezetenen van Blija
noemt men Bellefleuren, die van Holwerd Roekefretters
(Roekevreters), die van Marrum Gibben (Wilde duiven, Veld-
duiven), van Hallum Koekefretters (Koekvreters), van
Stiens Rotten (Ratten), als die van Midlum; van Hijum
Skiepebingels (Schapebengels), van Britsum Keallekop-
pen (Kalfskoppen), van Rinsumageest Hounewippers (Honde-

wippers), van Kollum Kattefretters (Kattevreters), van
Ternaard Bargestrûpers (Varkenvilders), van Hantum
Marge-iters (Merg-eters), van Birdaard Skiepekoppen
(Schaapskoppen), van Grouw Tsjiisfordounsers (Kaasverdansers), van Irnsum Katteknepppelders (Katteknuppelaars),
van Akkrum Skytstoelen (men zie de verklaring van dezen
naam verder in dit opstel), van Makkum Strânjutten en
Miigen (ook deze namen worden verder in dit opstel nader
verklaard), van Wirdum Toerkefretters ('Torentjevreters),
van Menaldum Beren, van Finkum Flinters (Vlinders), van
Sint-Jacobi-Parochie Rammevreters, van Sint-Anna-Parochie
Raapkoppen, van Onze-Lieve-Vrouwen-Parochie Wortel-
koppen, van Oude Bildtzijl Vlashalen (Vlasstengels) — deze
vier laatstgenoemde namen worden niet in het Friesch gesproken,
noch door mij geschreven, maar in het Nederlandsch', omdat op
het Bildt, de grietenij waarin deze vier plaatsen gelegen zijn,
niet het Friesch de volksspreektaal is, maar een Oud-Hollandsch,
met Friesch vermengd dialect.

Verder heeten de ingezetenen van Lekkum Mieuwen (Meeu-
wen), van Tietjerk Biizesniders, van Garijp Klitsefretters, van Suameer Samaritanen, van Bergum Koustirten
(Koestaarten), van Oostermeer Broekophâlders (Broekophou-
ders), van Eestrum Oksen (Ossen), van Veenwouden Gleaun-
koppen (Gloedkoppen, Heethoofden), van de Valom, een
gehucht in Dantumadeel, Gnob; van Buitenpost Brimsters,
van Kollumerzwaag Hyngstefilders of Hyngstestrûpers,
(Paardevilders), van de Rottevalle Glêsdragers, van Drachten
Keallestirten (Kalverstaarten) en Bôllen (Wittebrooden), van
Boksum Kneppelders (Knuppelaars), van Beetgum Skierroe-
ken (Bonte Kraaien), een naam dien ze gemeen hebben met die
van Balk; van Dronrijp Sleepsloffen, van Minnertsga Keal-
lebouten (Kalfsbouten), van Lollum Stippers, van Pingjum
Beannehûlen (Boonehullen), van Spannum Eartepûlen
(Erwtepeulen), van Winsum Spinsekken (Spinzakken), van
Baayum Eartepotten (Erwtepotten), van Ooster-Littens Rop-
einen (Roepeenden), van Jorwerd Dweilstikken, van
Weidum Wynhounen (Windhonden), van Hilaard Prommen
(Pruimen), van Molkwerum Tsjoensters (Heksen of Toove-

naars), van Warns S k i e p e l o a r t e n (Schapekeutels), van Woudsend D r i u w p ô l l e n (Drijvende eilandjes — zooals er in de
meren en stroomen rondom Woudsend wel voorkomen), van
Koudum B e a n t s j e s (men spreekt uit: *Bjentsjes*) of ook S i i k e
i e r d a p p e l s (Boontjes of zieke aardappelen); van Achlum
F j û r s k i t e r s, (Vuurschijters), van Idsegahuizen B e a n n e f r e t-
t e r s (Boonevreters), van Gaast O t t e r f r e t t e r s, van de Gaastmeer
B l i j e n, van de Joure K l i e n r o g g e n (kleine, zoete broodjes van
rogge gebakken; aan de Joure bijzonder eigen), van Langweer
D y k w o a r t e l s, (Dijkwortels, een groot en grof soort van wortels
of peeën). Eindelijk de inwoners van het vlek Heerenveen noemt
men P o e h o ä n n e n, dat een bijnaam is voor hoogmoedige en
opgeblazene, veel drukte en beweging makende menschen.

Elke naam, die onder menschen gegeven en gedragen wordt,
heeft eenen oorsprong, eene reden van bestaan, eene beteekenis.
Dit is zonder twijfel ook met alle deze spotnamen het geval,
maar — die oorsprong, die beteekenis is geenszins meer bij
alle namen bekend. Integendeel, het grootste gedeelte dezer
namen is duister van oorsprong en beduidenis. Wie weet er
onder de hedendaagsche Friezen waarom bijvoorbeeld de ingezetenen van Langweer D y k w o a r t e l s heeten, die van Bergum
K o u e s t i r t e n, die van Britsum K e a l l e k o p p e n? Waarom
de Lekkumers M i e u w e n, de Marrumers G i h b e n, de Balk-
sters en de Beetgumers S k i e r r o c k e n heeten? En die van
Arum M o u d e k r û p e r s, van Hijum S k i e p e h i n g e l s,· van
Pingjum B e a n n e h û l e n?

De huislieden te Warns houden, of hielden, veelal een
melkschaap op het erf hunner woning ('t welk trouwens in
Friesland in 't algemeen gebruikelijk is bij de geringe burgerij
ten platten lande); des avonds en des morgens verzamelen ze
de schapekeutels, ten deele om het erf zindelijk te houden, ten
deele om die keutels als mest te gebruiken op de hooge, zandige akkers van hun dorp. Daarom hoont men die van Warns
met den naam van S k i e p e l o a r t e n, (Schapekeutels).

De oude vrouwen te Winsum sponnen oudtijds, en nog in
het begin dezer eeuw, veelvuldig het garen voor de wevers te Franeker; zij brachten dan het gesponnen garen in groote zakken naar

die naburige stad. Dies noemt men de Winsumers Spinsekken. Hoe eenvoudig, hoe huisselijk was toen nog de nijverheid! De wevers betaalden het spinloon aan die oude vrouwen niet altijd in geld. Zij betaalden haar wel met levensbehoeften, met allerlei benoodigdheden des dagelijkschen levens, vooral met het spek van hunne eigengeslachte varkens. Vandaar dat het Friesche volk zulk ruilverkeer, met een aardig, zeker overoud stafrijm noemt: *spek om spinnen.* Hoe eenvoudig, hoe huiselijk was toen nog de handel!

De kermis te Hilaard valt in den tijd dat eerst de pruimen rijp zijn en ter markt komen. Zoo is die smakelijke, bij de Friezen zeer beminde vrucht alsdan veelvuldig te Hilaard te koop, en zoo moeten dientengevolge de Hilaarders het geheele jaar door Promiters (Pruimeneters) of enkel Prommen (Pruimen) heeten. Ook de kermis van Irnsum valt in dien zelfden tijd van het jaar. De Grouwsters trekken dan naar het naburige dorp Irnsum om kermis te houden, en pruimen te koopen; zij noemen de Irnsumer kermis dan ook steeds *Jrnsumer Promm-merk* (Irnsumer Pruimenmarkt — *merke* of *merk* is het Friesche woord zoowel voor kermis als voor markt.)

Maar de eigenlijke spotnaam van de Irnsumers is Katteknep-pelders (Kattenknuppelaars), en ook deze naam hangt met de Irnsumer kermis samen. Oudtijds, en nog in het begin dezer eeuw, bestond eene der zoogenoemde vermakelijkheden, die bij-zonderlijk de Irnsumer kermis den volke bracht, in het katte-knuppelen — een barbaarsch spel van afschuwelijke dierkwellerij, dat met het hondewippen, het aaltrekken en het ganzesabelen thans (ofschoon dan ook nog maar sedert korten tijd), gelukkig volkomen tot het verledene behoort, en nergens meer wordt uitgeoefend. Midden aan een touw, tusschen twee boomen of tusschen de topgevels van twee tegenover elkanderen staande huizen dwars over den weg gespannen, werd een biertonnetje bevestigd, waarin men eene kat besloten had. Door het spongat kreeg de kat lucht, en uit het spongat klonken weldra hare angstkreten omhoog. De jongelingen en jonge mannen, om hunne vaardigheid in het mikken te toonen, smeten dan met knuppels naar het hangende tonnetje. Wien het gelukte met zijnen knuppel eenen van de niet al te vast bevestigde bodems van het tonnetje uit te smijten, of anders te verbrijzelen, had het spel en den

uitgeloofden prijs gewonnen. Als de bodem uitgesmeten was,
sprong de arme, verbijsterde kat uit het tonnetje, en kwam,
naar kattenaard, veelal ongedeerd, ofschoon in doodsangst, op
hare vier pooten, op den weg terecht, onder het gejuich der
knuppelaars en der toeschouwers, die haar nog menigen knuppel op hare vlucht nasmeten. Men begrijpt, de oude moedertjes
te Irnsum hielden tegen den tijd dat de kermis kwam, wijsselijk
hare poesjes in huis opgesloten.

Naar eene soortgelijke, als vermakelijkheid geldende diere-
mishandeling dragen ook de ingezetenen van het dorp Rinsumageest hunnen spotnaam, die in deze gevallen wel een schande-
naam heeten mag. Als het kermis was te Rinsumageest — eene
van ouds vermaarde kermis, waar de lui uit de Dokkumer-
wouden en uit Dokkum in groote scharen heentrokken — had
men op den voormiddag van den dag, voor de feestelijke (?)
hondewipperij bestemd, alle honden die men machtig kon
worden, in eene schuur bij elkanderen verzameld. Dan gingen
twee jongelingen tegenover elkanderen aan weêrszijden van den
dorpsweg staan, midden in het dorp, voor de herberg. Zij
hielden een zeel of reep (platgevlochten touw) strak gespannen
laag over den weg. Langs beide zijden van den weg tusschen
de schuur en de herberg, stond het volk in gesloten gelid ge-
schaard. Dan werden de honden uit de schuur losgelaten, een
voor een, en tusschen de dubbele menschenhaag door over het
gespannen zeel gejaagd, waarbij de arme dieren door het gegil
der wreede menschen geheel verbijsterd werden. Op het oogen-
blik dat de hond over het zeel liep of sprong, werd dit plot-
seling met eenen forschen ruk omhoog getrokken, zoodat de
hond met kracht omhoog geslingerd, gewipt werd, soms zeer
hoog, hoe hooger hoe mooier — om daarna, al jankende, met
een smak weêr op den weg neêr te vallen, en soms, anders
als de katten te Irnsum, pooten, ribben of nek te breken.
WALING DYKSTRA vermeldt dat er bij dit feest eene vlag, waar
de hondewipperij op afgebeeld stond, uit de herberg hing, en
dat, naar hij meende, die vlag nog in 1882 te Rinsumageest
bewaard werd. Naar dit wreede spel, dat nog omstreeks de
helft dezer eeuw alle jaren met veel omhaal en drukte op de
kermis te Rinsumageest vertoond werd, dragen de ingezetenen

van dat dorp nog heden hunnen bijnaam Hounewippers.

De kerktoren van het dorp Tzum is zeer hoog; volgens de volksmeening is hij de hoogste toren van Friesland. De hooge toren van de oude Sint-Martens-kerke in het naburige Franeker is eene Deventerkoeks-lengte lager, zegt het volk. In de 17[le] eeuw zoude te Oldeboorn een nieuwe kerktoren gebouwd worden. In dat groote en schoone, van ouds reeds aanzienlijke dorp wilde men nu ook eenen bijzonder fraaien toren bij de kerk hebben; en niet alleen de fraaiste — het moest ook de hoogste toren van Friesland worden, hooger nog dan de Tzummer toren. De Boornsters vaardigden dus twee man uit hun midden af naar Tzum, om den Tzummer toren te meten, ten einde daarnaar het bestek van hunnen eigenen nieuwen toren te kunnen maken. Die Boornster mannen maten dan ook den Tzummer toren, en berekenden zijne hoogte, en, toen ze daarmede klaar waren, gingen ze in de herberg te Tzum wat rusten en zich verkwikken met spijs en drank, eer ze weêr op de t'huisreis gingen naar Oldeboorn. Maar de Tzummers, die de eere van hun dorp niet wilden prijsgeven, de eere van den hoogsten toren des lands te hebben, sneden onderwijl in de herberg listiglijk een paar ellen af van het touw (*it lyntsje*, lijntje), dat de Boornsters als toren-maat mede naar huis nemen wilden. De Boornsters bemerkten niet, hoe de Tzummers hun, in den letterlijken zin des woords, te kort gedaan hadden; zij kwamen met de maat van den Tzummer toren t'huis (met de goede maat, zoo ze meenden), en bouwden in hun dorp eenen nieuwen toren, die nog eene el hooger was, als hunne maat aangaf. En een fraaie toren met opengewerkte spits was het, ook een hooge toren — en zoo staat hij nog heden ten dage, een sieraad van het dorp Oldeboorn. Ja, maar in stede van de hoogste toren van Friesland te zijn, hooger dan de Tzummer toren, was hij intégendeel nog eene el lager. In het begin hielden de Tzummers zich stil. Maar toen de Boornster toren kant en klaar was, brachten ze, vol vermaak in het leed van anderen, zelve hun schelmstuk uit.

Sedert heeten die van Oldeboorn Toermjitters (Torenmeters), en die van Tzum Lyntsjesniders.

De ingezetenen van het dorp Grouw hebben den naam van een vroolijk en levenslustig volkje te zijn, en gaarne, als het pas of ook geen pas geeft, eens een deuntje te dansen. Oudtijds was daar eens een gezelschap jongvolk bijeen, en, wijl er juist dien dag een reizende speelman in het dorp gekomen was, die daar ook overnachten zoude, zoo brachten de jongelui dien man in de herberg, en weldra kwamen de beenen van den vloer, en draaiden en zwaaiden ze lustig rond. De speelman moest betaald worden, en dat deden de Grouwsters ook. Maar zij hadden nog van dansen niet genoeg; al weêr en al weêr moest de speelman vedelen, tot laat in den avond, tot middernacht. Eindelijk had niemand van het gezelschap nog geld in den zak, om den vedelaar te betalen. Maar een van de jongelingen, de zoon van eenen kaaskoopman, wist wel raad. Hij haalde uit zijns vaders pakhuis eene groote nagelkaas, om die den speelman als loon te geven. Deze nam daarmede gaarne genoegen — maar of de vader, des anderen daags, toen het geval uitkwam, dit ook deed, meen ik te moeten betwijfelen.

En sedert heeten de Grouwsters Tsjiisfordounsers, Kaasverdansers.

In der daad is men te Grouw, spoediger dan wel elders in Friesland, klaar met een dansje. In de jaren 1864 en '65, toen ik als levenslustig jongeling veel te Grouw verkeerde, en onder de *Grouster fammen* eene trouwe verloofde, eene lieve bruid had, werd daar veel gedanst bij 't gezellig samenzijn van het jongvolk, en het devies *Efternei dounsje*, in Friesland zoo bekend, werd daar toen strijk en zet toegepast bij elke feestelijke volksbijeenkomst, van welken aard ook. Eens op eenen avond in den laten herfst zat ik te Grouw in de herberg, met eenen vriend, die mijn gast was, student als ik. Jongelingen, jonge mannen uit de Grouwster burgerij, boerezonen, schippers-*feinten*, ook een paar matrozen (*bûte-farjers*), waren daar, gul en vroolijk en eerbaar, gezellig met ons vereenigd. De piano werd tusschenbeiden door den eenen of den anderen bespeeld, en menig Friesch liedje („It wier op in Simmerjoun", „Forjit my net, as bolle wyntsjes waeye", en vooral „De Bolseter-" en „De Snitser-Merke") werd er helder op gezongen. Daar zaten ook een paar bejaarde schippers, en ook dezen werden door de algemeene vroolijkheid aangestoken. Een van deze twee, een oorbeeldige oude waterrot, met nog lustig schitterende oogen in

't gelaat, dat door weêr en wind gebruind en gerimpeld was,
sprong op, en vertoonde ons den Zevensprong. Hij zelf zong het
deuntje, dat daar bij behoort:

> ›Hestou wol 'ris heard fen de saune, de saune?
> Hestou de saunsprong wol 'ris dounsjen sjoen?"

„Da's ien, da's twa, da's trije, da's fjouwer, da's flif, da's
seis, en da's saun!" en poemp! sloeg hij met het voorhoofd op
den vloer — en boem! daar stond de zestigjarige met een sprong
weêr overeind, lenig en vlug als een jongeling, onder 't gejuich der omstaande Tsjiisfordounsers.

En dan wordt er, reeds van oudsher, nog gezegd: „Frisia
non cantat, non saltat," Friesland zingt niet en springt niet!

Het was een alleraardigst tooneeltje uit het Friesche volksleven van den goeden, ouden tijd. [1] En waar vindt men dat nu
nog zoo in onzen kwaden, hedendaagschen tijd?

Die van Akkrum hebben eenen bijzonderen, geenszins mooien
spotnaam: Skytstoelen heeten ze.

Van ouds heet zeker meubel, eene soort van stoel, waar men
kleine kinders in zet, op z'n platst uitgedrukt: *skytstoel*, in betrekking op het ronde gat, dat in de zitting is, en dat tot zeker
bijzonder doel dienstig is. Later, ook nog in deze eeuw, noemde
men in Friesland zulk een meubel gewoonlijk *kakstoel*; dat
was al wat fatsoenlijker. Thans is men al weer een graad
fatsoenlijker geworden, en zegt men meest *tafelstoel*. Hebben
de Akkrumers oudtijds misschien zulke *skytstoelen* eerder of
meer in gebruik gehad voor hunne kinderen dan andere Friezen?
Of waren juist de Akkrumer *skytstoelen* bijzonder mooi, of
anderszins bijzonder — en is alzoo de spotnaam der ingezetenen
van dat groote en fraaie dorp te verklaren. Wie zal 't zeggen!

Opmerkelijk is het dat er nog zulk een Oud-Akkrumer
skytstoel is overgebleven, en tot op den dag van heden (immers nog voor twee jaar) aan den tand des tijds ontsnapt. Een
handelaar in oudheden, op z'n mooist „*antiquaire*" genoemd,
te Amsterdam, had toen nog zulk een meubelstuk in zijn bezit;
— Oud-Friesch model, zooals ik er in mijne jeugd nog velen

---

[1] Zie mijn werk *Oud Nederland* ('s-Gravenhage, 1888), bladzijde 327.

in Friesland heb gezien. Maar deze stoel was zeer bont van verwe, en er was een rijmke op geschilderd, achter op de *bekkeling* (ruggeleuning). Dit rijmke:

> In ' t jaer 1710
> Werd ick voor het eerst gesien,
> Ick was vercierd al nae behooren
> Als kackstoel voor den eerstgeboren
> Uyt de houwlickstrou
> Van Geert Ackrum en syn vrou.

De man die hier genoemd wordt, had geen eigenen geslachts-naam, zooals vele Friezen uit den geringen boeren- en burger-stand, in die tijden. Hij was een Geert Sjoukes, een Geert Bonnes, een Geert Hylkes, een Geert Folkerts of zoo iets, maar bij deze gelegenheid schreef hij zijnen naam, deftig, als Geert Ackrum, omdat hij een Akkrumer was, te Akkrum woonde. Zoo iets gebeurde in die tijden, en ook later, tot den jare 1811 toe, wel meer, en is de oorsprong van menigen hedendaagschen geslachtsnaam. [1]

Welk een huisselijk, welk een aardig tafereeltje wordt ons door dit eenvoudige en ongekunstelde, maar geenszins onbeval-lige rijmke als voor de oogen getooverd. Een jonge vader, trotsch op zijnen eerstgeborenen, verrast zijn wijfje, op den eersten verjaardag van hun kindje, van hun kroonprins, met eenen nieuwen, fraaien, misschien door hem zelven gemaakten, door hem zelven met een eigengemaakt „vaers" beschilderden tafel-stoel, dien hij ten overvloede, in de vroolijke stemming van zijn hart, voor dit huisselijke feestje nog bijzonder versierd had met groen en bloemen — zeker wel met palmgroen, dat in de 18de eeuw in geen enkel tuintje ontbrak, met papieren bloemen en met klatergoud — „vercierd al nae behooren". En hoe aar-dig wordt het kindje aangeduid, de kleine Sjouke of Bonne of Hylke of Folkert Geerts, als de „eerstgeboren uit de huwelijks-trouw van Geert Ackrum en zijn vrouw." Een tafereeltje van een-

---

[1] Bij voorbeeld, van de hedendaagsche geslachtsnamen Akersloot, Medemblik, Wijde-nes, Beets, Barsingerhorn, Schermerhorn, Schagen, Opperdoes, Dokkum, Deinum, Hinloopen, Hoogeveen, Barneveld, Eibergen, Pijnacker, Oosterwijk, Steenbergen, Muntendam, Goudriaan, Valkenburg, Hoogstraten, Leuven, en vele anderen. Bijzonder-lijk in Noord-Holland is deze soort van namen veelvuldig vertegenwoordigd.

voud, van ongekunstelde en zeker dankbare blijdschap, van waar huwelijksgeluk. O rijkdom van zegen, *waer soo de liefde viel!*"

De ingezetenen van Makkum, een groot dorp of vlek aan de Zuiderzee (eigenlijk aan het Flie), waar van ouds handel en scheepvaart en nijverheid tierden, zijn zoo rijk als die van Leeuwarden. Even als die, hebben ook de Makkumers twee spotnamen; men noemt ze zoowel Makkumer Miigen als Makkumer Strânjutten.

Deze laatste benaming is eigenlijk een scheldnaam. Een strand-jut is een strandroover, iemand die bij nacht en ontijd, bij stormweêr, langs het strand loopt, om alles wat uit zee aanspoelt, vooral allerlei goed van gestrande schepen, lading en wrakstukken, ook kisten en kleedingstukken der schepelingen zich wederrechtelijk toe te eigenen; een man die, als hij kan, zich zelfs niet ontziet om den armen schipbreukeling, die nog levend het strand bereikt, te berooven, of zelfs hem te dooden, om geen getuige van zijne schanddaad in dien man te hebben — in stede van hem hulp en bijstand te verleenen. Van ouds her strandden er jaarlijks wel Friesche schepen, die naar de Oostzee voeren om graan en hout te halen, op de westelijke kust van Jutland. De Jutten nu hadden den naam, en de daad ook, zich veelvuldig aan strandrooverij, in bovengenoemden zin, schuldig te maken. Menig Friesch zeeman heeft schip en lading, geld en goed, ook wel 't vege leven, op de Jutsche kust, in handen der Jutsche strandroovers moeten laten. Geen wonder dat de *„Strân-jutten"* bij de Friezen fel gehaat waren.

Het schijnt dat er oudtijds ook onder de Makkumer ingezetenen sommigen waren, die zich aan strandrooverij schuldig maakten, en dat men deze Makkumers, in navolging van den naam der Jutsche roovers, ook Strandjutten heeft genoemd.

De andere bijnaam van de Makkumers heeft geen oneerlijke beteekenis, maar geeft integendeel eervol getuigenis van den trouwen, Frieschen zin, op het gebied der taal, die den Makkumers eigen is.

Een Oud-Germaansch woord heet „maag" (oudtijds *maegh*) in het Nederlandsch, en *müch* (*miig*, *myg*) in het Friesch, en beteekent bloedverwant in het algemeen, in 't bijzonder neef, soms ook kleinzoon. Zoo beteekent ook het Latijnsche woord *nepos* [1] zoowel kleinzoon als neef (broeders of zusters zoon). In het Nederlandsch is het woord *maag*, op zich zelven en in deze beteekenis, schier volkomen verouderd, maar het leeft toch nog in het woord *maagschap*, verwantschap, waarvoor vele verbasterde Nederlanders heden ten dage liever de Fransche woorden *famille* en *parentage* gebruiken, die ze dan tot *familie* en *parmentasie* verknoeien. Het woord maag leeft ook nog in de uitdrukking „met man en maag", waaronder men iemands geheele verwantschap en aanhang verstaat. Dit „man en maag" wordt heden ten dage ook veelvuldig verbasterd tot „met man en maagd", en tot „met man en macht", ja zelfs tot „met mannemacht", omdat men het oorspronkelijke woord niet meer kent.

Met *müch*, de Friesche weêrga van het Nederlandsche woord maag, is het al niet veel beter gesteld. Ook dit woord is heden ten dage uit den mond des Frieschen volks (met uitzondering van de Makkumers) verdwenen. Maar de Friezen, die geene vreemdelingen zijn in hunne eigene geschiedenis, kennen dit woord nog uit het antwoord: *Ja, Wibe-müch!* dat Swob Sjaardema, de weduwe van Jarich Hottinga, dat valsche wijf, aan haren neef Wibe Sjoerds Sirtema thoe Groustins gaf op zijne vraag *Swob-nift! is 't lauwa?*, toen zij dien neef Wibe, ten jare 1580, met leugentaal lokte op de brug van haren burcht Hottinga-hûs te Nijland, en hem daar verraderlijk door hare krijgsknechten gevangen nemen liet. En zelfs in de 17de en in de vorige eeuw was 't woord *müch* nog in de spreektaal der Friezen in gebruik. GYSBERT JAPICX gebruikt het nog een en ander maal in zijne gedichten; b. v. *Lolcke myg*, Neef Lolke; ook in de vermaning, die *Haytse-yem*, Oöm Haitse, zijnen neef *Nijzgierige Jolle* toedient:

> »Tinkste it tygge oer, foare in ney,
> Fen dy salm, Myg! rinste wey."

(Bedenkt Gij het ter dege, voor en na, van U zelven, Neef! loopt Gij weg — 't is te zeggen: Gij krijgt eenen afkeer van U-zelven.) Ook EELKE MEINDERTS gebruikt dit woord nog in dezen

---

[1] Van dit Latijnsche *nepos* is het Fransche *neveu*, en van dit Fransche *neveu* weer het Engelsche *nephew* afgeleid, terwijl de Hoogduitsche en Nederduitsche en Nederlandsche woorden *Neffe*, neve en *neef* met *nepos* uit den zelfden taalwortel ontsproten zijn.

zin, in zijn bekend volksboek *It libben fen Aagtsje Ysbrands*, ge-
dagteekend van 1779.

Maar, is dit Oud-Friesche woord elders al uit den mond des
volks verdwenen, de Makkumers hebben het in stand gehouden,
en gebruiken het nog heden ten dage, vooral ook als vorm van
aanspraak, bij jongelingen en jonge mannen, waar men elders
in Friesland *heite!* zegt, of *jù!*

En dit oude en goede gebruik, nog getuigende van den
bloeitijd onzer tale, strekt den Makkumers tot eere, maar het
heeft hun ook, bij de andere Friezen, den spotnaam M a k k u-
m e r M i i g e n bezorgd.

Ook in den spotnaam der ingezetenen van Suameer speelt
taalkunde eene kleine rol. De naam van dit dorp is in het
Friesch *Suamar*, eene samentrekking van den oorspronkelijken,
volledigen naam *Sudera-mar*, dat is in het Nederlandsch Zuidermeer. Het dorp draagt dezen naam omdat het ligt bezuiden
de Bergumermeer, de bekende groote meer bij het dorp Bergum.
De naam *Suderamar*, *Suamar*, Suameer (Zuidermeer) staat in
tegenstelling met dien van het dorp *Eastermar*, Oostermeer, dat
beoosten de Bergumermeer ligt, en met dien van het gehucht *Noar-
dermar*, Noordermeer, dat benoorden die meer gelegen is. De naam
Suamar, zooals de geijkte Friesche schrijftaal eischt, wordt in de
dagelijksche spreektaal der Friezen nog nader ingekrompen tot
Samar, *Sumar*, *Semar* (met toonlooze *e*, en den klemtoon op
mar). Van *Samar* tot Samaria, de naam van eene stad en van eene
gouw in het oude Palestina, is, op den klank af, geen groote
stap; in scherts komt men er geleidelijk toe den Frieschen met
den Bijbelschen naam te zamen te brengen. *Samar* dan eenmaal
Samaria genoemd zijnde, moest men er wel geleidelijk toe
komen om de ingezetenen van *Samar* Samaritanen te noemen.
Zoo berust de spotnaam der Suameerders op eene letter- en
woordspeling, in scherts bedacht.

Lollum is een klein dorp in Wonseradeel; maar deze dorpsnaam
is toch in geheel Friesland bekend. Immers een flauw sausje van
wat meel, wat edik, wat mosterd, met water te zamen gekookt,
en dat de arme huismoeder, in tijden van nood en gebrek, wel
haren man en kinders zuchtende voorzet, om, in plaats van
vleesch- of spekvet, bij de aardappelen gebruikt te worden, noemt

men *Lollumer stip*. *Stip*, omdat men de drooge aardappelen
bij het eten in dit sausje *stipt* of doopt. Of nu dit schrale,
armoedige sausje juist veel, of meest, te Lollum op de tafel
van den arme komt, of daar, in hongerjaren, eerst op verscheen
en dus eene Lollumer uitvinding is, weet ik niet. Maar wel,
dat *Lollumer stip* te recht eenen kwaden naam heeft onder
de Friezen, en dat de Lollumers, als ze S t i p p e r s genoemd
worden, dezen naam juist niet als een vleinaam opvatten, als
een naam die van weelde en welstand getuigt, maar als eene
getuigenis van kommer en gebrek.

De inwoners van het dorp Molkwerum, die oudtijds veel
talrijker waren dan tegenwoordig, en die toen voor een groot
deel uit rijke zeelieden en schippers bestonden („welvarenden" in
den dubbelen zin des woords), hadden van ouds veel bijzonders
in hunne spreektaal, in hunne kleeding, in hunne zeden en gebruiken, evenals die van het naburige Hindeloopen. De eigenaardigheden van de Molkwerumers kwamen wel in hoofdzaak
overeen met die van de Hindeloopers, maar ze waren daar toch
ook aanmerkelijk van onderscheiden; ze hebben slechts tot het
einde der vorige eeuw, toen de Molkwerumer welvaart verloopen was, stand kunnen houden. Toch onderkent men nog
heden ten dage den Molkwerumer van andere Friezen, aan
enkele bijzonderheden in zijne spreektaal.

In den bloeitijd van Molkwerum, zoo van de jaren 1600
tot 1750, lagen daar soms wel twintig en meer, (volgens
HALBERTSMA *wol sechstich*") Molkwerumer koopvaardijschepen, allen
met het zwaantje, het wapen van Molkwerum, in de witte baan
van de vlag, te gelijkertijd te Amsterdam aan den dijk bij de
Haringpakkerij (thans het westelijkste deel der Prins-Hendriks-
kade), en in het Damrak, te laden en te lossen. En zoo ook
te Bremen en te Hamburg, en verder op te Dantzig, Riga, Reval
en andere havens in de Oostzee. Aan de Haringpakkerij te
Amsterdam, bij de Panaalsteeg is daar nog heden eene herberg,
die dien goeden ouden tijd in gedachtenis houdt. Dat huis,
't welk voor weinige jaren uit- en inwendig nog geheel het
karakter van 't begin der jaren van 1600 vertoonde, maar dat
sedert verbouwd is in den hedendaagschen trant, draagt nog

zijn ouden naam „Het wapen van Molqueren', aan den gevel, en *it Molkwarder Swanke*, het Molkwerumer Zwaantje, staat er nog steeds, in beeltenis, boven de voordeur. Ei! hoe menige Molkwerumer zeeman, Tsjalling, Gosse of Sierd, heeft, twee honderd jaren geleden, daar bij den waard in het voorhuis zijn *mingelen* Haarlemmer bier gedronken! Hoe menige Molkwerumer schippersdochter, Jildoe, Fod of Rimme, heeft daar bij de waardinne in 't kamerke achter 't voorhuis, haren verschovenen *foarflechter* te recht gezet, of hare verwaaide *frissels* wat geordend!

Evenals de spotnamen van de Hindeloopers zoo bijzonder zijn, dat men ze niet eens meer verstaat, veel minder nog verklaren kan, zoo heeft de spotnaam der Molkwerumers ook al weer iets zeer bijzonders; te weten dit: dat hij niet geldt voor alle Molkwerumers zonder onderscheid, maar dat hij slechts op de Molkwerumer vrouwen betrekking heeft, en de Molkwerumer mannen buiten schot laat. De mannelijke ingezetenen van „het Friesche doolhof" (zooals het dorp Molkwerum oudtijds genoemd werd, wegens de onregelmatige, schier verwarde wijze waarop de huizen daar, over zeven *póllen*, eilandjes, verdeeld, schuins en scheef naast en nevens, voor en achter elkanderen gebouwd waren) — de mannen van Molkwerum dan hebben geenen spotnaam. Maar de vrouwen van dit zonderlinge dorp heeten bij de andere Friezen en Friezinnen T s j o e n s t e r s, M o l k w a r d e r T s j o e n s t e r s, dat is: Heksen, Molkwerumer Heksen.

Het werkwoord heksen, tooveren, is in het Friesch *tsjoene*. Daarvan afgeleid, noemt men in Friesland eene vrouw, die *tsjoene*, die tooveren of heksen kan, eene *tsjoenster*, eene heks of toovenaarster. De mannelijke vorm van het zelfstandige naamwoord, van *tsjoene* afgeleid, zoude, volgens de regels der taal, *tsjoender* moeten wezen; maar dit woord is mij nooit voorgekomen. Trouwens, *tsjoene*, heksen, tooveren, was van ouds hoofdzakelijk het werk van vrouwen. Niettemin, de volksverhalen en volksoverleveringen der Friezen weten juist ook wel te berichten van Molkwerumer mannen, die tooveren konden. Men leze daar maar eens over na een geestig verhaal, vol van oude overleveringen, dat onder den naam van *It Hexershol* geschreven is door Dr. J. H. HALBERTSMA, en voorkomt in *Leed in Wille in de Flotgearzen*, Dimter (Deventer), 1854.

In den bloeitijd van Molkwerum waren de Molkwerumer mannen en jongelingen, als schippers en zeelieden, geregeld negen of tien maanden van het jaar van huis — op zee, of in vreemde havens. Omstreeks Sint-Nicolaas'-dag kwamen ze thuis, en met Sint-Pieter's dag, den Oud-Frieschen zeemansdag, gingen ze al wêêr aan boord. Van het vroege voorjaar tot het late najaar waren daar te Molkwerum, om zoo te zeggen, geen andere mannelijke wezens in het dorp dan jongens beneden de twaalf, en grijsaards boven de zeventig jaren, behalve dominé, vermaner en schoolmeester, kastelein, bakker en winkelman, en een paar kleine ambachtslieden. Dan hadden de zeemansvrouwen en dochters een leven zonder tier, zonder rechte fleur — al hadden ze ook volop werk in huis en hof, en met de verzorging van het paar stuks vee, dat allen hielden. Dan zaten ze, na afloop van hare bezigheden, bij elkanderen, en vertelden elkanderen honderd malen de zelfde oude verhalen van *heksen* en van *tsjoenen*, van *foartsjiermerye* en *dûbeldsicht*, van *skynsels* en van *spoek* en *foarspoek*; en wat ze niet van *mem* of van *beppe* of van *moaike* (moeder, grootmoeder en moei) hadden gehoord, dat bedachten ze in hare vaak verhitte en ontstelde verbeelding er bij, zoo dat ze op 't laatst zelven ook aan *tsjoenen*, aan allerlei duivelskunstenarijen begonnen te doen.

Zoo zijn de Molkwerumers, bijzonderlijk de Molkwerumer vrouwen, *de froulju fen 't Heksershol*, aan den spotnaam van Tsjoensters gekomen.

Te Birdaard, bepaaldelijk in de rij huizen die langs de Dokkumer-Ee zich uitstrekt, woonden van ouds vele kleine slachters, die hunne slachtwaar, bijzonderlijk schapevleesch, en 't vleesch van nuchteren kalveren (dit laatste ook wel spottender en smalender wijze *Birdaerder skylfisk* — schelvisch — genoemd) op de weekmarkten te Leeuwarden en te Dokkum uitstalden en verkochten, of anders bij de boeren in den omtrek uitventten. Naar de schapekoppen, het geringste deel van het geslachte beest, noemde men die slachters Birdaerder Skiepekoppen, Schapekoppen, een spotnaam die op al de ingezetenen van Birdaard is overgegaan.

Even als in andere gewesten voorkomt (Amsterdamsche

Koeketers, Kiekenvreters van Brussel, Konijneters van Duinkerke), zoo zijn er ook bij de Friezen vele spotnamen in gebruik, die aanduiden dat in deze of gene plaats de eene of andere spijze (of ook geen spijze) bijzonderlijk is gegeten geworden. Zoo heeten de inwoners van het dorp Berlikum Hounefretters (Hondenvreters), die van Kollum Kattefretters, die van Hallum Koekefretters, als de Amsterdammers, die van Holwerd Roekefretters, die van Gaast Otterfretters, die van Garijp Klitsefretters (*Klitsen*, in 't Nederlandsch Klissen of Klitten, zijn de bloemhoofdjes van *Arctium Lappa*), enz. Zoo de overlevering waarheid spreekt, is de spotnaam der Berlikumers al van zeer oude dagteekening. Ten jare 1182 bezochten de Noormannen, als zeeroovers, de Friesche havenplaats Utgong (sedert verdwenen, door de dichtslibbing der Middelzee) en het naburige Berlikum, en ze plunderden, verbrandden, verwoestten die plaatsen. De inwoners, ten gevolge daarvan aan allerlei ellende, ook aan hongersnood ten prooi, kwamen er toe om hunne honden te slachten en te eten, 't welk hunnen nazaten, nu nog heden, zeven eeuwen later, door de andere Friezen, met den spotnaam Hounefretters wordt nagehouden.

Bij al de niet, of nauwelijks eetbare dingen (klitten, honden, katten, roeken, otters), die, volgens bovenstaand lijstje, door Friezen zijn gegeten, en hun eenen spotnaam hebben bezorgd, overtreffen de Wirdumers de andere *fretters* nog grootelijks. Den ingezetenen van het dorp Wirdum in Leeuwarderadeel wordt niets meer of minder verweten, dan dat zij eenen toren zouden hebben opgegeten. Zij worden derhalve Toerkefretters, torentjevreters genoemd. De kerk te Wirdum pronkte oudtijds met twee torens — en dat vonden de Wirdumers juist één te veel; ze konden best één van die torens missen, meenden ze. Dies besloten ze, ten jare 1680, in kommerlijken tijd en toen de geldmiddelen der kerk uiterst gering waren, om één van die twee torens voor afbraak te verkoopen, en de opbrengst ten bate der kerk aan te wenden. En zij voerden dit besluit ook uit. Trouwens, als het er enkel om te doen was om geld te maken, dan misten de Wirdumers in dezen hun doel niet. Want de toren, die toen reeds zeer oud was, maar geenszins vervallen, en die uit de elfde of de twaalfde eeuw dagteekende, was geheel opgetrokken van tufsteen, zoo als de oudste Friesche kerken allen. De afbraak van den toren leverde 1395 ton tufsteen op, en die steen werd voor 4790 gulden verkocht, en meest naar Makkum vervoerd, waar men er tras van maalde. Men kan uit deze hoeveelheid steen afleiden, dat de toren groot en zwaar moet geweest zijn. Dat hij nu, in den spotnaam van de Wirdumers, een *toerke*, een torentje, genoemd wordt, heeft dus niet te beduiden dat het een kleine, onaanzienlijke toren zoude geweest zijn. Maar de verkleinvorm van het woord, maar *toerkefretter* heeft beter val, is den sprekers gemakkelijker om te zeggen, dan het eenigszins stootende *toerfretter*. Juist de Friesche volksmond eischt dat men de woorden vloeiend kunne uitspreken.

De toren was bij de afbraak nog hecht en sterk. Hij zoude, ware hij sedert dien tijd goed onderhouden geworden, nog heden kunnen staan als een gedenkteeken van den kerkelijken bouwtrant der Friezen uit de vroege middeleeuwen. Jammer! dat men hem aan de baatzucht, hoewel dan in nood, heeft opgeofferd. Voor dit snood bestaan hunner voorouders dragen de Wirdumers nog heden hunnen spotnaam.

In bovengenoemde namen wordt eten en eters smadelijk als vreten en vreters (*frette* en *fretters*) aangeduid. Deze lompheid in spreekwijze is niet den Friezen alleen eigen. Zelfs de burgers van het *quasi* zoo fijn beschaafde, half verfranschte Brussel worden door de andere Brabanders en Vlamingen ruwelijk K i e k e n v r e t e r s gescholden, [1] even als die van Hulst W ij n- z u i p e r s heeten, in tegenstelling met de R o o d b i e r d r i n k e r s van Harelbeke.

Maar, nevens de *fretters* weten de Friesche spotnamen toch ook, in beleefder vorm, van *iters*, eters. Zoo heeten de ingezetenen van Hilaard wel P r o m i t e r s (Pruimeneters), om de reden, die op bladzijde 38 reeds is vermeld. En die van Hantum dragen den naam van M a r g e i t e r s, M a r g e - i t e r s (Mergeters, Merg-eters).

---

[1] Opmerkelijk is het, dat men ook in Brabant van *vretters* spreekt, als in Friesland, en niet van vreters. De bekende spotnaam der Brusselaars wordt door den Zuid-Brabantschen volksmond steeds als K i e k e n f r e t t e r s uitgesproken.

De spotnaam M a r g e - i t e r s is zekerlijk ook van zeer oude
dagteekening, misschien nog wel veel ouder dan die van H o u n e-
f r e t t e r s van Berlikum. Reeds in overoude tijden, in den zoogenoemden vóórhistorischen tijd, in het steentijdvak, was het
merg uit de pijpbeenderen der dieren eene bijzondere lekkernij
voor de menschen. De versteende beenderen van het wilde ge-
dierte, die men in bergholen en in den bodem, of in de hoopen
afval van de maaltijden der menschen uit den grauwen vóórtijd,
nog heden wel vindt en uitgraaft, zijn veelal gespleten, door
slagen met de steenen hamers en beitels, die den lieden toenmaals tot wapenen en werktuigen dienden — gespleten, stuk
geslagen, verbrijzeld, om het merg er uit te halen, nadat men
eerst het vleesch er af geknaagd had. En al de eeuwen door,
tot heden toe, gold en geldt het merg der beenderen te recht
als eene krachtige spijze, als eene bijzondere lekkernij, die, op
een sneedje brood gesmeerd, bij boer en burger bijzonderlijk den
huisvader toekomt. Ja, de Friezen, bij wie alle oude zaken
zulk een taai leven hebben, gebruiken nog heden een spreek-
woordelijk gezegde om aan te duiden dat deze of gene met eene
kleine versnapering of eene andere kleinigheid, in 't algemeen
gemakkelijk en lichtelijk kan verlokt en verleid worden. Dan
zeggen ze van zoo iemand: *det wiif* (of *dy tzierl*) *is mei in mar-*
gebonkje to fangen, dat wijf (of die kerel) is met een mergbeentje
te vangen.

In latere tijden, toen de menschen langzamerhand van ruwe
en zwervende jagers tot stille en vreedzame herders, en nog
later tot rustige, gezetene landbouwers waren geworden, en men
niet meer uitsluitend of hoofdzakelijk het vleesch at van de dieren
op de jacht gedood of uit de kudde geslacht, maar hoe langer
hoe meer ook allerlei plantaardig voedsel den menschen tot
spijze begon te dienen — later kwam het merg der beenderen
niet meer zoo dagelijks op den disch, niet meer zoo veelvuldig
op de tonge. Toen begon de huisvrouw kunstmatig merg te
maken — als ik dat zoo eens noemen mag. Zij kookte in een
pot allerlei voedsel, zoowel van dierlijken aard, vooral ook
zuivel, als van plantaardigen oorsprong (granen, meelachtige vruchten) te zamen tot eene weeke, zachte brij of pap, waaraan
men nog wel den naam van merg bleef geven.

Te Leeuwarden is een oud en vermaard en rijk gesticht, uit de middeleeuwen dagteekenende, het Sint-Anthonij-Gasthuis, dat thans ten deele een zoogenoemd proveniershuis is, waar oude lieden, tegen vooruit-betaling van zekere somme gelds, hun leven lang kunnen inwonen en gevoed worden, zoogenoemd „den kost kunnen koopen". Die kost, de spijzen, die daar gereed gemaakt en den inwonenden verstrekt worden, zijn veelal eigenaardig, en veelal nog zeer ouderwetsch toebereid, zoo als men dat reeds in de middeleeuwen deed. Onder die spijzen is er eene, die een samenkooksel is van varkensbloed, roggenmeel en vierkante stukjes reuzel, met stroop, rozijnen en wat kruiderijen daar toe. Dat bloed is van de varkens die in de Slachtmaand geslacht worden, en hun vleesch en spek moeten geven om ingezouten of gerookt te worden, voor de wintertering der bewoners van Sint-Antoon's gesticht. Dat saamgekookte mengsel wordt in wijde darmen gedaan, als beuling, eerst eenige weken bewaard (belegerd), en dan gegeten. Wel! het is in der daad eene gezonde en krachtige spijze, ook zeer smakelijk voor eenen Frieschen mond, al zoude men de samenstelling aanvankelijk ook wat vreemd vinden. Deze kost noemt men in Friesland *Bargemarge*, dat is: varkensmerg, en hij wordt als eene bijzondere, veel begeerde lekkernij, die buiten het Sint-Anthonij-Gasthuis niet te verkrijgen is, door de bewoners van dat gesticht, tegen Kersttijd, aan verwanten en vrienden ten geschenke gezonden. Dat is dus kunstmatige merg, die nog de gedachtenis aan verouderde tijden en zeden in wezen houdt.

Te Hindeloopen placht men ook aan samengestelde, weeke kooksels den naam van *marge* te geven. Nog in deze eeuw droeg dik gekookte rijstepap aldaar dien naam. Ook gort met rozijnen samengekookt noemt men hier en daar in Friesland ook wel *marge*. Al zulk soort van spijzen noemt men er ook wel in 't algemeen *potmarge*, in de Sassische gewesten van ons land wel *pöttiensbeulink*, even als men in Holland wel van *pot-eten*, van *hutspot*, van *gestampte pot* spreekt. [1] Volgens Dr. J. H. HALBERTSMA

---

[1] Deze naam *Potmarge* is, zonderling genoeg, ook eigen aan eenen ouden, kronkelenden stroom, die, beoosten Leeuwarden, uit de Greuns voortkomt, langs 't dorp Huizum vloeit en te Leeuwarden in de Stadsgracht of Buitensingel uitmondt. Hoe dit vaarwater aan dezen bijzonderen naam komt, is mij niet bekend.

(De Lapekoer fen Gabe Skroar) is *margemiel* (letterlijk mergmaal in
't Nederlandsch) „de avondmaaltijd die door de boeren bij geeindigden hooioogst aan de hooiers gegeven wordt, en bestaat uit pannekoeken, gort met rozijnen," enz. Eindelijk meldt de oude KILIAAN, in zijn zestiende-eeuwsch woordenboek, dat *Marghe* een Friesch woord is en *Bolinck* (beuling) of worst beteekent.

Maar genoeg van *marge*, en van de Hantumers, die deze spijze zoo gaarne en zoo veelvuldig aten, dat zij van de andere Friezen eenen spotnaam daarom gekregen hebben.

Nu resten nog de Heerenveensche P o e h o a n n e n, dat zijn hoogen overmoedigen, druktemakers, ophakkers. Naar Dr. E. LAURILLARD, mijn voorganger in het verklaren van Nederlandsche spotnamen, willen we ten slotte luisteren in 't gene hij mededeelt over dezen spotnaam der ingezetenen van het Heerenveen. „Als de burgers „van Heerenveen den naam van P o e h a n e n krijgen, ,dan is dit „eene bespotting van dien voornamen naam Heerenveen, — geen „boerenveen, maar „het veen der heeren". Want wat is een poehaan? „'t Is iemand, die zich kenmerkt door stoutheid en grootspraak. „Nu, zóó, zegt men, zijn de Heerenveeners, en dat er iets van „aan kan zijn, zou men haast gissen, als men er bij bedenkt, „dat Heerenveen zich „het Friesche Haagje" noemt, zoo wel als „de Friesche Hofstad."

Die nu nog wat nazwelen wil op het veld der Friesche spotnamen, vindt al licht iets van zijne gading in Dr. J. H. HALBERTSMA'S *Skearwinkel fen Joute-baes.*

De spotnamen van steden en dorpen in het Nederlandsche gewest Friesland zijn hiermede tamelijk uitvoerig behandeld en verklaard. Zoo ik op deze wijze ook de spotnamen der steden en dorpen van de andere Nederlandsche gewesten wilde beschrijven, zoude dit zekerlijk een al te uitvoerige arbeid worden, en den lezer van dit boek al licht vervelen en verdrieten. Ook zoude 't meer kennis en wetenschap van mij eischen, dan mijn deel is. Dies laat ik het, in dezen uitvoerigen zin, bij de boven behandelde Friesche namen blijven. Misschien dat anderen zich genoopt gevoelen of lust hebben, de overige, hier vervolgens nader opgenoemde spotnamen op betere wijze te beschrijven, als mij met de Friesche namen gelukt is. Dit hoop ik.

Eene opsomming echter van de overige Nederlandsche spotnamen, voor zoo verre mij die bekend zijn, moge hier nog eene plaats vinden. Die mij zouden willen navolgen in 't verklaren van spotnamen, vinden dan hier eene aanleiding daartoe. Enkele korte aanteekeningen wil ik hierbij ook niet achterwege laten.

II

Sommige volkseigene karaktertrekken bij Friezen, Sassen en Franken, de drie oorspronkelijke Germaansche stammen, waaruit het Nederlandsche volk hoofdzakelijk is samengesteld, sommige uitingen van de volksziel bij den eenen of den anderen van deze volksstammen, blijven nog steeds bemerkbaar voor den nauwkeurigen waarnemer van het leven onzes volk in de Friesche gewesten, in de Sassische gouwen, en in de Frankische streken. Tot de bijzondere kenteekenen van den Sassischen stam behoort zekere stijfheid en stemmigheid, zekere nuchterheid en dorheid van geest, behoort een gemis aan bewegelijkheid en losheid, aan geestigheid en vroolijkheid, aan humor vooral. Bij de Drenten, en bij de Overijsselaars in het midden en in het oosten van hun gewest van ouds her gezeten, bij de oude landzaten in den Gelderschen Achterhoek (al 't land beoosten Zutfen), in mindere mate bij de Friso-Sassen in Groningerland, in 't noorden en westen van Drente en in noordelijk Overijssel, is deze kenmerkende eigenschap nog steeds aanwezig. Zij vindt onder anderen ook hierin hare uiting, dat de lieden uit de verschillende steden en dorpen van deze gouwen elkanderen in veel mindere mate spotnamen geven, dan de Friezen en Franken in Friesland, Holland en Vlaanderen doen.

Dit blijkt reeds terstond bij de Groningerlanders. Terwijl de spotnamen der Friezen tusschen Flie en Lauwers bij vele tientallen zijn te tellen, zijn er in het anders zoo na verwante en zoo na gelegene Groningerland slechts weinigen van die namen bekend. Dat zijn de M o l b o o n e n of B o o n e t e r s en de K l u u n-k o p p e n van de stad Groningen, de K l o k k e d i e v e n en de K r a b b e n van Delfzijl, de A a r d a p p e l d o g g e n van Wagenborgen, de Koedieven van Ter Munten, de Witmakers van Zuidlaren, de Ketelschijters van Meeden, de Smalruggen van Grijpskerk, de Gortvreters van Garnwerd, de Koarschoevers (Kaarschuivers) van Bafloo, de Bloklichters van Warfum, de Metworsten van Uskwerd, de Gladhakken van Winsum, de Geutslikkers van Bedum, de Doofpotten van Holwierde, de Koevreters van Ezinge en Sauwert, de Poepen van Onderdendam en van Niehove, en de Turken van den Andel.

Molboonen of Booneters en Kluunkoppen van de stad Groningen. Een bijzonder soort van Groninger volks- en kindersnoeperij (trouwens ook in Friesland, althans te Leeuwarden, en in Oost-Friesland niet onbekend) bestaat uit duiveboonen, en ook wel uit paardeboonen, die op gloeiende kolen, of anders ook wel in den koffieboon-brander worden geroosterd — „gepiipt" zoo als 't volk dat noemt. Die geroosterde boonen noemt men *Molboonen*, *Molt-* of *Möltboonen*, en ze maken eene harde, droge, weinig smakelijke en moeielijk verteerbare snoeperij uit, die evenwel van ouds her, bepaaldelijk bij de Groningers in de stad, altijd zeer in trek was, en nog is. De Groningers dragen daar hunnen spotnaam van. Hun andere spotnaam dragen de Groningers naar het bijzondere en eigenaardige bier, dat in hunne stad van ouds gebrouwen en veel gedronken werd, en dat ook buiten die stad in alle Friesche gewesten vermaard was — naar het zoogenoemde *Kluun* of *Kluunbier*. Die veel *kluun* drinkt wordt dikbloedig, zwaar van lichaam, opgezet en rood van hoofd — met andere woorden: hij krijgt een *kluunkop*. Dit is de oorsprong van den Groninger spotnaam. Die meer van *kluunbier*, van 't *kluunskip*, en van een *kluunskonk* weten wil, leze mijn opstel *Bier en Bierdrinkers in Friesland*, voorkomende in *Oud Nederland* ('s-Gravenhage, 1888.)

Gaan wij uit Groningerland nog even oostwaarts over de grenzen, over Eems en Dollart naar Oost-Friesland, een gewest dat in schier alle opzichten, maar vooral in de uitingen van het volksleven zoo ten nauwsten aan de Friesche gewesten van Nederland is verwant, ja, daarmede oorspronkelijk geheel eenzelvig is — dan treffen we ook hier, wat de spotnamen aangaat,

de zelfde verhouding aan als in Groningerland. Ook in Oost-
Friesland zijn betrekkelijk weinig spotnamen in gebruik. Die ik
er van ken, wil ik hier, volledigheidshalve, mededeelen. Ik
noem ze in de Friso-sassische spreektaal van deze gouw, juist
zóó als het ingezetene volk ze noemt — en niet in verhoog-
duitschten boekevorm. Naderen uitleg, wat hunnen oorsprong
aangaat, weet ik er niet van te geven. Een paar toelichtingen,
gedeeltelijk ook voor den niet-Frieschen lezer tot beter verstand
van de namen, wil ik echter niet achterwege houden.

Potschijters van Emden; Klockendefe (dieven) van
Carolinensyl; Puutfangers (*Puut*, puit, kikvorsch — dit woord
is ook in Zeeland en Vlaanderen in gebruik) van Sillenstede;
Buttstekers (botstekers, botvisschers) van Oldorf; Ziefer-
söker van Waddewarden; Hundedragers van Schortens;
Tunsingers (*Tun*, tuin, omheining) van Cleverns; Schaap-
defe (Schapedieven) van Sengwarden; Fahlfangers (*fahl*,
fole, veulen) van Hooksyl; Poggen van Aurich; Bockhexen
van Thunum; Fleuters van Nägenbargen; Dickedeuters
(rijkaards, die dik duiten hebben) van Dunum; Junkers van
Warnsâth en Prunkers van Burhafe.

Reeds in de laatste helft der jaren 1500 was bovengenoemde
leelijke spotnaam van de ingezetenen der stad Emden bekend.
De vermaarde blijspeldichter GERBRAND ADRIAENSE BREDEROO, die
de Amsterdamsche volkssprecktaal van zijnen tijd zoo uit der
mate wel kende, noemt dezen naam in zijn spel *De Spaensche
Brabander*. Daarin komt het volgende gesprek voor tusschen
Jerolimo en Robbeknol. Eerstgenoemde vraagt dan:

„Van waer syde ghy?"

Robbeknol: „Van waer? Van Embden, God bettert."

Jerolimo: „Ho, ho, een Embder potschijter. Wel zemers,
„dat komt snel."

Robbeknol: „Ja, ja, praet jy wat, d'Amsterdammers en
„Brabanders kennen 't oock wel."

Dr. G. NAUTA zegt onder anderen van dezen spotnaam (in
zijne uitgave van den *Spaenschen Brabander*, *Nederlandsche Klas-
sieken*, nᵒ VII, bladzijde 229): „Wel nu, toen in 1578 de
„Emder predikanten ijverig in de weer waren om door te
„preeken de zaak der hervorming te bevorderen en 't Roomsche

„geloof te bezweren, en een pakhuis of schuur, genaamd *de*
„*Pot* — zoo als WAGENAAR, *Amsterdam*, IV, 4 meldt — de
„plaats was waar de Gereformeerden, meer in 't bijzonder de
„Lutherschen, hunne godsdienstige samenkomsten hielden, kan,
„op welke wijze dan ook, de scheldnaam „potschijter" voor
„de leiders dier kettersche samenkomsten niet in de wereld ge-
„komen zijn?"

En T. TERWEY zegt (*Bibliotheek van Nederlandsche Letterkunde*,
nᵒ 5, bladzijde 18): „Het woordt schijnt bedrieger te beteekenen.
„Vgl. KOOLMAN, *Ostfr. Wörterbuch*, i. v. *schiten* en *schitkerel*."

Geen van deze beide verklaringen van den Emder spotnaam
komt mij aannemelijk voor. Ik houd mij aan Jerolimo, die den
naam opvat in zijne eigenlijke, voor de hand liggende beteekenis,
zoo als blijkt uit zijne woorden: „dat komt snel", waar zeker
eene aardigheid in schuilt. Dit snapt Robbeknol ook; van daar
zijn wederwoord: „Ja, ja, de Amsterdammers en de Brabanders
kunnen (dat) ook wel. Te weten........

De Auriker Poggen zijn padden. Men hoont in Oost-Friesland de Auriker burgers nog bijzonderlijk met dit rijmke:

> Auriker Pogge! moak mi 'n poar Schoh.
> Ik heb geen leer, ik heb geen smeer,
> Ik heb geen pik
> Aurik-kik-kik-kik.

Met deze laatste woorden wordt het rikkikken der padden
aangeduid.

In W. G. KERN en W. WILLMS, *Ostfriesland wie es denkt und
spricht* (Norden, 1869) kan men nader bescheid vinden aangaande
de Oost-Friesche spotnamen.

Dat men verder oostwaarts in Duitschland, onder anderen in
Mecklenburg, de spotnamen ook kent, leert het *Korrespondenzblatt des Vereins für Niederdeutsche Sprachforschung*, deel VIII,
bladzijde 47.

Van Groningerland zuidwaarts gaande, vinden we in Drente,
waar het Sassische bloed (de eigenaardige levensuitingen van
den Sassischen volksstam) bij de landzaten zich sterker doet
gelden dan het Friesche, de spotnamen weêr weinig bekend en
weinig in gebruik. Geheel het zelfde is het geval in Overijssel

en in Gelderland. Met uitzondering van de Steurvangers van Kampen en de Blauwvingers van Zwolle, die over geheel Noord-Nederland bekend zijn, komen de weinige Drentsche, Overijsselsche en Geldersche spotnamen schier niet in aanmerking bij de overtalrijke spotnamen in de Friesche en Frankische gewesten.

Mij zijn bekend de Muggespuiters (of bij verkorting de Muggen) en de Kloeten van Meppel, de Knollen van Grolloo, de Moeshappers van Anderen, de Koekoeken van Elp. — Een groote dichte muggezwerm omzweefde de spits van den toren te Meppel; de burgers dachten dat het rook was, en, gedachtig aan het spreekwoord „waar rook is, daar is vuur", liepen ze te hoop, haalden de brandspuit, en begonnen den vermeenden torenbrand te blusschen. Die Meppelsche Muggespuiters vinden hun weêrga in de Maneblusschers van Mechelen. De andere spotnaam van de Meppelders, Kloeten, hebben ze te danken aan de groote kluiten boter, die in hunne stad door de boeren uit den omtrek, nog tot in de tweede helft dezer eeuw, ter markt werden gebracht, en die hoofdzakelijk hunnen weg naar Amsterdam vonden, waar ze, in den tijd vóór de hedendaagsche boter- en kunstboter-fabrieken, onder den naam van „Meppelder Kluiten" veelvuldig aan de kleine burgerij gesleten werden, wijl de Drentsche boter goedkooper was dan de Friesche en Hollandsche. *Kloete* is de Drentsche uitspraak van het woord kluit.

In Overijssel ken ik de Blauwvingers van Zwolle, de Kamper Steuren, de Brijhappers van Blankenham, de Katten van Blokzijl, de Rudekikkers en de Ruusvorens van Genemuiden, de Kroggen van de Kuinder, de Bleien of Bleisteerten van Zwartsluis, de Windmakers van Hengeloo, de Kwekkeschudders van Delden, de Gruppendrieters van Oldenzaal, de Meel·reters van Borne, de Stokvisschen, Poepen of Geutendrieters van Deventer.

Te Zwolle viel ten jare 1682 de toren van Sint-Michiel's kerk in, en werd niet weêr opgebouwd. Het klokkenspel dat in dien toren hing, werd aan Amsterdammers verkocht, die den aanmerkelijken prijs daarvan in louter dubbeltjes betaalden. De Zwollenaars hadden dagen lang werk (zoo luidt de overlevering) om al die dubbeltjes uit te tellen, om te zien of ze den vollen koopprijs wel ontvangen hadden. Ze vergisten en vertelden zich telkens, en dan moesten ze weêr van voren af aan beginnen. Van al dit dubbeltjes tellen kregen ze blauwe vingers. Die nu nog eenen Zwollenaar wil plagen, neemt diens hand en beziet nauwkeurig de vingers. In den regel krijgt hij dan onmiddellijk met de andere hand van den Zwollenaar een peuter om de ooren.

De Kampenaars vingen oudtijds in hunne rivier eens eenen bijzonder grooten steur. Wijl ze toch eenigen tijd later een gastmaal wilden aanrichten, en alsdan dien visch zoo goed gebruiken konden, werden ze te rade hem voorloopig nog wat te laten zwemmen, tot tijd en wijle ze hem van noode zouden hebben. Maar om den steur dan te beter weêrom te kunnen vinden en vangen, bonden ze hem een bandje met een belletje om den hals, en zóó ging de visch weêr den IJssel in. Men zegt dat een echte Kampenaar, als hij over de IJsselbrug gaat, nog heden altijd in 't water tuurt, of de steur er soms ook nog is. „Je kunt toch maar nooit weten!" — De inwoners van het stadje Lünen bij Dortmund in Westfalen deelen met de Kampenaars de eer Stören (Steuren) genoemd te worden. Waarom, weet ik niet. — De spotnaam der ingezetenen van Oldenzaal is hier boven op bladz. 8 reeds verklaard geworden. En die nu den Oldenzaalschen spotnaam verstaat, begrijpt ook al gemakkelijk wat die van Deventer (de derde van de drie vermelde namen) beteekent.

De Geldersche spotnamen, weinig in getal, zijn de volgenden: Knotsendragers van Nymegen, Metworsten van Zutfen, Koolhazen van Lochem, Mosterdpotten van Doesburg, Vleescheters van Driel, Pepernoten van Elburg, Bokkingkoppen van Harderwijk, Haneknippers van Enspijk, Knutten en Huibasten van Nunspeet, Heugters van Uddel, Kraaien van Haaften en Kladden van Ek en van Ingen.

De ingezetenen van Harderwijk hebben hunnen spotnaam te danken aan de bokkingnering (haringvisscherij, bokkinghangen en handel) die er veelvuldig wordt uitgeoefend, en die aan de stad zekere vermaardheid gegeven heeft. Oudtijds toen Harderwijk ook nog eene hoogeschool rijk was, werd er wel gefluisterd

dat men daar voor geld kon verkrijgen, wat slechts door inge-
spannen studie verkrijgbaar moest wezen. Hierdoor kwam het
rijmke in zwang, dat de kenmerkende bijzonderheden van
Harderwijk weêrgaf in deze woorden:

> Harderwijk is een stad van negotie,
> Men verkoopt er bokking en bullen van promotie.

Wat men onder de Huibasten van Nunspeet te verstaan
hebbe, zal wel niet iedereen terstond vatten. Huibasten zijn
lieden die (om het eens in de onbeschaafdste volksspreektaal te
zeggen) veel *hui* in hun *bast* (lichaam) zuipen; met andere
woorden: die veel wei drinken.

Zijn de spotnamen in het algemeen van oude dagteekening,
sommigen reeds uit de middeleeuwen afkomstig, en al komt
het zelden of nooit meer voor, dat nog hedendaags zulke namen
ontstaan en in gebruik genomen worden, toch is mij een voorbeeld hiervan bekend. Haneknippers, de spotnaam der
Enspijkers, is eerst eene kwart-eeuw oud. In *De Navorscher*,
jaargang XXVI, bladzijde 264 schrijft J. ANSPACH dienaangaande:
„Toen de nieuwsbladen in ons vaderland gewaagden van de
toebereidselen, welke in de steden en ten platten lande gemaakt
werden om, ieder in zijnen trant, het kroningsfeest van onzen
geëerbiedigden koning, 12 Mei 1874, waardig te vieren, werden
in een artikel der *Tielsche Courant* de inwoners van Enspijk als
Enspiksche Hanenknippers begroet, dewijl uit dit dorp
in den Tielerwaard een stem was opgegaan, die, tot opluistering
der feestelijkheid, hanen tegen elkander in 't strijdperk wenschte
te doen treden, nadat men dit fiere pluimgedierte van zijn
vederbos zou hebben ontdaan. Uit dit voorbeeld ziet men, hoe
toevallig en op wat kinderachtige manier dergelijke spotnamen
soms ontstaan.''

Tegenover den nieuwen naam van de Enspijkers staat de oude
spotnaam die aan de ingezetenen van Driel eigen is. Immers
deze naam, Vleescheters, dankt zijnen oorsprong aan de
omstandigheid dat de inwoners van Driel in de middeleeuwen
eenen zoogenoemden vleesch- en boterbrief hadden, eene kerkelijke vergunning, waarbij hen werd toegestaan om ook in den
vastentijd zuivel- en vleeschspijzen te mogen gebruiken. Zie

hierover KIST, *Kerkelijk Archief*, 1, 176 en III, 469, en BUDDINGH, *Het dorp Driel*, in den *Gelderschen Volks-Almanak* voor 1869.

De provincie Utrecht, tusschen Gelderland en Holland ingesloten, maakt door haar tweeslachtig wezen op volkenkundig- en taalkundig gebied den overgang uit van de oostelijke tot de westelijke gouwen van ons land. En zoo mogen dan ook hier ter plaatse de spotnamen van Utrecht genoemd worden, tusschen die van Gelderland en Holland in. Naar mijn beste weten zijn het maar drie; te weten de Keislepers of Keitrekkers van Amersfoort, de Apeluiders van IJsselstein en de Beren- schieters van Benschop. Immers „Sint-Maartens-mannen", zoo als men oudtijds de inwoners van Utrecht, en ook de land- zaten van het Sticht wel noemde, maakt geen spot- of bijnaam uit; veeleer een eerenaam.

De burgers van Amersfoort vonden eens op een heideveld, nabij hunne stad, eenen zeer grooten keisteen, als een rotsblok. Zij ontgroeven dien steen, en sleepten en trokken hem met veel ophef en met groote moeite triomfantelijk naar hunne stad, waar zij hem, als eene groote zeldzaamheid, op de Varken- markt ten toon stelden en voor 't vervolg eene vaste plaats gaven. Dit is waar gebeurd, ten jare 1661. — En die van IJsselstein luidden eens, bij vergissing, de doodsklok voor eenen dooden aap. Men vindt beide deze voorvallen vermeld en uitvoerig beschreven met naam en toenaam; het eerste in een opstel *Dool om Berg* in het tijdschrift *Eigen Haard*, jaargang 1896, bladzijde 618; het laatste in het *Bijblad* van *De Navorscher*, jaargang IV, bladzijde XXXVIII.

Thans van ons punt van uitgang, Friesland, ons westwaarts wendende over het Flie, naar 't aloude Friesland bewesten Flie, tegenwoordig Noord-Holland genoemd, vinden we ook in die gouw, waar de bevolking in hoofdzaak zuiver Friesch, ten deele ook Friso-frankisch van oorsprong is, de spotnamen weêr talrijk ver- tegenwoordigd. Bijzonder in oudheid- of geschiedkundig opzicht, of bijzonder uit het oogpunt der beschavingsgeschiedenis zijn de West-Friesche spotnamen echter weinig of niet. Integendeel, het grootste deel dier namen is nuchteren, alledaagsch, plat.

Mij zijn de volgenden bekend: Kwallen van Texel, Traan-
bokken van de Helder, Kraaien van het Nieuwe-Diep,
Roodjes van Schagen, Tulen, Schapen (*Skepen*) en Big-
gen van Wieringen, Spreeuwen van Winkel, Ratten van
Kolhorn, Zandpissers en Stroobossen van de Zijp, Dod-
den of Dotten (jonge spreeuwen) van Niedorp, Blauwe
Reigers van Heer-Hugo-waard, Moppen van Medemblik,
Vijgen van Enkhuizen, Krentebollen, Krentekoppen,
Wortelen en Duiveldragers van Hoorn, Turken van
Opperdoes, Gladooren van Twisk; Speelmakkers van
Benningbroek, Blootebeenen en Duivelshoopen van Aarts-
woud, Boonen van Blokker, Theekisten van Binnewijzend,
Uilen van Lutjebroek, Aardappels van Nieuw-Bokswoud,
Schokken van Hauwert, Bleien van Oostwoud, Gortzakken en Gortbuiken, ook Ketelkruipers en Steene-
kwakkers van Alkmaar, Koolstruiken van Langedijk,
Wroeters of Mollen van Schermerhorn, Knoort, Snirt
en Snoeken van de Rijp, Waterrotten van Akersloot, Lom-
perts van Barsingerhorn, Moppen van de Beemster, Visch-
teven van Egmond aan Zee, Kraaien van de Graft, Gortbuiken van Graftdijk, Wildjes van Groot-Schermer, Rapenpluk-
kers van Heiloo, Koeketers van Uitgeest, Langslapers van
Ursem, Musschen van Edam, Monnikentroeters van Monni-
kendam, Beren van Warder, Platpooten van Purmerland,
Boonpeulen van den Ilp, Koeketers en Galgezagers van
Zaandam, Krentekakkers van Zaandijk, Kroosduikers
van Westzaan en Landsmeer, Eendepullen, Kooleters,
Koolhanen en Koolpikkers (ook Volk van Klaas
Kompaan) van Oostzaan, Moppen, Oorebijters en Uilen
van Jisp, Koeketers en Zeurooren van Koog aan de Zaan,
Koeketers en Guiten van Krommenie, Boonpeulen,
Steenegooiers en Uilen van Wormer, Gladooren van
Wormerveer, Vinken van Broek in Waterland, Kiplanders,
Gortlanders en Spanjaarden van Assendelft, Klapbessen
van de Beverwijk, Muggen van Haarlem, Koeketers van
Amsterdam, en Kalven van Naarden.

Men zegt dat er onder de ingezetenen van Schagen steeds
velen zijn met hoogblond, naar 't rosse zweemend hoofdhaar,

en dat zij daarvan hunnen spotnaam R o o d j e s hebben verkregen. Zoo dit eerste waar is, dan zoude deze schoone Oud-Germaansche hoofdtooi tot een bewijs te meer verstrekken, dat de Schagers echte Friezen zijn — 't welk trouwens ook zonder tegenspraak is.

Waarom die van Schermerhorn M o l l e n en W r o e t e r s heeten, en die van Alkmaar G o r t z a k k e n en G o r t b u i k e n, is op bladzijde 6 reeds medegedeeld.

De naam K o o l s t r u i k e n van den Langendijk vindt zijne gereede verklaring hierin, dat in de vier dorpen die deze landstreek Langendijk samenstellen, de teelt van allerlei soorten van kool de hoofdbron van bestaan voor de ingezetenen is.

De naam van de V i s c h t e v e n van Egmond aan Zee is, even als die van de T s j o e n s t e r s van Molkwerum, uit den aard der zaak en uit den aard van het woord, slechts toepasselijk op de vrouwen van dat dorp (tot voor korten tijd nog een visschersdorp in de rechte beteekenis des woords — thans echter niet meer.) De Egmonder mannen, even als de Molkwerumer mannen, blijven in deze buiten schot.

De naam van de W i l d j e s van Groot Schermer is reeds zeer oud, en is ook zeer eigenaardig, in zoo verre dat de Groot-Schermers zelven dezen hunnen bijnaam volstrekt niet beleedigend achten te zijn. Zij winden zich namelijk licht op met kermishouden en andere feestelijke gelegenheden, en dan komt het wel voor, dat ze zich inderdaad als wilden gedragen. Reeds LEEGHWATER, in zijn *Cleyn Cronykxken* (eerste helft der jaren 1600), zegt van hen: „De huys-luyden van Schermer waren in mijn „jonckheydt, doen ik daer eerst ghetrouwd was, wat rouw van „manieren en seden: dewelcke nu mede al seer betemt ende „manierigh zijn." Volkomen „betemt" zijn ze echter ook thans nog „niet. Immers voor en na heeten ze W i l d j e s.

Ook de naam der K o o l e t e r s van Oostzaan dagteekent reeds van den ouden tijd. De Zaansche geschiedschrijver SOETEBOOM zegt er van in zijn werk *De Nederlandsche Beroerten* (Amsterdam, 1679): „'t Oostzaner Wapen plagt eertijds (so men segt) een „Buyssekool te wesen, so 't schijnt ontsprongen uyt de menig-„vuldigheyt der Kolen, die men aldaar plagt te telen en te „eten, so dat se de name voerden van Kool-hanen en Kool-eters," SOETEBOOM spreekt hier in den verleden tijd („so dat se de name voerden"); ondertusschen voeren de Oostzaners dien naam nog heden, ruim twee eeuwen later. Zulk een taài leven hebben die spotnamen; ze gaan eeuwen lang, van geslacht op geslacht over. De andere spotnaam der Oostzaners, Volk van Klaas Kompaan, hebben ze volgens Dr. G. J. BOEKENOOGEN, *De Zaansche Volkstaal* (Leiden, 1897) te danken aan hunnen ouden dorpsgenoot „den beruchten Oostzaner kaper Claes Gerritsz Compaen „(geboren 1587, gestorven na 1655), die, na jaren lang de zee „onveilig te hebben gemaakt, door den Stadhouder werd bege- „nadigd, en in zijne geboorteplaats zijn leven eindigde."

De Galgezagers van Zaandam ontleenen dezen hunnen naam almede aan een geschiedkundig voorval. Volgens BOEKENOOGEN (in zijn bovengenoemd werk) „ligt de oorsprong van „dezen naam in het omzagen van de galg, waaraan de schul- „digen van het Zaandammer turfoproer (Mei 1678) hingen. „Dit feit geschiedde in den nacht van 18 op 19 Augustus, 1678."

De naam Koeketers van de Amsterdammers is al zeer oud. De bekende, in der daad ook bestaande voorliefde der Friezen voor alles wat zoet van smaak is (zie bl. 20) in aanmerking genomen, zoo is deze Amsterdamsche spotnaam al mede een bewijs dat de oude burgerij van Amsterdam, in de 16de eeuw, wier voorouders in de middeleeuwen reeds als visschers bij den Dam in den Amstel gezeten waren, tot den Frieschen volksstam behoorde. Trouwens, ook uit de spreektaal der Oud-Amsterdammers, gelijk die ons door GERBRAND ADRIAENSEN BREDERODE is overgeleverd, en zelfs nog uit de spreektaal der hedendaagsche oud-ingezetenen der Noord-Nederlandsche hoofdstad — vooral in sommige bijzondere buurten en wijken — blijkt dit ruimschoots.

Dat de smaak in zoetigheid, dat het koek-eten, als een teeken van den Frieschen oorsprong der bevolking, niet enkel tot Amsterdam beperkt is, maar zich over het geheele Westfriesche Noord-Holland uitstrekt, blijkt uit den spotnaam Koeketers, dien evenzeer de Zaandammers, die van de Koog, van Krommenie en die van Uitgeest dragen. Ook de Moppen van Medemblik, van Hoorn, van de Kreil, van de Beemster en van Jisp geven getuigenis in deze zaak.

In Zuid-Holland, waar het Frankische bloed, bij de oude
landzaten weêr langzamerhand, hoe verder zuidwaarts hoe meer,
de overhand verkrijgt over het Friesche — in Zuid-Holland zijn
de spotnamen ook weêr minder vertegenwoordigd. Men zoude
anders wel meenen dat, waar de bevolking van menige plaats,
van Noordwijk, Katwijk en Scheveningen, van Vlaardingen en
Maassluis, van Dordrecht, enz. zoo opmerkelijk bijzondere eigenaardigheden bezit op volk- en taalkundig gebied, dat daar de
spotlust van anders geaarde buren zich wel zoude moeten laten
gelden.

Mij zijn de volgende Zuid-Hollandsche spotnamen bekend:
Hangkousen van Hillegom, Puieraars, Blauwmutsen,
Hondedooders en Sleuteldragers van Leiden, Ooie-
vaars, Waterkijkers en Bluffers van 's-Gravenhage, Kalfschieters van Delft, Gapers van Gouda, Rakkers van Gouda-
rak, Klokkedieven van Oudewater, Toovenaars van Schiedam, Vleet van Vlaardingen, Kielschieters van Rotterdam,
Schapedieven van Dordrecht, Zeelepers en Puiers van
den Briel, en Blieken van Gorinchem.

Den naderen en volledigen uitleg van deze spotnamen aan
anderen overlatende, wil ik er slechts als ter loops op wijzen,
dat de eerstvermelde spotnaam der Leidenaars (tevens de meest
bekende der vier vermelde), zijnen oorsprong vindt in hunne
liefhebberij om in de talrijke wateren die hunne stad omringen, op
aal te peuren of te puieren, dat is: op eene bijzondere wijze
te visschen. En de laatstvermelde spotnaam der Leidenaars oogt
op de sleutels van Sint-Pieter, die der stede wapenschild sieren.
Ook de Hagenaars hebben hunnen spotnaam aan hun wapenschild
te danken (of te wijten), 't welk eenen ooievaar (dat is immers
een „waterkijker") vertoont. Van den naamsoorsprong der Kalfschieters van Delft leest men in *De Navorscher*, jaargang III,
bladzijde 373, als volgt: „Zoo was het ook in 't jaar 1574,
„toen eenige Spanjaards een aanslag op Delft hadden willen be-
„proeven, maar tijdig ontdekt zijnde, van onder de muren waren
„geweken, waarop hun, reeds lang buiten schot gekomen, een
„hagelbui van kogels achterna gezonden werd. Slechts een kalf
„dat in de wei liep, werd hierdoor getroffen, en men maakte
„toen dit schimpdichtje:

De vrome Delvenaren
Die schoten een vet kalf,
Als zij verdrukket waren
Ten tijde van Duc d'Alf."

De ingezetenen van Gouderak danken hunnen spotnaam aan eene woordspeling met den naam van hun dorp: het Rak in de Gouwe. De Toovenaars van Schiedam, die zich nog het oude gezegde: „Twintig van Schiedam, negentien kunnen tooveren", moeten laten welgevallen, maken de Hollandsche weêrga uit van de Friesche Tsjoensters van Molkwerum; evenals de Hollandsche Blieken van Gorinchem hunne tegenhangers vinden in de Friesche Bleien van de Gaastmeer. Een bootje, dat omgekeerd, met de kiel naar boven, midden in de Maas dreef, werd door de Rotterdammers voor een' walvisch gehouden, waar zij hunne geweren op afvuurden. Van daar hun spotnaam. De spotnamen der ingezetenen van de aloude stedekens Brielle en Vlaardingen schijnen mij toe ook oud van oorsprong en oud van vorm te zijn. Ik kan ze niet verklaren. Misschien zijn de Brielsche Puiers ook puieraars op aal, en waarschijnlijk hangt de naam der Vlaardingers wel op de eene of andere wijze samen met hun visschersbedrijf.

De inwoners van onze drie zuidelijke gewesten, Zeeland, Noord-Brabant en Limburg, zijn almede niet rijkelijk bedeeld met spotnamen. Ik ken slechts de Schavotbranders en Maanblusschers van Middelburg, de Flesschedieven van Vlissingen, de Ganzekoppen van ter Goes, de Koedieven, Steenkoopers en Torenkruiers van Zierikzee, de Aardappelkappers van Axel, de Strooplikkers van Zaamslag, de Peren van Cadzand, de Windmakers van Sluis. Dan de Wieldraaiers van Heusden, de Dubbeltjessnijders van Os, de Brijbroeken van Werkendam, de Mosterdpotten van Woudrichem, de Hopbellen van Schijndel, de Kaaieschijters van Uden, en de Papbuiken van Sint-Oeden-Rode. Eindelijk nog in Limburg de Rogstekers van Weert en de Wannevliegers van Venloo, Kuusj (Varkens) van Helden, en Laammeëker (Lammakers) van Sittard. Aangaande de spotnamen der Venlooërs en der Sittarders meldt het Limburgsche tijdschrift *'tDaghet in den Oosten*,

(Jaargang IV, bladzijde 104) het volgende: „Een snaak uit
„Venloo had doen uitroepen, dat hij met behulp van twee
„wannen, aan zijne schouders bevestigd, zoude van den walmuur
„vliegen. Toen het volk in menigte was verzameld, vroeg hij,
„of ze al ooit eenen mensch hadden zien vliegen? Neen, riep
„het volk. Nu, dan zult ge het heden ook niet zien, zei de
„snaak, en maakte zich uit de voeten, met de voorop ingehaalde
„gelden. Van daar is de spotnaam aan de burgers van Venloo
„gebleven. — Het is een L a m m a k e r, zegt men van die van
„Sittard. Door lammaken verstaan de Sittarder burgers (en in 't
„algemeen alle Limburgers), zich op hunne manier ten koste
„van anderen vermaken."

De M a n e b l u s s c h e r s van Middelburg heeten zoo uit de
zelfde bekende oorzaak die ook den Mechelaars hunnen gelijken
spotnaam heeft gegeven; namelijk het schijnen van de maan op
den torentop, 't welk door de burgerij voor brand werd aangezien, en getracht werd te blusschen. Even als te Franeker, te
Leiden en elders het geval is, zoo zijn ook uit de wapenschilden
van Vlissingen, Goes en Heusden, die met eene flesch, met eene
gans, en met een wiel beladen zijn, de spotnamen van de
ingezetenen dier steden ontstaan.

Zonderling is de oorsprong van den spotnaam (P e r e n) der
Cadzanders. Met de bekende boomvrucht heeft die naam niets
te maken. Te Cadzand spreekt men elkanderen veelvuldig aan
(tijdgenooten of evenouders namelijk, en die op vertrouwe-
lijken, vriendschappelijken voet met elkanderen omgaan) met de
woorden „Pere! m'n ouwen!" (*Pere* is hier het Fransche
woord *père*, vader.) Juist zoo spreken de Friezen, in de zelfde
omstandigheden, elkanderen onderling wel aan met 't woord
Heite. Dit is het Friesche woord *heit*, vader. Zelfs knapen en
jongelingen noemen elkanderen wel *Heite*, b. v. *Kom Heite! giest'
mei?* Kom, mijn vriend! gaat gij mede? Ook onder het volk aan
de zeekust in Holland spreekt men op die wijze; onder anderen te
Zandvoort. Als jongeling te Haarlem studeerende, liep ik daar
menig maal over de Vischmarkt, zoowel om de verschillende
mooie visschen te zien, die daar uitgestald waren, als om het
ongekunstelde volksleven gade te slaan, en de volkstaal te hooren
spreken uit den mond der Zandvoorder visscherliën en der Haar-

lemsche burgerluidjes. Dan gebeurde het wel, dat deze of gene
Zandvoorder vischvrouw („Dirkie, Maintje of Mæærtje" — ik kende
ze al bij namen) mij toeriep: „ *Vædertje! mot je gien moaie pooanen
kooape?*" of „*Kaik'ris vædertje! watte grooate pooanen!*" Poonen
toch, die schoone visschen, met hunne fraaie, roode vinnen en
groote als gepantserde koppen, trokken steeds bijzonder mijne
aandacht. Als ik dan glimlachte, omdat ik, de achttien-jarige,
als *vædertje* werd toegesproken, riep zoo'n vrouw wel: „*Kaik!
de borst* [1] *lacht!*" Opmerkelijk is het toch, dat het Friesche *heite*,
het Hollandsche *vædertje* en het Vlaamsche (eigenlijk Fransche)
père, zoo geheel in den zelfden zin bij drie verschillende stammen van ons Nederlandsche volk in gebruik is.

Ook de vertrouwelijk vriendelijke aanspraak der Cadzanders
onderling, „*m'n ouwen!*" vindt in Friesland hare weêrga. Immers
de Friezen, en onder dezen de Dokkumers nog het meest, spreken
elkanderen wel toe met „*âlde!*" als ze hunne eigene taal, of met
„*oude!*" als ze de basterdtaal der stedelingen gebruiken — al zijn
dan spreker en toegesprokene ook jonge lieden, in 't algemeen
zonder dat er op den leeftijd van den toegesprokene gelet wordt.

Heite! of *Vædertje!* of *Pere, m'n ouwen!* hoe vertrouwelijk en
vriendelijk, hoe echt volkseigen en volksaardig klinkt dat!

De ingezetenen van het Limburgsche stedeke Weert heeten
Rogstekers, en dit om nagenoeg de zelfde reden die den
Dokkumers hunnen spotnaam Garnaten heeft bezorgd. Men
verhaalt namelijk dat er oudtijds eens eene vrachtkar, die onder
anderen ook met eene mand rog (zeevisch) beladen was, van
Antwerpen, over de heide bij Weert, naar Roermond reed. Bij
ongeluk gleed er een van die glibberige visschen uit de mand
en van de kar, en bleef, door den voerman onbemerkt, in het
breede wagenspoor op de zandige heide liggen. Korten tijd
daarna kwam een Weertenaar langs dien weg, en zag den rog.
Nog nooit had hij zulk een vervaarlijk schijnend schepsel gezien.
Hij schrikte er van: „wat is dat?" De zaak scheen hem lang niet
pluis. Hij ijlde naar 't stadje terug, riep alle buren en vrienden

---

[1] *Borst* is een echt Oud-Hollandsche aanspraaksvorm voor jongeling of jongman
Hangt dit woord misschien samen met het Hoogditsche woord *Bursche*, in de zelfde.
beteekenis?

bij elkanderen, en na kort beraad trok men met man en maag
er op uit, onder zijn geleide, heidewaarts, om het vreeselijke
monster te zien. Naderbij gekomen werden allen met ontzetting
aangegrepen. Maar een paar van de dapperste mannen schepten
moed. Zij hadden in de gauwigheid ieder eene spiets meêgenomen
van het raadhuis, waar op den zolder nog zulk middeleeuwsch
wapentuig werd bewaard, en staken nu, vol doodsverachting,
hun verroest wapen in het lichaam van den visch, dien ze,
nadat ze zich van zijnen dood goed en wel overtuigd hadden,
als een oorlogsbuit in zegepraal meê terug namen naar hun
stadje. Sedert heeten die van Weert Rogstekers, en ze moeten het zich te Eindhoven, te Roermond, te Hasselt, op straat
of in de herberg, of waar ze zich maar vertoonen, laten welgevallen dat de lieden hun naroepen, uitjouwen, zingen:

> De burgerij van Weert
> Was van een dooden rog verveerd!

In Zuid-Nederland, waar we enkel de Vlaamsche, de Dietsche
gewesten in aanmerking nemen, zijn de spotnamen weer rijk
vertegenwoordigd. De levendige, opgewekte, luidruchtige ge-
moedsaard, die den Vlaming en den Brabander bijzonder onderscheidt van den Hollander en den Fries, heeft zekerlijk wel
aandeel aan den oorsprong en aan het voortbestaan dezer talrijke
spotnamen, die immers wel aanleiding geven tot scherts en
vroolijkheid, maar ook evenzeer wel tot twist en tweedracht,
en bij de onbeschaafden tot schelden, kijven, vechten.
    Reeds vroeg hebben de Zuid-Nederlandsche spotnamen de
opmerkzaamheid getrokken. Omstreeks het midden der jaren
1500, en zekerlijk veel vroeger ook, waren ze daar reeds algemeen
bekend en in gebruik; immers ten jare 1560 werden ze daar
reeds door eenen volksaardigen Vlaming verzameld en in verzen
te zamen gesteld. En nog in dezen onzen tijd werden de Zuid-
Nederlandsche spotnamen in de verschillende jaargangen van *Ons
Volksleven*, een Zuid-Nederlandsch tijdschrift, opgesomd, en in
hunnen oorsprong en hunne beteekenis nagespoord. Daarheen,
en naar andere bronnen, allen achter dit opstel vermeld, verwijs
ik dan ook den lezer die er meer van weten wil.
    Over 't algemeen genomen stemmen de Zuid-Nederlandsche

spotnamen in al hunne bijzondere kenmerkende eigenschappen geheel overeen met de Noord-Nederlandsche. Sommigen van deze namen zijn aan beide landsdeelen gemeen — 't is te zeggen: ze zijn zoowel eigen aan eene Noord- als aan eene Zuid-Nederlandsche plaats. Dat zijn bij voorbeeld: de Muggeblusschers van Turnhout en van Peer, die overeenstemmen met de Muggespuiters van Meppel, ook wat aangaat het verhaaltje, dat den oorsprong van dezen naam vermeldt. Verder de Maneblusschers van Mechelen en die van Middelburg; de Wortels van Ninove en die van Hoorn; de Toovenaars van Schiedam, met de Tsjoensters van Molkwerum en de Tooverheksen van Onkerzeele; de Turken van Glabbeek en die van Opperdoes, enz.

In beide landsdeelen komen de spotnamen ook veelvuldig, ja zelfs in den regel voor in de gewestelijke of plaatselijke volkseigene spreektaal, en kunnen soms moeilijk in de algemeene boeketaal worden omgezet. In al te platte, soms zelfs onkiesche namen staan de zuidelijke gewesten ook niet boven de noordelijke: Azijnzeekers van Temseke, Oliezeekers van Sint-Nicolaas, Schijters van Gierle en Mosterdschijters van Diest. Het bedrijf dat hoofdzaak is of van ouds was in de eene of andere plaats heeft ook in 't Zuiden menigvuldige aanleiding gegeven tot het ontstaan van spotnamen: Wolspinners van Desschel, Bessembinders van Maxenzeele, Tegelbakkers van Stekene, Pelsmakers van Meenen, Potatenboeren van Esschene, Plattekèèsboeren van Opdorp, Saaiwevers van Hondschoten, Visschers van Mariakerke. En niet minder in 't Zuiden als in 't Noorden de bijzondere liefhebberij in de eene of andere spijze of lekkernij, aan de ingezetenen van deze of gene plaats eigen. In deze zaak staan boven aan de Kiekenvreters van Brussel. Inderdaad is een Brusselsch feestmaal niet volledig, als er geen gebraden „kieken" op tafel is, nog heden ten dage als van ouds; geen Nederlandsche stad waar zoo vele kippen het leven moeten laten, als Brussel. De Brusselaars worden in hunne liefhebberij ter zijde gestaan door de Kapoeneters van Meessen. Verder de Pastei-eters van Kortrijk, de Smeerkoeketers van Moerbeke, de Papeters van Denterghem, de Scheewei-eters

van Winkel-Sint-Kruis, de G o r t e t e r s van Arendonk, en nog
vele anderen. Ten slotte nog in 't algemeen de E t e r s van
Hingene, en de zeer bijzondere en zonderlinge Z a n d e t e r s
van Grimbergen. Dan komen ook nog in 't algemeen de D r i n k e r s
van St-Winoks-Bergen en de R o o d b i e r d r i n k e r s van Harelbeke.

Zie hier eene lijst van de Zuid-Nederlandsche spotnamen, mij
bekend, en die allen in den tegenwoordigen tijd nog in zwang zijn.
S i n j o r e n van Antwerpen. In dezen naam schuilt nog eene
herinnering aan den Spaanschen tijd (16^e eeuw), toen Antwerpen
in grooten bloei, in macht en rijkdom was — toen Spaansche
zeden daar „in de mode" waren (als ook elders in de zuidelijke
Nederlanden — men denke aan den bekenden *Spaenschen Brabander*)
en de aanzienlijke, voorname en rijke Antwerpenaren den
Spaanschen titel *Senor* droegen. De Antwerpsche S i n j o r e n
zijn in aardige tegenstelling met de H e e r e n van Gent, die,
zoo als deze benaming schijnt aan te duiden, volkseigener
in hunne taal en zeden gebleven waren dan de Antwerpsche
heeren.
K i e k e n v r e t e r s van Brussel, op blz. 71 reeds besproken.
M a n e b l u s s c h e r s van Mechelen, ook reeds nader aangeduid
op bladz. 71. H e e r e n, en ook S t r o p p e d r a g e r s van Gent,
Z o t t e n van Brugge, P e t e r m a n n e n en K o e i s c h i e t e r s
van Leuven. Dit zijn de bekendsten. Verder nog de S c h a p e-
k o p p e n van Lier, de B r e k k e n van Beersel, de K o r t o o r e n
van Rethy, de K a r l e e s p o o r d e r s van West-Meerbeek, de
P o t e e r d d a b b e r s van Ramsel, de E t e r s van Hingene, de
K a t t e n en K n i k k e r s van Meerhout, de S o e p w e i k e r s van
Mol, de G o r t e t e r s, T j o k k e r s en P i n n e k e n m a k e r s
van Arendonk, de W o l s p i n n e r s van Desschel, de J a n h a g e l-
m a n n e n van Poppel, de M u g g e b l u s s c h e r s van Turnhout,
de P i e r e n van Liezele, de K o u t e r m o l l e n van Kieldrecht,
de M e u t e s (dat zijn nuchteren kalven) van Breendonk, de
S t r o n t b o e r e n en M e s t b l u s s c h e r s van Hoboken, de
K r a a i e n van Tisselt, de G e i t e k o p p e n van Wilrijk, de
K r u i e r s van Balen, de B o s c h k r a b b e r s van Bornhem, de
S c h ij t e r s van Gierle, de K è è s k o p p e n (Kaaskoppen) van
Hove, de P e z e r i k k e n en M o e s z a k k e n van Loenhout, de

Kneuters van Meir, de Joden van Oost-Malle, de Kaballen van Ruisbroek, de Gipsheeren van St. Amands, de Rakkers van St. Anthonius, de Slijkneuzen van Weert in Klein-Brabant, de Smousen van West-Malle, de Vaartkapoenen van Willebroek, de Speelzakken van Hoogstraten, de Struiven, Halfhouten en Mastendoppen van Brecht, de Pieren van Halle, de Drijvers en Kluppelaars van Zoersel.

In Belgisch Limburg vinden we de Torenblusschers van Neerpelt, en de Muggeblusschers van Peer.

In Zuid-Brabant nog: de Ezels van Schaarbeek, de Turken van Glabbeek, de Kwèkers van Tienen, de Mosterdschijters van Diest, de Barbaren en Stroobranders van Sint-Quintens-Lennik, de Waterheeren van Zout-Leeuw, de Pootenvreters van Haasrode, de Soepzakken van Hever, de Heeren van·Malderen, de Klotboeren van Steenuffel, de Boschuilen van Dworp, de Telloorlekkers van Goyck, de Hondeknagers van Elsene, de Botermelkzakken van Etterbeek, de Kolenkappers van Sint-Gilles' bij Brussel, de Heeren van Huisingen, de Potatenboeren van Esschene, de Zotten van Hekelghem, de Heeren van Meldert, de Bessembinders van Maxenzeele, de Koeien van Molhem, de Zandeters van Grimbergen.

Uit Oost-Vlaanderen zijn de Heeren van Gent, de Makeleters en Knaptanden van Dendermonde, de Kalefaters van Baasrode, de Boschuilen van Buggenhout, de Visschers van Mariakerke, de Plattekèèsboeren van Opdorp, de Varinkdorschers van Baardeghem, de Kloklappers van Belcele, de Wuitens van Hamme, de Kloddemannen en Sergiewevers van Zele, de Wortels van Ninove, de Zotten, Vliegenvangers en Slekkentrekkers van Ronse, de Boonenknoopers van Oudenaarde, de Bergkruipers van Geeraartsbergen, de Tooverheksen van Onkerzeele, de Scheewei-eters van Winkel-Sint-Kruis, de Palingstroopers van Mendonk, de Trotters van Desteldonk, de Zotten van Wachtebeke; de Smeerkoeketers van Moerbeke, de Schinketers van Sinaai, de Blauwbuiken van Exaarde, de Peerdenprossers en Oliezeekers van Sint-Nicolaas, de Hottentotten van Daknam, de Azijnzeekers van Temseke, de Sikken van Moerzeke, de Witvoeten, Draaiers en Ajuinen van Aalst, de Koolkappers van Akkergem.

En dezen zijn van West-Vlaanderen: De Zotten van Brugge, de Pastei-eters van Kortrijk, de Boterkoppen van Diksmuiden, de Taartebakkers en Wagenwielvangers van Meenen, de Keikoppen van Poperingen, de Kinders van Yperen, de Keuns (Konijnen) van Heist-op-Zee, de Geernaarts van Blankenberge (zie bladz. 21 en 27), de Schapen van Nieuwkerke, de Ezels en Langooren van Kuren (Curen, Cuern, Cuerne), enz.

Zie hier eene lange reeks van spotnamen, waaronder er zeker velen zijn, merkwaardig in een geschied- en taalkundig opzicht of uit het oogpunt der beschavings-geschiedenis. Mogen al deze namen nog eens uitvoerig beschreven en verklaard worden in hunnen oorsprong en beteekenis, op de wijze als ik het, in het begin van dit opstel, met de Friesche namen heb trachten te doen.

Van den eersten van alle in deze opsomming genoemde Zuid-Nederlandsche spotnamen, van dien der Antwerpsche Sinjoren heb ik (op bladzijde 72) den oorsprong vermeld. De oorsprong van den laatstgenoemden dezer spotnamen, die van de Ezels of Langooren van Kuren, moge als tegenhanger hier ook vermeld worden. In de *Gazette van Kortrijk*, en daaruit overgenomen in het Brugsche weekblad *Rond den Heerd*, in het nummer van 12 April, 1888, staat dienaangaande het volgende te lezen:

„'t Was over jaren en jaren, 'k en wete niet hoevele.

„De pastor van Cuerne was een allerbraafste oude man.

„De koster was ook allerbraafst, maar eenvoudig en oud.

„En zoo doof derbij, dat hadt gij hem eenen schip onder.....
„onder zijne sleppen gegeven, hij het nog niet en zou.....
„gehoord hebben.

„Asschen-oensdag was gekomen en de menschen moesten „om een asschenkruisken gaan. Ja maar, als de pastor te wege „was te beginnen, wierd hij onpasselijk.

„Wat nu gedaan?

„Een bitje gewacht! Maar 't en beterde niet met Mijnheer „Pastor, en de menschen wierden ongeduldig!

„De pastor kreeg een gedacht. Koster! riep hij, 'k en kan

„ik volstrekt in de kerke niet gaan, ge zult gij moeten de
„kruiskes geven.

„De koster, die zijnen pastor gewend was, verstond dat nog
„al wel.

„Zegt de pastor toen :

„Ge weet wat ge moet zeggen, binst dat ge de kruiskes
„geeft: *Memento, homo! quia pulvis es et in pulverum reverteris* (Her-
„inner, mensch! dat gij stof zijt en in stof zult wederkeeren).

„Wat belieft er u? zei de koster.

„De pastor herhaalde 't latijn, maar de koster en verstond
„het nog niet.

„Na drie of vier keeren wierd de pastor ongeduldig:

„Ge zijt ezel geboren, schreeuwde de pastor, en ge zult ezel
„sterven!

„Ja, Mijnheer Pastor, zei de koster, en hij trok de kerke
„binnen, peinzende in zijn eigen dat ze toch aardige dingen zeggen
„aan de menschen in 't latijn.

„En hij begon maar kruiskes te geven en te herhalen dat hij
„schuimde :

„Ge zijt ezel geboren, en ge zult ezel sterven!

„De menschen keken wat aardig en dat wierd beklapt en
„besproken als zij buiten de kerke kwamen,

„En de historie en bleef in de prochie niet; ze wierd wijd
„en breed verspreid in 't omliggende en verder, en zoo kwam
„het dat de lieden van Cuerne den name van ezels kregen.

„Onverdiend!''

Hier voren (op bladzijde 70) heb ik reeds met een enkel woord
vermeld de verzen van eenen Vlaming uit den ouden tijd,
waarin al de spotnamen van Vlaamsche steden en dorpen zijn
opgenoemd. Op dat hoogst merkwaardige stuk wil ik hier nader
terug komen.

In het midden der zestiende eeuw leefde te Brugge een
procureur, namens EDUWAERT DE DENE, Lymans zone; die „Factor''
was van de rederijkerskamer „De drie Sanctinnen'' aldaar. Deze
man bracht de Vlaamsche spotnamen in rijm te zamen, en
smeedde daar lange verzen van, die hij den naam gaf van
Den langhen Adieu (het lange Vaarwel). EDUWAERT DE DENE stelt

het voor alsof hij allen Vlamingen, de inwoners van allerlei
Vlaamsche steden en dorpen, die hij allen afzonderlijk bij hunne
spotnamen noemt, vaarwel zegt, eer hij sterven gaat. Immers
zóó moet men den telkens herhaalden slotregel der verzen verstaan: „Adieu, eer ick reyse naer Adams moer." Adam, de eerste
mensch, was uit de aarde voortgekomen; „Ende de H E E R E Godt
hadde den mensche geformeert uyt het stof der aerden", zoo
lezen we in den Bijbel. Dus, in overdrachtelijken zin genomen,
was de aarde de moeder van Adam. Zoo iemand gestorven is,
wordt zijn doode lichaam in de aarde begraven. Men kan hiervan
zeggen: hij reist naar (of in) de aarde; met andere woorden: hij
reist naar de moeder van Adam, naar „Adams moer."

De bedoelde verzen nu luiden als volgt:

Den langhen Adieu
Niet oudgestich
In tjaer ghemaect nieu
1500 ende tzestich.

Adieu, P o o r t e r s van Brugge, adieu H e e r e n van Ghendt,
Adieu, K i n d r e n van Ipre, wijdt verre bekent,
Adieu, D a r y n c b a r n e r s van den Vryen mede,
Adieu, S c h o t t e r s van Douay, ende daer omtrent,
Adieu, S p e e r e b r e k e r s der Rysselsche stede,
N o t e c r a e c k e r s van Orchies, naer doude zede,
L e d i c h g h a n g h e r s van Oudenaerde ghepresen,
Adieu insghelijcx, oock zoo ick dandere dede,
P a s t e y e t e r s van Curtrijcke mits desen;
Adieu, C u p e r s van Damme; adieu, moet wesen,
W i t v o e t e n van Aelst, B e e n h a u w e r s van Male.
H u d e v e t t e r s van Gheerdsberghe hooghe geresen,
V o o r v e c h t e r s van Cassele int speciale,
V a c h t p l u c k e r s van Poperynghe tprincipale;
S l a e p e r s van Vuerne, hebt oock huwen toer.
R a e p e t e r s van Waes, elck end int generale,
Adieu, eer ick reyse naer Adams moer.

Adieu, van Dermonde M a c k e l e t e r s daer,
P e l s n a e y e r s van Nieneven openbaar.
D r y n c k e r s van Winnoxberghe, Z o u t z i e d e r s van Biervliedt,
R o c h e t e r s van Muenickeree der naer,
Adieu, M o s t a e r t e t e r s die men t' Oosthende ziet,
B u e t e r e t e r s van Dixmude en vergheet ick niet;
Adieu, metten C o n ij n e t e r s van Dunkercke goet;

Adieu, D r a p e n i e r s van Comene, mijn jonste biedt;
Adieu, oock an de V u l d e r s van Caprijcke vroedt,
En den S c h i p g a e r n e m a e c k e r s van Oudenburgh, tmoet
   Oock adieu gheseyt sijn, ken cans my bedwynghen,
C a b e l j a u e t e r s van Nieupoort, zijt oock ghegroet!
   S a e y w e v e r s van Hondscote, Ghistelsche H o v e l y n g h e n,
   D r o o g h a e r t s van Werveke int ommerynghen,
C a e r d e m a e c k e r s van Deynse op heurlieder vloer;
   Ghy, S a u d e n i e r s van Grevelynghe, laet hu niet besprynghen
Adieu, eer ick reyse naar Adams moer.

Adieu oock, G r o o t s p r e k e r s van Thorout, ghy
L u e g h e n a e r s van Ardenburch, den W i l t j a g h e r s by
   Van Maldeghem, C a n d e e l e t e r s van Meenen voort,
K e t e l b o e t e r s van Middelburch; adieu van my
   C r u d e n i e r s van Oostburch: insghelijcx adieu (hoort!)
   L ij n w a d i e r s van Thielt, twelck menich oorhoort;
Oock mede R o o t b i e r d r y n c k e r s van Haerlebeke:
   Ghy P e p e r l o o c k e t e r s van Eecloo verstoort;
K e e r m e s h o u d e r s van Ruusselare meniche weke,
C a p p o e n e t e r s van Meessene, waert nood 'tbleke
   Met menich smetsere ende goet gheselle:
An de W y n z u p e r s van Hulst ick adieu spreke,
   S n o u c k e t e r s van Acxele, C a e s e m a e c k e r s van Belle,
   De T e g h e l b a c k e r s van Stekene oock mede telle;
R o o m e t e r s van Moerbeke, ghy sonder poer,
   Ende W a e r m o e s e t e r s van Coolkercke snelle,
Adieu, eer ick reyse naer Adams moer.

Adieu, H o p p e w i n d e r s van Okeghem sterck,
Adieu, O v e r m o e d i g h e van Ronsse int werck,
   P a p e t e r s van Denterghem, daer in onverzaet,
G a n s s e d r ij v e r s van Laerne, scherp int bemerck;
   Te Zele daer vyndt men de V l a s b o o t e r s, jaet:
   Adieu, S t i e r m a n s van Wendune, elck met zijn maet.
Ende ghy, M u s s e l e t e r s van Bouchoute reyn,
   V i s s c h e r s van Blanckeberghe oock adieu ontfaet:
Adieu, P u t o o r e t e r s van Waestene int pleyn,
Adieu, D i e n a e r s van Sint Anna ter Mude certeyn,
   V e r z e y l d e r s van Heyst ten Zeeusschen gronde.
C o k e r m a e c k e r s van Ruurle, van V l a e t e r s tgreyn;
   Die van Sint Jans Steene oook adieu tallen stonde,
   C o m p o o s t e t e r s van Loo, T h o o l n a e r s van Reppelmonde,
Adieu, Eillynghen tsaemen met den Ackerboer,
   Adieu, dus namelicke Vlaandren int ronde,
Adieu, eer ick reyse naer Adams moer.

Adieu, voorts noch, ende wederom oorlof, adieu ,
Al dat oud was, en zichtens [1] gheworden nieu !

Ook al deze oude Vlaamsche spotnamen vertoonen weêr ten
duidelijksten de bijzondere kenmerken van zulke Nederlandsche
namen in 't algemeen. Ook dezen zijn grootendeels meer bijnamen
in schertsenden zin , dan smaad- of hoonnamen en scheldnamen
van krenkenden aard. Zoo treffen we hier weêr de namen aan
die ontleend zijn aan allerlei nering en bedrijf in 't bijzonder
eigen aan deze of gene plaats; b. v. Hudevetters van Geer-
aartsberge en de Pelsnaaiers van Ninove, de Saeywevers
van Hondschoten en de Crudeniers ven Oostburg, de Kaasmakers van Belle en de Stuurlieden van Wenduine. Verder
ook de namen ontleend aan de eene of andere spijze of lekkernij,
die hier of daar bijzonder gaarne of bijzonder menigvuldig door
de lieden werd gegeten; b. v. de Pastei-eters van Kortrijk
en de Raap-eters van Waas, de Rog-eters van Munnikereede en de Konijn-eters van Duinkérke, de Kabeljauw-
eters van Nieuwpoort en de Snoek-eters van Aksel. Als
rechtstreeksche spotnamen merken we op de Lediggangers
van Oudenaarden, de Witvoeten van Aalst, de Voorvech-
ters van Kassel en de Slapers van Veurne; de Grootspre-
kers van Thorhout en de Kermishouders van Rousselare.
Onder deze laatste soort van namen zijn er zeker velen , die aan
het een of ander geschiedkundig voorval hunnen oorsprong te
danken hebben.
    Toen deze verzen berijmd werden was Vlaanderen nog in zijn
geheel, nog één en onverdeeld. Sedert is de westelijkste gouw
van Vlaanderen bij Frankrijk gevoegd, en de noordelijkste bij
Noord-Nederland. Maar EDUWAERT DE DENE noemt, zeer te recht
zoo wel de spotnamen op van de inwoners van Biervliet, Aardenburg, Oostburg, Hulst, Aksel, Sint-Anna-ter Muiden en Sint-
Jans-Steen (allen thans tot Noord-Nederland behoorende —Zeeuwsch
Vlaanderen), als die van Douay, Rijssel, Orchies, Kassel, Sint-
Winoks-Bergen, Duinkerke, Hondschoten, Grevelingen, Belle,
tegenwoordig deel uitmakende van Frankrijk — Fransch-Vlaanderen. Ja, in één versregel vinden we de Snoeketers van

_____
[1] Sedert.

Aksel vermeld naast de Kaasmakers van Belle; die van Aksel zoo wel als die van Belle zijn oorspronkelijk goede Vlamingen, maar thans, en reeds sedert twee of drie eeuwen als Noord-Nederlanders en als Franschen geheel van elkanderen vervreemd.

Sommigen van deze oude namen leven nog heden in den mond des volks. De Heeren van Gent, de Kinderen van Yperen, de Pastei-eters van Kortrijk, de Makel-eters van Dendermonde, de Witvoeten van Aalst, en anderen zijn nog heden ten dage zoo goed bekend als tijdens EDUWAERT DEN DENE. Daarentegen zijn de rijke en machtige Poorters van Brugge uit de zestiende eeuw in onze negentiende eeuw tot Zotten vernederd, zijn de oude Lediggangers van Oudenaarde thans Boonenknoopers, de Huidevetters van Geeraartsbergen thans Bergkruipers, de Kandeeleters van Meenen thans Taartebakkers, de Roometers van Moerbeke thans Smeerkoeketers (de hedendaagsche lieden van Meenen en van Moerbeke zijn toch liefhebbers van lekkernij gebleven, zoo als hunne oud-eeuwsche voorvaders reeds waren); de Vachtplukkers van Poperinge heeten thans Keikoppen, de Overmoedigen van Ronse zijn tot Zotten, Vliegenvangers en Slekkentrekkers geworden, en de zestiende-eeuwsche Bueter-eters van Diksmude thans, min hoffelijk, tot Boterkoppen.

Uit een taalkundig oogpunt zijn eenigen van deze namen zeer merkwaardig; b. v. de Daryncbarners van 't Land van den Vrijen van Brugge (eene gouw in 't Noorden van West-Vlaanderen), die in 't hedendaagsche Hollandsche Nederduitsch Turfbranders zouden moeten genoemd worden. *Darync*, *Darink*, *Daring*, hedendaags in West-Vlaanderen als *dèring* of *derring* uitgesproken, is de oorspronkelijke vorm van ons hedendaagsch Noord-Nederlandsche woord *derrie*. — Verder de Hudevetters (Lederbereiders) van Geeraartsbergen, de Drooghaerts (Droogscheerders) van Werveke, de Thoolnaers (Tollenaars of, zoo als de verbasterde Hollanders zeggen, „*Douanen*") van Rupelmonde, enz.

Merkwaardig is het ook dat EDUWAERT DE DENE in zijne verzen almede de „Roch-eters van Muenickeree" noemt. Muenickeree,

Munnikeree (Monnikereede in hedendaagschen taalvorm) was in de
middeleeuwen een bloeiend stedeke aan het Zwin, tusschen
Sluis, Damme en Brugge in Vlaanderland. In de zestiende eeuw
verviel het plaatsje, in vervolg van tijd verviel het al meer en
meer, eindelijk ook geheel en al, en in deze negentiende eeuw
verdween het geheel van den aardbodem, om ter nauwer
nood de heugenis van zijn bestaan achter te laten. Door het
verloopen, het verslijken en verzanden, en door het inpolderen
van den zeearm het Zwin is zelfs de plaats waar Munnikereede
lag niet meer nauwkeurig aan te wijzen. Maar al is het stadje te
niet gegaan, er zijn toch nog Munnikereeders over gebleven, lieden
wier voorouders te Munnikereede woonden, lieden die dus van
daar oorspronkelijk herkomstig zijn. Een man uit Munnikereede
(misschien ook wel een geheel gezin) heeft oudtijds, om de
eene of andere reden, zijne woonplaats verlaten, en zich in
Holland gevestigd, evenals in de zestiende eeuw zoo vele andere
Vlamingen met hem. Die man noemde zich in zijne nieuwe
woonplaats, ter onderscheiding van anderen, met den als voor
de hand liggenden toenaam „Van Muenickeree" of „Van
Munnikeree" of „Van Munnikreede" (de spelling van den naam doet
er niet toe). En eene maagschap van dien naam, te weten: „v a n
M u n n e k r e d e", 's mans nakomelingschap, bestaat nog heden, en
komt of kwam nog in de laatste helft dezer eeuw voor te
Delft, Rotterdam, Haarlem, Heemskerk. De geslachtsnaam heeft
dus in dit geval den plaatsnaam, de oud-ingezetene van Munnikereede heeft, in zijne nakomelingen, het stedeke zelf over-
leefd. En zelfs de spotnaam waarmede de oude Munnikereeders
in de middeleeuwen door andere Vlamingen werden genoemd,
is ons nog overgeleverd geworden en bewaard gebleven.

Daar zijn nog oudere Vlaamsche spotnamen bekend, dan
dezen van 1560. In de *Anzeiger für Kunde der Teutschen Vorzeit*,
jaargang 1835, bladzijde 299 vindt men een lijstje van die
namen medegedeeld, 't welk volgens de meening van sommige
geleerden tusschen de jaren 1347 en 1414 moet zijn opgesteld.
Deze middeleeuwsche spotnamen zijn in hoofdzaak de zelfden als
die men in „*den langhen Adieu*" vindt opgesomd. Sommigen echter
wijken in meerdere of mindere mate af van de namen in dat

rijm voorkomende. Zoo heeten in dit middeleeuwsche lijstje de ingezetenen van Poperingen Vachtploters, terwijl EDUWAERT DE DENE ze Vachtpluckers noemt; die van Meenen Pelsmakers, tegenover de Candeeleters van DE DENE; die van Werveke Verwaten lieden, tegenover de Drooghaerts van DE DENE; die van Deinse Garencoepers tegenover de Caerdemaeckers van DE DENE. En er worden in het oude lijstje ook eenigen genoemd, die DE DENE niet heeft; bij voorbeeld de Wafeleters van Bethune, de Utrechtsche Vlamingen van de Vier-Ambachten, de Platte Gesellen van Sleedingen (hedendaags Sleidinge), de Dansers van Everghem, de Scipheeren van der Sluus, de Tuuschers van Theemsche (hedendaags Temseke), en anderen.

Ook in dit lijstje vinden de taalgeleerde en de geschiedkundige veel van hunne gading, ter verklaring; zoo als de Tuuschers (Ruilers, in 't hedendaagsche Friesch nog *túskers*, *tyskers*) van Temseke en de Scipheeren van der Sluus. Deze laatste naam dagteekent uit den middeleeuwschen tijd, toen het hedendaagsche stille en vervallene stedeke Sluis, thans tot het Zeeuwsche deel van Vlaanderen, dus tot Noord-Nederland behoorende, eene bloeiende Vlaamsche handelsstad was, de mededingster van het naburige Brugge. Vele rijke reeders (Scipheeren) woonden toen daar.

En dan de Utrechtsche Vlamingen van de Vier-Ambachten, die nog herinneren aan den overouden tijd toen de noordelijkste gouw van Vlaanderland, in de middeleeuwen de Vier-Ambachten genoemd, en thans Zeeuwsch-Vlaanderen, soms ook nog Staatsch-Vlaanderen geheeten, in het kerkelijke niet tot een Vlaamsch bisdom (Gent of Brugge) behoorden, maar tot het aartsbisdom van Utrecht. In deze gouw toch was de bevolking in de vroege middeleeuwen hoofdzakelijk van Frieschen bloede, en de Friezen bewesten Lauwers en bewesten Flie behoorden, sedert ze Christenen waren, tot dat aartsbisdom. Van daar dat de Vlamingen van Hulst en Aksel, van Biervliet en Aardenburg hier Utrechtsche Vlamingen worden geheeten. Men zie over deze zaak mijn werk *Oud Nederland*, de aanteekeningen op bladzijden 109 en 110.

De ingezetenen van Duinkerke worden in *den Langhen Adieu*

en eveneens in dit oude lijstje C o n y n e t e r s genoemd, en deze
naam is voor lieden die midden in het duin, midden in die
meest geliefde verblijfplaats der konijnen wonen, en die aan
die ligging in de duinen zelfs den naam hunner stad ontleend
hebben, zeker zeer eigenaardig en gepast. Ik zelf echter, eenige
jaren geleden een en ander maal te Duinkerke vertoevende, en
daar den luiden vragende naar hunnen spotnaam, en naar die
van andere Fransch-Vlamingen, kreeg telkens ten antwoord:
K e u n e t e r s van Duunkerke. [1] Hieruit blijkt dat *keun* de Vlaamsche
benaming is van konijn; en in der daad vinden we ook in DE BO's
Westvlaamsch Idioticon het woord *keun* voor konijn aangegeven.
De ingezetenen van het dorp Heist op Zee, bij Brugge, en dat
ook midden in het duin aan zee gelegen is (als Zandvoort),
dragen heden ten dage almede den spotnaam van K e u n s
(Konijnen). Door onze taalgeleerden wordt ons hedendaagsch
algemeen Nederlandsch woord konijn voorgesteld als afgeleid of herkomstig van het Latijnsche woord *cuniculus*. Het is
toch opmerkelijk, ja, het komt mij zonderling voor, zelfs
ongelooflijk, dat zulk een algemeen bekend inlandsch dier als
het konijn is, dat bij duizendtallen in onze zeeduinen, en ook
binnen 's lands op heidevelden en in woeste, zandige streken
leeft, niet eenen oorspronkelijk Nederlandschen, oorspronkelijk
Dietschen, niet eenen echt Germaanschen naam zoude hebben.
Is misschien dit Westvlaamsche *keun* de eigenlijke, de oorspronkelijk Dietsche naam van het konijn? En moet men ons
hedendaagsch woord konijn dan als een oude verkleinvorm
van *keun* (*koon, kone*) beschouwen? Heeft ons woord konijn dan
misschien niets met het Latijnsche woord *cuniculus* te maken?
En hebben dan, juist andersom, de Romeinen hun woord
cuniculus misschien afgeleid van ons woord *keun*? Allemaal vragen,
die ik niet beantwoorden kan, maar die den taalvorscher zeker
belangstelling zullen inboezemen.

---

[1] Buitendien noemde men mij: de B r a k e n van Kassel (die in *den langhen Adieu*
V o o r v e c h t e r s heeten), de W i t t i g t e n van Belle (in *den langhen Adieu* C a e s e-
m a e c k e r s), de Z o t j e s van Hondschoten, anders gezegd d e Z o t s (Gekken) van de
witte torre (toren), H a z e b r o e k j e P a s s e - t e m p s van Hazebroek, K o e s j e s van
Godewaartsvelde en ook K o e s j e s van Boeschepe, dan nog Z o t s van Merris, enz.

De ingezetenen van sommige gewesten, landstreken en eilanden in hun geheel, ja sommige volken hebben ook wel hunne spotnamen. Ook hierop wil ik nog kortelijk wijzen. Zoo heeten de Friezen S t ij f-k o p p e n, Noord-Bevelanders bij de andere Zeeuwen P e e v r e t e r s, en de Zuid-Bevelanders P a d d e l a n d e r s. (*Peeën*, dat is Zeeuwsch voor wortelen — de gewone als spijs gebruikte wortelen van *Daucus carota*, en beetwortelen). De opgezetenen van 't eiland Walcheren in 't bijzonder, op welk eiland, naar men zegt, geen kikvorschen en geen padden voorkomen, noemen dus het eiland Zuid-Beve-land, waar deze amphibiën wel gevonden worden, smadelijk 't P a d d e l a n d. Die van Texel heeten K w a l l e n, en die van Wieringen S k e p e n (Schapen), 't is op bl. 62 en 63 reeds vermeld.

De Engelschman J o h n B u l l, de Franschman J e a n P o t a g e e n zijn wijf M a r i a n n e, J a n t j e - K a a s de Hollander (door Vlamingen en Brabanders zoo genoemd) en de Duitsche M i c h e l of H a n s-M i c h e l zijn overbekend. Overbekend is ook in onze dagen de spotnaam R o o i n e k en R o o i b a a i t j i e, dien onze Zuid-Afri-kaansche stamgenooten den Engelschman geven. De Hollanders in 't bijzonder hebben ook nog eenen bijzonderen spotnaam voor den Duitscher, dien ze M o f noemen. Naar den oorsprong van dezen naam is door velen vruchteloos gezocht. Opmerkelijk is het dat de Duitschers, die langs onze oostelijke grenzen wonen, dien spotnaam M o f (zij zeggen M u f) wederkeerig op de Neder-landers toepassen, en ons H o l l a n d e r - M u f noemen; zie TEN DOORNKAAT KOOLMAN, *Wörterbuch der Ostfriesischen Sprache*, waar almede eene verklaring van dit woord *Muf* of *Mof* te vinden is. De Nederlanders noemen geheel Duitschland wel M o f f r i k a, maar de Duitschers zelven geven dien naam M u f f r i k a in 't bijzonder aan eene kleine gouw, langs onze grenzen zich uit-strekkende, aan het zoogenoemde Nederstricht van Munster, tusschen Oost-Friesland en Bentheim gelegen, en de stadjes Meppen en Lingen met omstreken omvattende.

De Friezen hebben nog eenen bijzonderen spotnaam voor de Duitschers in 't algemeen; zij noemen dezen P o e p e n. Dit woord *poep* is een bijzonder, een raadselachtig woord. Dat het niet het woord *poep* is, in de gewone algemeen Nederlandsche volks vooral kindersprektaal van bekende beteekenis, blijkt hier-uit dat de Friezen beide woorden nauwkeurig in uitspraak onder-

scheiden. Zij, met hun fijn en nauwkeurig onderscheidend taal-
gehoor, spreken in den spotnaam P o e p dit woord uit met den
zeer duidelijk hoorbaren t w e e klank *oe*; terwijl ze, waar dit woord
dé andere beteekenis heeft, slechts eenen enkelvoudigen klank
laten hooren, de *u* der Duitschers, de *ou* der Franschen. Dit
nauwkeurige, en steeds strikt volgehouden onderscheid in
uitspraak tusschen den enkelvoudigen en den twee-klank *oe*,
dat zoowel den Friezen als den West- en Zee-Vlamingen thans
nog bijzonder eigen is, maar oudtijds algemeen Dietsch moet
geweest zijn, verbiedt om aan te nemen dat dit woord *poep* in
beide beteekenissen van een en den zelfden oorsprong zoude
zijn. Maar wat het woord *poep* als spotnaam dan wel zijn mag,
van oorsprongswegen, het is mij niet gelukt dit uit te vorschen.

De Friezen geven den naam P o e p wel aan de Duitschers in
het algemeen, maar in 't bijzonder aan den Westfaalschen
grasmaaier en aan den Westfaalschen koopman in kleedingstoffen en kleedingstukken, die met een groot pak van zijn
koopwaar op den rug, het Friesche platteland afreist, en die,
ter onderscheiding van zijnen landsman den grasmaaier, door de
Friezen F y n d o e k s p o e p genoemd wordt.

Overdrachtelijk noemt men in de Friesche gewesten (immers
Groningerland doet hierin mede, volgens MOLEMA's *Woordenboek
der Groningsche volkstaal*) een paard of eene koe van Duitsch,
gewoonlijk Oldenburgsch, zoogenoemd Bovenlandsch ras, ook
p o e p; en zelfs eene bijzondere soort van aardappelen, ook van Duitsche herkomst, en die anders wel „Munsterlanders" heeten, noemt
de Friesche boer p o e p e n. Ja, onze Friesche zeeman geeft zelfs
aan een schip (kof of tjalk), dat in Oost-Friesche en Weser-Friesche
havens thuis behoort, en dit door geringe afwijkingen in bouw
en tuig bemerkbaar doet zijn, den naam van p o e p.

Ook in noordelijk Noord-Holland, almede oorspronkelijk eene
Friesche gouw, is de spotnaam P o e p, G r a s p o e p, G r o e n e
P o e p voor den Duitschen Grasmaaier in gebruik, volgens
Dr. G. J. BOEKENOOGEN's werk *De Zaansche Volkstaal*, en volgens
J. BOUMAN's werk *De Volkstaal in Noord-Holland*.

De echte Friezen in 't land tusschen Flie en Lauwers beperken hunnen spotnaam P o e p niet enkel tot de Duitschers. Ook
de Groningerlanders en de Drenten noemen ze P o e p e n, en

zelfs de ingezetenen van de Friesche dorpen Kollum en Burum
(in uitspraak Boerum), die, ofschoon nog bewesten Lauwers
wonende, toch niet de zuivere Friesche taal spreken, maar eenen
gemengden tongval, een overgang van het Stad-Friesch tot het
Groningerlandsch — zelfs dezen moeten zich den spotnaam
Poepen laten welgevallen, alsof ze, door hunnen afwijkenden
tongval, reeds halve Groningerlanders, en alsof de Groningerlanders, met hun Friso-Sassisch bloed en met hunne Friso-Sassische gouwspraak reeds halve Duitschers waren.

Opmerkelijk is het, dat men dit woord Poep als spotnaam ook
hier en daar elders in de Nederlanden terug vindt. De ingezetenen van Deventer toch dragen bij de andere Overijsselaars en
bij de Gelderschen in hunne nabuurschap ook dezen naam. En
ook de Zeeuwen noemen hunne Vlaamsche en Brabantsche na-
buren Poepen. Zoo hoorde ik in 1869 door een paar burgers
van Goes zeggen, van een gezelschap boeren en boerinnen uit
de polders van Zandvliet bij Antwerpen, die door 't stadje Goes
ronddwaalden: „'t zijn maar Poepen," eenigszins minachtender
wijze, juist zoo als de Friezen spreken van de Duitschers. Volgens
van Dale (zelf een Zeeuwsche Vlaming), *Nieuw Woordenboek der
Nederlandsche taal*, is poep een scheldnaam dien de bewoners van
Zuid-Beveland aan de bewoners van Zeeuwsch-Vlaanderen geven.
En volgens De Bo's *Westvlaamsch Idioticon* noemt men in West-
Vlaanderen „iemand die weinig verstand of weinig moed heeft,"
een „dwazerik" dus, of een „lafaard", een „poepgaai."

De oorsprong en de verspreiding van dezen raadselachtigen spotnaam Poep uit te vorschen, zal zeker wel de moeite loonen.

Als eene bijzondere uiting van volkseigenaard en van speelsch
volksvernuft, dienen ten slotte nog vermeld te worden eenige
rijmkes, die van sommige gouwen en eilanden, van sommige
steden en dorpen, ook van groepen van nabij elkanderen gelegene
plaatsen, bij het volk bekend zijn, en die als ter kenschetsing
dienen van sommige bijzonderheden, aan die gouwen en plaatsen
eigen. Deze rijmkes zijn uit de zelfde bron gevloeid, waaruit
ook de spotnamen ontstaan zijn; zij komen er in aard en strek-
king, veelvuldig ook in oorsprong en in eigenaardig wezen
mede overeen, ja, zijn eigenlijk slechts als eene uitbreiding

daarvan te beschouwen. Ik wil slechts enkele van die rijmkes
hier mededeelen, om de aandacht daarop te vestigen van navorschers, van allen die belang stellen in volkseigene zaken, en
die zulke zaken nog in tijds behouden willen, eer de nieuwe
tijd ze uit het geheugen der menschen zal hebben doen ver-
dwijnen.

Over al de Nederlanden zijn deze rijmkes verspreid, en, even
als de spotnamen, ook over Oost-Friesland en andere nabij
gelegene gouwen van naburige landen, waar de bevolking met
die van onze eigene gewesten zoo menig punt van overeenkomst
heeft, of daarmede oorspronkelijk eenzelvig is. Een enkel van
die Oostfriesche rijmkes, de stad Aurik betreffende, is reeds op
bladzijde 58 hiervoren medegedeeld. Anderen uit de Friesche
gewesten beoosten Eems kan men vinden in KERN en WILLMS,
Ostfriesland wie es denkt und spricht (Norden, 1869). Een paar
rijmkes van 't Ameland vindt men op bladzijden 27 en 28
hiervoren vermeld. Een paar andere uit Friesland zijn nog:

> Oostergoo het land,
> Westergoo het geld,
> De Wouden het verstand,
> De Steden het geweld.

Hier wordt op geestige wijze het kenmerkende van de drie
gouwen, Oostergoo, Westergoo en de Zevenwouden, waarin
Friesland tusschen Flie en Lauwers van ouds her verdeeld is,
met de elf steden, uiteengezet.

> Dokkum is een oude stad,
> Een oude stad boven maten;
> Daar verkoopt men anders niet
> Als taai en ook garnaten.

In der daad, de stad Dokkum dagteekent reeds uit zeer ouden
tijd; reeds ten jare 754 verkondigde Sint-Bonifacius daar het
Evangelie. Het Dokkumer *taai*, eene soort van grof Sint-Nicolaas-
gebak, is in geheel Friesland vermaard. En wat de Dokkumer
garnaten (garnalen) aangaat, daar moet men maar niet te luide
van spreken, als er Dokkumers bij zijn (zie bladzijde 21 en
vervolgens).

Zeer aardig kenschetsend zijn deze twee rijmkes, van een Utrechtsch en van een Noordbrabantsch dorp:

> Neêr-Langbroek,
> Die schrale hoek!
> Daar wonen niets dan edellui
> En bedellui,
> Ridders
> En broodbidders;
> Daar staan anders niet als kasteelen en nesten,
> Sterkenburg is het beste.

> Loon-op-Zand,
> Licht volk, licht land;
> Ze schooien den kost,
> En ze stelen den brand. [1]

Tamelijk onbeduidend daarentegen is het volgende rijmke van drie Zeeuwsch-Vlaamsche dorpen Breskens, Schoondijke en de Groede:

> De Bressianen
> Zijn hanen,
> Maar voor Schoondijke
> Moeten ze wijken,
> En komen die van de Groe,
> Dan houden ze beter hun deuren maar toe!

Veelal heerscht in deze rijmkes een schimpende, smalende toon tegenover andere naburige plaatsen, afgewisseld met lof voor de eigene woonplaats. Bij voorbeeld uit Drente:

> Koevorden is een fraaie stad,
> Dalen is een moddergat,
> Wachtum is een eendepoel,
> Hesselen is een koningsstoel.

Of uit Overijssel en Gelderland:

> Deventer is een koopstad,
> Zutfen is een loopstad,
> Lochem is nog wat,
> Maar Borkeloo is een hondegat.

---

[1] Brandstoffen, in 't Friesch *branje* (*brandinga*) genoemd.

Van groote ingenomenheid met zich zelven getuigt het volgende rijm van sommige Noordhollandsche steden, dat bij de Monnikendammers in zwang is:

> Amsterdam ligt aan het IJ,
> Monnikendam daar wonen wij:
> Edam is een nest,
> Hoorn doet zijn best,
> Enkhuizen staat op tonnen,
> Medemblik heeft het gewonnen.

Aardig is het rijmke van Kootwijk, een zeer nederig dorpke op de Veluwe:

> Kootwijk is een zoetendal,
> En die er is die blijft er al.

Zoetendal, *ten Sueten dale* — dat klinkt zoo middeleeuwsch liefelijk! Wie weet hoe oud dit rijm al is!

Ten slotte kan ik nog een zeer bijzonder rijm hier mede deelen, dat betrekking heeft op de Friesche eilandenreeks die zich uitstrekt tusschen de Weser en het Marsdiep, en dat door mij is opgeschreven uit den mond van eenen Frieschen schipperszoon, die met de tjalk van zijnen vader wel oostwaarts naar Emden, Bremen en Hamburg, en wel zuidwaarts naar Amsterdam, Rotterdam, Dordrecht en Antwerpen voer. Het rijm is niet in de eigenlijke Friesche taal opgesteld, maar in het zoogenoemde Stad-Friesch of „*Stédsk*", dat is Oud-Dietsch met Friesche woorden en woordvormen vermengd, en met eenen Frieschen mond uitgesproken.

> Wrangero de skoone,
> Spikeroog de krone,
> Langeroog is 'n butterfat
> En Baltrum is 'n sangat.
> En de Norderneyers frete har mar half sat
> Juust dat is 'n rooverland;
> En Borkum is 'n tooverland;
> Rottumeroog is 'n klein lund,
> Mar Skiermonnikoog is sterk bemand:
> De Amelander skalken
> Hewwe stolen drie balken,
> Avons in 'e maneskijn,
> Daarom sal 't har wapen sijn.

Skilingen het 'n hooge toren,
Flielan het siin naam ferloren,
Tessel is mar 'n seegat,
De Helderse **Traanbokken** segge dat.

Eenige opmerkingen mogen dit rijm nader toelichten.

Wrangero (ook de visscherlieden van Urk, die ter uitoefening van hun bedrijf op de Noordzee wel tot bij dit eiland komen, spreken dezen naam nog op deze Oud-Friesche wijze uit) — Wrangero is een oude en zeer goede, oorspronkelijk Friesche naamsvorm, ouder en beter dan Wangeroog of Wangerooge, zoo als dit eiland thans in 't geijkte Nederlandsch en Hoogduitsch heet. Oudtijds woonde aan den vasten wal, aan de Noordzeekust waar dit eiland tegenover ligt, westelijk van den Wesermond, een Friesche volksstam, Wranger-Friezen genoemd. (Hunne rechtstreeksche nakomelingen wonen daar nog heden in het thans zoo genoemde Jeverland en Butjadingerland). Toenmaals noemde men het land dier Wranger-Friezen Wrangerland, en het eiland daarnevens in de Noordzee: Wrangero, Wranger-o. De woordvormen *o*, *oe* (*eu*) *ei* (in ons woord *eiland* nog bestaande en in den eilandsnaam Norder*nei* eveneens) zijn oorspronkelijk eenzelvig met het hedendaagsche *oog*, in Süderoog (Noord-Friesland), Wangeroog, (Weser-Friesland), Langeroog (Oost-Friesland), Schiermonnikoog (Friesland tusschen Flie en Lauwers), Valkoog (West-Friesland of Noord-Holland), enz.

Skilingen is de Friesche naamsvorm voor 't eiland ter Schelling, beter Schellingerland, dat in het dorp Wester-Schelling in der daad eenen zeer hoogen toren heeft, de vuurtoren of *Brandaris*, die het geheele zeegat van 't Flie verlicht.

Flieland heeft althans voor de helft zijnen naam verloren. De westelijke helft van dit eiland, met het aldaar gelegene dorp West-Flieland is in de 17de eeuw ten deele, maar in de vorige eeuw volkomen door de zee vernield en weggeslagen. Er is daar nog maar eene zandplaat van over, die nu de Hors heet. Inderdaad, „Flieland heeft zijn naam verloren."

Dit is het einde van mijn opstel over spotnamen, spotrijmen, enz. Mogen anderen hierin aanleiding vinden dit belangrijke onderwerp nog eens beter en uitvoeriger te behandelen.

BRONNEN EN LITTERATUUR OVER SPOTNAMEN, ENZ.

Het tijdschrift *De Navorscher* (Amsterdam, 1851 en vervolgens), in verschillende jaargangen. Men zie de Algemeene Registers, op „Namen (Nederlandsche Spot- en Scheldnamen)."

Ons Volksleven. Tijdschrift voor taal-, volks- en oudheidkunde, onder leiding van Jos. Cornelissen *en* J. B. Vervliet. Brecht (bij Braeckmans, 1889 en vervolgens) in verschillende jaargangen.

A. Mertens, *Iets over de spotnamen onzer Belgische steden.* Antwerpen, 1847.

Friesland en de Friezen (Plaatselijke schimpnamen). Leeuwarden, 1877.

Dr. E. Laurillard, *Vlechtwerk.* Amsterdam, 1880. Idem, *Sprokkelhout.* Amsterdam, 1887. Idem, *Op uw' stoel door uw land.* Amsterdam, 1891.

II

NEDERLANDSCHE NAMEN IN FRANKRIJK.

————

>Es geht eben den Eigennamen wie
den Büchern: *habent sua fata*."

Aardrijkskunde, Volkenkunde, Taalkunde — ziedaar drie
wetenschappen, die bij de Germaansche volkeren onzer dagen,
bij de Duitschers met de Duitsche Zwitsers en de Duitsche
Oostenrijkers, bij de Nederlanders, de Engelschen en Skandinaviërs, met groote voorliefde beoefend worden. Maar ziedaar
ook drie wetenschappen, die van de hedendaagsche Romaansche
volken, van de Franschen en de Walen, van de Italianen, de
Spanjaarden en Portugeezen in het algemeen, juist in veel mindere
mate belangstelling, beoefening en toewijding mogen ondervinden.
De neiging, de smaak, de voorliefde der Germanen richt zich
bij voorkeur almede op deze wetenschappen; bij de volken van
Romaanschen stam is juist het tegenovergestelde het geval.
Vooral bij de Franschen staan, betrekkelijker wijze gesproken,
Aardrijkskunde, Volken- en Taalkunde op eenen lageren trap
dan dit met andere wetenschappen onder hen het geval is. Terwijl de behoorlijk ontwikkelde Nederlander, nevens zijne moedertaal, nog drie talen, Hoogduitsch, Engelsch en Fransch spreekt,
vergenoegt en bemoeit de Franschman zich met zijne eigene taal
alleen, en meent, in zijnen eigenwaan en hoogmoed, dat iedere
vreemdeling hem te gemoet moet komen, en zijn Fransch
moet verstaan. Hij beeldt zich in, dat hij met zijne eigene taal

de geheele wereld door kan te recht komen. [1] En, wat aardrijkskunde betreft, is het niet herhaaldelijk gebleken, onder anderen
in den Fransch-Duitschen oorlog van den jare 1870, dat de
vreemdeling beter den weg wist te vinden in Frankrijk, beter
op de hoogte was van de gesteldheid des lands dan de Franschman zelf?

Deze onkunde heeft ten gevolge, dat de Franschen deerlijk in
menig vooroordeel bevangen zijn, op aardrijkskundig, volken- en
taalkundig gebied; en dat zij zich dikwijls vergissen, waar deze
wetenschappen hare toepassing vinden. Hiervan kunnen getuigen
de menigvuldige vooroordeelen en averechtsche inzichten die de
Franschen koesteren in zake de oorspronkelijk Germaansche, en
weder tot het groote Duitsche vaderland gelukkiglijk terug gekomen landen Elsate en Lotharingen, en in alles wat met deze
zaak te zamen hangt. Getuigen ook de meening, vrij algemeen
onder het gros der Franschen verspreid, alsof hun land en volk
een zuiver afgerond en samenhangend geheel zoude uitmaken,
in alle opzichten ook overal oorbeeldig Fransch zoude zijn (in
den zelfden zin als Parijs oorbeeldig Fransch is), van de noor-
der- tot de zuidergrenzen, van de oostelijke marken tot de
westelijke zeeoevers. Ja, dat nog menig land en nog menige
gouw daarbuiten, eigenlijk van oorsprongs- en rechtswegen

---

[1] Dat ook oudtijds, reeds in de 16de eeuw, de Franschen zoo dachten, daarvan strekt
het volgende voorval ten bewijze.

Jonker Wigle van Aytta, van Swichum, lid en Voorzitter van den Raad van State,
en van den Geheimen Raad ten hove te Brussel, bij Keizer Karel den Vde en later bij
diens zoon, was een echte Standfries. Eens ontving hij als voorzitter van den geheimen
raad, een afgezant van den Koning van Frankrijk, die over belangrijke staatszaken
met hem wilde onderhandelen. Deze man, van den zelfden aard, die velen Franschen in
den tegenwoordigen tijd ook nog eigen is, sprak Jonker Wigle aan in het Fransch, en
bracht hem zijne boodschap over, in die taal sprekende. Jonker Wigle liet hem geheel
uitspreken, en gaf den Franschman toen zijn antwoord in het Friesch, dat is, in zijne eigene
moedertaal. De ambassadeur nam dit hoogst euvel op, en vroeg, in zijne Fransche op-
geblazenheid geraakt, of de raadsheer met hem en met zijnen koning den spot dreef, door
hem bescheid te geven in eene taal, die hij niet verstond. Maar Jonker Wigle antwoordde
in kalme en eenvoudige waardigheid, en zeide: »Zijn wij dan meer gehouden, om uwe
taal te spreken, als Gij de onze? Wanneer wij in Frankrijk komen, spreken wij Fransch.
Het is dus ook billijk, dat Gij, als Gij hier in de Nederlanden wat te zoeken hebt, ook
onze taal gebruikt. Of, zoo Gij dit niet kunt doen, spreek dan Latijn, de taal die allen
volkeren gemeen is."

Fransch zouden zijn, of zouden moeten zijn; bij voorbeeld Waalsch-België, ja misschien wel geheel Vlaamsch-België met Brussel natuurlijk daarbij, als toegift. Verder de Elsate en Lotharingen, ja misschien al het Duitsche land links van den Rijn; het Franschsprekende deel van Zwitserland, om niet te gewagen van Savoye en Nizza en Corsica, reeds wederrechtelijk (uit een volkenkundig, aardrijks- en geschiedkundig oogpunt) bij Frankrijk ingelijfd.

Het eischt maar weinig wetenschap, om deze dwaze meening, die de roemzucht der Franschen zoo streelt, te wederleggen. Reeds eene oppervlakkige, maar rechtzinnige kennis van de beginselen der drie bovengenoemde wetenschappen, waarbij dan ook de Geschiedkunde niet mag vergeten worden, is voldoende om aan te toonen dat die zaak juist andersom is, dat juist het Fransche volk uit zeer verschillende bestanddeelen samengesteld is, uit allerlei volken van verschillenden, onverwanten oorsprong is voortgesproten. Germanen van Neder- en Hoog-Duitschen bloede (Franken en Burgunden), Skandinaviërs (Noormannen), Galliërs, Kelten (Brittanniërs of Bertoenen — *Brétons*), Basken, deze allen en nog anderen, hebben het hedendaagsche volk van Frankrijk voortgebracht. De taalgeleerde weet aan te toonen, zoo wel uit de geijkte Fransche boeketaal, als vooral uit de onderscheidene, onderling zeer ongelijke volksspreektalen in de verschillende gewesten en gouwen van Frankrijk inheemsch, dat deze zaak inderdaad alzoo bestaat. Den volkenkundige blijkt dit zelfde uit de menigvuldige eigenaardigheden des volks hier en daar, ginds en elders in Frankrijk. Daar is inderdaad geen gedachte en geen sprake, bij den geleerde niet, en evenmin bij den eenvoudigen, maar bedachtzamen opmerker, van eene eenvormige, in zich zelve afgeronde taal, noch van een eenvormig, onverdeeld volksbestaan bij de Franschen.

Eene der bijzonderste aanwijzingen van den vreemden, onfranschen, of liever gezegd, niet romaanschen oorsprong des volks in menig Fransch gewest (immers Fransch = Frankisch is oorspronkelijk Germaansch, en wel Neder-Duitsch, Dietsch als men wil), is te vinden in de namen der steden en dorpen, der gehuchten en landhoeven, der velden en heuvels, der rivieren en beken, kortom, der plaatsnamen in het

algemeen, in die gouwen. Daar zijn plaatsnamen in ' Frankrijk, zeer veelvuldig en zeer menigvuldig, uit allerlei talen,
door allerlei volkeren eerst gegeven, en sedert, ofschoon
veelal op allerlei wijzen verbasterd; tot heden in gebruik gebleven, al verstaat de hedendaagsche Franschman ze geenszins.
Plaatsnamen van allerlei oorsprong: van Vlaamschen, of Dietschen
in het algemeen, in het Noordwesten; van Noorschen oorsprong
in Normandië; van Britschen (Keltischen) oorsprong in de Bre-
tagne en elders; van Hoogduitschen (Burgundischen) oorsprong
in de gewesten van het Oosten — om van de Hoogduitsche
(Rijn-Frankische en Allemannische) namen in de Elsate en in
Lotharingen niet te gewagen. Ook nog elders weer van Gotischen
oorsprong; van Baskischen oorsprong in het Zuid-Westen, ja
zelfs van Arabische of Moorsche afkomste.

Het is eene zeer belangrijke en, naar mijne meening, ook zeer
aangename studie, die Fransche plaatsnamen van vreemden,
onfranschen, onromaanschen oorsprong na te sporen en in hunne
oorspronkelijke beteekenis en vorm te leeren kennen. Maar het
zoude ons veel te verre afleiden en wegvoeren, wilden wij deze
stoffe in het algemeen hier nader ontvouwen, al ware 't dan
ook maar zeer beknoptelijk en oppervlakkig. In bescheidenheid
willen wij ons bepalen tot de Germaansche namen die in het
Noord-Westen van Frankrijk voorkomen. Maar ook dan nog
kunnen wij niet anders als in zeer algemeenen zin deze zaak
behandelen, en slechts weinige namen uit de honderdtallen die
daar zijn, slechts eenigen van de bijzondersten en opmerkelijk-
sten hier den Lezer voorstellen. Moge dit sommigen tot eenen
spoorslag strekken om aan dezen tak der aardrijks-, taal- en
volkenkundige wetenschap in het bijzonder hunne aandacht te
wijden. Vooral voor de Vlamingen, Brabanders en Limburgers,
voor alle Dietsche Belgen, goede en echte Germanen als zij van
oorsprongs wegen zijn, en in hunne neigingen en gevoelens
moeten wezen, vooral voor dezen is het zeer nuttig te zien hoe
diep het Germanendom in de Noordwestelijke gouwen van
Frankrijk is doorgedrongen.

Van dat gewest in Frankrijk, waar nog heden de Vlaamsche,
de Dietsche taal in meer of mindere mate de eigenlijke, de
levende volksspreektaal uitmaakt, van Fransch-Vlaanderen dus,

heb ik hier niet te gewagen. Immers, dat Duinkerke, Hazebroek, Grevelingen, St-Winoks-Bergen, dat Mardijk, Hondschoten, Gyvelde, Merkeghem, Boeseghem, Bollezeele, Steenvoorde, Wemaarskapel, Godewaarsvelde, enz. enz. zuiver Germaansche, oorbeeldig Vlaamsche plaatsnamen zijn, is geheel natuurlijk in een land, waar het volk Vlaamsch spreekt. En hier, waar de woorden *duin* en *kerke*, *haas* en *broek* (moeras), *dijk*, *berg* en *veld*, *steen* en *kapelle* nog in de volksspreektaal leven, verstaat men die namen ook grootendeels in hunne beteekenis; terwijl de woorden *hem* (heim, woonplaats), *zele*, zaal of halle, *voorde*, doorgangsplaats in een water, met de mansnamen W e m a a r en G o d e w a a r allen deel uitmakende van de boven vermelde plaats:namen, slechts weinig naderen uitleg behoeven om eveneens verstaanbaar te zijn.

Eenigszins anders is het gesteld in Artesië (*Artois*), het gewest dat, dieper in Frankrijk gelegen, aan Fransch-Vlaanderen grenst, en de steden Kales *(Calais)*, Boonen *(Boulogne-sur-Mer)* en Sint-Omaars *(St.-Omer)* bevat, met het land daartusschen en omhenen gelegen. Evenals nog heden in Fransch-Vlaanderen, zoo is ook oudtijds in dit gewest de Vlaamsche taal volksspreektaal geweest. En zij is dit zelfs nog heden aldaar in een paar dorpen, onmiddellijk aan de stad Sint-Omaars grenzende, en daarvan als het ware eene voorstad vormende. Buitendien nog, maar in zeer beperkte mate, te Ruminghem en in enkele andere dorpen, in het Oosten van Artesië, aan de grens van Fransch-Vlaanderen gelegen. Maar dit alles is van weinig beteekenis, en verliest dagelijks aanmerkelijk. In de steden Boonen en Kales heeft het Vlaamsch eigenlijk nooit rechtstreeks geheerscht, al hebben daar dan ook steeds velen gewoond, uit de omliggende dorpen afkomstig, die Vlaamsch spraken, ja, al telt Kales, voornamelijk in hare voorstad St.-Pieters-Nesse *(Saint-Pierre-lez-Calais)* nog heden duizenden Vlaamsch-sprekende Vlamingen, van elders daar heen getogen. Maar in de kleine steden en in de vlekken en dorpen van Artesië was Vlaamsch van ouds de eenigste, de eigenlijke volksspreektaal. Langzamerhand heeft het aanmatigende Fransch de oorspronkelijke volkstaal daar verdrongen, eerst als schrijftaal, dan als spreektaal; in de middeleeuwen beginnende uit Picardië, aan de westelijke en zuidelijke grenzen des lands, en in zijnen verderfelijken loop steeds voortschrijdende naar het Noorden en Oosten, tot het in deze eeuw eindelijk de oostelijkste gouwen, het Land van den Hoeke en het Land van Breedenaarde, tusschen Kales en St.-Omaars, bemachtigde. Gelukkig nog niet volkomen.

Deze zaak in haren oorsprong en voortgang, en in de nagenoeg volkomene overwinning die zij behaald heeft, is als eene voorspiegeling van het noodlot dat het nog stand houdende, maar zoo sterk bedreigde Vlaamsch in Fransch-Vlaanderen boven het hoofd hangt. Moge dit treurig verloop ook ten spiegel strekken aan den Vlaming in Belgenland, en hem opwekken tot de uiterste trouw aan zijne edele moedertaal, en tot scherpe waakzaamheid tegen haren vijand. De Friezen, oudtijds zoo hevig door den woesten Noorman besprongen, bekampt, uitgeplunderd, vermoord, en hun land verwoest, wekten elkanderen op tot waakzaamheid tegen dien wreeden vijand, door dit rijmke:

> Håldet goede wacht tsjin da Noardera oard.
> Hwent ût dy grima herna komt ús alle kwea foarth.

De Vlamingen mogen dit wel omkeeren, en in dezer voegen in gedachtenis houden:

> Houdt goede wacht tegen het Zuider oord.
> Want uit dien zoelen hoek komt ons alle kwaad voort

Natuurlijk zijn daar in het Fransch, gelijk het heden ten dage in Artesië gesproken wordt, nog talrijke sporen van het Vlaamsch overgebleven. Maar vooral de plaatsnamen in dat gewest zijn nog heden ten dage de levende getuigen van het Vlaamsche, het Dietsche, Germaansche wezen des volks, dat deze namen eens gegeven heeft, van den Germaanschen taaltak, waaruit zij voortgekomen zijn. Zie hier eenigen van die namen, die echter in hunne hedendaagsche geijkte schrijfwijze min of meer de teekenen vertoonen van den Franschen invloed, waar aan zij onderworpen zijn.

1. Riemaninghen, Audinghen, Hardinghen, Maninghen, Bazinghen, Hervelinghen, Tardinghen, Wacquinghen, Leubringhen.

2. Bonningues, Peuplingue, Bessingue.

3. Lottinghem, Trelinghem, Herbinghem, Hoc-
quinghem, Bertinghem, Tatinghem, Ruminghem,
Elinghem, Spanghem.

De namen, onder n⁰. 1 gerangschikt, zijn zuivere en eenvoudige patronymica in den locativusvorm. En die, onder n"- 2
vermeld, zijn ook niets anders. Bij de eersten is de letter *h*,
als kenmerk van de Oud-Dietsche schrijfwijze, behouden gebleven.
Ook in de Westvlaamsche patronymicale plaatsnamen is die *h*
nog heden menigmaal op hare oude plaats te vinden: Pope-
ringhe, Vlamertinghe, Elverdinghe; terwijl men oudtijds in de noordelijke Nederlandsche gewesten ook alzoo boek-
staafde: Vlissinghe, Vlaerdinghen, Groeninghen. Volgens de hedendaags in de Nederlanden geldende wetten onzer
taal, maar die natuurlijk in Frankrijk onbekend en van geener
waarde zijn, moet men schrijven Groningen, Vlaardingen,
Vlissingen, Elverdinge of Elverdingen, Poperingen, enz. En dies ook Ricmaningen of zelfs Rijkmanin-
gen, Audingen, Bonningen, enz. De vormen Bonningues, Peuplingue, Bessingue zijn maar verfranschte
vormen. Zoo ook schrijven de Franschen de Noord-Nederlandsche
patronymicale plaatsnamen op deze wijze: Groningue, Har-
lingue, Flessingue (Vlissingen).

De plaatsnamen Lottinghem, Trelinghem, enz. onder
n". 3 gerangschikt, zijn eveneens patronymicale namen; maar
achter dezen is het woord *hem* gevoegd. Dit woord *hem* is anders
niet als het bekende algemeen Germaansche woord, dat nog
leeft als *heim* bij de Hoog-Duitschers, als *home* bij de Engelschen,
als *hiem* bij de Friezen, ook als *heem* in Noord-Nederlandsche
plaatsnamen, en dat eenvoudig omvredigde woonstede beteekent.
Dat de oude Artesiërs, langen tijd nadat zij die *hem*plaatsen
hadden gesticht en die *hem*namen daaraan gegeven, nog zeer
wel de oorspronkelijke beteekenis van dit woord kenden, en
ook nog zeer wel deze plaatsnamen wisten te ontleden in hunne
samenstellende deelen, en ook de oude patronymica nog verstonden,
blijkt hieruit, dat de plaatsnaam Tatinghem in eene oorkonde,
die in de zevende eeuw en in de Latijnsche taal is opgesteld,
zeer terecht voorkomt als Tatinga villa, de hoeve, de
woonplaats, de sate van de maagschap der Tatinga's, van

7

de Tatingen, van de nakomelingen van eenen stamvader, die den naam van Tate had gedragen; een mansnaam, nog heden in de Friesche gewesten voorkomende.

Opzettelijk zijn deze twee soorten van plaatsnamen met *en* of *hen*, en met *hem*, hier bij elkanderen gevoegd, en wensch ik ze, als onder één hoofd, hier nader te ontleden. Immers wisselen deze twee vormen veelvuldig onderling af. Men vindt deze namen zoowel met als zonder *hem* geschreven; zoowel Lottinghen en Tardinghen, eenvoudige patronymica in den locativus, als Lottinghem en Tardinghem, de zelfde patronymica met *hem* daarachter gevoegd. Reeds van oudsher heerscht deze onbestendigheid in deze en dergelijke namen, reeds van oudsher vindt men ze nu eens zus, dan eens zoo geschreven. En in de laatste eeuwen, sedert Artesië tot Frankrijk behoort, en de Fransche taal daar als de eenige schrijftaal heerscht, is deze verwarring nog vermeerderd, omdat de Franschen, geene andere taal verstaande dan hunne eigene, geen acht slaan op de nauwkeurige spelling van namen die geworteld staan in eene andere taal; namen toch, die zij niet verstaan, niet begrijpen. Deze zelfde naam Lottinghem bij voorbeeld, heb ik in Fransche boeken, reiswijzers, zelfs op Fransche landkaarten en in aardrijkskundige werken, nu eens als Lottinghen, dan weêr als Lottinghem gevonden, ja zelfs als Lottighem. Op den muur der spoorhalle van die plaats staat echter met groote letters Lottinghem, zooals ik zelf, daar langs reizende, gezien heb; en aan deze goede en volledige spelwijze wil ik mij hier dus houden. Trouwens, het onderscheid tusschen Lottinghen en Lottinghem is gering en onwezenlijk, uit een taalkundig oogpunt.

Den lezer zij hier in herinnering gebracht dat een Oud-Germaansch patronymicon bestaat uit eenen mansnaam met het achtervoegsel *ing* (*ink* in Sassischen, *inga* in Frieschen vorm); b. v. Manting uit den mansnaam Mante en *ing*; Wilmink uit Wilm of Willem of voluit Wilhelm en *ink*; Hayinga uit Hayo en *inga*. Zulk een patronymicon geeft de afstamming te kennen van den man, wiens naam daarvan het hoofdbestanddeel uitmaakt. Manting beteekent dus zoon, of afstammeling, van Mante; Wilmink is zoon van Willem, enz. Mantgum,

de naam van een dorp in Friesland, oorspronkelijk voluit M a n-
t i n g a - h e m, beteekent: woonstede der M a n t i n g e n, der afstammelingen van M a n t e. De Friesche vorm zulker plaatsnamen
wijkt in geringe mate, en onwezenlijk, af van de Vlaamsche
gedaante. Hadden de kinderen van eenen man die M a n t e heette,
in Vlaanderen eene woonstede, dus een *Mantinga-hem* gevestigd, en ware deze sate tot een dorp aangegroeid, dat dorp
zoude thans *Manteghem* heeten. Bij de Friezen heet het nu
M a n t g u m.

Deze wijze van naamsvorming voor de maagschappen en hunne
woonplaatsen is overoud en oorbeeldig Germaansch; wij vinden
haar in alle Germaansche landen terug, met *hem* in Vlaanderen,
ham in Engeland, *heim* in Duitschland, met *um* in Friesland. En
Artesië toont, ook door de talrijke patronymicale plaatsnamen,
die in dat gewest gevonden worden, ten duidelijksten dat het
Artesische volk oorspronkelijk een echt Germaansch, een zuiver
Dietsch, een Nederlandsch volk is.

Het zoude zekerlijk te veel gevergd zijn van het geduld des
vriendelijken lezers van dit opstel, en ongetwijfeld te veel ruimte
innemen van de plaats die hier beschikbaar is, indien ik alle
bovengenoemde patronymicale plaatsnamen van Artesië hier nader
wilde ontleden. Slechts van enkelen zij mij dit vergund.

R i c m a n i n g h e n. — Het is eene zeldzaamheid, als de mansnaam, die het hoofdbestanddeel uitmaakt van eenen patronymicalen geslachts- of plaatsnaam, in zijnen oorspronkelijken en
volledigen vorm daarin voorkomt. Schier altijd is die mansnaam
veranderd, verbasterd, versleten, verkort, somtijds zoodanig, dat
hij ter nauwer nood of in 't geheel niet meer te herkennen is.
Veelal bestond hij reeds in zulk eene veranderde gedaante, als
een zoogenoemde vleinaam, toen het patronymicon van dien
naam eerst gevormd werd. Maar bij den artesischen plaatsnaam
R i c m a n i n g h e n is dit niet het geval. R i c m a n toch, de
mansnaam waarvan dat patronymicon is afgeleid, heeft nog tot
op heden zijnen oorspronkelijken, volledigen vorm behouden.
R i c m a n, R ij k m a n is een mansnaam die heden ten dage
zeer zeldzaam onder ons geworden is. In Vlaanderen en Holland
heb ik dezen naam nooit aangetroffen, oud noch nieuw. Maar

onder de Friezen, die veel trouwer dan eenig ander Germaansch volk hunne oude namen bewaard hebben, is hij nog heden, zij het dan ook uiterst zeldzaam, in gebruik, als R y k m a n. Förstemann weet in zijn *Altdeutsches Namenbuch* het bestaan van dezen mansnaam uit eenige oude oorkonden aan te toonen. Ook leeft hij nog heden in Holland, in de geslachtsnamen R ij k m a n s en R i k m e n s p o e l; in Duitschland als maagschapsnaam, in zijne Duitsche gedaanten als R e i c h m a n n en R i e c h m a n n; en in Engeland in den plaatsnaam R i c k m a n s w o r t h.

Overigens is R i c m a n een oorbeeldig gevormde naam, bestaande uit de naamstammen *ric* en *man*, die beiden nog menigvuldig deel uitmaken van andere volledige mansnamen; b. v. van R i c h a r d of R ij k h a r d, R ij k a e r t, R i k e r t; van R i c o l f of R ij k l o f; van R i c w i n, van R i c b e r t, van R i c w o l d of R i c o u t; ook van W i l r i k, H e n r i k, F r e d e r i k. De naamstam *man* leeft nog in H e r m a n, H a r t m a n, M a n g o l d, M a n f r e d, Zoo is de plaatsnaam R i c m a n i n g h e n een voorbeeld van de zeldzaam voorkomende *volledige hedendaagsche* naamsvormen; en het is nog zoo veel opmerkelijker, dat deze oorbeeldige en oorspronkelijke Germaansche naam in Frankrijk voorkomt, onder eene thans Fransch sprekende bevolking.

Onder al de patronymicale plaatsnamen op bladzijden 96 en 97 vermeld, is daar verder geen een, die den mansnaam, welke aan het patronymicon ten grondslag ligt, nog in volledigen of in onverbasterden vorm vertoont. De mansnaam, in H a r d i n g h e n en in B e r t i n g h e m verscholen, is nog het gemakkelijkste aan te toonen, omdat H a r d of H a r t en B e r t mansnamen zijn, bij alle Germaansche volken bekend en in gebruik. Het zijn wel geen volledige namen; het zijn slechts halve namen, ingekorte namen, zoogenoemde naamstammen, of anders gezegd, vleivormen van volkomene namen. H a r d en B e r t (B e r c h t, B r e c h t) maken deel uit van vele volledige namen; bij voorbeeld van H a r t m a n, H a r t g e r (nog heden bij de Friezen in gebruik), van H a r d e w y n (H a r d o u i n), H a r t w i g; van G e r h a r d (G e r a r d, G e e r a e r t, G e e r t), F o l k h a r t (V o l k e r t, F u l k a e r t), enz. En van B e r t w y n (B e r c h t w i n, B e r t i n), B e r t o l f (B r e c h t w u l f), B e r t h o l d (B e r t o u t), A l b e r t (A d e l b r e c h t), H e r b e r t, en vele dergelijken. Bij honderden zijn de schoone H a r d- en B e r t-namen bij onze voorvaderen te vinden.

Ter verklaring van de mansnamen die aan A u d i n g h e n, M a n i n g h e n, B o n n i n g u e s, B e s s i n g u e, T a t i n g h e m, E l i n g h e m, S p a n g h e m ten grondslag liggen moet de bijzonder Friesche namenkunde helpen. Immers slechts onder de Friezen zijn die namen nog in wezen, of anderszins bekend gebleven, terwijl ze bij de andere Germaansche volksstammen verloren gegaan zijn. Zoo vinden wij in den plaatsnaam E l i n g h e m het patronymicon E l i n g, den mansnaam E l e. Deze mansnaam, ook in zijne verkleinvormen E e l k e, E e l c o, E e l t j e, E e l t s e, E e l s e, en in zijnen vrouwelijken vorm E e l k j e, en tevens, oneigenlijk, in zijnen patronymicalen vorm E l i n g, is nog heden bij de Friezen in volle gebruik. En zeer menigvuldig zijn ook bij de Friezen de geslachts- en plaatsnamen, van E l e afgeleid; bij voorbeeld: E l i n g a, E l e m a, E e l k e m a, E e l c o m a, E e l s m a, E e l t j e s, E l i n g s m a, E l i n x m a, enz. En Elahusen, dorp in Friesland; E l e n s (voluit E l i n g a), gehucht bij Ulrum in Groningerland; E e l s w e r t, gehucht bij Opwierde in Groningerland, E l i n g a - s a t e te Ferwerd in Friesland, E e l s m a - s t a t e te Siksbierum in Friesland, E l e m a - h e e r d bij Godlinse in Groningerland. Ook E h l i n g e n, zooals een dorp heet bij Ahrweiler tusschen Bonn en Coblentz gelegen, en E l i n g h e n een dorp bij Halle in Brabant, behooren tot de plaatsnamen, van den mansnaam E l e afgeleid. Misschien ook E l i x e m (*Elinks hem?*) in het land van Luik; E l e n e in Oost-Vlaanderen; E l e w ij t in Brabant. De oude, oorspronkelijke vormen dezer drie laatstgenoemde Belgische plaatsnamen zijn mij onbekend; dus kan ik ze niet met zekerheid verklaren.

Wat nu den mansnaam E l e op zich zelven aangaat, deze is anders niet dan een vleivorm, in vervloeide gedaante, van E d e l of A d e l (A t h a l), deel van zoo menige volledige Oud-Germaansche mansnaam; bij voorbeeld van A t h a l b e r c h t, A d e l b r e c h t, A e l b e r t, A l b e r t; (ook E l b e r t komt voor in de Sassische gewesten van Nederland); of van A t h a l w i n, A l e w ij n, in Engeland E l w i n, enz.

De Artesische plaatsnaam S p a n g h e m is voluit S p a n n i n g-h e m, S p a n n i n g a - h e m, en afgeleid van eenen mansnaam

S p a n, in Förstemann's *Altdeutsches Namenbuch* vermeld, en
die bij de Friezen nog langen tijd na hunne Kersteuing in
gebruik gebleven is. Hij leeft ook nog heden bij de Friezen
in hunne geslachtsnamen S p a n n i n g a, S p a n s en S p a n, en
in hunnen `plaatsnaam S p a n n u m (dat is: S p a n n a - h e m,
woonstede van S p a n), zooals een dorp heet in den driehoek
tusschen de steden Leeuwarden, Francker en Bolsward. Van
dezen plaatsnaam is dan weêr de maagschapsnaam S p a n h e -
m i u s, in verlatijnschten vorm, afgeleid. Eindelijk nog S p a n g a
(*gea*, verhollandscht tot *ga*, is het Friesche woord voor dorp),
een dorp in de Friesche gouw Stellingwerf gelegen. Een ander
S p a n h e i m, abdij, ligt er nog bij Kreuznach in de Pruissische
Rijn-Provincie.

Het zoude ons veel te verre afleiden, zoo wij al de overige
patronymicale plaatsnamen van bladzijden 96 en 97 hier nader
wilden uitleggen. Voor een deel althans vindt men de mansnamen die daar aan ten grondslag liggen, zoo mede hunnen
samenhang met Friesche geslachts- en plaatsnamen aangegeven in
mijne *Friesche Naamlijst*, die, in vereeniging met het *Friesche
Woordenboek*, is uitgegeven bij Meyer en Schaafsma te Leeuwarden.

De overige patronymicale plaatsnamen van Artesië zijn, in
de mansnamen die daarin verdoken zitten, zoodanig verbasterd,
ingekort, veranderd, dat zij schier onkenbaar zijn geworden, en
het bij velen de grootste ervarenheid in de Germaansche namenkunde vereischt, om ze te ontleden en te verklaren. Ja, zoo de
oorspronkelijke, de volledige vormen ons, in vele gevallen, niet
uit oude oorkonden bekend waren, het zoude nu onmogelijk zijn
om klaarheid in deze duisternis te brengen. Immers, om een
enkel voorbeeld te noemen, wie zoude met den plaatsnaam
H e u r i n g h e m niet verlegen staan ter verklaring? Maar de
middeleeuwsche oorkonden komen ons te hulpe, en leeren ons
dat dit dorp in die tijden H e n r i c k i n g h e m heette. Nu wij dit
weten, is de duiding van H e u r i n g h e m zeer gemakkelijk; het
is het *hem*, de woonstede der H e n r i c k i n g e n, der afstammelingen of zonen van eenen man, die den volledigen Oud-
Germaanschen naam H e n r i k of H e i n r i c gedragen heeft.

Daar bestaat nog eene vierde groep van Germaansche patronymicale plaatsnamen in Artesië. Evenals de namen van de

derde afdeeling (zie bladzijde 97) patronymica zijn met het woordeken *hem* daar achter gevoegd, zoo zijn de namen van deze vierde groep patronymica met het woordje *tun* of *thun* als achtervoegsel. Deze plaatsnamen zijn dan: W a r i n c t h u n, T o d i n c t h u n, A l i n c t h u n, O l i n c t h u n, B a i n c t h u n, V e r l i n c t h u n, T o u r l i n c t h u n, C o l i n c t h u n, P e l i n c - t h u n, enz.

Dit achtervoegsel *tun* of *thun* is een zeer bijzonder en merkwaardig Oud-Germaansch woordeken. Het beteekent oorspronkelijk eene omheining, eene omvrediging gevormd van naast elkanderen geplaatste en onderling verbondene, samengevlochtene en samengehechte teenen, tinen of twijgen, die een stuk grond, eenen akker, een huis, eene landhoeve om- en insluit. Zulk eene omheining omsluit nog, op oude afbeeldingen, den leeuw van het Hollandsche wapenschild; of ook, in zinnebeeldige voorstelling, de Hollandsche Maagd, en draagt dan nog den oorspronkelijken naam van *„de Hollandsche tuin"*. Ook in het Hoogduitsch heeft dit woord, in den Hoogduitschen vorm *zaun*, nog zijne oorspronkelijke beteekenis van omheining behouden, ook als deze omheining uit palen of planken bestaat. In de Protestantsche kerken van Nederland is de ruimte rondom den predikstoel gemeenlijk met eene omheining, in de gedaante van een vierkant houten hekwerk omgeven, waar binnen de bediening van den H. Doop plaats heeft. Dien ten gevolge draagt deze omheining wel den naam van doophek. Maar in Zeeland is deze benaming niet in gebruik; daar noemt men het doophek *tuun* — aldus de oude en oorspronkelijke beteekenis van dit woord in stand houdende.

Overigens is in Noord-Nederland de beteekenis van dit oude woord *tun* verloopen en van omheining overgegaan op het omheinde. Eenen hof of eene gaarde, waar men bloemen en sierboomen, of ook vruchten en groenten kweekt, noemt men hedendaags in Holland eenen *tuin*, in Friesland *tuun (tún)*, aldus *pars pro toto* nemende. Indien de Vlamingen dit woord in deze oneigenlijke, onredelijke beteekenis niet van de Hollanders willen overnemen, al wordt het hun ook als geijkt Nederlandsch opgedrongen, handelen zij redelijk en rechtzinnig. Het eigene Vlaamsche woord *hof* of *gaarde*, vroeger ook in Noord-Nederland

in volle gebruik, is beter, ouder, oorspronkelijker. Dat men zich
daaraan dan houde!

Als een bewijs hoe zeer de oude beteekenis van het woordeken *tun* in Noord-Nederland verloren gegaan is, moge 't volgende
dienen. Daar is een overoud volksliedje, dat in de middeleeuwen
in alle Nederlandsche gewesten, in alle Nederduitsche landen
en gouwen, van Duinkerke en nog verder westelijk, tot Hamburg
en nog verder oostelijk bekend en in veelvuldig gebruik was.
Dat begint alzoo:

> De koekuyt op de tune sat:
> Het regende seer en hi werd nat.

Heden ten dage is dat liedeken bijna volkomen vergeten en
uit der lieden harte en mond verdwenen. Slechts in weinige
plaatsen van het bovengenoemde groote taalgebied kent het volk
het nog. Eene van die plaatsen is de stad Bolsward in Friesland.
Maar, het woord *tuun*, waar een vogel op zoude kunnen zitten,
niet meer verstaande, zoo heeft men dit woord veranderd, en
men zingt daar nu:

> De koekuut op'e toren sat — enz. [1]

Ook in Engeland is het oude woordeken *tun* bewaard gebleven,
zij het dan ook, door verloop van tijd, in eene eenigszins
veranderde gedaante, en tevens in eene gewijzigde beteekenis.
Ook in Engeland, als in Holland, heeft men *pars pro toto* genomen, en heeft het oude *tun*, thans als *town*, de beteekenis van
stad gekregen. Namelijk stad, als eene omheinde, omtuinde,
door eenen tuin (bolwerk, [2] wal of muur) omringde woonstede.
Eerst was de enkele sate, het enkele huis van den Germaan,
't zij dan in Engeland of aan den vasten wal in Artesië, Vlaanderen of waar elders, omtuind; daarna twee of meer landhoeven

---

[1] Zie mijn opstel *Oude Volksliedjes*, voorkomende in den *Frieschen Volksalmanak*
voor het jaar 1887 (Leeuwarden, A. Meyer).

[2] *Bolwerk*, ook in het Engelsch *bulwark*, een werk of samenstel van *bollen*, *bolen*,
Hoogduitsch *Bohle*, dat zijn zware balken, behouwen boomstammen. Dit zuiver Oud-
Germaansche woord vinden wij terug in het hedendaagsche Fransche woord *boulevard*,
breede straat, lei of laan, aangelegd ter plaatse der voormalige bolwerken of vestings-
wallen en muren, die de oude steden omsloten hielden.

van verwante of bevriende lieden gezamentlijk. Dit gehucht (gehöfte, ge-hof-te) groeide dan aan tot een dorp, later tot eene stad, en de *tun*, oorspronkelijk uit teenen gevlochten, was eveneens vermeer-derd, versterkt, veranderd in eene omheining van zware balken, later in eenen sterken steenen muur met torens en poorten. De oude naam *tun, ton, town* was evenwel gebleven, gold eerlang voor de geheele stad, en bleef ook in den naam van stad of dorp bewaard, in Engeland zoowel als in Artesië. Voorbeelden: A l l i n g t o n in Engeland, overeenkomende met A l i n c t h u n in Artesië. Andere plaatsnamen, in hunne patronymica eenzelvig met A l l i n g t o n en A l i n c t h u n, zijn nog A l l i n c o u r t (Allink-hove) in de Champagne, en A l l i g n y (Allingen) in Burgundie, Frankrijk. Verder A l l i n g a w i e r, dorp in Friesland; A l l i n g a-s a t e, boerenhofstede bij het dorp Tietjerk in Friesland; A l l i n g a-h u i z e n, gehucht bij het dorp Winsum in Groningerland; A l i n g e-w o l d e, de oorspronkelijke en völledige naam, zooals hij in middeneeuwsche oorkonden voorkomt, van het hedendaagsche A y e n w o l d e, een dorp in Oost-Friesland; A l l i n g h a u s e n, geh. bij Wald-Broel in Rijn-Pruissen; A l k o f e n, oudtijds voluit A l l i n c h o v a, het hof der Allingen, een dorp in Beieren, enz. Zoo als men ziet, kinderen of afstammelingen van mannen, die A l e of A l l e geheeten hebben, zijn er in alle Germaansche landen, Engeland en de Germaansche gewesten van Frankrijk niet buiten gesloten, overal geweest; en ze zijn daar blijkens de levende geslachtsnamen, in menigvuldig aantal, nog in wezen. Even zoo de plaatsnamen, naar A l l e en A l e genoemd.

Maar keeren wij tot de *tun*namen terug. Andere zulke namen, als plaatsnamen zoo veelvuldig in Engeland voorkomende, zijn nog E c k i n g t o n, E d i n g t o n, A l k i n g t o n, K e n s i n g t o n, B e n n i n g t o n, S h e r r i n g t o n, en honderden anderen, schier allen patronymicale namen.

Hoogst opmerkelijk is het, dat plaatsnamen met het woord *tun* samengesteld, in andere Germaansche landen bijna ge-heel ontbreken, althans zoo hoogst zeldzaam zijn, dat de onver-moeide en geleerde navorscher FÖRSTEMANN in zijn *Altdeutsches Namenbuch* er slechts een zevental weet aan te wijzen — terwijl zulke namen juist in Engeland zoo ruimschoots en overtalrijk

voorkomen, en ook in Artesië, het kleine grondgebied in aanmerking genomen, betrekkelijk even talrijk zijn. Bij de Angel-
Sassen maakten deze plaatsnamen wel een achtste gedeelte uit
van alle namen over het geheele land van dezen volksstam
verspreid. Uit dit samentreffen der *tun*namen in het Angelsassische
Engeland en in Artesië (terwijl wij die namen te vergeefs zoeken
in het landschap Angelen (in Sleeswijk), in al de Sassische
landen en gouwen van Noordwestelijk Duitschland en Oostelijk
Nederland, in geheel Friesland en Vlaanderen, [1] alle landen
wier ingezeten ten nauwsten met de Angel-Sassen en de Artesiërs
verwant waren of zijn) — uit dit samentreffen mogen wij wel
besluiten, dat er eene nauwe bloedverwantschap, eene oorspronkelijke eenheid van afkomst bestaan heeft tusschen het Sassische
volk dat in Engeland, en dat hetwelk in Noordwestelijk Frankrijk, aan het later zoogenoemde *Litus saxonicum*, dus in het
hedendaagsche Artesië zich heeft neêrgezet.

En even opmerkelijk is het dat de patronymica, voorkomende
in de Artesische *tun*namen, met *inc (ink)* zijn samengesteld
(A l i n c t h u n, T o d i n c t h u n), terwijl de enkelvoudige patronymica (R i e m a n i n g h e n, W a c q u i n g h e n) en die welke *hem* tot
achtervoegsel hebben (L o t t i n g h e m, R u m i n g h e m), juist door
den vorm *ing* zijn gekenmerkt. Hiervan is mij geene uitzondering
bekend. Nu weten wij (op bladzijde 98 hiervoren is het ook
reeds vermeld), dat juist de Sassische patronymicaal-vorm *ink* is,
terwijl de Frankische *ing* en de Friesche *inga* is. De patronymica
op *ink* zijn bijzonder eigen, zoo in geslachts- als in plaatsnamen,
aan de Sassische gouwen van Nederland, terwijl ze in de
Frankische en Friesche gewesten ontbreken, en door *ing* en *inga*
vervangen zijn. Het ligt dus voor de hand om aan te nemen,
dat het Germaansche, het Dietsche volk dat Artesië bewoont,

---

[1] In Vlaanderen echter met ééne uitzondering. De naam van de hedendaagsche
Westvlaamsche stad Waasten komt in oude oorkonden voor als W a r n a s t h u n (1007),
als W a r n e s t o n (1066—1080, 1103), in 1126 verwaalscht als G a r n e s t o n, en in
1347, niet ten onrechte, als G a r n e r i f o r t i t u d o (de veste, de versterkte, omtuinde
plaats, de tuin, *tun* of *ton* van Garner of Warner) in het Latijn vertaald. Zie ANT.
VERWAETERMEULEN, *Westvlaamsche Oordna nenkunde*, in het *Bijblad* van het tijdschrift *Biekorf*, Slachtmaand, 1893. De hedendaagsche Fransche naamsvorm van Waasten is nog W a r n e t o n.

en dat de bijzonderheden zijner oorspronkelijke taal ons in de Artesische plaatsnamen heeft nagelaten, van tweeërlei stam was, van Sassischen en van Frankischen of van Frieschen bloede. En tevens dat de Sassen de *tun*namen, de Franken en de Friezen daarentegen de *hem*namen, met de enkelvoudige patronymicale plaatsnamen, hebben in 't leven geroepen. Daar is niets, voor zoo verre mij bekend is, dat zich tegen deze stelling verzet; integendeel, daar is buiten dien nog veel, dat haar aannemelijk maakt. En zoo straalt hier de namenkunde, versterkt door de kennis van de eigenheden der volkstaal bij de verschillende stammen waaruit ons Dietsche volk bestaat, een verrassend licht uit op de geschiedenis van die volken in die overoude tijden, waarvan de geschiedboeken zwijgen of slechts schaars eene spaarzame getuigenis afleggen — overoude tijden, waaruit geene schriftelijke oorkonden, ter nauwernood enkele vage overleveringen bestaan. Een licht, dat ons de wegen doet kennen, die de wandelende volksstammen in dien grauwen voortijd gegaan zijn, en de landstreken die zij doorgetrokken zijn — een licht, dat de plaatsen ons doet kennen, waar zij zich eindelijk in vaste woonsteden blijvend hebben gevestigd, de Sas in zijnen *tun*, de Frank en de Fries in zijn *hem*.

Het moet ons niet verwonderen, dat wij in Artesië, even als ook in Engeland, de Sassische *tun-* en de Frankische en Friesche *hem*namen thans naast en nevens elkanderen, als 't ware onder elkanderen vermengd vinden. Wij weten immers, dat de benden volks, de volkplanters of landverhuizers, de uitwijkelingen die Brittannië veroverden en bevolkten, uit maagschappen, gezinnen en enkelingen van verschillenden volksaard, uit Sassen, Angelen, Jutten (of Noord-Friezen) en Friezen waren samengesteld.

Ik stel mij deze zaak aldus voor. In de vijfde eeuw voornamelijk, maar ook reeds vroeger in de derde en vierde eeuw na Christi geboorte, trokken lieden uit de verschillende volken die in Noordwestelijk Germanië waren gezeten, om lotsverbetering te erlangen, over de Noordzee naar het rijke en vruchtbare, door de Kelten slechts dun bevolkte Brittannië. Juist zoo, en om de zelfde redenen, als in deze negentiende eeuw

lieden uit allerlei volken van Europa naar Noord-Amerika trekken. Westwaarts was de leuze, toen zoowel als nu. Geheele
benden volks trokken uit hunne oorspronkelijke woonsteden
aan den zuidelijken oever der Noordzee en van de meer bin-
nenlands gelegene heidevelden, te scheep gaande in de monden
van Eider, Elve en Weser, van Eems, Lauwers en Flie, dwars
over de Noordzee naar Brittannië, in die tijden het Land van
Beloften. Die reize ging met groote moeilijkheden gepaard, in
aanmerking genomen de kleine en gebrekkige schepen (kielen,
ceola's of *tsjalken*), waarmede men zich behelpen moest. Om dit
bezwaar, aan dien tocht over de veelal omstuimige Noordzee verbonden, zooveel mogelijk te ontgaan, koos men den kortsten overgang, het nauwste gedeelte der zee, de plek waar de vaste
wal het dichtste tot de oevers van het eiland Brittannië naderde.
Met andere woorden, men koos dat gedeelte van het Engelsche
Kanaal, 't welk de Friesche en Hollandsche zeelieden van onze
dagen de Haden of de Hoofden noemen, en dat in de boeken als het
Nauw van Calais bekend is. Om daar te komen, moesten die
uitwijkelingen uit hunne oostelijke woonsteden langs den zuidelijken oever der Noordzee west- en zuid-westwaarts voorttrekken.
En zoo deden zij.

Zooals boven reeds gezegd is, bestonden die benden landverhuizers uit allerlei volk, uit leden van verschillende, maar verwante volksstammen, die elkanderen onderling, met meer of minder
moeite, in 't spreken verstaan konden. Sassen vormden zekerlijk wel
het hoofdbestanddeel van deze benden, die slechts los onderling
samenhingen, die slechts door den gemeenschappelijk ondernomen
tocht, slechts door het gemeenschappelijke doel verbonden waren.

Op hunnen tocht door de gewesten, die heden ten dage Holland,
Zeeland, Vlaanderen heeten, kwamen zij hier en daar door
weinig bevolkte of geheel eenzame oorden, die hun genoegzaam
levensonderhoud aanboden, en die, door verlatenheid zoowel
als door vruchtbaarheid, den armen landverhuizers noopten daar
voor goed te blijven. Zoo deed dan ook deze of gene maagschap, dit of dat gezin, versterkt met den een of anderen, of
met meerdere bevriende enkelingen. Dit is waarschijnlijk de
oorsprong, bij voorbeeld, van het dorp S a s s e n h e i m (woonstede
der Sassen, eene Sassische volkplanting?) in Holland tusschen

Haarlem en Leiden. En tevens van de talrijke sporen van Sassen en Friezen en Sweven, die de opmerkzame navorscher nog heden in Zeeland en in West-Vlaanderen en Zee-Vlaanderen ontmoet. Zoo kwamen de landverhuizers, wier scharen onder weegs reeds aanmerkelijk gedund waren, wier aantal reeds verminderd was door de achterblijvers in Holland, Zeeland en Vlaanderen, eindelijk in het gewest, later Artesië genoemd, waar zij, in hoofdmassa, uit de overoude havens van Kales en Boonen (*Calais* en *Boulogne sur Mer*), eenen korten en gemakkelijken overtocht naar Brittannië vonden. Maar geenszins allen trokken over. Het schijnt wel, dat dit gewest van Gallië, (zoo nabij Brittanië gelegen, en in der daad, in menig opzicht, wat bodem- en luchtsgesteldheid, ligging, enz. aangaat, veel overeenkomst met het begeerde Britten-land aanbiedende) den volke bijzonderlijk behaagde, en hen tot blijven, tot duurzame vestiging noopte. In der daad, het onder-scheid tusschen dit liefelijke, vruchtbare, heuvelachtige land, langs den zeeoever zich uitstrekkende, en met eene zachte luchtsgesteldheid gezegend, was groot tegenover het duistere, voor een goed deel onvruchtbare, met groote moerassen, sombere venen en met onafzienbare dorre heiden bedekte, door onop-houdelijke overstroomingen van zee en van riviermonden, en door eene ruwe luchtsgesteltenis geteisterde land in Noordwestelijk Ger-manië en op het Kimbrische schiereiland, het erf van Friezen en Sassen en Angelen. Hier in Artesië draalden velen eer zij tot den overtocht naar Brittannië besloten, en velen bleven daar voor goed achter en vestigden zich in verspreide woonsteden, in *tunnen* en *hemmen* over het geheele land. Dit gezonde, krachtige en eenvoudiglijk levende volk vermeerderde zich wel-dra aanmerkelijk in zijne nieuwe woonstede, op deze vrucht-bare velden, die rijkelijk levensonderhoud verschaften. Het werd het stamvolk van de Dietsche Artesiërs, die van de jaren 500 en eerder tot 1500 en later, dat geheele land overdekten, en hunne Dietsche taal alomme deden hooren, wier plaats-namen nog heden getuigenis afleggen van den volksaard der stichters.

Sommige benden uitwijkelingen — waarschijnlijk zij die in wat lateren tijd kwamen, en Artesië reeds door hunne voor-

gangers ingenomen en bezet vonden, trokken nog verder westwaarts voort, zonder naar Brittannië over te steken, aangelokt
door het schoone en vruchtbare land van Gallië. Al verder en
verder westwaarts, tot zij eindelijk in het hedendaagsche Normandië goede gelegenheid tot duurzame vestiging vonden. Daar,
in de hedendaagsche *Départements Calvados* en *La Manche* vinden
wij bij eenen schrijver van het jaar 843 eene gouw genoemd
Otlinga Saxonica, en GREGORIUS VAN TOURS meldt, dat aldaar de
Saxones bajocassini wonen. *Bajocassini* noemt hij deze Sassen,
naar de stad *Bajoccas*, thans *Bayeux* geheeten, in die Sassische
gouw gelegen, even als de stad die hedendaags den zeer verbasterden naam van *Caen* draagt, maar oudtijds in het oorspronkelijke Germaansch *Catheim* of *Cathem* heette. Hoe
langen tijd deze Sassische volksplanting in het hedendaagsche
Normandië nog de oorspronkelijke Sassische volksspraak in stand
heeft gehouden, is ons niet bekend. Maar de plaatsnamen in
deze streek leggen nog heden ten dage eene onwederlegbare
getuigenis af van den volksaard der lieden, die deze plaatsen
gesticht en genoemd hebben. Als enkele voorbeelden noemen
wij, behalven het bovengenoemde C a t h e m of C a e n nog:
S a s s e t o t, H e r m a n v i l l e, E t r e h a m voormaals O u i s t r e-
h a m genoemd, met L e H a m, C o t t u n, E t a i n h u s, H e u l a n d,
D o u v r e s, enz. Verder vele patronymicale namen als: B e r e n-
g e v i l l e, H a r d i n v a s t, T h o r i g n y, P o t i g n y, I s i g n y,
C a r t i g n y, en anderen.

    S a s s e t o t beteekent: woonplaats der Sassen; *tot*, een aanhangsel
bij plaatsnamen, dat in geheel Normandië veelvuldig voorkomt, is
voluit *toft*, en behoort bijzonderlijk tot het Skandinavische taaleigen.
Het achtervoegsel *ville* in H e r m a n v i l l e, B e r e n g e v i l l e, B e l-
l e n g r e v i l l e, B a z e n v i l l e, en meer andere namen in deze Oud-
Sassische gouw, is geenszins het Latijnsche woord *villa*, het heden
daagsche Fransche *ville*. Het is eene verbastering van het Oud-Germaansche woord *wiler*, hedendaagsch Hoogduitsch *weiler*, 't welk een
gehuchtbeteeken t. In andere Oud-Germaansche gouwen van Frankrijk leeft dit woord eveneens nog in plaatsnamen, onder den vorm
villiers; bij voorbeeld H a r d i v i l l i e r s. In Duitschland zijn de
namen die op *weiler* uitgaan, nog zeer talrijk; die van de
Elsate worden op verschillende wijzen verfranscht: R a p p o l t s-

weiler tot Ribeauvillé, Gebweiler tot Guebwiller.
Dit zelfde algemeen Germaansche aardrijkskundige woord leeft
nog in België als de naam van het dorp Wilderen in Limburg.
En als Wylre in Nederlandsch-Limburg, tusschen Maastricht
en Aken. Verder nog Wyler, een dorp tusschen Nijmegen en Kleef,
enz. — Ouistreham is oorspronkelijk Westerham; de westelijke woonplaats; Cottun of Cotun is Koetuin, omheinde plaats
waar binnen men koeien houdt. Ons woord *huis* leeft in Etainhus
(Steenhuis); Heuland is Hoogland; Douvres is De Oevers, enz.

Overigens is geheel Normandië overdekt met Germaansche
plaatsnamen; echter zijn dezen niet van Sassischen of anderen
Dietschen oorsprong, maar van de Noormannen afkomstig. De
Noormannen, die dit deel van Gallië veroverden en bevolkten,
hebben de Sassen, welke reeds sedert de derde eeuw daar
zaten, ongemoeid gelaten, als zijnde een verwant Germaansch
volk. Zoo vinden wij heden ten dage Noorsche namen over geheel Normandië, met uitzondering van de Sassische gouw rondom
Bayeux en Caen.

Langs de geheele Fransche kust tusschen Boonen en Bayeux,
en min of meer diep landwaarts in, vinden wij Germaansche
plaatsnamen, waarvan het soms twijfelachtig is of zij van Noordschen
(Skandinavischen), dan wel van Dietschen oorsprong zijn. Een
enkel aardig voorbeeld hier van, moge den lezer voldoende zijn.

Etretat is de naam van eene badplaats op de kust van
Normandië, die jaarlijks door duizenden weelderige en ver-
maakzoekende Parijsenaars bezocht wordt, waarván wel niemand
er aan denkt dat de namen der plaatsen, die hem daar omringen, niet Fransch, maar oorspronkelijk Germaansch, Noorsch
zijn. Even als in Holland en Vlaanderen het binnenland door
eene duinreeks is afgescheiden van het zeestrand, zoo neemt in
Normandië eene reeks rotsen de plaats onzer duinen in. Die
rotsen heeten daar, en ook in Artesië, *les Falaises*, een verfranscht, maar oorspronkelijk Germaansch woord, dat nog leeft in
het Hoogduitsche *Fels*, rots, steenklip. Door de zee, door de hevige
golfslag, die eeuw uit eeuw in tegen die rotsen of *falaises* beukt
en dondert, die ze beknaagt en uitspoelt, zijn hier en daar
groote holen en gaten, als poorten, in die steenklippen gemaakt.
De mannen, de visscherliën, maken wel van deze zeer groote

en ruime gaten gebruik, om daar door heen op het strand en in zee
te komen. Twee van die holen, de bijzondersten en grootsten,
dragen te Etretat den zelfden naam, maar in twee talen, in gedeeltelijk Oud-Germaansch, en in Nieuw-Romaansch. De eene heet *le*
Manne*porte*, en de ingezetenen van Etretat gebruiken dien naam
nog dagelijks, al verstaan zij hem niet. En de andere heet *le*
Trou à l' Homme.

Hoe aantrekkelijk de studie der Germaansche plaatsnamen in
Normandië ook moge zijn, wij kunnen haar niet verder vervolgen, en keeren weêr terug naar Artesië, en naar de *tun*namen,
van waar wij zijn uitgegaan op onzen uitstap westwaarts.

Het laatste gedeelte dier namen, *tun*, genoegzaam verklaard
zijnde, blijft ons het eerste gedeelte, het patronymicon, nog
over. Die patronymica, *Warinc*, *Todinc*, *Olinc*, enz. vertoonen
allen oorbeeldige Sassische vormen; maar de mansnamen W a r e,
T o d e, O l e, waarvan zij afgeleid, liggen niet zoo voor de
hand. Dat zijn allen ingekorte, versletene, verbasterde namen,
en ze zijn geenszins allen gereedelijk in hunne volledige,
oorspronkelijke gedaanten aan te toonen. A l e, den mansnaam,
waarvan eerst het patronymicon *Alinc*, daarna de plaatsnaam
A l i n c t h u n is ontleend, hebben wij hier voren, op bladz. 105
reeds in zijn oorsprong en verband nagespeurd. Wij willen
dit ook met C o l e doen, met den mansnaam die aan het patronymicon *Colinc*, aan den plaatsnaam C o l i n c t h u n ten grondslag ligt.

Een mansnaam C o l e, C o l e n, K o o l e n was oudtijds in
sommige Nederlandsche gewesten zeer wel bekend en in gebruik,
als ingekorte vorm van den volledigen Kerkelijken naam N i c o-
l a u s. Maar daar heeft van oudsher buiten dien nog een andere,
een oorspronkelijk Germaansche mansnaam C o l o bestaan, die
nog leeft in sommige geslachts- en plaatsnamen, hier en daar
in Germaansche landen verspreid. Wat deze naam eigentlijk
beteekent, en met welke andere Germaansche namen hij in
verband staat, is mij niet duidelijk. En van gissingen wensch
ik mij hier te onthouden. Genoeg, dat hij ook nog deel uitmaakt van de volledige mansnamen C o l o b e r t en C o l o m a n.
Veelvuldig in gebruik, en menigvuldig in samenstellingen is de

naam C o l o niet. In Friesland leefde hij, als K o l e , nog in de jaren
1500. Thans komt hij nog slechts in afgeleide geslachts- en plaatsnamen voor; te weten als C o o l s m a en K o o l s m a , ook in
den enkelen vorm C o o l en K o o l , in Friesland; elders in
de Nederlanden als C o o l s , C o l e n , C o l e n s , C o o l e n ; en,
in verkleinvorm K o o l t j e s ; ook C o l i n c k als patronymicon.
In Engeland als C o l e s . Dit zijn allen geslachtsnamen. Verder
in de plaatsnamen : C o l e s h i l l , eene stad in Warwickshire ;
Engeland; K o h l s t ä d t in Lippe-Detmold (Duitschland), in eene oorkonde van de 11de eeuw voorkomende als C o l s t i d i ; verder in
K ö l l i k e n , in het kanton Aarau (Zwitserland), samengetrokken
uit den volledigen vorm K o l i n k h o v e n , die onder anderen
in eene oorkonde van den jare 864 als C h o l i n c h o v a voorkomt, enz. Eindelijk C o o l s k a m p , een dorp in West-Vlaanderen ; in eene oude oorkonde wordt deze naam als C o l e s c a m p
vermeld. Maar in den naam van een ander Westvlaamsch dorp,
van C o o l k e r k e , schuilt niet deze Oud-Germaansche mansnaam.
De kerk van dit dorp is aan Sint-Nicolaas gewijd, en 't is duidelijk
dat de dorpsnaam ontleend is aan den ingekorten naam van den
Patroon der Parochie.

Niet alle *tun*namen in het Germaansche Frankrijk zijn met
patronymica samengesteld. Daar zijn nog anderen, als de opge-
noemden. C o t t u n of de Koetuin is reeds op bladz. 111 genoemd.
En verder liggen daar in Artesië nog plaatsen, die F r é t h u n ,
O f f r e t h u n , H a r d e n t h u n , L a n d r e t h u n , W i t e r t h u n ,
R o c t h u n , W a d e n t h u n heeten. Deze namen zijn ook in hun
eerste lid van ontwijfelbaar Germaanschen oorsprong. Bij het
grootste deel dezer namen zal ook wel een mansnaam, op zich
zelven en niet als patronymicon, ten grondslag liggen. Oude
namen vinden wij hier terug, die ons evenzeer uit Friesche
namen, patronymicale geslachtsnamen en anderszins, bekend
zijn : O f f r i n g a en V i t r i n g a (voluit W i t h e r i n g a van den
mansnaam W i t h e r i , W i t e r) bij voorbeeld.

Het getal van Germaansche plaatsnamen in Artesië is zeer
groot en zeer menigvuldig. Wij moeten nog vermelden :
A u d r e s e l l e s , A r i n g z e l e , T r a m e z e l e . De eerste dezer
namen is verfranscht in zijnen hedendaagschen vorm. Is hij oorspron-

8

kelijk O u d e r z e l e (Ter ouder Zele, woonstede bij de oude zale of halle) geweest? Dus de zelfde naam die nog eigen is aan het dorp O u d e z e l e in Fransch-Vlaanderen, en aan het stadje O l d e n z a a l (ook O l d e n z e e l genoemd) in Twente? Waarschijnlijk wel. — A r i n g z e l e is weêr een oorbeeldig Germaansche naam, bestaande uit een patronymicon, met het bekende woord *zele* daar achter, dat zoo menigvuldig aan Vlaamsche plaatsnamen eigen is. De mansnaam, die aan dit patronymicon ten grondslag ligt komt als A r a en A r o, en in samengestelde vormen als de mansnamen A r a f r i d en A r a g i s, en de vrouwennamen A r o h i l d i s en A r o l i n d a in oude geschriften voor. Ook leefde hij nog, als A r e, bij de Friezen in de jaren 1500. A r e m a, oudtijds A e r m a geschreven, is nog heden een Friesche maagschapsnaam, even als het patronymicon in den Sassischen vorm A r i n k nog elders in de Nederlanden als geslachtsnaam bestaat.

Zoo het al twijfelachtig is, bij gemis aan bescheiden, of de bovengenoemde verfranschte naam A u d r e s e l l e s wel werkelijk O u d e r z e l e zij, bij eenen anderen verfranschten naam, die eveneens als eerste lid dit *Audre* heeft, is het wel zeker, dat oorspronkelijk het Dietsche woord *oud*, verbogen tot *ouder*, oudtijds, en nog heden in sommige onzer oostelijke gouwspraken *ald*, *alder*, aan den hedendaagschen verfranschten vorm ten grondslag ligt. Namelijk bij den naam van A u d r u i c q, een stedeke, de hoofdplaats van het Land van Bredenaerde, eene bijzondere gouw van Artesië. Deze naam is anders niet als O u d e r w ij k, in goed Nederlandsch: ter ouder Wijk. In eene oorkonde van de 12ᵈᵉ eeuw komt deze naam voor als A l d e r W i c k, en in latere eeuwen vindt men hem geschreven als A u d e r w i c k en O u d e r w i c k. De vorm *aud* voor oud, ook in België niet onbekend, komt nog voor in de Artesische plaatsnamen A u d e l a n d, een gehucht bij Licques; A u d r e-h e m, enz.

Het woord *hof*, in verbogen vorm *hove*, komt niet zeldzaam in Artesische plaatsnamen voor. P o l i n c o v e is de verbasterde naam van een dorp. In goed Nederlandsch zoude men P o l i n k-h o v e moeten schrijven; dat is, het hof (in den locativus *ten hove*) der *Polinks* of *Polingen*, der afstammelingen van den man

die P o l e heette. Deze was waarschijnlijk een Sas,'te oordeelen
naar den vorm van het patronymicon, *ink*. Dit zelfde patronymicon leeft nog, in den Frieschen vorm, als P o h l e n g a,
de naam van eene Oostfriesche maagschap. Verder vinden wij
het woord *hof* nog in de nameu van eenige land*hoeven* of *hof*-
steden en gehuchten in Artesië. Bij voorbeeld: W e s t h o v e bij
Blendecques (Blendekens of Blindekens, als in West-Vlaanderen?);
W e s t e r h o v e bij Eperlecques; Z u t h o v e (Zuidhove) bij Boisdinghem; M o n c k h o v e (de hoeve der monniken), O p h o v e,
enz.. Alle deze zuiver Dietsche namen bestaan in gouwen, waar
thans geen woord Dietsch meer gesproken wordt, en waar men
dus ook deze namen niet meer *verstaat*. Geen wonder dan ook, dat
men ze niet meer kan schrijven, en dat men ze langzamerhand
verfranscht, verbasterd. Zoo is de naam der hoeve O p h o v e in
deze eeuw reeds verbasterd tot „A u P a u v r e". Daar zal in de
volgende eeuw misschien een Franschman zijn, die naspoort,
hoe deze hofstede aan zulken vreemden naam, „Aan den Arme"
gekomen zij. Waarlijk, van de namen, zoo wel als van de
boeken, mag het oude gezegde gelden: *habent sua fata*.

Eene andere verbastering van het woord *hove* kan men aantoonen bij den naam van het Artesische dorp O f f e k e r q u e,
eene verbastering die lichtelijk op een dwaalspoor, ter naams-
verklaring, leiden kan. Immers het ligt voor de hand om dezen
naam te duiden als O f f e k e r k e, de kerk (*ter kerke* in den locativus) van O f f e, van den man die O f f e heette. O f f e toch
(O f f o, O f f a, U f f o) is een Oud-Germaansche mansnaam, die
nog heden bij de Friezen als zoodanig in volle gebruik is, en
al mede oorsprong gegeven heeft aan de Friesche geslachtsnamen
O f f i n g a, O f f e m a, O f f e s, O f f e n, O f k e s, enz. en aan de
plaatsnamen O f f i n g a w i e r, een dorp in Friesland; O f f e n-
w a r d e n, een dorp bij Bremen (Duitschland); O f f i g n i e s (dat
is oorspronkelijk het patronymicon O f f i n g e n), dorp in Picardië
(Frankrijk); O f f a ' s D y k e, een oude grenswal in Engeland,
in de 8ste eeuw opgericht door O f f a den Angel-Sassischen
koning van Mercia; enz. Intusschen, het Artesische O f f e k e r q u e
heeft met dezen ouden mansnaam niets te maken. Deze plaatsnaam is oorspronkelijk H o v e k e r k e (ter kerke bij den hove),
zoo als hij nog in oude geschriften voorkomt. In eene oorkonde

van den jare 1100 heet deze plaats eenvoudig H o v e; misschien was daar toenmaals nog geen kerk aanwezig.

Ook nog andere plaatsnamen met *kerke* samengesteld, komen in Artesië voor: O s t k e r k e, N o r d k e r k e, Z u t k e r k e, St-M a r i e - k e r k e, die ook wel gelijk D u n k e r q u e en O f f e k e r-q u e, geschreven worden: O s t k e r q u e, enz. Twee andere dorpen aldaar hebben hunne namen heden ten dage volkomen verfranscht, als *Vieille-Eglise* en *Nouvelle-Eglise*. Maar op oude landkaarten, zelfs nog uit de vorige eeuw, heeten ze O u d e r-k e r c k e en N i e u w e r k e r c k e. Laatstgenoemde plaats vinden wij in oorkonden van de 12Je eeuw als: N i u k e r k a en N i w k e r k a.

Artesië is, vooral in hare zuidelijke helft, eene schoone land-streek, met zacht glooiende heuvels en liefelijke dalen, met schoone bosschen en heldere bronnen en beken. Deze eigen-heden van den bodem worden ook in de namen der plaatsen aangeduid. De heuvels heeten bergen — naardien het woord berg bij alle volken van het berglooze Neder-Germanië (onze Nederlandsche gewesten, Noord en Zuid, en die in Frankrijk daarbij inbegrepen) in gebruik is voor de heuvels en de kleine, soms haast onmerkbare verheffingen des bodems. Zulke *berg*namen als plaatsnamen, zijn B o u l e m b e r g, C o l e m b e r g, B r u n e m-b e r g, R e b e r g, F a u q u e m b e r g u e (dit is V a l k e n b e r g e), enz. Verder heet een heuvel bij het dorp Tilques: B l a c k e n b e r g. Die bij Journy gelegen is, komt in oude oorkonden voor als C a l e n b e r g, die bij Tournehem als V i e r b e r g, en die bij Moulle, ofschoon thans tot *Hautmont* verfranscht, komt in een stuk van de 15Je eeuw voor als de H o b e r c h (hooge berg). Aan den naam van het dorp B r u n e m b e r g bovengenoemd, ligt ongetwijfeld de oud- en algemeen-Germaansche, zeer be-kende mansnaam B r u n o ten grondslag, naardien LAMBERT VAN ARDRES, een Artesische schrijver uit de 12de eeuw, dezen naam als B r u n e s b e r g h (de berg van B r u n e, B r u n o of B r u i n) vermeldt.

De dorpsnaam C o l e n b e r g of C o l e m b e r g wordt heden ten dage door de Franschen ook· wel als *Colembert* mis-schreven. In oude oorkonden vindt men wel C o l e b e r g, en

LAMBERT VAN ARDRES bovengenoemd verlatijnscht dezen naam tot
Colsbergium. Of de mansnaam Cole, op bladzijde 112 hiervoren vermeld, de oorsprong aan dezen plaatsnaam gegeven
hebbe, dan wel Sint-Nicolaas, of iemand of iets anders, moet
ik in het midden laten.

Aan den voet der heuvels of bergen strekken de dalen zich
uit; en zoo zoekt men ook, nevens de *berg*namen, onder de
Artesische plaatsnamen de *dal*namen niet te vergeefs. Deze
namen zijn zoo wel eigen aan de werkelijke dalen zelven, als
aan de dorpen, gehuchten, landhoeven, in die dalen gelegen.
Op zich zelven, zonder bijvoegsel, is het woord *dal*, als naam,
eigen aan Dalle, een gehucht bij Lacre. Met bijvoegsels vinden wij de plaatsnamen Waterdal, gehucht bij Seninghem;
Bramendal, bij Boisdinghem; Langhendale; Diependal,
geh. bij Boucquehault. Verder Bruckdal, gehucht bij Hesdin-
l'Abbé; Grisendale, eene landhoeve bij Wimille; Merlingdal,
hoeve, bij Verlincthun; Pittendal, Totendal, Wysque-
dal, Kinendale, enz. De vier eerstgenoemden van deze *dal*-
namen zijn nog geheel oorbeeldig Dietsch, en in hunne beteekenis
volkomen duidelijk voor iederen Nederlander. In Bruckdal
herkennen wij het woord *bruck*, *broek*, moeras, dat ook in den
naam Brussel (oorspronkelijk Broekzele) voorkomt; in Pittendal het woord *put*, dat ook in West-Vlaanderen en elders
in dezen bijzonderen vorm wordt uitgesproken. Aan den naam
Merlingdal ligt een patronymicon ten grondslag.

Aan de hellingen der heuvels en bergen ontspringen bronnen,
en het water van die bronnen vloeit als beken door de dalen.
Verschillende plaatsen in Artesië zijn naar die bronnen en beken
genoemd. Het algemeen Dietsche woord *bron* komt even menigvuldig voor als *born*; Hoogduitsch *Brunnen* en *Born*; Engelsch
burn, *born* (in de plaatsnamen Blackburn, Tyburn, Osborne,
Hachborn) en *bourne* (Bournemouth, Ashbourne,
Isbourne, Eastbourne). In Noord-Nederland als *born*, *borne*,
boorn, in de plaatsnamen Born, Borne, Warnsborn,
Boarnwert (Bornwerd), Boarn (Boorn), Aldeboarn
(Oldeboorn), Easterboarn (Oosterboorn), Boarn-
sweach (Boornzwaag), enz. Zoo wisselt ook dit woord
in beide vormen af, in de Artesische plaatsnamen. Een gehucht

bij Licques heet heden ten dage C o u r t e b o u r n e, maar wordt
in de middeleeuwsche oorkonden als C u r t e b r o n a en C u r t e b r u-
n e vermeld. De naam van een ander gehucht, bij Audrehem, wordt
hedendaags als C o u s e b o u r n e geschreven, maar oudtijds C u s e-
b r o n a, dat is: Kuischebron, of born van rein, helder water. Half
verfranscht is tegenwoordig de naam B e l l e b r u n e, alsof het de
schoone bron beteekende. Maar in de 12de eeuw werd deze naam door
den geschiedschrijver LAMBERT VAN ARDRES vermeld als B e r e b r o-
n a (de bron van den b e r of b e e r, den edelman of baron?).
Nog vroeger, in de 9de eeuw, droeg deze zelfde bron den naam
van H e l i c h b r u n a, de heilige bron. Een openbare bornput te
Wimille heet L o s e n b r u n e, en een andere bij Tingry L i e n-
b r u n e, de Liên- of Liedenbron, de bron voor alle liên, voor
iedereen. Dus als tegenhanger of weêrga van de bovengenoemde
B e r e b r o n? Dit zelfde woord komt ook voor in den naam L i e n-
s t r a t e, openbare straat of weg, zooals in de 17de eeuw nog eene
buurt heette in het stedeke Ouderwijk of Audruicq. Bij Vieux-Moutier,
eene plaats die in eene middeleeuwsche oorkonde O u d e m o n s t r e
heet, is eene R o u s q u e b r u n e bekend, oudtijds ook als R u s c h e-
b r u n e geschreven; dat is: de ruischende bron, waarvan het water,
bij het afvloeien, een ruischend, klaterend gerucht maakt.

E s t i e n b e c q (overeenkomende met S t e e n b e k e in Fransch-
Vlaanderen en met S t e e n b e e k bij Zetten in Gelderland) en M o r-
b e c q u e (oorspronkelijk de zelfde naam als M o e r b e k e in Fransch-
Vlaanderen, dat ook wel tot M o r b e c q u e wordt verwaalscht,
met M o e r b e k e in 't Land van Waas, Oost-Vlaanderen, en met
M o e r b e e k, gehucht bij Niedorp in Noord-Holland) zijn twee
Artesische plaatsnamen, waar het woord *beek* in voorkomt.
Eene straat in de stad Sint-Omaars, hedendaags *Rue de l' Arbalête*
geheeten, werd in de middeleeuwen B e c q u e s t r a e t (Beekstraat)
genoemd.

Nevens al de bovengenoemde plaatsnamen, die allen samenhangen met algemeen aardrijkskundige woorden, zijn daar in
Artesië nog vele plaatsnamen, die elk voor zich meer op zich
zelven staan. Uit het groote aantal dezer namen, allen ook zuiver
Dietsch van oorsprong en beteekenis, allen ook zeer bijzonder
en zeer merkwaardig, en tevens in hunne hedendaagsche geijkte

spelling min of meer verfranscht, kunnen wij hier ook slechts eenige weinigen den Lezer van dit opstel nader voorstellen. Als voor de hand opgenomen vermeld ik dan, vooreerst: S a n g a t t e, en W i s s a n t. Dat deze namen werkelijk in goed Nederlandsch, in algemeen Dietsch, Z a n d g a t en W i t z a n d zijn, namen geheel eigenaardig aan plaatsen die aan zee en in het witte duinzand gelegen zijn, bewijst ons LAMBERT VAN ARDRES. Deze midden-eeuwsche Artesische geschiedschrijver, reeds meermalen in deze verhandeling genoemd, schrijft (in Latijn) dat de hooge, onstuimige zee. oudtijds een gat zich had gebaand dwars door de zandduinen, ter plaatse waar later het dorp S a n g a t t e verrees en dat de bevolking dieshalve aan die plaats den naam van *Arenae foramen* gegeven had. En van het dorp W i s s a n t, dat heden ten dage, nog meer verbasterd, ook wel als W i s s a n geschreven wordt, schrijft hij: „*Ab albedine arenae vulgari nomine appellatur Witsant.*"

Verder M a r c q (mark of grens), O y e, hedendaags door de Franschen ten onrechte uitgesproken als hun woord *oie*, gans ('t is echter ode of eenzame onbewoonde plaats); W i e r e (Friesch *wier* of vluchtheuvel?); l e W a t (wad of doorwaadbare plaats in waterstroom of beek); W i m i l l e (windmolen), en vele anderen zijn eveneens zulke bijzondere namen.

Al de plaatsnamen, tot dusverre in deze verhandeling ge-noemd en verklaard, zijn eigen aan plaatsen die nog heden ten dage bestaan, en komen in bovenvermelde, zoowel verbasterde als zuiver Dietsche vormen, in de hedendaags geldige Fransche taal voor. Deze namen zijn bij honderdtallen te tellen. Wil men echter in grondboeken en in oude geschriften, in middeleeuwsche oorkonden, vooral in oude koopbrieven gaan zoeken, dan vindt men de Dietsche namen van velden en wegen, van huizen en straten in Oud-Artesië bij duizendtallen. Ook onder dat zeer groote aantal Oud-Dietsche namen van dat gewest, die in den loop der eeuwen door den overheerschenden Franschen invloed zijn verloren gegaan, en die den hedendaagschen ingezetenen volkomen onbekend zijn, komen er zeer velen voor die uit een taalkundig oogpunt allermerkwaardigst zijn, en die ten volsten de aandacht, de opsporing en onderzoeking der Germaansche

taalgeleerden van onzen tijd verdienen. Hoe gaarne zoude ik
dezen schat van oude namen den Lezer nader ontsluiten, ten
volle kenbaar maken. Een geheel boekdeel zoude ik daarmede
kunnen vullen, en — slechts weinige bladzijden hier staan mij
daar voor ten dienste. Zoo moet ik mij tot enkele tientallen
van deze oude namen beperken.

Namen van stukken land, velden, akkers, enz. Briedstic,
Grotstic, Langstic, Cromstic (Breed-, Groot-, Lang-,
Kromstuk), Hangstic (aan de helling van eenen heuvel), Sker-
mestic, Vierhornstic en Driehornstic (het stuk met
vier en dat met drie hoeken of hoornen; nog heden is het woord
hoek in 't Friesch *horn* of *hoarne*, en is daar een stuk land te
Marsum in Friesland, dat de Trye-hoarne-finne, de Driehorn-
fenne, heet). Verder Stridland, Gendekinslant (Gendekin
is een mansnaam, in verkleinvorm), Morlant, Rodelant,
Tarwelant, Brunevelt, Stienvelt en Sanctingevelt
(Sint-Inge-veld? aan den weg van Gisen (*Guines*) naar Witzand
(Wissant), heden ten dage tot *Saint-Inglevert* verfranscht),
Stridaker, Gomenacre, Hobbenaker, Blekenaker,
Nantacre, Alvesmerscene (Alvesmeerschen; Alf is een
Oud-Germaansche mansnaam), Bonemersene, enz.

Namen van bosschen en hout. Cortebosc, Mafferbosc,
Bochout en Bocholt (Beukenhout of bosch; deze naam
bestaat heden nog en is nu tot *Boucquehault* verfranscht),
Ekhout (Eekhout, Eikenbosch), Malshout, Scapshout,
Mutshout, Lantershout.

Namen van straten en wegen, dijken, putten, huizen, bruggen. Hostraet, Hostrat, Ostraet (Hoogstraat, zeer algemeen in schier al de steden en dorpen van Oud-Artesië, even
als de *Highstreet* is in de Engelsche plaatsen). Haghestraet,
Stienstraet, Witestraet, Weststraet, Weetstraet,
Waghestraet; in de stad Sint-Omaars: Arkestraet (*Rue
d' Arques* — Arques is een naburig dorp —, hedendaags
Rue d' Arras genoemd), Becquestraet, zie bladzijde 118,
Potestraet — *Rue du Pot* —, Wackestraet, Vinc-
questraet, enz. Mellewog, Oudewog en Oudewoghe,
Scalrewoge, de weg naar Scalle, hedendaags tot *Escalles*
verfranscht; Gisenewog, Papenwoge, Herewog; Kol-

dic (K o l d y k is ook de naam van eene sate of landhoeve bij
den dorpe Grouw in Friesland, en deze naam komt bij de
hedendaagsche Friezen ook nog veelvuldig als geslachtsnaam
voor), S c a r d i c (Schaardijk; S c h a r e n d ij k e is de naam van een
dorp op het eiland Schouwen in Zeeland). C a l k p i t, M a r l e p i t.
Pit in plaats van *put* is nog hedendaags Westvlaamsch. W o l h u s,
W i n t h u s. Het raadhuis van het stadje Ouderwijk (A u d r u i c q)
heette voor twee eeuwen nog l e L a n d s h u s, Landshuis, omdat
het niet enkel voor Ouderwijk diende, maar tevens voor het
geheele Land van Breedenaerde, eene kleine gouw in Artesië,
waar van dit stedeke middenpunt en hoofdplaats was. En zoo
ook heette het raadhuis van het Land van den Hoeke, eene
andere kleine gouw in dit gewest, G y s e l h u s. — L e n e b r i g g e.
Het dorp H o o g b r u g g e bij Sint-Omaars heet tegenwoordig *Haut-
pont*, maar komt in de geschriften uit vorige eeuwen als
H o b r i g g e voor, en de ingezetenen van dat dorp als H o b r i g-
h e n a r d s, Hoogbruggenaren in onze hedendaagsche taal en spelling. Twee bruggen te, of bij Sint-Omaars heeten in oorkonden
van de 14de en 15de eeuw: L o b r i g h e en T e x b r i g h e.

Nog enkele Oud-Dietsche namen, uit middeleeuwsche oorkonden verzameld en allen aan plaatsen in Artesië eigen, mogen
hier ten slotte een plaatsken vinden: H e l d e, S t a p e l e, S t r i p e,
W i t s t i e n, W a l r i c h o v e (hof van W a l r i k, Germaansche
mansnaam), H o n g e r c o u t r e, B o f f e r s h i l, W o l f h a m, B o u-
t u n, R i e d e, K n o l, B r o e s h o l e, D o e t l a g e, S t i e n r o k-
k e s (Steenrots), R a v e n s t i e n e, R o b a r s d a l, W a l l e s h o u c k
(W a l l e is een mansnaam), H a s e w i n k e l, R a m b r e c t e s g a t
(van R a m b e r t, Ravenbrecht, volledige oude mansnaam), enz.

Als aanhangsel noemen wij hier nog de namen van sommige
Artesische wateren, en wel eerstelijk den naam van het riviertje,
dat langs de stad St. Omaars vloeiende, de grensscheiding vormt
tusschen Artesië en Fransch-Vlaanderen, en dat de A a heet. Geen
oorbeeldiger Dietsche waternaam is er bekend, dan juist deze
naam A a, die eigen is aan riviertjes, stroomkes, beken, schier
zonder tal, in alle landen, gewesten en gouwen van geheel
Neder-Germanië, van Artesië langs de kusten van Noord- en
Oostzee tot in de Oostzee-gewesten van Rusland toe. Deze naam,
in de Friesche gewesten als E e of I e en Y e, Y voorkomende,

beteekent eenvoudig water, stroomend water. Een water bij het
stedeke Ouderwijk (A u d r u i c q), waarschijnlijk eene gegravene
vaart, heette nog in de 17de eeuw S t a v a r t, (S t a (d e), oever?
ook voorkomende in den ouden naam van eene kade te St-Omaars,
namelijk E r b o s t a d e, thans *Quai des Tanneurs* genoemd;
en v a a r t). Het riviertje dat tusschen Gisen (*Guines*) en Kales
(*Calais*) vloeit, komt in eene middeleeuwsche oorkonde voor
als L e d a, in eene andere van den jare 1208 als G i s e n l e t,
en nog anders als G h i s n e n l e t. De vergelijking met den
naam van het rivierke L e d a in Oost-Friesland, en met den
naam L e i e, die in Friesland tusschen Flie en Lauwers aan
verschillende wateren eigen is, zoo mede aan de Vlaamsche
plaatsnamen L e n d e l e d e, L e d e, L e d e z e l e, L e d e b e r g ligt
voor de hand.

In Artesië vloeit een helder stroomke, weinig meer dan eene
beek, al westwaarts kronkelend door een liefelijk dal; het ver-
breedt zich verder tot eenen flinken stroom, die langs de stad
Boonen (*Boulogne sur Mer*) loopt, en de haven van deze
schoone zeestad vormt. Deze rivier draagt den naam van L i a n e,
een naam die volstrekt geen Dietsch voorkomen heeft. Toch meen
ik dat ook deze naam van Dietschen oorsprong zij. Maar oude,
middeleeuwsche vormen van den naam L i a n e zijn mij niet bekend. Zoo neme men den volgenden naamsuitleg voor anders
niet als voor eene ongegronde gissing. En, men weet het, gissen
doet missen. De grondslag, de oorsprong van den naam L i a n e
dan, meen ik te vinden in den eenvoudigen, boven reeds vermelden waternaam A a of A. In sommige Nederduitsche tongvallen
wordt de naam of het woord *Aa* verbogen tot *Ane*, *Aan*; dezen
verbogenen vorm vinden wij in de plaatsnamen M u n d a h n
(Mond van de A a of A a n) en O v e r a h n, N o r d a h n (in de
middeleeuwen N o r d a) en M i d d e l s t e n a h e (in de middeleeuwen
M i d d e l s t e n a n e), die in de Friesche gouwen van Oldenburg en
van Hannover (Land Wursten) voorkomen. Het mannelijke
lidwoord luidt in de gouwspraak van het Fransch, die hedendaags aan Artesië eigen is, als *li*. Dit lidwoord neemt wel
de plaats in van het Dietsche lidwoord *de*, ook al blijft het
hoofdwoord dat er op volgt, onvertaald. Zoo is de geslachtsnaam D e J a g e r, D e J a g h e r e heden ten dage in Artesië half-

verfranscht geworden tot *Liagre* (*Li* Jagre) en niet geheel (*Le Chasseur*). Zoude nu dit lidwoord ook niet het eerste gedeelte van den naam L i a n e zijn (*Li* Ane), en deze naam D e A n e, D e A a, met andere woorden het water, het stroomende water beteekenen?

Al deze Artesische plaatsnamen, op de voorgaande bladzijden opgenoemd, en nog honderden dergelijken zijn (bij enkelen is dit nader aangeduid geworden) in vorm, oorsprong en beteekenis naverwant of ook volkomen gelijk aan andere namen, die in alle andere Germaansche landen, maar vooral in Vlaanderen, Friesland en Engeland voorkomen, in die landen dus, waar de bevolking oorspronkelijk geheel of ten deele van eenen zelfden stam, van eenen zelfden bloede is met die van Artesië.

De namen, op bladzijde 120 en vervolgens vermeld, zijn allen aan middeleeuwsche oorkonden ontleend, en, naar men mij in Artesië mededeelde, zijn ze daar heden ten dage onbekend; dus uitgestorven. Dit moge voor een groot gedeelte dezer namen waar zijn; dat het echter voor allen zonder onderscheid zoude gelden, meen ik te mogen betwijfelen. Immers namen over het algemeen, en bijzonderlijk plaatsnamen hebben een taai leven. En, al zijn zulke namen van velden en akkers, van dijken en vaarten, van straten en wegen niet meer in geijkten zin bekend, en al komen ze nooit meer in geschrifte voor, het eenvoudige landvolk kent ze nog wel, en gebruikt ze nog wel, zoo goed als hunne voorouders, van geslacht tot geslacht, die deze namen eerst gegeven hebben. De taalvorscher, die dus bij het van ouds ingezetene volk te lande in Artesië naar zulke Oud-Dietsche namen zoeken wil, zal dit zekerlijk niet te vergeefs doen. Zelfs in de steden vindt men nog wel zulke namen, ja, in de stad Kales (*Calais*), die toch nooit volkomen Dietsch is geweest, zooals de dorpen in den omtrek. Daar ter stede draagt een buurtje aan de haven, waar de visschersschepen liggen, buiten den ouden vestingwal, ter plaatse waar oudtijds het strand zich uitstrekte, den naam van *Place de l'Estran*, zoo als ik zelf gelezen heb op het naambordje aan het hoekhuis. Wie herkent in dit *Estran* niet den verfranschten vorm van ons woord strand, of *strange* volgens de Westvlaamsche, *strân* volgens de Friesche uitspraak? En, als om de Oud-Dietsche herinnering te volmaken, de tapper die in dat hoekhuis zijn bedrijf uitoefent

(althans in 1891 uitoefende) draagt den oorbeeldigen geslachtsnaam van Barends.

Zeer bijzonder en hoogst opmerkelijk zijn sommige woordvormen die in deze Oud-Artesische namen voorkomen; zoo als *wog*
(in verbogen vorm *woge*, *woghe*) voor weg, en *brigge* voor brug.
Ook *mille* en *melle* voor molen, *rok* voor rots, enz.

Voorbeelden van *wog* en *brigge*, in plaatsnamen, zijn op bladzijden 120 en 121 reeds genoemd. Anders en elders is dit woord
wog mij nooit voorgekomen. In eene oorkonde van den jare 1286
wordt bepaaldelijk de weg die van het stedeken Gisen (*Guines*)
naar het dorp Witzand (*Wissant*) voert, de Gisenewog
genoemd. Men vergelijke de Gisenlet op bladzijde 122 vermeld.
Dat men evenwel oudtijds het algemeen geldige Dietsche woord
weg, verbogen als *wege*, ook wel kende in Artesië, blijkt uit
oorkonden van de veertiende en vijftiende eeuw, waarin melding
gemaakt wordt van den Boerwegue bij Baienghem, en van
den Oudeweg bij Salperwijk (*Salperwic*). Aan het voorkomen
dezer twee woordvormen *wog* en *weg*, nevens elkanderen, zal
wel de zelfde of eene soortgelijke oorzaak ten grondslag liggen,
als die is, welke het voorkomen der twee vormen *ing* en *ink*,
bij den patronymicalen uitgang, heeft te weeg gebracht. Zie bladzijden 98 en 106 hiervoren.

De vormen *brigge* (op bladzijde 121 vermeld), Friesch *bregge*,
brug; *mille* of *melle*, molen (in den hedendaagschen dorpsnaam
Wimille, oudtijds voluit Windmille, windmolen, en in
Mellewog, dat in eene oorkonde van 1286 voorkomt, en als
Chemin du moulin wordt verfranscht), en *rok* voor rots (in
Stienrokkes — meervoudsvorm, en misschien ook in Roccalf
en in Brocshole = bij Rokshole, bij het hol in de rots?),
deze drie ook in de oorkonde van 1286 vermeld, bieden eene
zeer opmerkelijke overeenkomst, ja eene volkomene gelijkvor-
migheid aan met de vormen die deze drie woorden in de Engelsche
taal hebben (*bridge*, *mill* en *rock*). Deze overeenkomst bevestigt te
meer mijne meening dat de voorouders van een deel der hedendaagsche Engelschen, en die van de oorspronkelijk Germaansche
bevolking van Artesië, lieden zijn geweest van eenen en den
zelfden bijzonderen Sassischen volksstam, lieden die, gezamenlijk

uit het Oosten (dat is in dit geval, voor het naast uit Noordwestelijk Duitschland) opgetrokken en westwaarts getogen zijnde,
voor een deel naar Brittannië overstaken, uit de havens van
Kales en Boonen, maar voor een ander deel achter bleven in de
gouw rondom deze oude, reeds door de Romeinen bezette steden.

En niet enkel met het Engelsch, ook met het Friesch leveren
de Oud-Germaansche plaatsnamen van Artesië punten van overeenkomst op. Trouwens dit kan wel niet anders, waar Friesch
en Engelsch beiden nog heden zoo naverwant en oudtijds uit
eene zelfde bron zijn ontsproten. Deze overeenkomst vinden we,
in gezamentlijken zin, in het woord *aker*, ook wel gespeld *acre*,
.hedendaagsch geijkt Dietsch akker, dat deel uitmaakt van sommige
Oud-Artesische plaatsnamen. Dit woord, in het Friesch zoowel
als in het Engelsch als *eker* uitgesproken, is nog heden eigen aan de
taal van Friezen en Engelschen, en komt in de plaatsnamen dezer
volken voor: F r a n e k e r in Friesland; L o n g a c r e in Engeland.
Verder stemmen de Artesische woorden *stic* voor stuk, *horn*
voor hoek, *stripe* voor streep, *stien* voor steen, enz. allen in oude
plaatsnamen voorkomende, letterlijk overeen met de zelfde woordvormen in het Friesch, zooals het nog hedendaags leeft. Trouwens,
in den loop dezer verhandeling hebben wij reeds meermalen
gelegenheid gehad, den Lezer te wijzen op de bijzondere overeenkomst tusschen Oud-Artesisch en Friesch.

Indien men met opmerkzaamheid eene aardrijkskundige kaart
van Artesië gadeslaat, valt het den Nederlander al spoedig in
het oog dat een zeer groot deel der plaatsnamen, daarop vermeld, Dietsche namen zijn, gelijk hierboven breedvoerig is aangetoond. Maar nevens en tusschen deze Dietsche namen kan men
ook vele namen opmerken, die een Fransch voorkomen vertoonen in hunnen vorm en in hunne spelwijze, en die door
niemand voor oorspronkelijk Dietsche namen zullen worden gehouden. Werkelijk zijn dan ook eenigen van die namen, welke
van jonge dagteekening zijn, en ontstaan ten tijde dat de
Dietsche volkstaal in die gouw van het Artesische land reeds
geheel of ten deele uitgestorven was, Fransch, behooren tot de
Fransche taal. Maar anderen zijn toch oorspronkelijk Dietsch,
al zien ze er in hunne hedendaags geldige vormen ook nog
zoo Fransch uit. Die namen zijn eenvoudig in sterke mate ver-

anderd, verbasterd, naar de uitspraak der Fransche tonge, naar
de spelwijze der Fransche penne vervormd, verdraaid, mismaakt.
Reeds zijn een paar van dat soort van namen vermeld op bladzijden 102 en 115, waar medegedeeld is dat van den ouden en
oorspronkelijken naam H e n r i c k i n g h e m heden ten dage
H e u r i n g h e m is geworden, en dat O p h o v e tot A u P a u v r e
is verfranscht. De volgende Artesische plaatsnamen behooren
verder nog tot deze groep: H y d r e q u e n t, de hedendaagsche
naam van een dorp in Artesië, is oorspronkelijk H i l d h e r i n g a-
h e m, de woonplaats der *Hilderingen*, der nakomelingen van
H i l d h e r i of H i l d e r, een volledige algemeen Oud-Germaansche
mansnaam. In eene oorkonde van den jare 1286 staat deze volledige dorpsnaam in den vorm H i l d r i c h e m vermeld, een vorm
die wel reeds eeniger mate versleten is, maar die nog duidelijk
een Germaansch voorkomen heeft, terwijl het hedendaagsche
H y d r e q ù e n t volkomen onkenbaar zoude zijn, ware 't niet
dat de genoemde middeleeuwsche oorkonde ons op het goede
spoor bracht ter herkenning en verklaring. Een tegenhanger van
H y d r e q u e n t is de hedendaagsche naam R i n x e n t, mede
eigen aan een Artesisch dorp. Deze naam vinden wij in eene
oude oorkonde vermeld als E r n i n g e s s e m, en in een ander
middeleeuwsch geschrift, maar van latere dagteekening, als
R e n i n g e s s e m. De oudste vorm is de oorspronkelijkste, en
doet ons dezen naam duiden als E r n i n g e s h e m, E r n i n g s
h e m, E r n i n g's woonplaats. De vorm R e n i n g e s s e m is slechts
een letterkeer van E r n i n g e s s e m, en R i n x e n t is daarvan
eene verdere verbastering. Eindelijk nog H a r d i n x e n t, dat
van oorsprongs wegen H a r d i n g e s s e m, H a r d i n g s h e m, de
woonplaats van den man H a r d i n g is. E r n i n g en H a r d i n g, als
samenstellende deelen van de twee laatstgenoemde plaatsnamen zijn
wel patronymicale vormen, maar deden toch dienst als eenvoudige
mansvóórnamen, gelijk · uit hunne genitiefvormen op *es* uitgaande
blijkt, en gelijk nog heden in Friesland voorkomt, waar T j a l-
l i n g, W a l i n g, E l i n g, enz. ofschoon eigentlijk patronymica
zijnde, toch ook als eenvoudige mansvóórnamen dienst doen.
Verder, D o h e m heette in de elfde eeuw D a l h e m, de woonplaats in het dal, een plaatsnaam die als D a l h e m (in 't Land
van Luik), als D a l e m (in Gelderland) en als T h a l h e i m,

nog heden aan België, Nederland en Duitschland eigen is.
U'pen komt in oude oorkonden als Ophem voor, een naam
die door eenen geleerden Franschman dezer eeuw terecht als
„*Village d'en haut*" is verklaard. Het hedendaagsche Weims
is ook zeer verbasterd, naardien de oorspronkelijke vorm van
dezen naam is Widinghem, dat is: woonplaats der afstammelingen van Wido, Wito, Wyt, (*Guido* in verfranschten vorm).
De mansnaam Wido is in verschillende vormen en onderscheidene
afleidingen en samenstellingen zeer algemeen, vooral onder de
Friezen (Wytse). — De dorpsnaam Tubersent van heden
ten dage doet ook den oorspronkelijken vorm niet raden noch
erkennen. Die oude, volledige vorm is Thorbodessem,
Thorbodes hem, de woonplaats van den man, die den zeer
ouden en schoonen mansnaam Thorbodo droeg.

Nog drie dorpsnamen zijn in Artesië, die in zoo sterke
mate verbasterd en verfranscht zijn, dat niemand ze meer
zoude kunnen herkennen als namen die eenen Germaanschen
oorsprong hebben, dat iedereen ze voor Romaansche, voor echt
Fransche namen moet houden. Dat zijn de namen Herbelle,
Annezin en Fampoux. Den eerstgenoemden naam vinden
wij in eene oorkonde van de elfde eeuw vermeld als Hard-
berg. Inderdaad ligt Herbelle op eenen heuvel of berg, die
heden ten dage *Roide-Mont* heet. — Annezin is verbasterd
van Annineshem, zooals deze dorpsnaam in oude geschriften
voorkomt. De oorsprong, de beteekenis van dit Annineshem
is niet recht duidelijk. Het kan oorspronkelijk Anningshem
zijn, samengesteld met eenen mansnaam Anning, die een patronymicale vorm van den mansnaam Anne is, oneigenlijk gebruikt, zooals op de voorgaande bladzijde aangegeven is bij
Harding en Erning, Tjalling, enz. Het kan ook beteekenen: woonplaats van Annin, 't welk dan als een verkleinvorm van Anne gelden kan. Anne, op zich zelven, is
nog heden als mansnaam bij de Friezen in volle gebruik, en
sommige Friesche geslachts- en plaatsnamen zijn aan dezen mansnaam ontleend: bij voorbeeld, om van beide naamsoorten slechts
eenen naam te noemen: de geslachtsnaam Annema, en de
naam van het dorp Anjum, oorspronkelijk voluit Anninga-
hem. — Fampoux eindelijk is langs de vormen Fampoel,

Vanpoel, Venpoel, ontstaan uit den oorspronkelijken naam Venepoel (Friesch Feanpoel, Oud-Friesch ook Faen voor *veen*), door eenen Artesischen geleerde van deze eeuw vrij juist vertaald als *Etang de la tourbière*.

Aan het slot van dit opstel willen wij nog eene bijzondere zaak hier te berde brengen, die wel de aandacht verdient der volkenkundigen, bijzonderlijk van hen, die de tochten nasporen van die volken en volksstammen uit Noordwestelijk Germanië, welke Brittanië hebben ingenomen en aldaar hunne volkplantingen hebben gevestigd.

Reeds een en andermaal is er in deze verhandeling op gewezen, dat eenige bijzondere woorden en woordvormen, die in Artesische plaatsnamen voorkomen, eveneens gevonden worden in Engelsche plaatsnamen, of anderszins eigen zijn aan de Engelsche taal. Dit betrof echter in hoofdzaak slechts eenige samenstellende deelen van die namen. Maar daar bestaat nog eene grootere overeenkomst tusschen sommige Artesische en Engelsche namen, eene overeenkomst die den geheelen naam betreft. Zoo vinden wij de volgende namen:

In Artesië en	in Engeland.
Warhem.	Warham.
Fréthun.	Freton.
Hollebecque.	Holbeck.
Sangatte. (Zie bladz. 119).	Sandgate.
Inghem.	Ingham.
Wimille (Zie bladz. 121).	Windmill.
Grisendale.	Grisdale.
Rattekot.	Radcot.
Le Wast.	Wast.
Appegarbe.	Applegarth.

Het valt niet te ontkennen dat enkelen dezer namen een meer algemeen karakter hebben, en zeer wel, volkomen onafhankelijk van elkanderen, elk op zich zelven, Noord en Zuid van het Engelsche-Kanaal kunnen zijn ontstaan; bij voorbeeld: Wimille, Windmill en Sangatte, Sandgate. Toch blijft, bij de andere namen, de overeenkomst opmerkelijk, en een gemeenschappelijke oorsprong blijft niet buitengesloten. In sommige patronymicale namen ligt zulk een gemeenschappelijke oorsprong nog nader voor de hand. Zie hier nog een lijstje van die overeenstemmende patronymicale plaatsnamen,

in Artesië	en	in Engeland.
Alincthun.		Allington.
Bazinghem.		Bassingham.
Colincthun.		Collington.
Hardinghem.		Hardingham.
Linghem.		Lingham.
Balinghem.		Ballingham.
Berlinghen.		Birlingham (Nevens Berlicum, dat is voluit Berlinkheim, in Noord-Brabant en in Friesland).
Elinghen.		Ellingham.
Eringhem.		Erringham (Nevens Erichem, dat is voluit Erinkhem, in Gelderland).
Lozinghem.		Lossingham.
Maninghem.		Manningham.
Masinghen.		Massingham.
Pelincthun.		Pallington.
Todincthun.		Toddington.

De patronymica die den grondslag van deze namen uitmaken, en die, aan den Artesischen en aan den Engelschen kant geheel de zelfden zijn, of anders zoo gelijkvormig, dat een zelfde oorsprong voor beiden aangenomen mag worden, hebben bij sommigen de meening doen ontstaan dat zoowel de Artesische als de Engelsche plaatsen, waaraan deze namen eigen zijn, juist ook door de zelfde lieden zouden zijn gesticht. Met andere woorden, dat de zelfde Hardingen, de afstammelingen van eenen zelfden aartsvader Hardo, in Artesië zoowel een hem, eene woonstede zouden hebben gevestigd, een Hardinga-hem (Hardinghem), als in Engeland (Hardingham). Ofschoon deze zaak geenszins onmogelijk, zelfs niet onwaarschijnlijk te achten is, zoo vloeit ze toch ook geenszins *noodzakelijk* voort uit deze gelijkheid der plaatsnamen.

9

Immers H a r d o was, en is nog heden, een algemeene mansvóórnaam, die door verschillende personen te gelijker tijde gedragen
werd en wordt. Zoo zijn er ook verschillende maagschappen H a r-
d i n g a of H a r d i n g, H a r d i n k, onderling niet verwant. De
eene maagschap van dien naam kan in Artesië, de andere in
Engeland een *hem* hebben gegrondvest.

Engelsche navorschers en geleerden hebben uit deze gelijk-
luidende of volkomen gelijke plaatsnamen nog eene andere
meening afgeleid. Volgens hen zouden lieden, inwoners uit
H a r d i n g h a m in Engeland (om bij het eens genomen voorbeeld te blijven), als landverhuizers of volkplanters zijn uitge-
togen, om in Artesië zich te vestigen. Bij hunne vestiging aldaar
zouden zij dan, in herinnering aan hunne voormalige woonplaats,
hunne nieuwe woonstede genoemd hebben met den zelfden
naam, dien het oude h e m (*ham*) in Engeland droeg — gelijk
zulks in deze eeuw menigvuldiglijk is geschied bij de volkplantingen van Engelschen, Nederlanders en andere Europeanen in
Amerika. Intusschen, de geschiedenis leert ons dat de vestiging
van Sassen en andere Neder-Duitschers in Artesië reeds van
zeer oude dagteekening is, en, voor een deel althans, zeer zeker
ouder dan de nederzetting dier volken in Brittannië. Wij meenen
dus bij onze voorstelling dezer zake te mogen volharden, gelijk
die op bladzijde 107 en vervolgens hiervoren is medegedeeld.
Ook komt het ons aannemelijker voor bij deze gelijke namen
in Artesië en in Engeland liever te willen denken aan eene
toevallige gelijkheid, ontstaan door de algemeenheid van dezen
of genen mansnaam (Hardo; A l e of A l l e in A l i n c t h u n
en in A l l i n g t o n en in A l l i n g a w i e r in Friesland) — dan
aan eenzelvigheid in den persoon van den aartsvader, 't zij deze
dan H a r d o of A l e, C o l o, C o l l e of iets anders heette.

De patronymica van bovengenoemde Artesische en Engelsche
plaatsnamen, en nog talrijke anderen hier niet opgenoemd,
zoo mede de mansvóórnamen, waarvan zij afgeleid zijn, komen
verder nog, in verschillende onwezenlijk afwijkende vormen,
bij schier alle andere Germaansche volkeren en volksstammen
eveneens voor, en hebben ook daar aan een groot aantal geslachts-
en plaatsnamen hunnen oorsprong gegeven. Dit alles na te sporen
en uitvoerig, naar den vollen eisch, hier te vermelden, en dan

ook de menigerlei opmerkingen, die zich daarbij voordoen, nader hier te ontvouwen, is zeker eene aangename studie. Wil ik echter niet te veel hooi op de vork nemen, wil ik niet te veel ruimte hier beslaan, niet te veel van de belangstelling mijner Lezers vergen, dan moet ik mij bescheidenlijk met het bovenstaande vergenoegen.

Zoo kort en beknopt mogelijk dien ik echter toch ook nog een paar bladzijden te wijden aan de Germaansche mans- en vrouwen-vóórnamen en aan de Germaansche geslachtsnamen, die in Frankrijk, die vooral in de Dietsche gewesten van dat land in gebruik zijn en voorkomen.

Wat de mans- en vrouwen-vóórnamen aangaat, zoo heb ik hier niet zoo zeer het oog op die namen van Germaanschen oorsprong, die over schier geheel de beschaafde wereld verspreid zijn, en die ook in Frankrijk geenszins ontbreken, zij het dan ook in verfranschten vorm. Zulke namen (Henri, Fréderic, Albert, Bertrand, Gérard, Guillaume, Louis, Charles — dan ook Henriëtte, Adèle, Mathilde, Gertrude, Berthe, en vele dergelijken) zijn wel van Oud-Germaanschen oorsprong; ze zijn zeker nog afkomstig van de Germaansche Franken, het volk van Keizer Karel den Grooten, die voor een deel de voorvaderen zijn van het hedendaagsche Fransche volk. Maar in het bijzonder vestig ik hier de aandacht op die Oud-Dietsche, Oud-Nederlandsche namen, die, veelal min of meer versleten, of in vlei- of verkleinvorm, nog eigen zijn aan de Dietsche, de Vlaamsche bevolking van Fransch-Vlaanderen en van Artesië, die daar in de middeleeuwen, en nog in de zestiende eeuw algemeen of vrij algemeen in gebruik waren, en die ook heden nog daar leven, zij het dan niet in geijkten zin, dan toch in het dagelijksche leven, in den huisselijken en vriendschappelijken kring.

Eene uitvoerige en belangrijke verhandeling over dit onderwerp, over deze Oud-Dietsche mans- en vrouwen-vóórnamen bij de bevolking van Noordwestelijk Frankrijk, is door C. THELU geschreven, onder den titel *Noms de baptême avec leurs contractifs et diminutifs en usage chez les Flamands de France*, en geplaatst in het derde deel van het tijdschrift *Annales du Comité flamand de*

France. In die verhandeling wordt een zeer groot aantal van die namen vermeld. Het is inderdaad zeer merkwaardig te zien hoe vele echt Oud-Dietsche, echt Oud-Germaansche namen daar in die Oud-Dietsche gewesten, al behooren ze sedert twee of drie eeuwen en langer tot Frankrijk, nog in gebruik gebleven zijn, of voor jaren nog in gebruik waren.

Onder deze namen treft men er aan, die men hedendaagsche Algemeen-Germaansche, ook Algemeen-Nederlandsche kan noemen, zoo wel als bijzonder Friesche namen; dat is: Oud-Germaansche namen in Frieschen vorm, zoo vlei- als verkleinvorm. Uit dit voorkomen van Friesche namen en naamsvormen onder de Dietschen van Artesië, onder de Vlamingen van Fransch- of Zee-Vlaanderen blijkt eens te meer dat een deel des volks in die gewesten, langs den zeekant gezeten, van Frieschen oorsprong is, en van Frieschen volksaard.

Als enkele voorbeelden van zulke algemeen Oud-Dietsche namen in die gewesten, vermeld ik hier de mansnamen A l a r t (Adelhart), A r e n d (Arnhold, Aernout), B a r t e l t (Barthold, Berchthold, Bertout), B a r e n t (Bernhart, Bernaart), B r u y n (Bruno), E v e r t (Everhart, Everaart), E w o u t, F r a n c k, G y s b e r t, W i l l e m, H e y n r i c k, H u y b r e c h t, C o e n r a d t, R y c k a e r t. En de vrouwennamen B r e c h t j e, E n g e l t j e, .D u y f k e n, T r u y, A a l t j e (Adela), R o o s j e, enz.

En als voorbeelden van bijzonder Friesche namen en naamsvormen in die gouwen mogen de volgenden gelden:

Mansnamen. E p p o, A g g e, B o u k e n, B o u w e n (een samengetrokken vorm van Boudewijn), W e s s e l, B i n n e r t, B o n n e, B o y e, C y r i c k (in Friesche spelling Sierk), D o u w e, E g g e, E l i n g, E i s e, F e y c k e, F e y e n, F o n g e r, G a b e, G a u k e, G e r k e n, W y b e, H i l l e, I d e, J e l k e n, J e l t e n, L i n s, L i e u w, L y c k e l, L o l c k, L u y t, L o l l e, M o n t e n, M e n n e, B o n t e n, R i n t s e, R e y n, R i e m e r, R o m k e, W i m a r, W i s s e, F e d d e, H a y e n, Y t z e n, enz.

Vrouwennamen. L a m k e, N i e s k e, A e f j e en A e f k e n, M i n t j e en M i n k e, I t j e n, F e m m e t j e, G e p k e, W y b r i g, H e y l t j e n, H i l l e k e n, I d t s k e n, J a y k e, J e l, L u t s, M e t j e n, R i x, R i c h t j e, W a l l e k e n, W e n t j e, D i e w e r t j e, S w a e n t j e, H a e s k e, enz.

Al deze namen zijn juist zóó als ze hier vermeld staan, of anders met geringe, onwezenlijke afwijkingen in de spelling, nog heden ook onder de Friezen in volle gebruik.

De schrijver van bovengenoemde verhandeling in de *Annales du Comité flamand de France* heeft den Oud-Germaanschen oorsprong van deze namen niet erkend. Hij is in zijne verklaring dezer namen volkomen op eenen doolweg. In al deze namen ziet hij slechts verknoeide, verminkte, versletene, saamgetrokkene, verkleinde, in sommige gevallen ook vertaalde vormen (M i n k e van Charitas) van Bijbelsche en van Kerkelijke namen, uitsluitend van zulke namen die door de Roomsch-Catholyke Kerk als doopnamen voor de kinderen van de belijders harer leer, in geijkten zin erkend worden. En zoo worden in die verhandeling die volledige Bijbelsche en Kerkelijke namen dan ook steeds als de oorspronkelijke namen vermeld, nevens die Oud-Dietsche en Friesche namen en naamsvormen. De schrijver staat in deze zaak geheel op het zelfde onjuiste standpunt, waar ook het bekende lijstje van doopnamen, ten dienste der Roomsch-Catholyke geestelijken op staat; te weten, de *Nomina vernacula Hollandorum et Frisiorum, adjuncta nominibus Sanctorum, quae per illa significantur,* gevoegd achter het *Rituale Romanum contractum et abbreviatum in usum Sacerdotem Missionum Hollandiae.*

Als voorbeelden van zulke geheel averechtsche naamsafleidingen, in THELU's verhandeling voorkomende, wijs ik hier op gedrochtelijke verklaringen, als C y r i c k (Sierk, Sigerik, Zegerijk, rijk in overwinning) van den Kerkelijken naam Cyriacus; E p p o van den Bijbelschen naam Absalon, of van den Kerkelijken, oorspronkelijk Grrrekschen naam Epìmachus; D o u w e van David; F e c k e n (Fekke) van Felix; L o l k a van Lucas, H a y e n (Hayo) van Hyacinthus. Verder op de vrouwennamen L a m k e en N i e s k e die beide oorspronkelijk Agnes zouden zijn; op M i n k e dat van Charitas zoude komen; F e m m e t j e van Euphemia, J e l (Jeltje) van Juliana, G r e t s (Gretske, Graetske) van Grata, enz. Maar genoeg van dezen onzin.

In het tijdschrift *De Navorscher*, jaargang XX, bladzijde 251, heb ik zelf, onder den titel *Friesche namen in Frankrijk* op bovengenoemde verhandeling van THELU de aandacht gevestigd, en de zaak der Friesche namen in Frankrijk nader ontvouwd,

en met voorbeelden gestaafd. Naar deze twee geschriften, dat van
THELU en dat van mij, verwijs ik verder den belangstellenden lezer.

Wat nu de bijzonder Dietsche geslachtsnamen aangaat, die in
schoone, veelal zeer oude vormen nog heden onder de Vlamingen
en de Dietschen van noordwestelijk Frankrijk voorkomen, als
eene getuigenis van den alouden oorsprong des volks in die gewesten, als eene getuigenis van de nauwe verwantschap, ja van de
eenzelvigheid die ons, Noord- en Zuid-Nederlanders, met dien ver-
latenen broederstam in Frankrijk verbindt, vereenigt — daarvan
weet ik nog minder mede te deelen dan van de Oud-Dietsche mans-
en vrouwen-vóórnamen in die gouwen. Ik kan hier slechts enkele
Oud-Dietsche maagschapsnamen geven, die door mij, op mijne
omdolingen door de straten der steden Duinkerke, Sint-Winoks-
Bergen, Hazebroek, Sint-Omaars, Kales en Boonen (*St. Omer*,
Calais en *Boulogne sur Mer*) van de naambordjes der huizen zijn
opgeteekend. Zie hier dat lijstje:

De Poorter, Houvenaghel, Van Cauwenberghe.[1]

---

[1] Aernout, Van Graefschepe, De Coussemaker, De Baecker (Bakker),
Hase, Baert, Bernaert, Becuwe, Blavoet, Bloeme, Cappelaere, De
Haene, De Rode, De Ruywe, De Smidt, De Swarte, Meneboo (elders
Minneboo), Strobbel, Top, Treutenaere, Van de Walle (ook half ver-
franscht als *Delouatle*, Verstavel, De Conynck, De Meunynck (de Monnik),
De Grendel, De Laeter, De Smyttere, De Vos, Goudaert, Hopsomer
(een, door Franschen invloed verbasterde vorm van Opsomer, Opzomer, dat ook in
Noord- en in Zuid-Nederland voorkomt), Ryngaert, Van den Abeele, Van
den Kerckove, Van der Veene, Verclytte, De Schodt, De Zitter,
Wayenburg, Van der Colme, Beekmans, Behaghel, Bieswal,
Blanckaert, De Beyer, De Coster, De Groote, De Man, Eeckman,
Goemaere, Govaere, Herreman, Hooft, Liefooghe, Lootgieter,
Spillemaker, Wittevronghel, Wyckaert, Wellecomme, Vincke-
vleugel, Wallaert, De Broere, Cleenewerck, Schoonheere, Van
de Velde, Hazewindt, Van Acker, De Stuynder, De Waegemaeker,
Plaetevoet, De Grave, Raeckelboom, De Mol, Elleboode, Yserbyt,
(ook verfranscht tot *Iserbi*), Van Hove, Oswin, De Vilder, Van Heeghe,
Dagbert, Keingaert, Swyngedauw, Van Eeke, De Temmaeker,
Goeneute, Van Elslandt, en nog velen meer. Hier bij valt op te merken dat
door de Franschen de namen die met het lidwoord *de*, of met het voorzetsel *van* of
met *van de*, *van den*, *van der* zijn samengesteld, in één woord schrijven; bij voorbeeld *Dehaene*, *Deruywe*, *Derode*, *Vanderwalle Vandenabeele*, *Vandenkerckove*, enz.
De namen krijgen op die wijze zulk een vreemd voorkomen, dat een Nederlander zelf
aanvankelijk ze niet herkent.

Het gaat niet aan van alle deze maagschapsnamen hier naderen uitleg, nadere verklaring wat hunne beteekenis aangaat, te geven, — al is dit onderwerp ook nog zoo aanlokkelijk voor mij, en voor den Lezer zeker niet onbelangrijk. Maar ik zoude zoodoende te veel in herhaling moeten vervallen, met 't gene ik reeds vroeger uitvoerig heb geschreven. Met mijn werk *De Nederlandsche geslachtsnamen in oorsprong, geschiedenis en beteekenis* (Haarlem, 1888) in ʌde hand, kan iedereen de verklaring dezer namen gemakkelijk vinden.

Het is voor iederen Vaderlander duidelijk, dat dit allen goed Oud-Dietsche, ik mag wel zeggen goed Oud-Nederlandsche namen zijn, en dat de dragers dezer namen onze volksgenooten, ja onze volle broeders in volkenkundigen zin moeten wezen. Deze schoone namen zijn grootendeels of allen ongetwijfeld van oude dagteekening; zij bieden ook in menig opzicht allerlei aanleiding tot veelvuldige beschouwingen op het gebied onzer namenkunde·

III

GENTSCHE GESLACHTSNAMEN.

Sommige geslachtsnamen — of liever en beter gezegd, sommige maagschapsnamen van ingezetenen der Vlaamsche hoofdstede Gent, heb ik mij uitgekozen als onderwerp van eene verhandeling, die, zoo ik hope, den Lezer niet ongevallig zijn zal, maar eene korte, aangename verpoozing hem zal brengen.

Op streng wetenschappelijken zin maakt dit opstel volstrekt geen aanspraak. Eenvoudig en bevattelijk het een en ander, in taalkundigen zin, over sommige Gentsche geslachtsnamen te schrijven — zie daar de taak die ik mij heb voorgesteld te volbrengen.

De namen, in deze verhandeling vermeld en behandeld, heb ik genomen uit den *Almanach du Commerce et de l'Industrie*, Brussel 1878. Zijn er nu sommige namen in dit opstel in onjuiste spelling medegedeeld ('t welk zeer wel het geval kan zijn, aangezien ik menige spelfout in genoemden *Almanach* heb opgemerkt), zoo wijte men die misstellingen, die trouwens van weinig of geen belang zijn, niet aan den schrijver van deze verhandeling. Immers ben ik zelf slechts zeer weinig te Gent bekend; slechts met een paar Gentenaren heb ik de eer en het genoegen persoonlijk in kennis te staan. Maar, de duizenden Gentsche geslachtsnamen, in den *Almanach* vermeld, zijn overvloediglijk voldoende voor mijn doel. Mijne persoonlijke onbekendheid met Gentenaren in het algemeen, is ook de oorzaak, dat ik de oude, oorspronkelijk Gentsche namen, het eigendom van oude, oorspronkelijk

Gentsche maagschappen, niet weet te onderscheiden van namen, die, door de hedendaagsche wisseling der bevolking in steden en dorpen, eerst in lateren, soms eerst in den laatstverloopen tijd te Gent het burgerrecht hebben verkregen. Ik heb de namen, die ik, om de eene of de andere reden, in dit opstel vermelden of bespreken wilde, maar zoo, als voor de hand weg opgenomen uit het bovengenoemde adresboek.

In het algemeen genomen vertoonen de Gentsche maagschaps-namen niet iets bijzonders, iets eigenaardigs, waardoor ze van andere Nederlandsche namen zouden onderscheiden, als bijzonder · Gentsche namen zouden kenbaar zijn. Integendeel, de Gentsche namen bieden ons de zelfde algemeene kenteekenen, ook de zelfde bijzonderheden aan, die eigen zijn aan alle Nederlandsche, bepaaldelijk aan alle Zuid-Nederlandsche, aan alle Vlaamsche namen, in de andere steden en dorpen van Vlaanderland. En over het geheel genomen zijn de Gentsche namen oorbeeldig en zuiver Vlaamsche namen. De bijzondere kenmerken der Vlaamsche geslachtsnamen treden bij de Gentsche namen sterk op den voorgrond. Bij voorbeeld, de oude, thans geheel verouderde spelwijzen, als Quaesaet, Bruynooghe, De Curte, D'Hooghe, Haemelinck, Clauwaert, Heyndrickx, De Muynck, De Meulenaere, D'Huyvetter, Teirlynck, Goetgeluck, De Lepeleire, Van Cuyck, Lancksweert — spelwijzen, die ten deele nog een middeleeuwsch voorkomen hebben, en anderdeels uit de zestiende en zeventiende eeuw dagteekenen — spelwijzen, die in de noordelijke Nederlanden niet dan zeer zeldzaam voorkomen. Die oude spelvormen der Vlaamsche namen bewijzen den ouderdom, ja de adel-oudheid der maagschappen, waaraan ze toebehooren, in tegenstelling met de jonkheid, met de nuchtere en platte hedendaagsheid der Noord-Nederlandsche namen in het algemeen. In Noord-Nederland, vooral ten platten lande in de noordelijkste gewesten, hebben de geslachtsnamen der landseigene bevolking in den regel eerst in het begin van deze eeuw hunnen hedendaagschen, geijkten vorm verkregen. Dien ten gevolge vertoonen ze ook in den regel de spelling dezer loopende eeuw; bijvoorbeeld De Jong, De Haas, Vink, Van Kuik, Kuiper, Bakker. Koning, tegenover De Jonghe, D'Haese, Vyncke, Van Cuyck, De Cuyper, De Backere, De Ceuninck in Zuid-Neder-land, bepaaldelijk te Gent.

. Deze zaak laat zich gereedelijk verklaren. In de laatste middeleeuwen stond Vlaanderen, stonden de Zuid-Nederlandsche gewesten in 't algemeen, in beschaving en ontwikkeling hoog boven de noordelijke Nederlanden. Brugge en Gent, Leuven en Brussel, Antwerpen en Mechelen waren bloeiende, rijke steden, met hoog ontwikkelde nijverheid, met levendigen handel; steden waar wetenschap, kunst en handwerk op eenen hoogen trap van bloei stonden, toen dat alles in de Noord-Nederlandsche gewesten in veel mindere mate werd aangetroffen, toen Amsterdam en 's-Gravenhage, toen Rotterdam en Arnhem nog maar plaatsen waren van weinig beteekenis, toen Utrecht en Groningen, toen Dordrecht en Haarlem, al waren ze toenmaals de voornaamste steden des lands, met Gent en Brugge, met Leuven en Mechelen toch niet konden worden vergeleken. De Vlaamsche en Brabantsche steden waren in die tijden de middelpunten des verkeers, de middelpunten van het beschaafde en ontwikkelde leven voor geheel het westelijke Europa. Een druk en veel bewogen leven op allerlei gebied, in allerlei zin, heerschte toen daar in die steden, zoo als nu in Londen en Berlijn, in Weenen en Parijs het geval is. Toenmaals, in dat drukke wereldverkeer, deed de behoefte aan vaste geslachtsnamen bij de Vlamingen zich reeds dringend gevoelen, en werd ook aan die noodzaak gevolg gegeven, eerst bij de stedelingen, weldra ook ten platten lande. Natuurlijk werden die namen geschreven in de spelwijze, die toenmaals in voege was, en gelding had. En even natuurlijk vertoonen de namen, die nog heden, uit die oude tijden, bij de Vlamingen in stand gebleven zijn, die oude spelwijzen, die oude vormen, als zoovele getuigenissen van lang vervlogene, van roemruchtige dagen. In deze hunne oude spelling, in deze hunne verouderde vormen hebben de Vlaamsche, hebben de Gentsche geslachtsnamen een bewijs van hunne oudheid, als 't ware een teeken van ouden adeldom, eene gedachtenis aan die schoone jaren van eertijds.

En gelukkig! Wat men heden ten dage in de spelling onzer taal ook moge veranderen, welke oude en schoone, alle recht van bestaan hebbende vormen ook uit de schrijftaal mogen verloren gaan, in deze onze dagen van verbastering, verarming en vervlakking der taal, de geslachtsnamen der Vlamingen, der Gentenaren zijn in hunne, nu eenmaal vastgezette vormen onveranderlijk, en blijven in deze hunne edele en volledige vormen in leven, zoolang er Vlamingen zullen zijn, rechtzinnige, ouderwetsche, vrome, degelijke Vlaamsche mannen, die ze zullen voeren.

God geve, dat dit nog vele eeuwen, met volle eere, het geval moge zijn!

Als een gevolg van den grooten bloei en van de bijzondere ontwikkeling, die het burgerlijke handwerk reeds vroeg in de middeleeuwen te Gent genoot, dragen daar ter stede nog heden vele ingezetenen geslachtsnamen, die oorspronkelijk het bedrijf van de voorouders, althans van eenen voorvader dier lieden aanduiden. Het lag immers voor de hand, dat men in de tijden, toen Gent zich tot eene groote en volkrijke stad ontwikkelde, den eenen Heyndrick (Hendrik), die een wever was, onderscheidde van den anderen Hendrik, die het bedrijf van brouwer uitoefende, door den eenen Heyndrick de Wevere (Hendrik de Wever), den anderen Heyndrick de Brauwere (Hendrik de Brouwer) te noemen. En eveneens lag het voor de hand, om die namen de Wevere en de Brauwere, die oorspronkelijk slechts toevallige, slechts wisselende bij- of toenamen waren geweest, als vaste geslachtsnamen aan te nemen, toen de behoefte aan zulke namen onder de burgerij van Gent zich deed gevoelen.

Dien ten gevolge vinden wij nog heden te Gent de volgende maagschapsnamen: Temmerman, met De Saegher en Houtsager; De Smet en De Smedt, met De Vylder (die de vijl veelvuldig gebruikt; b. v. de slotemaker); De Dryver (een kunstenaar die figuren of beeldekens in gouden of zilveren platen drijft); De Ketelaere (die ketels maakt), De Pannemaecker, De Potter, De Scheemaecker en Vergulder. Verder De Schepper en De Naeyer (dit zijn oude benamingen voor den kleêrmaker); De Bleecker en De Mangelaere; D'Huyvetter (dat is de leêrlooier), De

Wevere. Dan De Cuyper en De Cuupere, De Seel-
draeyer (dat is de touwslager), De Decker (die de daken
der huizen met stroo of met riet *dekt*), De Backer en De
Backere met De Gruyter (in Holland zegt men *grutter*, in
Friesland *gorter* of *gortmaker*), Vleeschauwer en De Brau-
were. De middeleeuwsche Gentsche molenaar leeft nog in de
geslachtsnamen De Meuleneire, De Meulenaere, De
Mulder, De Meulemeester en Smolders (dat is: des
molders, des molenaars zoon, dus eigenlijk geschreven *'s Molders*).
Ten slotte nog De Schoenmaker (met De Zutter, eene
verbastering van het Latijnsche woord *sutor*, schoenmaker), De
Spiegelaere (spiegelmaker), Dolislaeger (beter geschreven
D'Olislager, De Olieslager), De Caesemaecker, enz.
Andere neringdoenden zijn nog De Waegeneire en De
Waegenaere (de zelfde naam als het Hoogduitsche Wagner
en het Noord-Nederlandsche Wagenaar, dat is de man, die,
om loon, vrachten met eenen wagen vervoert, of anderszins
wagens verhuurt), De Tavernier, De Weert en Casteleyn
met De Kock; de Jaegher met De Visscher en De
Vogelaere en De Voghelaere, De Scheirder (barbier
zegt men hedendaags), De Munter en Speelman en
Tollenaere. Dan Coopman en De Cooman ('t is het
zelfde), met De Meersman (marsdrager); eindelijk De Meyer
en De Pachtere. En vele dergelijken meer.

Als namen die juist niet aan handwerk of ambacht of nering,
maar dan toch aan een bedrijf hun ontstaan te danken hebben,
vindt men te Gent: De Clerck en De Clercq met De
Schrijver, De Ruyter, enz. En deze namen vormen den
geleidelijken overgang tot die geslachtsnamen, welke aan waar-
digheden, aan ambten en bedieningen ontleend zijn. Dezen zijn
nog al talrijk, en schier volledig vertegenwoordigd onder de
burgerij van Gent. Men vindt er: Cardinael, Bisschop en De
Bisschop, De Proost, De Paepe, De Muynck, en De
Coster. Dan De Keyser, De Coninck (met De Koninck en De
Ceuninck), De Prince, De Graeve, De Borchgrave met
Burggraeve, Hartogh, De Lantsheere en Jonckheere.
Dan komt De Maesschalk, De Ridder en De Rudder, Ser-

geant en De Krijger. Eindelijk De Meester, Baas en De
Gheselle, De Poorter en Burger. Ten slotte De Roeve.

Tot deze groep van geslachtsnamen kunnen nog gevoegd worden
sommige namen die tot de onderlinge betrekkingen der menschen
behooren; als: De Vriendt met Cortvriend, De Neve.
Misschien ook Goevaere (Goede vader?). Eindelijk De Man,
Jongerlinck en Kindt. Ook De Moerloose (moederlooze,
die geen moeder heeft).

Als aanhangsel van deze namengroep noem ik nog eenige
namen, wier beteekenis mij niet duidelijk is. Namelijk De
Craecker, De Schuyter (bijvorm van Schipper?), De
Sloover, De Muyter, De Ruysscher en De Russcher,
De Bruycker, De Vulder en De Vliegher, met Schouw-
vlieger.

Bijzondere lichamelijke of geestelijke eigenschappen, die deze
of gene Gentenaar, in den ouden tijd, vertoonde of bezat, gaven
veelvuldig aanleiding tot het geven van bijnamen. De eene
Roeland, bij voorbeeld, had een kaal hoofd; en de andere Roeland
had door ziekte, door eene langdurige leverkwaal, steeds eene
gele huidkleur. Het duurde niet lang of de spraakmakende
gemeente noemde den eenen Roeland de Caluwe of Roeland
Caluwaert; en den anderen Roeland de Gheele. Of ook de
eene Bavo was bekend als een dapper, een stout, een koen
man; terwijl de andere Bavo loos was, en geslepen van aard.
Weldra noemde men den eersten, ter onderscheiding van den
anderen, Bauwe of Bavo de Dappere, Bauwe de Staute of
Bavo de Coene; en den anderen Bavo de Looze. Deze soort
van bijnamen, als geslachtsnamen in gebruik gesteld, vindt men
nog in de hedendaagsche namen De Langhe, De Grijse, De
Blauwe (de man, die, door een hartgebrek, of door het gebruik
van zeker geneesmiddel, eene blauwachtige kleur van de huid.
had), De Gheele, De Corte en De Curte, De Witte en
De Bruyne en De Roo (deze drie naar de kleur van het
haar), De Caluwe, De Groote en D'Hooge, Dauwe (beter
geschreven D'Auwe, dat is De Oude) en De Jonghe, De
Praeter met De Surgeloose (zorgelooze); De Wandeleer,
Dobbelaere en De Leener; Den Dooven en De Taeye

met De Staercke (de sterke); ook Bruynooghe en Spanoghe,
Magherman en Caluwaert. ,Eindelijk De Dapper, De
Staute, De Coen, De Rycke, met Goethals en Iserbyt,
(de man die zulke sterke tanden had, dat hij wel ijzer zoude
kunnen bijten). Ook Bytebier schijnt tot deze groep te behooren. Ten slotte, Langerock en Lancksweert zullen oorspronkelijk wel bijnamen zijn geweest voor mannen, die bij hunne
tijdgenooten kenbaar waren, de eene door het gewoonlijk dragen
van eenen bijzonder langen rok, de andere door het bezit van een
bijzonder lang zwaard.

In de middeleeuwen, en nog lang daarna, gaf men ook
namen aan de huizen, aan schier al de huizen, vooral van de
kooplieden en neringdoenden, in de steden. Die namen werden
op uithangborden en gevelsteenen, in beelde en in geschrifte
aangeduid en vermeld. Dit gebruik is nog niet geheel uitgestorven
in onze dagen, en wordt hoofdzakelijk nog gevolgd in de huizen,
waarin herberg gehouden wordt, 't zij in 't groot of in 't klein,
't zij dan bij de nieuwerwetsche, groote en voorname *hôtels*,
café's en *restaurants* (allemaal Fransche zaken met Fransche
namen), of bij de ouderwetsche, eerbare en degelijke herbergen
in de dorpen, of bij de kroegen in de achterbuurten. Oudtijds,
in het dagelijksche leven, noemde men ook de huizen steeds
met hunne namen; bij voorbeeld : de Engel, de Beer, de Geelvink,
de zeven Kerken van Rome, de Dom van Keulen, de Zon, de
Ster, de Herder, het Scheepken, de Keizer van Duitschland, de
Koning van Spanje, de Prins van Oranje (kortaf de Keizer, de
Koning, de Prins); enz. Die huisnamen gingen als bijnamen over
op de bewoners van die huizen. Govaert, de man, die in het
huis woonde, dat de Valk heette, of waar, zoo als men toen
sprak, „de Valk uithing", noemde men, ter onderscheiding
van eenen anderen Govert, die het huis de Martelaar bewoonde,
Govaert de Valck; en zijnen naamgenoot Govert de
Maertelaere. Ook deze bijnamen, tot geslachtsnamen aangenomen, treft men nog heden aan onder de Gentsche burgerij.
Vooral de afbeeldingen en de namen van verschillende
dieren waren oudtijds zeer in voege, om een huis te kenteekenen
of te noemen. Zulke diernamen, oorspronkelijk huisnamen,

daarna bijnamen van de bewoners dier huizen, daarna vaste
geslachtsnamen, treft men nog menigvuldig aan onder de hedendaagsche Gentenaren. Bij voorbeeld: De Leeuw en Lybaert
(dat is de oude eigennaam van den leeuw), De Beer, De
Wolf, De Vos, D'Hondt, Muyshondt (dat is de wezel:
maar ook de kat is oudtijds wel muishond genoemd), De Buck,
D'Haese en Den Haeze. Dan Dolphyn. Verder De Valck,
De Raeve, De Rouck, De Gaye, Nachtegaele, Coc-
quyt (dat is de koekoek), De Vincke en Vyncke, Mussche,
D'Hane, De Pauw, Fezant, Kievits (als vadersnaam in
den tweeden naamval geplaatst), De Lepeleire en De Lepe-
laere. Eindelijk De Puydt, met De Vis, Snoeck en De
Bleye. Ten slotte Geirnaert (Garnaal), De Bie en Vlieghe.

Ook noemde men, in de middeleeuwen en later, eenen man
wel naar zijn volksdom of zijnen landaard. Kwam, bij voorbeeld,
Wilhelm, een Duitscher, te Gent wonen, men noemde hem
weldra Willem den Duyts; en Pierre, een man uit het
Oud-Fransche gewest Picardië, die zich te Gent met der woon
vestigde, heette weldra bij zijne nieuwe stadsgenooten Pieter
Pickaert. Allerlei volk is oudtijds te Gent, in de rijke en
bloeiende handels- en nijverheidsstad, komen wonen. Van daar,
dat onder de hedendaagsche Gentenaren nog de volgende geslachtsnamen voorkomen: De Vreese en De Vriese, De
Brabander en D'Hollander (met Hollanders, als een
patronymicum, in den tweeden naamval geplaatst), Den Duyts
en De Zwaef, De Waele en Pickaert, Lombaert (uit
Lombardië) en De Turck met De Moor.

Eene bijzondere soort van geslachtsnamen bestaat uit die welke
op *aert* eindigen. Deze namen zijn in de noordelijke Nederlanden
hoogst zeldzaam, en die, welke men dan nog daar ontmoet,
zijn in den regel uit Zuid-Nederland herkomstig. In de zuidelijke gewesten daarentegen zijn ze, over 't algemeen genomen,
geenszins zeldzaam; maar te Gent bijzonderlijk komen ze in
aanmerkelijken getale voor.

Deze namen zijn grootendeels moeielijk om te verklaren. Ik
waag mij aan die verklaring niet; maar ik neem bij dezen de

vrijheid de aandacht der Vlaamsche taalgeleerden en naamkundigen op deze *aert*-namen te vestigen. Misschien is de een
of de ander onder hen beter in den aard dezer namen doorgedrongen, en kan hij ze in hunnen oorsprong en beteekenis
verklaren — waartoe zich zeker vele belangstellenden aanbevolen
houden.

De volgende *aert*-namen zijn mij te Gent voorgekomen:
Baeckaert, Bekaert, Blommaert, Boddaert, Boo-
naert, Bouckaert, Brancquaert, Bruysschaert, Ca-
luwaert, Cannaert, Clauwaert, Colpaert, Connaert,
Deyaert, Goossaert, Gassaert, Grootaert, Haesaert,
Heyvaert, Hillaert, Hollaert, Hoornaert, Hulstaert,
Huwaert, Kerckaert, Knockaert, Lachaert, Leliaert,
Lietaert, Lombaert, Meerschaert, Menschaert, Min-
naert, Meyvaert, Mommaert, Pickaert, Pynaert, Pyp-
aert, Plasschaert, Roeckaert, Royaert, Rotsaert,
Roulaert, Rutsaert, Schollaert, Schotsaert, Segaert,
Speeckaert, Stampaert, Stappaert, Soetaert, Stey-
aert, Teetaert, Trensaert, Trossaert, Veesaert,
Walschaert, Wyckaert, Willaert, Wissaert.

De uitgang *aert* stelt den Nederduitschen, den Vlaamschen
oorsprong, stelt het Nederduitsche, het Vlaamsche wezen van
alle deze namen buiten allen twijfel. En ook anderszins verraden
velen duidelijk hunnen Nederduitschen, hunnen Vlaamschen
aard. De juiste beteekenis echter van schier al deze namen,
blijft mij verborgen. Clauwaert en Leliaert, 't is genoeg
bekend, zijn nog de namen der partijschappen, die in de middeleeuwen het Vlaamsche volk verdeelden. Deze twee geslachtsnamen dragen den stempel der oudheid als 't ware nog op hun
voorhoofd. Lombaert en Pickaert zijn volksnamen, en
Caluwaert is een bijnaam aan eene lichamelijke bijzonderheid
ontleend — zoo als hier voren in dit opstel reeds is aangeduid.
Grootaert en Lachaert zoude men voor oude vormen kunnen
houden van Grootert en Lachert, woorden die oorspronkelijk als
bijnamen hebben kunnen dienen van mannen, die bijzonder groot
van lichaam, of bijzonder lachlustig van aard waren. Soetaert,
Stappaert, Stampaert zoude men misschien ook in deze
richting kunnen trachten te verklaren. Eindelijk meen ik in

sommigen dezer *aert*namen vervlaamschte vormen te ontdekken
van oude, algemeen Germaansche, oorspronkelijk op *hart* of *hard* eindigende mansvóórnamen. Dit zoude geheel zijn in overeenstemming
met het Vlaamsche taaleigen, dat ook de oorspronkelijke namen
Gerhard, Everhard, Bernhard tot Geeraert, Everaert, Beernaert heeft vervormd. Als zulke namen dan aanzie
ik Minnaert, Blommaert, Connaert, Hillaert, Hollaert, Lietaert, Segaert, Teetaert, Willaert, die
vermoedelijk oorspronkelijk de oude, algemeen Germaansche
mansnamen Meginhard (Meinard), Blomhard of Bloem-
hart, Koenhard, Hildhard, Holdhard, Liedhard,
(Hlodhart, de Walen hebben *Liotard*), Segehard of Sieg-
hart, Tethard *Tétar* bij de Walen), en Wilhard zijn.

Maar de overige *aert*namen zijn mij als noten — te hard om
te kraken.

Belangrijker in taalkundig opzicht, opmerkelijker in oudheid-
en geschiedkundige betrekking, bovenal veel schooner, zijn die
Gentsche geslachtsnamen, die oorspronkelijk mansvóórnamen
zijn, of die, als patronymica, 't zij dan in ouderen of nieuweren
vorm, van mansvóórnamen, veelal van oude en verouderde mansvóórnamen zijn afgeleid. Zulke namen vormen, in al de Nederlanden, den hoofdstam der geslachtsnamen, onder de Friezen
meer nog dan onder de Franken en Sassen. Onder de Vlamingen
zijn deze namen, over 't geheel genomen, niet zóó talrijk vertegenwoordigd als onder de bevolking die in de Noordelijke gewesten van zuiver of gemengd Frieschen bloede is. Toch vinden
wij onder de namen der hedendaagsche Gentenaren nog vele
voorbeelden van de namen, die deze groep van geslachtsnamen
samenstellen — vele woorden die der vermelding en nadere
bespreking overwaard zijn.

De geslachtsnamen, aan mansvóórnamen ontleend, kunnen
gevoegelijk in drie groepen verdeeld worden.

1⁰ Geslachtsnamen, die uit mansvóórnamen op zich zelven
bestaan, zonder bijvoegsels of aanhangsels of verbogene vormen.
Bij voorbeeld, te Gent: Elewaut, Aernout, Geeraert,
Gevaert, Roelant, Fredericq, Libbrecht, Ysebaert,
Wolfaert, Everaert, Albrecht, Albert, Aelbrecht,

Ysebrant, Volckrick, Elleboudt, Inghelbrecht, Allaert, Alaert, Colbrandt, Dierick, Govaert, Herrebrandt, Andries, Hombrecht, Beert, Blaes, Tibbaert, Geldolf, Servaes, Volkert, Wiemer, Gillebert, Godtschalck, Hellebaut, Jooris, Roland.

2⁰ Geslachtsnamen, bestaande uit mansvóórnamen in den ouden patronymicalen vorm (op *ink*, *inck*, *ynck* of ook op den algemeen Frankischen patronymicaal-vorm *ing*) uitgaande. Sommigen dezer *ink*namen staan bovendien, wegens de achtergevoegde *s* (meestal als *x* — *inckx* — geschreven) in den tweeden-naamval. Te Gent, bij voorbeeld: Bultinck, Coelinck, Maeterlinck, De Ghellinck, Duerinck, Wytinck, Schaepelinck, Erffelinck, Mechelynck, Ghyselinck en Gyselynck, Haemelinck en Hamelinck, Hellinck, Hebbelinck en Hebbelynck, Bontinck, Wellinck, Vleurinck, Deunynck, Peting: Verder Allinckx en Allinx, Durinckx, Ruytinckx, Geerinckx, Pletinckx, Neirinckx en Neirynckx, Marinckx, Plettinckx.

3⁰ Geslachtsnamen, die uit mansvóórnamen bestaan, in de nieuwere patronymicale vormen (te weten: oude, verouderde, en eveneens nog hedendaags geldige tweede-naamvalsvormen). Bij voorbeeld, te Gent: Adriaenssens, Stevens, Willems, Seghers, Huybrechts, Lambrechts, Wauters, Beernaerts, Maertens, Bauwens, Hendrickx en Heyndryckx, Lievens, Berwouts, Pauwels, Peeters, Pieters, Piers, Christiaens, Goossens, Janssen, Janssens, Hanssen, Gyssens, Heynssens, Huyghe, Clayssens, Claeyssens, Driessens, Lootens, Lippens, Coppejans en Coppieters, Vranckx, Carels, Gommaerts, Hellens, Boeykens, Buysse, Lammens, Reyns, Wynants, Campens, Roelens en Roels, Staelens, Stoffels, Inghels, Schepens, Callens, Heems, Roelandts, Bettens, Mommens, Hamers, Michielssens, Baeyens, Coens, Simoens, Boone, Dams en Dammekens, Joosten, Minnens, Morren, Mertens, Helskens en Mannens. Tot deze groep behooren ook nog eenige geslachtsnamen met het voorvoegsel *ser* (dat is eene samentrekking van *'s Her*, *des Her (ren)*, *des Heeren*); bij voor-

beeld: Serbruyns (Jan Serbruyns, dat is: Jan, de zoon
van Serbruyn, de zoon *des Heeren* Bruyn, van den Heer,
die Bruyn of Bruno heet), Sergeys, Serniclaes, en
Tserclaes (deze twee namen zijn van oorsprongswegen het
zelfde), Tservranckx, Serdobbel. En eindelijk nog eenige
geslachtsnamen, die den volledigen, den onafgesletenen vorm
zoon (soone, sonne, soen) nog achter den oorspronkelijken mansvóórnaam hebben: Baertsoen, Tierssoone, Leenesonne,
Neetesonne, Meiresonne.

Zoo ik nu al deze geslachtsnamen, aan mansvóórnamen ontleend, een voor een hier zoude gaan ontleden en verklaren, in
hunnen oorsprong en in hunne beteekenis, in de eigenaardige
vormen, waarin ze bij andere Nederlandsche, Nederduitsche,
Germaansche volken en volksstammen voorkomen, ook daarbij
al de andere geslachtsnamen vermelden, waaraan deze zelfde
mansnamen almede oorsprong gegeven hebben — ongetwijfeld
zoude een geheel boekdeel daarmede gevuld worden. Dies moet
ik mij ten strengsten beperken, en kan ik slechts enkele weinige bijzondere namen, in boven aangegeven zin, aan eene
nadere beschouwing onderwerpen.

Vooraf echter nog eene algemeene indeeling.

De geslachtsnamen der drie laatstgenoemde groepen bestaan
voor een deel uit mansvóórnamen (of zijn daaraan ontleend),
die oorspronkelijk Bijbelsche of Kerkelijke namen zijn; en uit
zulken, die eigenlijk volkseigene namen zijn, van Oud-Germaansche afkomst.

Tot deze eerste afdeeling behooren de geslachtsnamen Andries
(de Bijbelsche naam Andreas). Blaes (de Kerkelijke naam
Blasius), Servaes (de Kerkelijke naam Servatius), Jooris
(de Oud-Nederlandsche vorm van den Kerkelijken naam Georgius).
Verder Stoffels, Michielssens, Simoens, Mertens en
Maertens, Stevens, Pauwels, Peeters, Pieters en
Piers, Janssens en Hanssen, Clayssens en Claeyssens, Driessens, Lippens, enz. die patronymica zijn (in
den tweeden naamval geplaatst) van de Bijbelsche namen Michaël,
Simon, Stefanus, Paulus, Petrus, Johannes, Andreas,
en Filippus, in de volkseigene, ten deele ingekorte vormen

Michiel, Simoen, Steven, Pauwel, Peeter, Pieter en Pier, Jan en Hans, Dries en Lippen. En van de Kerkelijke namen Christophorus (bij volkseigene inkorting Stoffel), Martinus (Merten en Maarten), en Nicolaus (Clays, Claeys, in de noordelijke gewesten Klaas).

Sommige namen van deze groep maken als 't ware eenen overgang uit tot die van de volgende groep, omdat zij, ofschoon oorspronkelijk van volkseigenen, van Germaanschen oorsprong zijnde, toch ook voorkomen als Kerkelijke namen, dewijl de Heiligen, die deze namen gedragen hebben, Germaansche mannen geweest zijn. Bij voorbeeld: de geslachtsnaam Lambrechts, zoon van Lambrecht of Lambert ('t is het zelfde), een Kerkelijke naam, maar die toch, in zijnen oudsten, oorspronkelijken vorm Landbrecht of Landbercht, van Germaanschen oorsprong is. Zoo is het ook gesteld met den geslachtsnaam Huybrechts, zoon van Huybrecht, in verlatijnschten Kerkelijken vorm Hubertus; maar, volgens zijnen Oud-Germaanschen oorsprong, Hubrecht of Hubercht, voluit Hugibercht. En eveneens is dit het geval met Beernaerts, zoon van Beernaert, den Oud-Vlaamschen vorm van den naam die als Bernhard van Oud-Germaanschen oorsprong is, maar als Bernardus in Kerkelijk Latijn voorkomt, en heden ten dage als Bernard en als Barend aan Holland, als Berend, Bearn (Beern) of Beart (Beert) aan Friesland eigen is. Beert komt ook als geslachtsnaam te Gent voor; en de geslachtsnaam Baertsoen, zoon van Baart, mede een Gentsche geslachtsnaam, dankt zijnen oorsprong vermoedelijk ook aan den, in alle Germaansche landen veelvuldig verspreiden mansvóórnaam Bernhard, Beernaert, Barend, Beert, Baart.

De overige namen van de drie groepen, op bladzijden 145 en 146 hiervoren opgesomd, zijn allen, in de mansvóórnamen, die er aan ten grondslag liggen, Oud-Germaansche, den Vlaamschen volke oorspronkelijk bijzonder-eigene namen. Tevens zijn het adeloude en schoone, welluidende, volklinkende namen, die den dragers tot eere verstrekken, en hen het kenmerk verleenen van edele Germaansche, van goed Nederlandsche, van oud Vlaamsche mannen. Het ware te wenschen, dat zij in meerdere mate dan tot nu toe het geval is, wederom door Vlaamsche vaders aan

hunne jonggeborene zoontjes in den Heiligen Doop werden gegeven, tot heropbeuring van het eigenlijke en oorspronkelijke,
het Germaansche, het Vlaamsche leven en bewustzijn bij het
volk, ook van Gent.

Ten deele komen deze Oud-Germaansche namen in hunne
nieuwe, hunne hedendaagsche, menigvuldig afgesletene en ingekorte vormen voor: Willems (van Willem, voluit Wilhelm),
Hendrickx (van Hendrik, voluit Heimrik), Geeraert
(voluit Gerhard), Albert (voluit Albrecht, Adelbrecht,
Athalbercht). Deze namen zijn nog heden ten dage algemeen
bekend en algemeen in gebruik, zij het dan ook, dat, helaas!
in Vlaanderen menige goed Vlaamsche Willem, Hendrik
en Geeraart tot eenen Franschen *Guillaume*, *Henri* en
Gérard verbasterd is. Maar vele anderen van deze namen
komen als geslachtsnamen nog in hunnen vollen, ouden vorm
voor, ofschoon ze als mansvóórnamen heden ten dage geheel
buiten gebruik zijn gekomen (Elewaut, Elleboudt, Ysebaert, Inghelbrecht, Geldolf, Godtschalck), of
anderszins slechts zeer zeldzaam nog in gebruik zijn (Aernout,
Roelant en Roland, Everaert, Govaert).

Ten slotte willen we uit alle drie de hoofdgroepen (zie bladzijden 145 en 146) eenige namen uitkiezen, om die den Lezer
voor te stellen, in hunnen oorsprong en in hunne beteekenis,
en in hunnen samenhang met andere namen en naamsvormen,
bij den Vlamingen verwante volken en volksstammen in gebruik.

Allinckx. Deze geslachtsnaam, die, in hedendaagsche spelling, Allinks zoude moeten geschreven worden, is, blijkens
de achtergevoegde *x*, eigenlijk hier eene *s*, een tweede naam-
valsvorm van Allinck, en beteekent (zoon) van Allink. Dit
Allink is een patronymicum van den mansnaam Alle, en
wel een patronymicum in ouden, bijzonder Sassischen vorm.
Het achtervoegsel *ing*, achter eenen mansvóórnaam, duidt kindschap aan, of, bij uitbreiding, ook afstamming, nakomelingschap
van den man wiens eigen naam aan het patronymicum ten grondslag ligt. Het patronymicale achtervoegsel *ing*, dat als de algemeen Germaansche vorm moet worden beschouwd, is in den
vorm die aan het Sassische volk bijzonder eigen is, *ink* (oudtijds
ook *inck* en *ynck* geschreven); en *inga (enga, unga)* is de bijzonder

Friesche vorm daarvan. Het patronymicum W i l l i n g dus, beteekenende zoon of afstammeling van W i l l e, van den man,
die W i l l e heette, is bij de Sassen W i l l i n k, en bij de Friezen
W i l l i n g a. En in der daad vinden wij deze drie vormen van
één en het zelfde patronymicum nog heden als geslachtsnamen
in leven, bij het Nederlandsche volk, dat uit Franken, Sassen
en Friezen is samengesteld.

Het patronymicum A l l i n k beteekent dus zoon of afstammeling van A l l e, van den man die A l l e heette, van den
man, wiens vóórnaam A l l e was. Door den bijzonderen vorm
ink duidt A l l i n k aan dat die A l l e een Sas was, een man
behoorende tot den volksstam der Sassen.

A l l e is een mansvóórnaam, die oudtijds bij schier alle
volken en volksstammen van Germaanschen bloede in gebruik
was. Sedert eeuwen echter is hij ook overal weder buiten gebruik gekomen, behalve bij de Friezen, die nog heden hunnen
rijken schat van Oud-Germaansche namen in volle eere, in volle
gebruik hebben behouden. Honderden Friezen dragen nog heden
den vóórnaam A l l e.

Van oorsprongs wege is A l l e geenszins een volledige naam.
Het is een vleinaam, een vleivorm van eenen volledigen naam,
zooals F r i t s de vleivorm is van F r e d e r i k, en bijzonder bij
de Vlamingen C l a e y of C l a e y s van Nicolaas, V i r s e
van V i r g i n i e, S j e f van J o z e f, enz. Zulke vleinamen zijn
bij het Vlaamsche volk slechts weinig in gebruik. De Hollanders
hebben in dezen zin K e e s van C o r n e l i s afgeleid; W i m
en P i m, van W i l l e m; H e i n en H e n k, van H e n d r i k. De
Engelschen B o b, van R o b e r t; D i c k, van R i c h a r d, enz.
Maar vooral de Friezen zijn rijk in de vleivormen hunner namen.
Bij hen treden die vleinamen *(poppenammen* zeggen zij zelven,
kepnamen de West-Vlamingen) sterk op den voorgrond; niet
enkel in het dagelijksche leven, maar even zeer in geijkten
zin. De volledige namen A l b e r t, A l l e r t, A l w i n, en andere
dergelijke, met *Al* beginnende vóórnamen, hebben oorsprong
gegeven aan den vleinaam A l l e. De namen A l b e r t, A l l e r t
(A l l a e r t), A l w ij n zijn wel volledig, dat is: zij bestaan nog
wel uit twee oorspronkelijke naamsstammen, gelijk alle goede
oude Germaansche vóórnamen. Maar die naamsstammen op zich

zelven zijn afgesleten, samengetrokken. Immers A l b e r t is eigenlijk
A d e l b e r t , A d e l b r e c h t , A d e l b e r c h t ; A l l e r t of A l l a e r t
is voluit A d e l h a r t , en A l w ij n , A l e w ij n , A l w i n , A l o y n
is A d e l w i n , beteekenende : edele vriend.

De mansnaam A l l e dus, al is hij heden ten dage, en ten
minsten sedert drie of vier eeuwen, ook nog slechts bij de Friezen
in volle, geijkte gebruik, levert toch in vele geslachtsnamen
en plaatsnamen, die bij verschillende Germaansche volken voorkomen, en die van dezen naam A l l e zijn afgeleid, het onom-
stootelijke bewijs, dat hij in oude tijden, in de middeleeuwen,
vóór dat bedoelde geslachts- en plaatsnamen waren ontstaan, bij
al die volken en volksstammen in gebruik geweest is. Een handvol,
als 't ware, van die talrijke en menigvuldige geslachts- en plaatsnamen, willen we hier mededeelen, ter bevestiging van het
bovenstaande.

Uit den aard der zaak vinden we onder de Friezen de namen,
aan A l l e ontleend, het menigvuldigst vertegenwoordigd. Vooreerst
vermelden oude Friesche geschriften den hedendaagschen vorm
A l l e als A l l o , A l l a , A l l en A l . Dan is A l l e in den vrouwelijken vorm (eigenlijk anders niet als een verkleinvorm) A l t j e
en A l k e , oudtijds ook geschreven A l t j e n en A l k e n , nog heden
aan menige Friezin als vóórnaam eigen. Vervolgens komen de geslachtsnamen A l l e m a , A l m a en A l l e s , nog heden in leven, en
A l l i n g a (de Friesche weêrga van den Vlaamschen, eigenlijk Sassischen vorm A l l i n k , A l l i n c k x) met A l l a m a , reeds uitgestorven. Eindelijk de plaatsnamen A l l i n g a w i e r , een dorp in Wonseradeel ; en een ander A l l i n g a w i e r , eene sate (boerenhofstede) bij
den dorpe Grouw ; A l l i n g a-s a t e te Arum en te Tietjerk, A l l e-
m a- of A l m a-s t a t e bij Oudwoude, A l l e m a-s a t e te Wirdum,
A l m a-s a t e te Minnertsga en te Blya. Dit alles is Friesland.

Nevens A l l i n c k x treffen we in Vlaanderen en Brabant nog
aan den geslachtsnaam A l l i n x , eene andere schrijfwijze, maar
overigens geheel het zelfde als A l l i n c k x . Verder A l l i x
(waar de *n* uit weggesleten is — van zulk eene wegslijting bestaan vele voorbeelden, ook bij andere namen), en A l l o en
A l l o o , vertegenwoordigende den mansvóórnaam A l l e of A l l o
op zich zelven, als bij voorbeeld A n d r i e s , J o o r i s , Y s e b a e r t ,
eigenlijk anders niets als mansvóórnamen, maar die ook als

geslachtsnamen te Gent voorkomen. Vlaamsche plaatsnamen, aan
den mansnaam Alle ontleend, zijn mij niet bekend. Vermoedelijk echter zullen ze wel bestaan; al zijn het dan geen namen
van steden of groote dorpen, dan toch wel namen van gehuchten,
kleine buurten of afzonderlijke hofsteden. Het gebrek aan een
uitvoerig, volledig Aardrijkskundig Woordenboek van België
doet zich hier gevoelen. Welke bekwame en vlijtige Vlaming
zal toch eindelijk eens in deze leemte voorzien?

In Groningerland bestaan de geslachtsnamen Heeralma en
Heerallema (dat is Heer-Allema, afstammeling van Heer-
Alle, van den heer, die Alle heette; in ·Vlaanderen zoude
deze naam, indien hij bestond, als Serallen — s' Her-Allen,
des heeren Allen zone — luiden). In Oost-Friesland Allana,
Allena, en Allen. In Engeland Allen, Allinson, Allis,
Allison, Allingham en Allington; deze twee laatste
namen zijn eigenlijk plaatsnamen, die ook als geslachtsnamen
dienst doen.

Plaatsnamen, aan den mansnaam Alle ontleend, vindt men
in alle Germaansche landen. Behalven die, welke in Friesland
voorkomen, en hier reeds op de vorige bladzijde zijn vermeld,
ligt er een gehucht bij het dorp Winsum in Groningerland, dat
den naam Allinga-huizen draagt; verder Alma-borg,
eene adellijke huizinge te Bedum, en Alma-heerd, eene
boerenhofstede te Oldehove, beiden ook in Groningerland. Allington is een dorp in het gewest Kent, in Engeland.

In de Duitsche landen vooral zijn de plaatsnamen van
den mansnaam Alle afgeleid, zeer menigvuldig; bij voorbeeld:
Alkofen (oudtijds voluit Allinchova, het hof of de hoeve
van de Allingen, van de nakomelingen des mans die Alle
heette), dorp bij Vilshofen in Beieren. Een ander dorp van den
zelfden naam, Alkoven geschreven, ligt bij Efferding in
Oostenrijk. Allenbüttel, zoo heet een dorp bij Gifhorn in
Hannover. Allendorf is een stadje in Keur-Hessen; en een
ander stadje van den zelfden naam, die echter in den Nederduitschen tongval der ingezetenen luidt als Allentrop — letterkeer van Allentorp, Allendorp — ligt er in Westfalen.
Allenrode (de rode of rade, het uitgerooide bosch, van den man
Alle), is een gehucht bij Hitzkirchen in Hessen. Alleshausen

is een dorp bij Riedlingen in Württemberg. Alling (het patronymicum als plaatsnaam; dat is gezegd: ten Alling, bij de Allingen, ter plaatse waar de Allingen, de nakomelingen van eenen man Alle wonen), is een dorp bij Starnberg in Beieren. Allingdorf eindelijk is een gehucht bij Lübbecke in Westfalen, en Allinghausen een dorp bij Wald-Broel in Rijn-Pruissen.

De mansnaam Alle, op zich zelven een vleivorm van Albert of Allart of Alwin of van eenen anderen, met *Al* beginnenden mansnaam, komt ook in verkleinvormen voor. Te weten als Alke en als Altje. Deze verkleinvormen verstaat iedere Nederlander, omdat *ke* en *tje* als verkleinings-achtervoegsels nog heden in onze taal in volle gebruik zijn. In overoude tijden echter hadden ook *se* en *te* als achtervoegsels ter verkleining, gelding in onze taal. Bij gewone woorden, bij zoogenoemde gemeene zelfstandige naamwoorden komen deze laatstgenoemde achtervoegsels reeds sedert eeuwen niet meer in onze taal voor. Maar als achtervoegsels ter verkleining, bij mansvóórnamen, leven ze nog heden bij de Friezen. In Friesland zijn nog heden de naamsvormen Alke, Alko, Alco, Alse (met den patronymicalen vorm Alsing, dus oneigenlijk gebruikt), Alte en Alt in volle gebruik. Van deze verkleinde mansnamen zijn weêr afgeleid de vrouwennamen Alkje en Alkjen, en Alske; de geslachtsnamen Alkema, Alsema, Alssema, Alsma, Alta, Altema, Van Altema, Altena (oudtijds ook Altinga); en de plaatsnamen Alkama-state te Hallum, Alckema-sate bij Westergeest, en Altena-sate te Lutke-Wierum. Alles in Friesland.

Dat de verkleinvormen Alke, Alse en Alte oudtijds ook buiten de grenzen van het hedendaagsche Friesland als mansnamen in gebruik geweest zijn, blijkt uit sommige geslachtsnamen en plaatsnamen, die nog heden in Holland en in Duitschland, en elders in aangrenzende gewesten en gouwen voorkomen en bestaan. Hoofdzakelijk echter aldaar, waar de ingezetene bevolking oorspronkelijk van zuiver of van gemengd Frieschen bloede is. Als zoodanig mogen hier vermeld worden de geslachtsnamen Alken, Altunga, Altekana, Alten, Althes, Alts in Oost-Friesland, Alsing in Drente, Alting,

Altink, Altinck, in de Sassische gouwen van Noord-Nederland, en Altes in Holland. En de plaatsnamen Alkemade (*made* is maailand, veld dat gemaaid wordt om hooi te winnen), gemeente in Zuid-Holland. Misschien ook Alkmaar (*maar* = meer), stad in Noord-Holland. Eveneens in Noord-Holland Alkesweer, een stuk land bij het dorp Assendelft. Alkham is eene stad in Kent, en Alkington ligt in Glocestershire, beide in Engeland. Verder Alsum (Alsa-hem, woonplaats van Alse), dorp in het Land Wursten (of voluit Worthsaten), eene Oud-Friesche gouw aan den rechteroever van den Wesermond in Hannover. Alting is een gehucht bij Beilen in Drente. En Altikon (oudtijds voluit Altinchova, Altinkhoven) is een dorp in Zwitserland. Alkenrath is een huis bij Solingen in Rijn-Pruissen. Alting, een gehucht bij Ranoldsberg in Beieren, en Altingen, een dorp bij Herrenberg in Württemberg.

Men ziet hieruit, hoe oneindig veel er, op taalkundig gebied, valt af te leiden, op te merken en mede te deelen, naar aanleiding van eenen enkelen naam, in dit geval van den Gentschen maagschapsnaam Allinckx. En dan nog is alles, wat hier nu is aangegeven, slechts als voor de hand opgenomen, is anders niet als 't gene bij een oppervlakkig zoeken gevonden werd. Zoo men echter geheel nauwgezet wilde te werk gaan, zoo men alles wilde uitzoeken en navorschen, zoo men alle bronnen wilde uitputten — wel! daar kwamen gewis nog tienmaal meer namen, van Alle afgeleid, of met Alle samenhangende, voor den dag; tienmaal meer dan men hier nu vindt medegedeeld. Daar is dus geen denken aan, dat ook bij de volgende Gentsche geslachtsnamen die ik nog wensch te vermelden en te behandelen, zulk eene min of meer uitvoerige behandelingswijze zoude kunnen worden gevolgd. Dit ware onmogelijk, tenzij men geheele boekdeelen zoude willen volschrijven. Slechts oppervlakkig en als ter loops zal ik nu nog wat kunnen vermelden van andere Gentsche geslachtsnamen, die van Oud-Germaansche mansnamen zijn afgeleid, of anderszins op zich zelven die schoone oude mansvóórnamen in hunne volledige vormen vertoonen.

Ruytinckx is een geslachtsnaam, die in alle zijne vormen het evenbeeld van Allinckx vertoont. Maar gelijk de mansnaam Alle aan Allinckx, zoo ligt de Oud-Germaansche mansvóórnaam Rute ten grondslag aan Ruytinckx. En Rute is ook, even als Alle, een vleinaam; en wel een vleivorm van den eenen of anderen volledigen Oud-Germaanschen mansnaam die met den naamsstam *Rud* of *Rod*, *Hrud* of *Hrod* begint; bij voorbeeld van Robert, van Roger of van Romer, versletene vormen (even als Albert van Adelbrecht versleten is) van Rodbrecht, Hrodbercht, van Rodger of Rutger, Hrudigar, van Rodmer, Rudimer, Hrodmar. Schoone namen, waaruit de kracht en de stoerheid onzer Oud-Germaansche voorouders ons, als 't ware, nog te gemoet treden.

De mansnaam Rute leeft nog heden onder de Friezen, geschreven als Rút (in 't Nederlandsch Ruit), uitgesproken als Ruut. Tevens, in verkleinvorm als Rútsje (in 't Nederlandsch Ruitje; men spreekt Ruutsje), eveneens mansnaam. In oude Friesche geschriften vond ik nog, als mansnamen, de verkleinvormen Ruytse en Ruutse, die onder de hedendaagsche Friezen niet meer in gebruik zijn. Verder, in klank eenigszins-verschillende, als oude, verouderde mansnaam, in geschriften, Rut en Ruth, in verkleinvorm Rutse; en de vrouwennamen Rutje, nog in leven, en Rutske. Nog dient hier vermeld te worden, dat knapen, jongelingen, mannen, in Friesland, die den doopnaam Rutger dragen (dat is in Vlaamschen vorm Roger of Rogier, en in den volledigen Oud-Germaanschen vorm Hrodger, Hrudigar), in het dagelijksche leven, bij verkorting, ook Rut worden genoemd.

Als geslachtsnamen van Rút, Rute afgeleid, vindt men in de Vlaamsche gewesten, nevens Ruytinckx, nog Ruytincx en Ruytinx, als bijvormen; en Ruttens, Ruetens en Rutens, eveneens patronymicale namen. Zoo ook Ruitinga, Ruitenga, Ruitema, Ruiten, Rutskema in Friesland; en Ruytinck, Ruyten, Rutjens, elders in Noord-Nederland. Als plaatsnamen: Ruitenhuizen en Ruitenveen, gehuchten bij Nieuw-Leuzen in Overijssel; Rutenbroek, dorp in Eemsland, Hannover, aan de Groningerlandsche grens; Ruting, dorp bij Oldenburg in Holstein; Rutskema-sate, eene landhoeve te Suameer in Friesland; Rutenbeck (*beck* = beek), gehucht bij Bliedersdorf in Hannover, en Rutenbecke, hoeve bij Sonnborn in Rijn-Pruissen; Rutesheim, dorp bij Leonberg in

Württemberg; en nog vele anderen meer. Of de naam van het dorp
Rutten, bij Tongeren in Limburg, ook met den mansnaam
Rut samenhangt, acht ik wel waarschijnlijk; maar, bij gemis aan kennis van de oude vormen, waaronder deze naam
misschien in middeleeuwsche oorkonden voorkomt, kan ik dit
niet met zekerheid vermelden.

Wytinck, Hellinck, Wellinck. Deze drie Gentsche
geslachtsnamen onderscheiden zich hierdoor van de beide vorigen,
Allinckx en Ruytinckx, dat ze niet, als dezen, in den
tweeden naamval staan, maar oude patronymica op zich zelven
zijn. Ze zijn gevormd uit de mansnamen Wyt, Helle en Welle,
vleivormen van oorspronkelijke, volledige namen, even als Alle
en Rute dit zijn. In Vlaanderen en in andere Germaansche
landen, waar deze mansnamen oudtijds ook in gebruik waren,
komen ze thans niet meer voor. Wij moeten al wederom naar
Friesland, om deze namen nog in leven te vinden. In der daad
komen Wyt en Welle nog heden onder de Friezen, als mansnamen voor. Beiden tamelijk zeldzaam. Echter is Wytse, een
verkleinvorm van Wyt, een van de algemeenste Friesche mansnamen. Welle is heden ten dage onder de Friezen uitgestorven,
maar is toch herhaaldelijk, ook als Wello en Wel, door mij
in oude Friesche oorkonden als mansnaam aangetroffen. Maar
als vrouwennaam wordt Weltje nog heden door sommige
Friezinnen gedragen, even als Heltje, van den mansnaam
Helle afgeleid, en even als ik Wytke, Wyttie (Wytje)
en Wyt nog als vrouwennamen in oude geschriften heb ontmoet.

Overigens strekken vele verschillende geslachts- en plaatsnamen
in onderscheidene Germaansche landen ten onweêrsprekelijken
bewijze, dat Wyt, Welle en Helle niet enkel in Vlaanderen,
maar ook elders als mansnamen in gebruik zijn geweest. Het
zijn, onder anderen, deze namen:

Geslachtsnamen: Hwytyngha, Wyttinga, Witinga, (de
Friesche weêrga van den Gentschen naam Wytinck), die in
oude Friesche oorkonden vermeld staan; en Wytema, Witema,
die nog heden in Friesland leven. Wytynck in West-Vlaanderen.
Whiting (ook Whitting — 't is 't zelfde van oorsprongs wegen)
in Engeland. Wyt, Wyten, Wytten in Holland. Verder
Wellinga, Wellema, Welma, Wellens en Welles in

Friesland. Welling in Drente. Wellens en Wellekens (afgeleid van Welleke, verkleinvorm van den mansnaam Welle), elders in Vlaanderen en Brabant. Wells, Welling, Wellington in Engeland. Eindelijk: Hellinckx, Hellynck, Hellynckx, alle drie bijvormen van den Gentschen naam Hellinck, in andere Vlaamsche en Brabantsche gewesten; Hellinga, Hellenga, Hellema en Helles in Friesland. Helling in Holland en in Engeland. Ook nog Helskens, in Vlaanderen, afgeleid van Helsken, verkleinvorm van den mansnaams Helle.

Plaatsnamen: Wytwerd, voormalig klooster, thans gehucht, bij het dorp Uskwerd, in Groningerland; Ooster-Wytwerd, dorp in Groningerland; Witum (dat is: Wita-hem, woonplaats van Wyt), dorp dat in den zeeboezem de Dollart, tusschen Oost-Friesland en Groningerland verdronken ligt. Witikon (oudtijds voluit Witinchova, de hoeve der Wytinks of der Witingen), dorp bij Zürich in Zwitserland. Ook moet bij deze groep van plaatsnamen gevoegd worden de naam van het West-vlaamsche dorp Wytschaete, 't welk ik als Wyts kate, de *kate* (kote, kot = huis, hut) van Wyt verklaar, en reeds uitvoeriger verklaard heb in den negentienden jaargang van het Brugsche weekblad *Rond den Heerd*, nummer van 2 December 1883, in een opstel: *Oorsprong van den naam Wytschaete*. Dit opstel heeft nog aanleiding gegeven tot sommige andere opstellen, op dien plaatsnaam betrekkelijk, en in dien zelfden jaargang van genoemd blad geplaatst.

Als plaatsnamen van den mansnaam Welle afgeleid, dienen hier genoemd te worden: Wellingen, dorp bij Osnabrück in Hannover; Wellinghusen, dorp in Ditmarschen, Holstein; Wellingsbüttel, dorp bij Hamburg; Wellingborough en Wellington, steden in Engeland; Welkenraedt (de *raad of rade* of *rode* — uitgerooid bosch — van Welke, verkleinvorm van Welle), dorp in 't Land van Luik. Of de namen der plaatsen Wellen, bij Loon in Limburg, en Welle, bij Dender-Leeuw in Oost-Vlaanderen, ook op de eene of andere wijze samenhangen met den mansnaam Welle, moet ik hier in het midden laten, uit gebrek aan kennis, betreffende de middeleeuwsche, de oorspronkelijke, volledige vormen dezer namen.

Ten slotte nog de plaatsnamen, aan den mansnaam Helle ontleend: Helwart of Helwert, state (thans eene landhoeve) te Roorda-Huizum in Friesland. Landhoeven, die Hellinga-state en Hellinga-sate heeten bestaan er te Warga, te Ternaard, te Mantgum, te Grouw en elders nog, in Friesland. Hellum, dorp in Groningerland; en Helwert, gehucht bij Rottum, eveneens in dat gewest; Hellinghausen, dorp bij Lippstadt in Westfalen. Hellinghill, in Northumberland, Engeland. Misschien ook Hellebecq (de beek van Helle) in Henegouwen. Bovendien vind ik nog aangeteekend Hellinghen, dorp in Henegouwen; maar ik kan geen dorp van zulk eenen naam op de landkaart van Henegouwen vinden, en het lijstje van Belgische steden en dorpen, dat voorkomt in den *Indicateur des postes de Belgique* (het eenigste werkje waarmede ik mij bij mijne namenstudiën moet behelpen, bij gebrek aan een Aard-rijkskundig Woordenboek van België) — dat lijstje vermeld dezen naam niet.

Uit het groot aantal Gentsche geslachtsnamen die den jongsten patronymicalen uitgang, dien op *s* vertoonen, die dus eenvoudig mansvóórnamen zijn, in den hedendaagschen tweeden naamval geplaatst, heb ik een elftal gekozen die ik, wegens de mans-namen, die er aan ten grondslag liggen, hier nader wensch te behandelen. Het zijn Seghers, Wauters, Berwouts, Hamers en Wynants; Goossens; ook Bauwens, Reyns, Coens, Roels en Mannens. Deze vijf eerstgenoemde namen vertoonen den mansnaam in zijnen oorspronkelijken, volledigen vorm. Goossen, de mansnaam waarvan Goossens is afgeleid, is sterk versleten. De vijf laatstgenoemde geslachtsnamen zijn ontleend aan mansvóórnamen, die eigenlijk slechts vleivormen en ingekorte vormen zijn van oorspronkelijke, volledige namen.

Segher dan, de mansnaam, die aan den geslachtsnaam Seghers ten grondslag ligt, vertoont ten volledigsten zijnen oorspronkelijken vorm, onveranderd en niet versleten. Hij is, even als alle volledige, oorspronkelijke Germaansche mans-en vrouwenvóórnamen, samengesteld uit twee naamsstammen; uit *sege* of *zege* (dat is te zeggen: overwinning — het Hoogduitsche woord *Sieg*), en *her* of *heer*. Segher dus, „heer der overwinning", anders gezegd „overwinnaar" beteekenende, is een schoone mansnaam, wel waard meer in gebruik genomen te worden. Bij de Vlamingen komt deze naam heden ten dage, zooverre mij bekend is, slechts in zijnen verlatijnschten vorm, als V i c t o r, voor. Maar onder de Noord-Nederlanders treft men hier en daar nog wel eenen man aan, die S e g e r of Z e g e r heet. Vooral onder de Friezen is dit het geval. Nevens den algemeen Nederlandschen vorm van dezen naam dragen vele Friezen hem ook als S i e g e r of S i g e r, als Z i g e r misspeld, in den bijzonder Frieschen vorm. Ook is bij hen deze naam, in vrouwelijken vorm, menigvuldig aan vrouwen eigen; die Friezinnen heeten dan S e g e r t j e, Z e g e r t j e, of S i e g e r k e.

In de Vlaamsche gewesten is de geslachtsnaam S e g h e r s, ook veelvuldig als S e g e r s, Z e g h e r s en Z e g e r s voorkomende, geenszins zeldzaam; ten bewijze dat oudtijds de mansnaam S e g h e r door menigen Vlaming is gedragen geweest. In Friesland heeft deze naam oorsprong gegeven aan de geslachtsnamen S i g e r a (dit is een Oud-Friesche tweede-naamvalsvorm), S i e g e r s-m a, S i g e r s m a, S y g e r s m a, Z i e g e r s m a, S e g e r s m a en S e e g e r s m a; verder ook aan S i e g e r s en S e g e r s. En aan de plaatsnamen S i g e r a-s t a t e, thans eene boerenhofstede te Hallum; S i e g e r s w â l d e (S i e g e r s w o u d e), een dorp in Opsterland; ook draagt een voormalig klooster, thans een landelijk gehucht, bij den dorpe Garijp, dezen naam. Verder is S i e g e r s-d i e p de naam van eenen stroom bij den dorpe Eernewoude. De Vlamingen hebben nog dezen mansnaam vertegenwoordigd in den naam van het dorp Z e g e r s c a p e l, de kapelle van S e g h e r, in Fransch-Vlaanderen; en de Duitschers in dien van S i e g e r s l e b e n, een dorp in het Pruissische gewest Saksen.

De geslachtsnaam W a u t e r s is ontleend aan den mansnaam W a u t e r of W o u t e r (zooals hij heden ten dage in de noordelijke Nederlanden wordt geschreven). En deze naam, die, in de Sassische gewesten ook als W o l t e r, nog heden veelvuldig in Noord-Nederland, vooral ten platten lande, gedragen wordt, is oorspronkelijk voluit W a l t h e r of W o l t h e r. De Franken en Friezen hebben eerstgenoemden, de Sassen den anderen tong-valsvorm; de Franschen hebben dezen naam tot *Gauthier* verbasterd; ook komt hij wel, in verlatijnschten vorm, als

Gualtherus voor. Het eerste gedeelte van dezen naam bestaat uit den naamsstam *wald*, die in vele andere schoone Oud-Germaansche mans- en vrouwennamen (Waldman, Waldbert, Waldomar, en Walttruda, Waldburga, Waldrade, ook Adelwald, Berwald (Berwout), Sigwald (Zegewout) enz. voorkomt; en uit den zelfden naamsstam *her*, *heer*, die deel uitmaakt van den, hier voren besprokenen mansnaam Segher.

Van het groote aantal geslachts- en plaatsnamen aan den mansnaam Walther ontleend, noemen we hier slechts Wauters, Wouters en Wolters (in groot aantal over al de Nederlanden verspreid), Wolterinck en Woltersen; verder Wouterswoude (de Friezen schrijven in hunne eigene taal Wâlterswâld), een dorp in Friesland; Woltersum (dit is Wolters hem, de woonplaats van Wolther), een dorp in Groningerland; Wolterink, eene boerenhoeve te Zelhem in Gelderland, Woltershausen, een dorp bij Alfeld in Hannover; en Wouteringen, een dorp bij Tongeren in Limburg. Dit Limburgsche Wouteringen (de Walen hebben daar *Otrange* van gemaakt) is geheel en al de zelfde naam als het Geldersche Wolterink.

De geslachtsnaam Berwouts doet ons den schoonen, volledigen mansnaam Berwout kennen, die als Berwald reeds boven genoemd is. Oudtijds werd deze naam ook wel als Beroald en Baroald geschreven. In Holland kwam hij oudtijds wel als Barwout en Baerwout voor, en in Friesland leeft hij nog heden in den saamgetrokkenen, versletenen vorm Bareld. De plaatsnaam Barwoutswaarder, zooals eene buurt heet, bij de stad Woerden in Zuid-Holland gelegen, is van den mansnaam Barwout of Berwout afgeleid; zoo ook Beroldasheim, 't welk de oude, volle naamsvorm is van het dorp Bertsheim bij Straatsburg in de Elsate.

De geslachtsnaam Wynants is zoowel aan Vlaanderen als aan Friesland eigen, en afgeleid van den volledigen mansnaam Wynant, Winand, die nog heden, zij het dan ook zeldzaam, in Holland en Friesland in levend gebruik is. Winant is eigenlijk een versleten vorm van Wignand, en bestaat uit de naamsstammen *wig*, voorkomende in Wigmar of Wimer,

Wigbercht of Wibert, Wigbern of Wibren, waarvan
Wibe een vleivorm is) en *nand* of *nanth* (ook aanwezig in
den mansnaam Ferdinand). In den naam van het dorp
Winantsrade (Wynantsraede), dat in het Noord-Nederlandsche gedeelte van Limburg gelegen is, vinden we den
mansnaam Wignant terug.

Hamers eindelijk heeft den mansnaam Hamer ten grondslag; een zeer oude naam, die nog uit den heidenschen tijd
onzer voorouders stamt. Eigenlijk is Hamer geen volledige
naam op zich zelven, maar slechts een naamsstam, zoo als uit
de oud Germaansche, volledige mansnamen Hamarolf
(Hamerwolf), Hamerrich en Hamerard blijkt. De naamsstam *hamer* heeft de zelfde beteekenis als het hedendaagsche
woord hamer, het bekende werktuig aanduidende. Oudtijds was
de hamer ook wapen of oorlogstuig. Een zware hamer, door
den gespierden arm van eenen krachtvollen Germaanschen krijgs-
man gezwaaid, was gewis geen te verachten wapen, en heeft
voorzeker menigen vijandigen schedel verpletterd. Men denke
hier ook aan den hamer, *Miölnir* geheeten, waarmede de oud
Germaansche dondergod Thor was gewapend, volgens de goden-
leer onzer voorouders, in hunnen heidenschen tijd. In zijne beteekenis van oorlogstuig is de hamer dan ook als naamsstam
in gebruik gekomen, even als de helm (in Wilhelm of Willem,
Adelhelm of Alem) de speer of geer (in Geerhart, Geerolf),
het harnas of de bron (in Brongar). Nevens den vorm Hamer
vindt men in oude geschriften ook Hamar en Hamr als
mansnamen vermeld; deze laatste vorm volgens de Noorsche,
Friesche, Duitsche en Engelsche uitspraak des woords.

Behalve in den Gentschen maagschapsnaam Hamers leeft
de oude mansnaam Hamer of Hammer nog in de geslachtsnamen
Hameringa, Hammeringa, Hamringa, Hammerga
(de twee laatsten zijn saamgetrokkene vormen), Hammersma
en Hamersma in Friesland, waar ook nog een plaatsnaam
Hammerstille (*tille* is het Friesche woord voor kleine brug),
zooals oudtijds eene brug heette bij den dorpe Westergeest, aan
dezen mansnaam zijn ontstaan verschuldigd is. Verder in
Hamarithi, de middeleeuwsche naamsvorm van een dorp in
Gelderland, dat hedendaags Hemert heet; in Hammerum,

een dorp in Jutland; in H a m a r e s h u s u n, de middeleeuwsche
naamsvorm van een dorp in Lippe, Duitschland, welke naam
heden ten dage tot H u m m e r s e n is verbasterd; enz.

G o o s s e n, de mansnaam, die aan den geslachtsnaam G o o s-
s e n s ten grondslag ligt, vertoont eenen zeer versleten naamsvorm. Hij komt nog heden als mansvóórnaam in de noordelijke
Nederlanden voor; ofschoon zeldzaam. Oudtijds was hij menig-
vuldiger in gebruik, zooals de oude, verouderde schrijfwijzen
G o e s s e n, G o i s s e n, G o e s e n, G o i s e n, G o s e n, in oude
oorkonden geenszins zeldzaam, aanduiden. De volle oorspronkelijke vorm is G o d e s w i n, G o d s w i n, dat is te zeggen: Gods
vriend. Voorwaar, een schoone naam. Minder afgesleten dan
G o o s s e n, is de vorm G o z e w ij n of G o z e w i n, G o s u i n,
die ook nog heden wel voorkomt.

Van de vijf overige, op bladzijde 158 genoemde, enkel op *s*
uitgaande patronymicale geslachtsnamen, behoeft B a u w e n s
hier geen naderen uitleg. De mansvóórnaam namelijk, die
daaraan ten grondslag ligt, B a u w e of B a v o (op zijn beurt
vermoedelijk weêr een vleivorm van B a l d e w ij n, B a u d u i n,
B o u d e w ij n), is reeds voldoende besproken, in een opstel van
mijne hand getiteld: *„De naam van Sint-Bavo”*, in jaargang 1891
van het Gentsche tijdschrift *Belfort*.

Van de vier anderen volge hier nog een korte uitleg. R e y n s,
R o e l s, C o e n s en M a n n e n s, tweede naamvalsvormen van
de mansnamen R e y n, R o e l, C o e n en M a n n e, vertoonen
geene volledige, vertoonen slechts ingekorte namen. *Rein* is
slechts een naamsstam, samengetrokken uit den vollen, ouden
vorm *Regin* of *Ragin*, en voorkomende in vele oude, schoone
Germaansche mansnamen; bij voorbeeld R e g i n h a l d (R e g i-
n a l d, R e i n a l d, R e i n o u t), R e g i n h a r t (R e i n h a r t, R e i-
n a e r t), R a g i n w u l f (R e i n o l f), enz. *Koen* is een andere
naamsstam, deel uitmakende van de volledige mansnamen K o e n-
r a a d, C u o n r a t h, die in eerstgenoemden vorm bij de Noord-
Nederlanders nog geenszins zeldzaam is; K o e n b e r t, C u n i b e r t,
C u o n b e r c h t; K o e n d e r t of K o e n e r t, K o e n a e r t, K o e n-
h a r d, enz. R o e l is geen naamsstam, maar een vleivorm van
R o e l o f of R u d o l f, H r u d o l f, H r o d w o l f. *Man* eindelijk, is de
naamsstam van een groot aantal Oud-Germaansche mansnamen,

waaronder Herman, Hartman, Manfred, Mangold de bekendsten zijn. Als Manno was deze naamsstam oudtijds ook veelvuldig op zich zelven in gebruik, zij het dan ook bij verkorting uit eenen der bovengenoemde volledige *mannamen*.

Bij de Friezen komen nog heden voor de mansnamen Koen en Koene, de vrouwennamen Koena en Koentje, de geslachtsnaam Koens. Evenzoo de mansnamen Manne en Manno, de vrouwennaam Manna, de geslachtsnamen Manninga en Mankes (van den verkleinvorm Manke); ook Mannis in Noord-Friesland; en de plaatsnaam Mansholt, een dorp in Oldenburg. Verder bij de Engelschen de geslachtsnaam Manning, en de plaatsnamen Mannington in Norfolk en Manningtree in Essex.

Behalve Manke, boven vermeld, hadden de Friezen oudtijds ook de mansnamen Manse en Mante, mede oude verkleinvormen van Manne, in gebruik. Heden ten dage zijn Manse en Mante op zich zelven, als mansvóórnamen, buiten gebruik geraakt; maar deze naamsvormen leven nog in de geslachtsnamen Mansana, Oost-Friesland; Mansing, Mansingh, Mantink, Noord-Nederland; en in de plaatsnamen Mansingen, dorp in Oldenburg; Mantgum (dat is Mantinga-hem, woonstede der Mantingen, der afstammelingen van den man, die Mante heette, bij vóórname), dorp in Friesland. Zoo die woonstede der Mantingen in Vlaanderen hadde gelegen, in plaats van in Friesland, het dorp dat uit deze Mantinga-hem ontstaan ware, zoude nu waarschijnlijk Manteghem heeten, en dus eenen oorbeeldig Vlaamschen naamsvorm dragen. Verder nog Manting, een gehucht bij den dorpe Westerbork in Drente; en Mantinghausen, een dorp bij Büren in Westfalen.

Wij moeten ook naar Friesland gaan, om de mansnamen Rein en Roel, die aan de Gentsche geslachtsnamen Reyns en Roels ten grondslag liggen, nog in leven te vinden, met de vrouwennamen, de maagschapsnamen en de plaatsnamen, die daarvan zijn afgeleid. Rein en Roel komen beide heden ten dage nog als mansnamen onder de Friezen voor; met de vrouwennamen Reina en Reintje, Roeltje en Roelke. Verder de geslachtsnamen Reyninga, Reinema en Reins. — Reiningh, Reinink, Reynen en Serreyns, ook Rein-

kens en Reintjens komen in andere Nederlandsche gewesten
voor. Roelinga, Roelenga, Roelsma en Roels (ook Roe-
ling en Roelink in Drente). Plaatsnamen: Reinseel (de *sele* of
sale, het aanzienlijke huis, Engelsch *hall*, van den man die Rein
heette), eene sate (landhoeve) te Mariënweer in Oost-Friesland.
Reinhusen, gehucht bij Friesoythe in Oldenburg. Roela-sate,
landhoeve te Eagum in Friesland; en het Roelfentje, een
stuk land te Oldersum in Oost-Friesland.

De laatste groep van Gentsche maagschapsnamen, die ons nog
ter bespreking overblijft, omvat de schoone, oude, Germaansche
namen, volledige mansvóórnamen op zich zelven, die op bladzijde 145 hiervoren zijn opgesomd. Weer een elftal van die zeer
bijzondere en zeer schoone namen heb ik uitgekozen, om hier
nog wat nader te worden verklaard. Het zijn Elewaut, Gevaert, Ysebaert, Wolfaert, Volckrick, Elleboudt,
Inghelbrecht, Allaert, Hombrecht, Godtschalck
en Geldolf, allen namen die klinken als klokken, en waar
de eere onzer voorouders, de klankrijkdom en de rijkdom
aan gespierde vormen, die onze taal in de middeleeuwen zoo
volop bezat, ons nog uit tegenschallen, — namen die als eene
eere, schier als een bewijs van adeldom, althans als een teeken
van adel-oudheid mogen gelden voor de hedendaagsche Gentenaren, die ze, als eene erfenis hunner Germaansche voorouders,
mogen voeren.

Elewaut is oorspronkelijk en voluit de Oud-Germaansche
mansnaam Adelwald, Edelwaut, een naam die onder verschillende bijvormen, menigvuldig in de oude geschiedenisboeken
en oorkonden der Germaansche volken voorkomt. In den vorm
of in de schrijfwijze Adaloald is deze naam bekend als die
van eenen koning der Longobarden, die in de zevende eeuw
leefde. Ook aan plaatsnamen heeft deze mansnaam oorsprong
gegeven; bij voorbeeld aan Adetschwil, een dorp in het
kanton Zurich, Zwitserland, welks volledige, oorspronkelijke
naam, ten jare 850, was Adaloltiswilare. Lag deze plaats
in Vlaanderen, hij zoude vermoedelijk thans Elewautswyler
heeten. Ook de naam van het dorp Ahlshausen, gelegen bij
Eimbeck in Hannover, dankt zijnen oorsprong aan den mans-

naam A d e l w a l d; in eene zeer oude oorkonde namelijk staat
deze plaatsnaam in zijnen volledigen vorm als A d o l o l d e s h u s e n
vermeld.

Is de hedendaags Vlaamsche vorm van dezen naam, E l e w a u t,
al versleten van zijnen oorspronkelijken, volledigen vorm E d e l-
w a u t of A d e l w a l d, in nog veel sterkere mate is dit het
geval bij de vormen, waaronder deze naam heden ten dage in
Holland en in Friesland nog in leven is. Te weten, in Holland
als de geslachtsnaam E l o u t; en in Friesland als de mansvóórnaam A a l t.

Adel en *wald*, *edel* en *waut*, de twee naamsstammen, waaruit
de naam A d e l w a l d of E l e w a u t is samengesteld, hebben
nog zeer vele andere Oud-Germaansche mansvóórnamen gevormd; bij voorbeeld A d e l b r e c h t of A l b e r t, A d e l h a r t
of A l l a e r t, A d a l r i k of A l d r i k, W a l d r a v e n of W a l t-
r a m, W a l d o m a r en W a l t h e r (hier voren op bladz. 159
en 160 als W a u t e r nader besproken).

G e v a e r t (in Holland en Friesland komt deze zelfde naam,
in den tweeden naamval geplaatst, als een patronymicum van
nieuwere dagteekening, als de geslachtsnaam G e v a e r t s voor)
— G e v a e r t dan is een echt Nederduitsche of Dietsche, en
bepaaldelijk een echt Oud-Vlaamsche vorm van den Oud-Germaanschen naam, die in het Hoogduitsch als G e b h a r t voorkomt. De naam G e b h a r t of G e v a e r t behoort, als mansvóórnaam, geenszins tot de veelvuldig voorkomende of algemeen
in gebruik zijnde namen; althans niet in de Nederlanden. Als
G e v e r t, G e w e r t, G h e w e r t, G e w a e r t vinden we hem in
Oud-Friesche oorkonden. Aan de Zaan, eene Oud-Friesche
gouw, was hij oudtijds in den zeer versleten vorm J e v e t
in gebruik. Ook is de hedendaagsche, in Holland voorkomende
maagschapsnaam G e v e r s er aan ontleend. Zoo mede de plaatsnaam G e r b e r s d o r f, die eigen is aan een dorp in Neder-
Beieren, en die verbasterd is van G e b h a r d s d o r f, ten jare 893
geschreven G e b e h a r t e s d o r f.

Y s e b a e r t (I s e b r e c h t, I s e b e r t), in zijnen volledigen,
oorspronkelijken vorm I s a n b e r c h t, is samengesteld uit de naams-

stammen *isan*, *ise* en *bercht* of *bert*. De laatstgenoemde naamsstam komt zeer algemeen voor, zooals reeds een en ander maal
in dit opstel is aangetoond. Met den eerstgenoemden is dit niet
het geval; hij is tamélijk zeldzaam. Wij kennen hem uit de
mansnamen I s u w a r t h of I s o a r d (in Frankrijk I s o u a r d),
I s a n b r a n d (nog heden ten dage in leven als Y s b r a n d en
Y s e b r a n d, met de geslachtsnamen Y s b r a n d s z, en, verlatijnscht, Y s b r a n d i), I s a n g r i m (als Y z e g r i m nog wel bekend, zij het dan ook maar als scheld- of bijnaam), enz. I s a m b e r t
komt nog heden als maagschapsnaam in Frankrijk voor. I s a n p e r-
t e s d o r f is de volledige, oude naamsvorm (in het hedendaagsche
Vlaamsch zoude deze naam als Y s e b a e r t s d o r p luiden) van
het hedendaagsche E i s s e l s d o r f, een gehucht bij Geisenhausen
in Neder-Beieren.

W o l f a e r t (W o l f h a r t, de man met een hart of eenen
aard — geaardheid — als een wolf; men vergelijke E v e r a e r t,
E v e r h a r d, B e e r n a e r t of B e r n h a r d, L e e n a e r t of L e-
o n h a r d, Ever- of Wildzwijnshart, Berenhart, Leeuwen-
hart) — W o l f a e r t is weêr een van die echt Oud-Germaansche namen, waaruit ons als een geur van bosch en heide
tegenwaait, waaruit ons verbeeldingen als van eenen krachtvollen,
dapperen jagersman voor den geest rijzen. De naamsstam *wolf*
was oudtijds zeer veelvuldig tot het vormen van vóórnamen in
gebruik. Honderden namen, als W o l f a e r t, met *wolf* samengesteld, zijn ons in oude oorkonden overgeleverd; een klein deel
daarvan (W o l f r a m, W o l f g a n g of G a n g o l f — 't is het
zelfde — G o d o l f, G e l d o l f, en enkelen meer) is tot in onzen
tegenwoordigen tijd in 't leven gebleven. Nog heden is W o l f e r t,
in misspelling W o l p h e r t, onder de Friezen als mansvóórnaam,
zij het dan ook zeldzaam, in gebruik. En nog heden strekt de
naam W o l f a a r t s d ij k, eigen aan een dorp in Zeeland, ten
bewijze, dat het een man was, die W o l f a a r t heette, welke
eerst daar ter plaatse eenen dijk legde, tot keering van het
water der Schelde.

V o l c k r i c k. Ofschoon deze naam een oorbeeldig gevormde
mansvóórnaam is, en samengesteld uit twee naamsstammen die

zeer menigvuldig voorkomen (in F o l k h a r t , F o l k a e r t of
F o l k e r t , F o l k w i n — verlatijnscht tot F o l q u i n u s , —
F o l k r a d ; en in F r e d e r i k , H e i n r i k , R i k a e r t of R i c h a r d ,
R i c h a e r t), zoo is F o l k r i k toch geenszins een naam, die
veelvuldig ons is overgeleverd in oude geschriften, evenmin als
hij heden ten dage, ook niet in bijvormen of in plaatsnamen,
veelvuldig in gebruik is. Nevens V o l c k r i c k te Gent, bestaat
de zelfde naam te Brussel nog als V o l c k e r y c k. Maar anders
is hij mij niet voorgekomen, noch bekend geworden, bij het
Nederlandsche volk.

E l l e b o u d t. De naamsstam *el* of *elle*, van vele Nederduitsche
vóórnamen deel uitmakende (E l b e r t , E l w i n , E l b u r g a) is
zoowel een versleten vorm van *edel*, *adel*, *athal*, als een bijvorm
van *ala* (A l a r i c , A l a w i c , A l a s w i n d e). Van welken oorsprong de naamsstam *el* is, in den Gentschen maagschapsnaam
E l l e b o u d t , durf ik niet bepalen. De andere naamsstam *boudt*,
baut, *bald* of *bolt* is zooveel te duidelijker, en uit B a l d o w i n ,
B a u d u i n of B o u d e w ij n , A r k e n b o u t of A r c h i m b a l d ,
R a g i n b a l d of R e i n e b o u t welbekend. Nevens E l l e b o u d t
komt ook H e l l e b o u t als maagschapsnaam in de Vlaamsche
gewesten voor; vermoedelijk verschillen deze twee namen slechts
in schrijfwijze, maar in oorsprong niet. In oude Friesche oorkonden vond ik nog den mansnaam E l b o d , die misschien met
den Vlaamschen vorm E l l e b o u d t eenzelvig is.

I n g e l b r e c h t is weder een van die naamsvormen, waaruit
de bijzondere overeenkomst tusschen Oud-Vlaamsch en Friesch
blijkt. Immers ook de Friezen spreken het woord *engel* als *ingel*
uit, en eveneens hunne, nog in volle gebruik zijnde namen
E n g e l e (mansnaam) als I n g e l e , en E n g e l t j e (vrouwennaam) als I n g e l t s j e. In oude Friesche oorkonden komt
ook I n g e l b r e c h t , I n g e l b e r t en I n g e l b a e r t (dit zijn alle
drie slechts vormen van eenen en den zelfden naam) geenszins
zeldzaam voor. Nog heden behoort E n g e l b r e c h t of E n g e l b e r t
in Nederland en Duitschland tot den schat van Oud-Germaansche
mansnamen, aan die landen eigen, ofschoon hij er al te zeldzaam nog aan knaapkens gegeven wordt.

Ook de Gentsche maagschapsnaam A l l a e r t heeft in Friesland zijn weêrga, in verschillende vormen. Even als A l b e r t
eene samentrekking is van den volledigen naam A d e l b r e c h t,
en B e e r n a e r t voluit B e r n h a r d is, zoo is ook A l l a e r t
samengetrokken uit den vollen, oorspronkelijken vorm A d e l-
h a r d of A d e l h a r t — in klank en vorm, en in beteekenis
(edel van harte, edel van aard), een zeer schoone naam. A l l a r t
en A l l a r d, nog meer versleten als A l l e r t, en nog meer verbasterd als A l d e r t, behoort nog heden in Friesland tot de
gebruikelijke mansnamen. Daarvan afgeleid zijn de vrouwennamen A l l e r t j e en A l d e r t j e — voluit A d e l h a r d a —
en de geslachtsnamen A l d e r t s m a en A l d e r t s nog in leven;
en A l l e r d a en A l l e r t s m a, uitgestorven. In Groningerland
leven nog heden de geslachtsnamen A l d r i n g a (oorspronkelijk
voluit A l d e r d i n g a, A d e l h a r d i n g a), mede een Oud-Friesche
patronymicale vorm; A l d e r s m a, A l d e r s h o f f. En in Oost-
Friesland bestond oudtijds eene maagschap die den naam A l d e r-
s n a (mede een Oud-Friesche tweede-naamvalsvorm) droeg. A l-
d r i n g (oorspronkelijk voluit A l h a r d i n g, A d e l h a r d i n g) is
aan eene Engelsche maagschap eigen; en A l d r i n k, A l d e r d e n,
A l d e r d i n g, A l d e r s e, A l l e r d i n g en A l l e r t s komen nog
heden in Holland en andere Noord-Nederlandsche gewesten voor.
Ook aan sommige plaatsnamen heeft de mansnaam A d e l h a r t
oorsprong gegeven. Zoo is A l l e r t s o o g (de Friezen spreken
en schrijven A l l e r t s e a c h) de naam van een huis onder Bakke-
veen in Opsterland, Friesland; A l l e r d a - s a t e heet eene boeren-
hôfstede te Ternaard in Friesland; A l d e r s m a - h e e r d is eene
boeren-hofstede te Esinge in Groningerland; A l d r i n g a - b o r g
is een adellijk huis te Haren in Groningerland; A l d e r s h e m
is de oorspronkelijke naamsvorm van het dorp Oldersum in
Oost-Friesland; A l d r i n g t o n ligt in Sussex, Engeland; A l-
d r i n g h a m eindelijk is de oude, middeleeuwsche naamsvorm
van een dorp in Artesië, Frankrijk, dat heden ten dage als
A u d r e h e m bekend is.

Van H o m b r e c h t is niet zoo veel mede te deelen als van
A l l a e r t, al is het dat deze naam nog heden een koningsnaam
is, te weten van H u m b e r t (de Italianen zeggen en schrijven

Umberto), den koning van Italië, dezer dagen zoo gruwelijk
vermoord. Een Oud-Germaansche naam, als ieder andere der Gentsche maagschapsnamen, in deze groep vermeld, is Hombrecht
of Humbert zeker. Maar het schijnt, dat hij nooit veelvuldig en
algemeen bij de verschillende volken van Germaanschen bloede in
gebruik is geweest. Onder de Friezen, die anders juist zoo menigen
Oud-Germaanschen naam, tot op den dag van heden, in eere en
gebruik gehouden hebben, komt hij nooit meer voor; slechts eenmaal is mij een man, met den naam van Humbert, in eene
oude Friesche oorkonde te voren gekomen. In Duitschland bestaat
hij nog in den plaatsnaam Humbrechtshausen, de naam van
een gehucht bij het dorp Rügheim in Frankenland, Beieren.

De geslachtsnaam Godtschalk vertegenwoordigt een der
bijzonderste, en, wegens zijne beteekenis, een der schoonste
Oud-Germaansche mansvoornamen. Immers, deze naam beteekent
Gods knecht, of dienaar van God, naardien het oude woord
schalk, dat heden ten dage slechts weinig meer bij het Nederlandsche volk bekend en in gebruik is, en dan nog door verloop
van beteekenis, guit of grappenmaker beduidt, oorspronkelijk
de beteekenis had van knecht, dienaar. In ons woord *maar-
schalk*, dat heden ten dage de naam is van een hoog ambt
in de krijgsmanswereld, maar dat oorspronkelijk beteekende
paardeknecht, dienaar die met de zorg over de paarden was
belast, is dit woord *schalk* nog overig. Zoo mede in den plaatsnaam Schalkwijk (dat is de wijk, het oord, het gedeelte
van een dorp of stad, waar de *schalken*, de knechten,
hunne afzonderlijke woonstede hadden), die eigen is aan een
gehucht bij Haarlem, en aan een dorp in het gewest van
Utrecht. Deze dorpsnaam wordt in de dagelijksche volksspreektaal verbasterd tot Schaik, en heeft oorsprong gegeven aan de
geslachtsnamen van Schaik, van Schayk, van Schayck.
Ook is de naam van de Schalkesteeg in de stad Utrecht,
aan dit zelfde woord ontleend. Onder de Oud-Nederlanders in
Zuid-Afrika is Schalk nog als een mansvóórnaam in gebruik.
Een soortgelijke naam als Godsschalk is nog Godswin,
die in zijne samentrekking als Goossen op bladzijde 162 hier-

voren nader besproken is, en Godsfriund of Godsfrjeon,
een Friesche naam, overeenkomende met *Gods vriend* in het
algemeen Nederlandsch, en die in de zestiende eeuw nog door
Friesche mannen, geenszins zeldzaam, als doopnaam werd gedragen. Ook Godsskalk was in de middeleeuwen onder de
Friezen èen tamelijk algemeene naam. De Friesche vleivorm van
Godsskalk is Goasse (Gosse). Heden ten dage is de volledige
naam Godsschalk bij de Friezen en ook bij de overige Nederlanders nog maar weinig als mansvóórnaam in gebruik; maar de vleivorm Gosse wordt nog steeds door menigen Fries gedragen. Ook
leeft de volle naamsvorm nog in den naam van het gehucht
Godsschalksoord (veelal als Goidschalxoord misschreven), gelegen bij het dorp Heinenoord, in Zuid-Holland.

Ten slotte; van den Oud-Germaanschen mansnaam Geldolf,
die almede onder de hedendaagsche Gentenaren nog als maagschapsnaam leeft, is niet veel mede te deelen. Hij is samengesteld uit de naamsstammen *geld* en *olf*. Deze eerste stam, ook
als *gild* en oorspronkelijk als *gald* voorkomende, maakt ook deel
uit van de namen Geldhard en Geldheri, die als Geldert
en Gelder nog heden in de noordelijke Nederlanden als mansvóórnamen voorkomen, zij het dan ook zeldzaam. De tweede
mansstam *olf* is het woord wolf, het bekende roofdier. Bij de
behandeling van den naam Wolfaert, op bladz. 166 hiervoren
is deze naamsstam reeds vermeld.

Eene opmerking, die telkens en telkens weêr opkomt in de
gedachten, als men Vlaamsche namenkunde beoefent, is deze:
dat er zulk eene groote overeenkomst, zulk eene aanmerkelijke
overeenstemming, zulk eene bijzondere eenvormigheid bestaat
tusschen de Oud-Vlaamsche en de Oud-Friesche namen — eene
gelijkheid, die zoo groot is, dat ze zich als 't ware opdringt
tot een bewijs van den Frieschen oorsprong van een aanmerkelijk
deel des Vlaamschen volks.

IV

HELMONDSCHE NAMEN UIT DE MIDDELEEUWEN.

——————

Met blijdschap mocht ik, op mijn verzoek, van den heer
Aug. Sassen, den welgeleerden en volijverigen Archivaris van
Helmond, eene lijst ontvangen van namen der Helmondsche
burgerij uit de veertiende en de vijftiende eeuw. Die namen,
door den Heer Sassen met veel zorgvuldigheid uit oude Helmondsche oorkonden en geschriften, vooral ook uit de Helmondsche
Schepenacten bijeen verzameld, waren mij, in menig opzicht,
voor mijne navorschingen op 't gebied der namenkunde van
groot belang. Zij hebben mij dan ook aanleiding gegeven tot
het opstellen van de volgende verhandeling.

Deze namen van ingezetenen der stede Helmond in de twee
laatste middeleeuwen, ten getale van ruim twee-honderd, leveren
in de groote verscheidenheid en in de zeer verschillende vormen
waar in ze ons in geschrifte zijn overgeleverd geworden, een
spiegelbeeld op van den toestand der persoonsbenamingen, gelijk
die toen ten tijde in de hoofdplaats van het Peelland bestond.
Die Helmondsche toestand mag men wel achten in hoofdzaak
eveneens van geldigheid te zijn voor al de Brabantsche gewesten
en gouwen van die tijden, met name wat het platteland en de
kleine steden aangaat; minder misschien wat de groote steden,
vooral Brussel en Leuven, wellicht ook 's-Hertogenbosch en
Breda betreft.

Die toestand der benamingen was in de verschillende Neder-

landsche gewesten en in de verschillende eeuwen steeds zeer
ongelijk; tot dat de invoering van den zoogenoemden „Burgerlijken
Stand", en de wetgevingen op de benamingen der ingezetenen,
ten jare 1811 in ons vaderland ingevoerd, in die zaak eene
gewenschte eenheid bracht. Deze zaak der persoonsbenamingen
levert een belangrijk en merkwaardig hoofdstuk op in het boek
van de geschiedenis der beschaving onzes volks. Vormen van
benamingen die wij, volgens onze naamlijst, te Helmond en
zekerlijk ook elders in Brabant, in de vijftiende eeuw nog wel
in zwang vinden, maar die sedert dien tijd daar volkomen
buiten gebruik geraakt en verdwenen zijn, bestonden twee
eeuwen later nog ten volsten in Holland en Zeeland, en bleven
in onze Friesche gewesten (Friesland, Groningerland, Drente,
noordwestelijk Overijssel en Noord-Holland) nog tot in het begin
dezer eeuw heerschen. Geslachtsnamen, gelijk wij allen die
thans dragen, waren in de zuidelijke gewesten, in Vlaanderen
en Brabant reeds in de dertiende en veertiende eeuw bij de
aanzienlijke maagschappen in zwang, en later ook algemeen bij
de burgerij in de steden en bij de landzaten daar buiten, toen
men in Holland nog een paar eeuwen lang enkel den doopnaam
met den naam des vaders als patronymicum voerde, en terwijl in
Friesland het gros der bevolking met deze wijze van naamsvoering
nog stand hield tot in het laatst der vorige eeuw. Ja, nog heden
laat men in de Friesche gewesten die oude, eenvoudige naamsvormen niet varen, ook al hebben zij, in geijkten zin, geen
geldigheid meer.

Al die verschillende naamsvormen, eenvoudige en zeer samengestelde, oude en nieuwere en nieuwste, komen in onze Helmondsche namenlijst voor. Wij willen ze een voor een nader
beschouwen.

In de oudste tijden, en bij alle volkeren, hadden de menschen
maar eenen enkelen naam: den naam, dien men thans, in
Christelijken zin *doopnaam*, in burgerlijken zin *vóórnaam* noemt.
En die enkele naam was voldoende. Later, bij vermeerdering
en uitbreiding van het menschelijke geslacht, bij vermeerderd
en levendiger verkeer der lieden onderling, was die eene,
enkele naam wel oorzaak van verwarring — omdat, bij het
wel zeer groote, maar daarom toch niet onbeperkte getal namen,

dat de lieden te hunner beschikking hadden, verschillende
personen wel eenen gelijken, wel den zelfden naam droegen. Zoo
werd men wel genoodzaakt, om die gelijknamige personen van
elkanderen te kunnen onderscheiden, hen bij hunnen eigentlijken
naam nog eenen tweeden naam, als bijnaam of toenaam te
geven. Zulken tweeden naam vond men het gereedste in de
namen van de vaders dier gelijknamige lieden. Deze vadersnamen of *patronymica*, oorspronkelijk voluit met het woord *zoon*,
in de onderscheidene talen, daarachter, en dus natuurlijk in
den tweeden naamval geplaatst, zijn bij alle Germaansche volken
in zwang geweest, en zijn tot op den dag van heden bij de Friezen
nog in gebruik gebleven. Vele patronymica zijn in verloop
der tijden langzamerhand van steeds wisselende, enkel voor
de kinderen van eenen en den zelfden vader geldende namen,
geworden tot vaste, onveranderlijke maagschapsnamen, en als
zoodanig nu aan zeer vele maagschappen, ook hier in de
Nederlanden, eigen.

In het midden der veertiende eeuw, ten jare 1348, het
oudste jaar dat in onze naamlijst voorkomt, waren er te Helmond
geene personen meer die nog op dien alleroudsten en eenvoudigsten
trap der benaming stonden, waar bij de lieden slechts eenen
enkelen naam, en geenen toenaam, in welken vorm dan ook,
hadden. Althans onze lijst vermeldt zulke benamingen niet. Achter
alle doopnamen, daarin vermeld, staat een andere naam als
toenaam; een vadersnaam veelal, of anders een plaatsnaam, of
ook 't eene of andere algemeene woord, als bijnaam, aan het
bedrijf van den man of van. diens vader, of aan de eene of
andere bijzondere geestelijke of lichamelijke eigenschap ontleend.

De oudste vorm der patronymicale benamingen, volledig, met
het woord *zoon* (in dit geval *soen*) daar achter, is in onze
naamlijst vertegenwoordigd in de namen van Henric Roefs-
soen (1389) [1], Godart Lyzensoen (1401), Ghevart Lutensoen (1401), Jan Colensoen (1419), Anchem Goeswijns-

---

[1] De getallen achter de namen duiden de jaren aan waar in de oorkonden zijn opgesteld, die deze namen vermelden: de jaren dus (in den regel) waar in de personen
leefden, welke die namen droegen.

soen (1424), Bruysten Yseboutssoen (1426), Godart
Vrankensoen (1439), enz. Dat is: Henric soen van Roef
of Hendrik zoon van Roef (Rodfred); Godart zoon van
Lyse (een vrouwennaam? Elizabeth?); Ghevart of Ge-
vaart zoon van Lute (Hlodo); Jan zoon van Colen (Nicolaas); Anchem (Anselm?) zoon van Goeswijn (Gosewijn, Godswin); Bruysten zoon van Ysebout (Isbold,
Idisbald); Godart (Gothard) zoon van Vranke(Franco,
Frank)[1].

Het kwam wel voor, dat twee personen niet slechts den
zelfden doopnaam hadden, maar ook den zelfden vadersnaam
voerden, omdat toevalliger wijze ook hunne vaders beiden den
zelfden naam hadden gedragen. Dan was nog eene andere toe-
voeging achter hun patronymicum noodig, om die twee personen van elkanderen te kunnen onderscheiden. Of ook, bij bijzondere, belangrijke aangelegenheden, zoo als die, welke het
opstellen van oorkonden (uiterste wilsbeschikkingen, koopbrieven,
of andere overeenkomsten) ten gevolge hadden, was eene zeer
nauwkeurige aanduiding der verschillende personen noodig, en
voegde men daarom nog eene nadere onderscheiding achter het
patronymicum. Daar toe was de naam van de plaats (stad of
dorp, berg, bosch of heide) waar deze of gene persoon woonde,
of anderszins herkomstig was, bijzonder dienstig. Zulke namen
komen op de naamlijst voor als: Dyrc Cnoopsoen van
Zoemeren (1389); Jan Claeussoen van Lancheze (1401);
Lambrecht Stevenssoen van Milheze (1401); Didderic
Janssoen van den Broeke (1402); Ayen Hermanssoen
van Eyndhouts (1407); Roef Alartssoen uten Vehuse,
dat is Roef of Rodfred, de zoon van Alart of Adelhart
uit den veehuize, uit het veehuis (dus de man die in een huis
woont, waar in het bijzonder vee gehouden of gestald wordt?).

---

[1] Van *alle* deze oude benamingen zal, in het vervolg van dit opstel, de volledige
overzetting in onze hedendaagsche taal niet gegeven worden; de opmerkzame lezer zal,
bij eenig nadenken, zelf die namen wel kunnen duiden en verklaren. Slechts sommige,
anders schier onbekende benamingen zullen met een enkel woord nader worden aangeduid; terwijl eenige zeer bijzondere en zeer opmerkelijke vóórnamen aan het slot van
dit opstel nog afzonderlijk nader zullen behandeld worden.

Verder Lodewich Lodewichssoen van Loeffen (1418).
Deze zelfde man komt in eene vroegere oorkonde van den jare
1410 eenvoudig voor, met ingekorten doopnaam, als Lodeken
van Lofen; waarschijnlijk moet deze plaatsnaam Loeffen of
Lofen wel den naam der stad Leuven voorstellen. Eindelijk
nog Vrientken Vrients van Doernen (Deurne) (1423);
Jan Ywaenssoen van den Berghe (1423); Rymbout
Henrixsoen van den Berge (1444), enz.

Jongelingen en jonge mannen die nog bij hunne vaders in
huis woonden, wier vaders dus, nog in de volle kracht huns
levens, meer en beter bekend waren in hunne omgeving als die
jonge lieden zelven, voerden slechts hunnen doopnaam, met den
volledigen naam hunner vaders, voorzien van dier mannen patronymicale of andere toenamen, ter verduidelijking daar achter
gevoegd. Voorbeelden van deze benamingen vinden wij in Hubrecht soen Happen Smolners (1435), dat is: Hubrecht,
zoon van Happe Molner, van Happe den molenaar (*smolners* =
des molenaars). Verder in Willem soen Jan Touwers
(1460), Willem zoon van Jan Touwer; Jan soen Aert
Alaerts (1481) en Jan soen wilen Jans van der Capellen (1467.) Bij deze laatste benaming voerde de zoon Jan nog
den vollen naam van zijnen vader, niettegenstaande deze laatste
niet meer in leven was. Jan was toen zekerlijk nog een jongeling; anders toch hadde hem, als man, zijnen eigenen naam
Jan Janssoen beter gevoegd.

Omslachtiger nog werd deze soort van benaming, als een
man achter zijnen eigenen vollen vóórnaam en toenaam, ook
nog den vollen naam zijns vaders voerde, met diens patronymicum nog daar bij. Bij voorbeeld: Art van den Loe Henrics Metten soens soen (1403), dat is: Art van den Loe
(Arnold van den Loo) zoon van Henric Mettensoen,
met andere woorden: zoon van Henric, die een zoon was van
Mette. Uit zulken naam blijkt dan niet slechts de naam van
den vader, maar ook die van den grootvader des mans, die
den naam draagt. Voor het dagelijksche leven zijn die namen
te omslachtig; maar in geschrevene stukken laten zij aan duidelijkheid weinig te wenschen over. De personen die ze voeren,

worden er duidelijk door aangewezen, schier omschreven. Of
zulke omschrijvende benamingen ook nog heden bij het Brabantsche volk in het dagelijksche leven gebruikelijk zijn, weet
ik niet. Maar ik betwijfel het. Bij het Friesche volk echter,
zoo gehecht aan zijne eigene oude zaken en vormen, vooral op
taalkundig gebied, komen zulke samengestelde benamingen
(natuurlijk in sterk afgekorte vormen) nog heden wel voor. Zoo
leefde daar in de eerste helft dezer eeuw op het eiland Ameland een man, die in het dagelijksche leven Betse-Rinse-Piet
genoemd werd; dat is Pieter, zoon van Rins (Rins of Rinske
is een Friesche vrouwennaam), dochter van Betje. Eene Friezin
op het eiland Sylt ten jare 1766 voerde in de wandeling de
benaming van Moiken-Manne-Jens-Eben; dat is: Moiken,
de dochter van Ebe, de zoon van Jens, de zoon van Manne.
Deze vrouw torste dus nog den naam van haren overgroot-
vader. Zij werd echter in deze zaak nog overtroffen door eenen
man op 't eiland Marken, omtrent het midden dezer eeuw levende.
Deze toch werd genoemd: Sijmen van Neele-Kee'n-Pie-
ters-Dirk; dat is: Sijmen, zoon van Dirk, die een zoon
was van Pieter, die een zoon was van Kee (Cornelis),
die een zoon was van Neeltje (Cornelia).

Nevens dien eenen naam, hierboven reeds genoemd, komen in
onze Helmondsche namenlijst nog andere zulke omslachtige benamingen in gelijken vorm voor. Het zijn: Roef Gheryt Jans-
soens soen van Boerdonc (1395), dat is: Roef van Boerdonc, zoon van Gheryt, zoon van Jan. Verder Jan Kerman
Henrics Robben soens soen = Jan (de karreman? de
karrevoerder?) de zoon van Hendrik, de zoon van Robbe
(Robbert, Rodbrecht); Dirc Dieric Guelden soens
soen (1414) en Roever Godart Meeussoens soen (1419).

De dubbele vermelding van het woord *soen* of zoon in bovenstaande benamingen was toch op den duur in 't dagelijksche
spraak- en schrijfgebruik te lastig. Men liet dus dat tweede
woord *soen* achter wege, waardoor de benaming toch niet van
hare duidelijkheid inboette. Van zulke ingekorte namen, die
toch nog achter den doopnaam van den drager, met of zonder
zijnen toenaam, den naam van zijnen vader en grootvader ver-

melden, levert onze naamlijst vele voorbeelden. Zie hier eenigen
daarvan: H o e g a r d w i l e n J a n s G o d a r t s s o e n s v a n B r u-
h e z e (1423); dat is H o e g a r d de zoon van wijlen J a n, die een
zoon was van G o d a r t v a n B r u h e z e, of anders gezeid H o e-
g a r d v a n B r u h e z e, zoon van J a n, enz. L a m b r e c h t A l a i r t s
S a l e n s o e n v a n B a k e l (1416); A r t P e t e r M e e u s s o e n
(1418); dat is A r t de zoon van P e t e r, de zoon van M e e u s
(B a r t h o l o m e u s). Een zoon van dezen A r t droeg weêr naar
zijnen grootvader den naam van P e t e r; hij komt in eene oorkonde van den jare 1439 voor als P e t e r A r t P e t e r M e e u s-
s o e n s s o e n[1]. De toenamen v a n B r u h e z e, v a n B a k e l, enz.
achter deze namen, aan plaatsnamen ontleend, zijn geenszins
als vaste geslachtsnamen te beschouwen, maar wijzen enkel
aan, duidelijkheids halven, dat de dragers dier namen in die
plaatsen wonen of van daar herkomstig zijn.

Leverden de namen van P e t e r A r t P e t e r M e e u s s o e n s-
s o e n en vele anderen bovengenoemd, reeds voorbeelden op van
zeer omslachtige naamsvormen, nog langer, nog samengestelder zijn
sommige namen, almede op onze naamlijst voorkomende. Het
zijn in der daad ware omschrijvingen van de maagschapsver-
houdingen der personen die zulke monsters van namen hebben
getorst: J a n s o e n J a n L e m m e n s s o e n s v a n M i l h e z e
(1401); H e y n k e n H e y n e n D i d d e k e n s T s w e e r t s s o e n s
s o e n (1431) = H e y n k e n (kleine H e n d r i k) zoon van H e y n,
die een zoon was van D i d d e k e n (kleine D i r k, D i e d e r i k)
d e n W e e r d. Verder nog W i l l e m G h e v a r t s L u t e n M e d e-
m a n s s o e n s o e n (1401) = W i l l e m, zoon van G h e v a r t,
zoon van L u t e M e d e m a n s, zoon dus van L u t e die een zoon
was van eenen man dien men om de eene of andere reden de
M e d e m a n had genoemd. De vader van dezen langnamigen

[1] L a m b r e c h t L a u w r e y z e n T i e l m a n s s o e n (1460); W i l l e m G e r i t s
T s w e e r t s s o e n (1439), dat is waarschijnlijk: W i l l e m de zoon van G e r r i t d e n
W e e r d, den W a a r d, den herberghouder (T s w e e r t s = des weerds); A r t A r t
M e t t e n S w a g e r s s o e n v a n M i l h e z e (1416); C e l e n C l a e s W o l f s s o e n (1416);
H e y n c k e W i l l e m D u y s s c h e n s o e n (1416); C l a e s C l a e s W i e l m a n s s o e n
(1418); D i r c U d e m a n s S w o l f s s o e n (1435); P e t e r W i l l e m L u p p e n s o e n
v a n B a k e l 1419; L o d e w i c h w i l e n H e y n e n S t o k s s o e n (1419); H e n n e k e n
J a n D e y n e n s o e n (1478).

Willem komt in eene oorkonde van den jare 1401 voor als
Ghevart Lutensoen Willems vader; hier dient dus,
omgekeerd als gewoonlijk het geval is, de naam van den zoon
tot verduidelijking van dien des vaders. Al deze lange benamingen worden nog overtroffen door dien van Jacopsoen wilen
Jans geheyten van den Bomen Godartssoen van
Bruheze (1449), dat is Jacob, zoon van wijlen Jan van
den Bomen die een zoon was van Godart van Bruheze.

Maar zulke monsterachtige, als 't ware op elkanderen ge-
stapelde naamsvormen konden op den duur onmogelijk in stand
en in gebruik blijven. Hunne langheid en ongeschiktheid bracht
eenen tegenslag in de zaak der persoonsbenamingen te weeg,
waardoor men weêr tot de eenvoudigste benaming terug keerde,
te weten tot die van den enkelen doopnaam des mans, met den
naam van zijnen vader als patronymicum daar achter. Op bladzijden 173 en 174 hiervoren zijn deze namen, nog met het
oorspronkelijke woord *soen* daarachter, reeds vermeld. Maar men
liet dit woordje *soen*, dat eigenlijk ook overtollig was, ook
nog achter wege, en behield dan, als patronymicale toenaam,
enkel den vadersnaam in den tweeden naamval. Daar mede was
men weêr aangeland bij eene eenvoudige en doelmatige wijze
van naamsvorming, die nog heden onder de bevolking in alle
Friesche gewesten en gouwen, West en Oost en Noord, gebruikelijk is. Voorbeelden van dezen naamsvorm vinden wij in
onze naamlijst als: Peter Michiels (1471) = Peter (zoon)
van Michiel; Jan Reyners (1460), in 1467 Jan Reyniers
genoemd, enz. [1].

Het bleek echter op nieuw dat deze korte benamingen niet
in alle gevallen voldoende waren. Indien het toch geviel dat
daar in ééne plaats twee personen waren die beiden niet enkel
den zelfden doopnaam maar ook den zelfden vadersnaam droegen,
dan was men wel genoodzaakt, zoo men die twee lieden nauw-

---

[1] Hubrecht Kerstiaens (1413), Cornelis Vriens (1467), in 1492 als Cornelis Vrients voorkomende; Dirc Wautgers (1439); Godart Vrancken (1418),
in 1439 Godart Vrankensoen genoemd; Willem Meynsen (1439); Maes
Weylarts (1416); Filips Goukens (1402); Godert Bants (1435), enz.

keurig van elkanderen onderscheiden wilde, weèr de toevlucht te nemen tot allerlei toe- en bijnamen. De cirkelgang der benamingen, die weèr moest uitloopen op eene opééuhooping van allerlei naamsvormen, was hier mede weèr een nieuw tijdperk ingetreden. Die toe- en bijnamen werden weèr op allerlei verschillende wijzen gezocht en gevonden. Bij voorbeeld in de maagschapsbetrekkingen der menschen: H e n n e k e n R o e s e l m a n s M e l y s b r u e d e r (1439); J a n v a n d e n L o e (d e s s e l f s) A r t s o e m, de oom van A r t v a n d e n L o e H e n r i c M e t t e n s o e n s s o e n, op bladzijde 175 reeds vermeld. Misschien behooren hier ook toe J a n N e v e (1348) en J a n L o d e n N e e f s s o e n (1424), J a n zoon van L o d e (L o d e w ij k) N e e f (of van N e e f-L o d e?).

Omslachtiger, omschrijvender, werden die namen al weèr in benamingen als de volgenden: J a n S c h e r p e n v a n T y e l (1400), dat is: J a n, zoon van S c h e r p v a n T i e l (S c h e r p, S c h a r p, S c a r p kwam in de middeleeuwen als doopnaam voor), of J a n v a n T i e l, zoon van S c h e r p; W i l l e m e n d e A r n t w i l e n N o y e n k i n d e r e n v a n D o e r n e n (1423); R a b o u t h e e r e n R a b o u t s s o e n v a n V l o e d o r p (1425); G h e r i t v a n d e r S c h a u t J o r d e n s s o e n v a n d e r S c h a u t (1433). Deze vader en zoon droegen hunnen toenaam naar den naam van eene plaats (eene hoeve, of een landgoed of iets van dien aard), hun toebehoorende. Immers in de oorkonde is er sprake dat G h e r i t eikenhout verkoopt „s t a e n d e t e S c h a u t." [1].

---

[1] W o u t e r M a e s s o e n d i e h a n d s c h o e m e k e r v a n S o n (1418). Dat deze W o u t e r, zoon van M a e s (T h o m a s), een broeder had die even als zijn vader ook M a e s heette, en dat zoowel die broeder als vader M a e s beiden ook handschoenmakers waren, blijkt uit de benaming M a e s d e n H a n t s c o m e k e r s o e n M a e s H a n t-s c o m e k e r s, die wij in eene oorkonde van den jare 1439 ontmoeten. — W i l l e m D i d d e n s o e n v a n G r o t e l (1416); G o d a r t M a t h ij s B l o x s o e n (1450); R u e l k e n d i e n S c o e m e k e r L a m b r e c h t R u e l k e n s s o e n (1401); G h e r i t w i l e n A e r t s v a n d e n P u t (1440). Daar was nog een andere G h e r i t v a n d e n P u t in die jaren te Helmond. Maar de vader van dezen heette niet A e r t gelijk die van den eerstgenoemden G h e r i t; hij heette J a n, en droeg den bijnaam van H o l l a n d e r, waarschijnlijk omdat hij een Hollander van geboorte of herkomst was. Dies wordt die tweede G h e r i t in eene oorkonde van den jare 1413 genoemd: G h e r i t g e h e i t e n v a n d e n P u t J a n s H o l l a n d e r s s o e n. — S y m o n L a m b r e c h t s L a n g s m e e d s s o e n (1348). W i l l e m v a n E y k e s o e n w i l e n H e n r i x B o y f a e s v a n E y k e (1421); deze zelfde man komt in eene oorkonde van het volgende jaar voor als W i l l e m

Ook de bovenstaande namen leden al weêr aan het gewone
euvel dezer willekeurige benamingen — zij waren door al die
toe- en bijvoegsels te lang, te ongeschikt geworden voor het dagelijksche leven. Men zag in dat men, door iemand slechts met
zijnen doopnaam en met eenen enkelen bij- of toenaam te noemen, eene betere, dat is kortere en duidelijkere benaming voor
zulken persoon had, dan waneer men ook nog al die patronymicale benamingen daar bij voegde. Te meer, omdat die vadersnamen toch gelijkluidend waren voor al de kinderen van eenen
en den zelfden vader; terwijl een bij- of toenaam veelal slechts
voor eenen enkelen man gold, dus geheel persoonlijk was. Zulke
benamingen dan hadden volkomen het voorkomen onzer hedendaagsche eenvoudigste namen: één vóórnaam en een maagschapsnaam. Toch moet men deze toenamen achter den enkelen
vóórnaam geenszins als onze hedendaagsche vaste en overervende
maagschapsnamen beschouwen. Integendeel, zij golden dikwijls
slechts voor eenen enkelen man, en gingen veelal niet op diens
kinderen over. Voorbeelden van zulke benamingen biedt onze
Helmondsche namenlijst in menigte. De toenamen zijn aan allerlei
verschillende zaken ontleend: aan plaatsnamen, beroepsnamen,
spotnamen zelfs, enz. Zie hier eenigen van die benamingen:
W i l l e m v a n d e r R ij t (1467); H e n r i c M o r t e l (1389); L a m-
b r e c h t v a n L i e s s e l (1401); J a n d i e K r e m e r (1418);
D a e n e l v a n B r u h e z e e n d e A r t S t a e m e l a e r t s y n s o e n [1].

B o y f a e s s o e n v a n E y k e (1422). H u b r e c h t s o e n H a p p e n S m o l n e r s, roeds
op bladzijde 175 hiervoren vermeld. W i l l e m d e n W e d e r w i l e n D i r c S w e e-
d e r s s o e n (1428); W e d e r, ook met het lidwoord d e n W e d e r of d i e W e d e r,
schijnt reeds als een vaste bijnaam, als of 't een hedendaagsche geslachtsnaam ware, bij
W i l l e m en bij zijnen vader D i r k in gebruik te zijn geweest. Immers S w e e d e r s-
s o e n in W i l l e m s benaming staat voor *'s weders soen*, *des weders zoon*. De vader
komt in eene oorkonde van 1427 voor als D i r c k d i e W e d e r; en ook in een geschrift
van den jare 1481 wordt een D i r c d i e W e d e r genoemd. *Weder*, ook saamgetrokken
tot *weer*, is een goed Oud-Nederlandsch woord, dat ram, mannelijk schaap beteekent.
Het woord *ram* komt ook nog heden als maagschapsnaam (R a m en D e R a m) voor.

[1] N o l l e v a n d e r E g e l m e e r e (1401); J a n T e m p e l e r (1498); F l o r e n s v a n d e n
V ij f e y k e n (1439); nog heden dragen drie verschillende maagschappen, die echter zeer
wel allen van dezen zelfden Helmondschen F l o r e n s kunnen afstammen, de geslachtsnamen Vijfeiken, Van Vijfeyken en V ij f e y k e n; M i c h i e l d i e K e t e l e r
(1472); K l a e s M ij s (1472); H e y n r i c v a n d e n K e r c k h o v e; dat deze toenaam aan

Deze zeer eenvoudige namen konden op hunne beurt ook al weêr niet het gewone lot ontkomen van de persoonsbenamingen in de tijden, toen deze zaak nog niet wettelijk geregeld was; zij waren aan wisseling en verandering onderhevig, en, bij de zonen der mannen die deze benamingen eerst gevoerd hadden, aan patronymicale vervormingen. Werd bij voorbeeld een man die bij doopname eenvoudig J a n heette, en die geenen afzonderlijken toe- of bijnaam voerde, in zijne dagelijksche omgeving gemeenlijk J a n d e T i m m e r m a n genoemd, omdat hij een timmerman was van zijn handwerk — zijn zoon W i l l e m, in zooverre deze zijn rechtmatig patronymicum J a n s s o e n of J a n s e n niet voerde, en evenmin zich-zelven nog geenen eigenen bij- of toenaam, van welken aard dan ook, verworven had, — zijn zoon W i l l e m kreeg, ter onderscheiding, den vaderlijken toenaam als een oneigenlijk patronymicum, natuurlijk in den tweeden naamval; men noemde hem W i l l e m T i m m e r m a n s, d. i.

---

de ligging van 's mans huis ontleend was, blijkt uit de oorkonde die zijnen naam vermeldt, van den jare 1414, en waarbij hij zijn huis verkoopt, gelegen te Helmond, »*bij den kerckhof*." Dit zelfde is het geval met den toenaam van P e t e r v a n d e n D o s e l d o n c k (1460), die eigenaar was van het landgoed Doseldonk. Verder A r t v a n d e n P a e p e n d o n c k (1439); H e y n v a n d e n B e r k e n (1416); G h e r i t d i e V o l r e (de volder, lakenvolder; 1492); J a n d e B l a k e (1416); H e y n Q u e y e n (1429), J a n d e B e r r e, g e h e i t e n v a n E y n d o v e n (1419); H e n r i c K u y l m a n (1416); R e y n e r v a n d e n W i n t m o e l e n (1348); G o d e r t v a n B i s t e r v e l t (1348); J a n v a n S t i p d o n c (1395); A r t d e n W i z e v a n A s t e n (1416) — een bijnaam aan 's mans wijsheid ontleend? Ook zekere H e n r i c had vroeger dien zelfden bijnaam gedragen, zoo als blijkt uit de benaming waaronder diens zoon ten jare 1416 voorkomt. G o d a r t H e n r i c S w i s e n s o e n, dat is G o d a r t H e n r i c d e s W i s e n s o e n, G o d a r t z o o n v a n H e n d r i k d e n W ij z e. Eindelijk nog J a n v a n H o n t h u y s (1418); Y d e v a n R o e z e l (1481); U d e m a n v a n T h e f e l e n (1439); G o d a r t v a n d e r C a p e l l e n (1460); L e m m e n v a n d e L a e r (1416); H e n r i c S c u e r m a n (1394); J a n W y f l e t (1417); M a r c e l y s B r u y n s w y c k (1477), waarschijnlijk een Duitscher, en van de stad Brunswijk herkomstig: W o u t e r T e r l i n k (1427) — terlink, teerling, dobbelsteen, de bijnaam van eenen speler, eenen dobbelaar? J a n d i e V l e e s c h o u w e r (1404); J a n C o l i b r a n t (1450); J a n v a n d e n B o c h t (1450); H e n r i c v a n d e n H o e g h e n h u y s (1386); W i l l e m C o r t s m e t (1462); V r a n c k v a n d e n D ij c k (1462); H e n r i c W a u n a y s (1429); L o d e k e n v a n L o f e n (1410), reeds vroeger vermeld op bladzijde 175; W i l l e k e n v a n G h e m e r t (1410); R e y n i e r H a e n g r e v e (den Hanegraaf of Pluimgraaf was oudtijds het toezicht op het pluimgedierte van eenen heerenhof, kasteel of landgoed opgedragen) v a n S t a k e n b o r c h M a t h e u s s o e n v a n B o e s s c o t (1389); J a n d e B l a k e (1416).

Willem, de zoon van den timmerman, van Jan den Timmerman. Droeg de vader den bijnaam van Breughelman omdat hij, te Helmond wonende, uit den dorpe Breugel herkomstig was, zijn zoon heette Breughelmans. Zulke oneigenlijke patronymicale benamingen — oneigenlijk, omdat zij niet van den vaderlijken doopnaam, maar van den vaderlijken toe- of bijnaam afgeleid zijn — komen almede op onze Helmondsche naamlijst voor. Hier zijn ze: Jan Berbiers (1439), de zoon van den barbier, van den man die, naar zijn bedrijf, Peter of Henric Berbier genoemd werd; Johannes Roeselmanssoen (1400), d. i. Johannes zoon van Roeselman, van iemand die Roeselman genoemd werd, omdat hij uit den dorpe Roesel, Reusel, afkomstig was; Wouter Stox (1439), Willem Stox (1389) en Henric Stocs, zonen (of anderszins nakomelingen) van eenen man die om d'eene of andere reden den bijnaam van Stok had gedragen [1].

Tot nog toe hebben wij slechts mansnamen vermeld en verklaard, die op onze naamlijst voorkomen. Die lijst bevat echter ook evenzeer sommige vrouwennamen, al is het dan, uit den aard der zake, in geringer aantal. Die benamingen van vrouwen zijn samengesteld volgens de zelfde regelen die voor de mansbenamingen gelden, en zij komen, even als dezen, in allerlei

---

[1] Herman Eycmans (1439); Jan Starkens (1498), d. i. Jan, zoon van Willem (?) Starken; deze toenaam Starken is ook weêr een patronymicale naamsvorm, beteekenende van Stark of zoon van Peter (?) Stark, van den man, die om zijne bijzondere sterkte, den bijnaam van Stark (of Sterk) verworven had. Starken en Sterk, Sterck komen nog heden als maagschapsnamen voor; ook de patronymicale vormen daar van: Sterks, Sterckx, Sterken, enz. Verder Peter van Eyndhouts (1467); Peter Stippelmans, Henric Touwers (1439; touwer = touwslager? zie bladzijde 175), in 1435 Heyn Touwers genoemd; Peter Pedelmans (1416); Goswyn Wevers (1402) en Herman Swevers (1492; des Wevers): Mathys Jan Spapen soen van Zomeren (1417), d. i. Matthijs, zoon van Jan de Paap of de Pastoor van den dorpe Zomeren, of zoon van Jan die om d'eene of andere reden den bijnaam van Paap droeg, zonder daarom juist een Pastoor of ander Geestelijk Heer te zijn, en die van Zomeren herkomstig was. Dan nog Diryck Swerts (1492); Heyn Teulinx (1389); Goeswyn Schuermans (1419), met andere woorden: Gosewijn, de zoon of kleinzoon van eenen man, die den toenaam Schuerman voerde (omdat zijn huis kenbaar was aan eene groote of anderszins bijzonder in 't oog vallende schuur?); de naam Schuermans is nog heden als maagschapsnaam aan Brabantsche geslachten eigen. Eindelijk nog Jan Coffermans (1436) en Goessen Scorten (1460).

verschillende vormen voor, van de eenvoudigsten tot de meest samengestelden. Toch zijn de toenamen dezer Oud-Helmondsche vrouwen bijna zonder uitzondering ware vadersnamen. Voor de vrouw, die slechts zelden zelfstandig optreedt in het dagelijksche leven, die zich dus niet zoo lichtelijk eenen toe- of bijnaam aan bedrijf of herkomst of eenige andere zaak ontleend, verwerven kan, ligt deze soort van benaming dan ook nog nader voor de hand, als voor den man. Zulke vrouwennamen zijn die van M a r i e W o u t e r s (1460), d. i. eenvoudig M a r i a, de dochter van W o u t e r; L y s b e t h ' e n d e H i l l e d o c h t e r e n A r t s S t i p- p e l m a n s, dochters van A r t S t i p p e l m a n of S t i p p e l m a n s; E r m g a r d e J a n B e l i e n s o e n s d ó c h t e r (1401), dat is: E r m g a r d e, de dochter van J a n B e l i e n s o e n, van J a n die een zoon was van B e l i of B e l y, van de vrouw die den doop- naam B e l y droeg. Immers B e l y is een vrouwennaam, en niet een mansnaam, die ook wel als B e l e en B e l i t j e voorkomt, en eene verkorting is van den vollen vorm M a b e l i a. In de laatste middeleeuwen, en zelfs nog in de 17e eeuw was deze naam geenszins zeldzaam in gebruik; ook in Holland. Zelfs heden ten dage is hij nog niet uit het gebruik verdwenen. Be- halve in bovengenoemde benaming, komt hij in onze Helmondsche naamlijst nog voor als B e l e H e n r i x S c i l l i n x d o c h t e r (1389) en als M a e b e l y d o c h t e r w i l e n E m o n t s v a n d e r S t r a e t e n (1446) [1]. Behalve alle deze patronymicale benamingen,

---

[1] L u y t g a r t H u b e n d o c h t e r (1400), die in eene andere oorkonde van den jare 1394 als L u y t g a e r t H o u b e n optreedt; A l e y t M o e r k e n s (1395); J u t t e G o b b e l s (1436); L i s e b e t H a r c m a n s d o c h t e r (1388); W a n d e l J a n E m b r e c h t s d o c h- t e r (1419); A l e y t A r t s C r e p p e n d o c h t e r (1427). Deze laatste benamingen komen reeds in samengestelden vorm voor den dag; maar zij worden daarin nog verre over- troffen door benamingen als E n g e l v a n d e n D o r e n P e t e r s d o c h t e r v a n d e n V e h u s e' (1419), waar de dochter eenen anderen toenaam voert als de vader. De toenaam van dezen laatsten (v a n d e n V e h u s e) hebben wij eerder in deze verhandeling op (bladzijde 174) ontmoet en besproken. Verder S w e n e l t w i l e n H e n r i c s M o r t e l s d o c h t e r (1436); M a r g r i e t S w e d e r s d o c h t e r w i l e n J a n s v a n B i n d e r e n (1421), eene onduidelijke benaming, die zoo wel de verklaring toelaat dat M a r g r i e t eene dochter van S w e d e r en eene kleindochter van J a n v a n B i n d e r e n, als deze, dat zij eene dochter van S w e d e r, maar de vrouw van J a n v a n B i n d e r e n was; H e i l w i g d o c h t e r w i l e n H e r m a n s D i r c s G u e d e l e n s o e n s (1443), dat is: H e i l w i g, de dochter van wijlen H e r m a n, die een zoon was van D i r k, die weêr een zoon was van vrouw G u e d e l e (G o e d e l e, G u d u l a); S o p h i e v a n G e l d r o p

vinden wij bij de .oud-Helmondsche vrouwen slechts eene die
eenen eigenen toenaam draagt: Jutte van Rijthoven (1416).
En eene die geenen vadersnaam, noch ook eenen eigenen toenaam voert, maar genoemd wordt naar den naam van haren
man, dat is Lysbet Jan Bynts wijff (1449). Waarschijnlijk
was deze Lysbet geen Helmondsche, maar eene vreemde, die
eerst na haar huwelijk met Jan Bynt, te Helmond, in de
stad van haren man was komen wonen. De Helmondsche burgerij,
die dus haren vader niet, maar haren man zeer wel kende,
onderscheidde haar dien ten gevolge zeer gereedelijk; niet, als
gewoonlijk, met den naam van haren vader, maar met dien
van haren man.

In de middeleeuwen heerschte in de Nederlandsche gewesten
de zonderlinge gewoonte om sommige vrouwennamen in den
mannelijken vorm te noemen en zelfs te schrijven. Vooral bij
zulke vrouwennamen die van eenen oorspronkelijk mannelijken
naam waren afgeleid, was dit gebruikelijk; bij voorbeeld bij
Willemine van Willem, bij Hendrika van Hendrik.
Zoo wordt Vrouw Jacoba van Beieren, de Hollandsche
Gravinne, in middeleeuwsche Hollandsche chronyken wel als
Vrou Jacob vermeld. Nog heden heerscht deze gewoonte wel
in Friesland, in de dagelijksche volksspreektaal, waar men de
vrouwennamen Rinske, Wytske, Sjoukje, Jeltje wel
als Rins, Wyts, Sjouk, Jel noemt, dat eigentlijk mannelijke naamsvormen zijn, of namen met een mannelijk voorkomen.

Dircs Sjoncheren soens dochter (1400), dat is: Sophie, dochter van Dirk,
die een zoon was van den Jonkheer van Geldrop. Nog omslachtiger zijn de benamingen
van Gheertruy dochter Heynen Coensen Maessoenvan der Heyden
(1472), dat is: Geertrui, de dochter van Hein, die een zoon was van Koen, die
een zoon was van Maes van der Heyden; van Jutte dochter Meys van
Herzel die dieselve natuerlic gewonnen hadde Corstine van de
Goer (1446), en van Katlin geheiten van de Donc Marcelys Scillinx
wilen spastoirs van Baerle natuerlike dochter (1417). Wegens de geboorte
dezer twee laatstgenoemde dochters buiten huwelijk harer ouders, zijn hare namen zoo
uitvoerig te boek gesteld. Bij de eerste benaming is zoo wel de naam van den vader als
die van de moeder vermeld. De laatste wil zeggen Katelyne of Catharine, met
toename van de Donk, die de natuurlijke dochter was van Marcelis Schillink,
in zijn leven Pastoor in den dorpe Baarle.

Vooral te Hindeloopen en elders in den Zuidwesthoek van Fries-
land is deze zonderlinge naamsvervorming zeer gebruikelijk,
zelfs in geschrifte en in geijkten zin, als R i n k, A a l k, R e m,
T e m, F o d, in stede van R i n s k e, A a l t j e, R e m m e r t j e,
T a m k j e, F e d t j e, zoo als deze vrouwennamen eigentlijk luiden.
Deze zelfde zede vinden wij ook onder de middeleeuwsche Helmondsche vrouwen. Onze lijst vermeldt toch eene A e l b e r t
L e m k e n R u e l k e n s d o c h t e r (1418), dat is A e l b e r t j e of
A e l b e r t k e n of A d e l b e r t h a (A l b e r t i n a in wanvorm), de
dochter van L e m k e die een zoon was van R u e l k e n. En
P e t e r C o r s t k e n L e m m e n s d o c h t e r (1496), met andere
woorden P e t e r k e n of P i e t e r t j e, P i e t j e (P e t r o n e l l a),
de dochter van C o r s t (C o r s t i a e n, C h r i s t i a a n) die een
zoon was van L e m of L e m m e n (W i l l e m).

Reeds een en ander maal hebben wij in deze verhandeling
benamingen ontmoet en verklaard, waar bij de naam van de
moeder, en niet die van den vader, den zoon tot toenaam diende.
Dit verschijnsel is geenszins zeldzaam en kwam oudtijds ook
evenzeer in de andere Nederlandsche gewesten voor. Ja, nog
heden wordt deze wijze van naamsvorming wel in de Friesche
gewesten toegepast, in het dagelijksche leven; zij strekt dan
gemeenlijk den benoemde tot spot of schande. Immers meestal
hebben deze moedernamen of metronymica, aldus genoemd
in tegenstelling met de gewone patronymica of vadersnamen,
hunnen oorsprong te danken aan de omstandigheid dat de moeder
geenen wettigen man, en dus het kind geenen wettigen vader
heeft, uit wiens naam voor hem een patronymicum als toenaam konde gemaakt worden. Even als de duizenden van
patronymica, zoo komen ook wel enkele metronymica nog
heden als vaste geslachtsnamen voor; bij voorbeeld G e e r t r u y e n,
L y s e b e t t e n, A g n e e s s e n s, T r y n e s, V e r g r i e t e n s (de
zoon van V e r of V r o u w G r i e t e), enz. Gevallen van zulke
moedernamen levert de Helmondsche naamlijst op in de benamingen van R o v e r k e J u t t e n s o e n v a n B a k e l (1385) en
G o e s w y n H e i l w i g h e n s o e n v a n G h e r w e n (1389). Deze
benamingen zijn ontwijfelachtige moedernamen, omdat J u t t e
en H e i l w i g zeer zeker vrouwennamen en geen mansnamen zijn.

Eenigszins twijfelachtig zijn de benamingen van Henric Tru-
densoen (1401); waarschijnlijk de zelfde man die in andere
oorkonden, van de jaren 1423 en 1460 als Heyn Truyen
beschreven wordt, en van Arnt Lysen Lyskenssoen (1392);
omdat Trude (Truye) zoo wel mansnaam kan zijn als vrouwennaam, zoo wel Trudo als Truda (Truida, als verkorting van
Geertruida of Gertrudis, of van Hiltrude). En eveneens
Lyse, Liso, met den verkleinvorm Lysken, is zoo wel een
Oud-Germaansche mansnaam, als een vrouwennaam, ook als
verkorting van den vreemden vrouwennaam Elisabeth. Of dus
Henric Truden en Arnt Lysen Lyskenssoen een
patronymicum of een metronymicum als toenaam achter hunnen doopnaam voerden, hebben die mannen zelven en hunne
tijdgenooten te Helmond zeer wel geweten, maar blijft voor
ons eene twijfelachtige zaak.

Dat zoogenoemde „onwettige" geboorten, „onechte" of „natuurlijke" kinderen bij de middeleeuwsche burgerij van Helmond,
ook onder de aanzienlijke standen der maatschappij, geenszins
eene zeldzaamheid waren, mogen wij, op goede gronden, reeds
vermoeden en afleiden uit het voorkomen van metronymicale
benamingen op onzen naamlijst — met zekerheid wordt deze zaak
bevestigd, blijkens sommige andere benamingen, welke uit oude
oorkonden op die naamlijst zijn vermeld. In onze dagen wordt
zulk eene geboorte buiten huwelijk der ouders zooveel mogelijk
verbloemd, bemanteld en verzwegen; althans nooit zonder dringende
noodzaak vrijwillig openlijk erkend. Maar oudtijds dacht men
daar anders over; men was oprecht en ongekunsteld genoeg om
zulk eene zaak in eenen omschrijvenden toenaam te vermelden,
en zulken toenaam, ter verduidelijking, achter den eigenen doopnaam te voeren of in geschrifte te stellen. Zoo vinden wij op
onze naamlijst eenen Jan van Rixtel natuerlyke soen Jan
Kemerlinx (1421), dat is: van Jan Kemerlink of Kamer-
ling. Ook eenen Gherit natuerlic soen heeren Daem
Duysschen (1420), en eene Bele natuerlyke dochter Arnts
van Rypelberch (1441). Verder Godert natuerlyc soen
Goderts wilen Aleiten soens van Stiphout (1389);
hier was Godert, de vader van den eerstgenoemden Godert,

waarschijnlijk ook, als zijn zoon, een „natuurlijk" kind, omdat hij slechts een metronymicum, slechts den naam van zijne moeder, van A l e i t v a n S t i p h o u t voert, en niet zijn vadersnaam. Dan nog J a n v a n B e r l a e r n a t u e r l i k e s o e n w i l e n M a e s S h o g e n d i e h i h a d d e v a n J u f f r o u w M a r g r i e t e n v a n B e r l a e r (1419), waar nevens den naam van den vader ook nog dien van de moeder vermeld wordt. Dit is ook het geval bij de benaming van J u t t e d o c h t e r M e y s v a n H e r z e l d i e d i e - s e l v e n a t u e r l i c g e w o n n e n h a d d e C o r s t i n e v a n d e G o e r (1446), enz.

Het kan niet anders — waar de onwettige geboorten zoo menigvuldig voorkwamen, en waar die zaak zelfs vermeld werd en genoemd in de benamingen die de kinderen, uit zulk eene geboorte voortgesproten, te dragen hadden, daar moesten de lieden van wettige geboorte er prijs opstellen dat ook deze zaak blijken kon uit de benamingen die zij voerden. Zoo vinden wij dan ook in de Helmondsche oorkonden met name genoemd eenen J a n v a n d e n G r a v e w i t t i g e s o e n w i l e n J a n s C o m a n s v a n H e l m o n t (1428). Bijzonderlijk, als een man zoo wel wettige kinderen had als onwettige, zullen de eerstgenoemden de wettigheid hunner geboorte gaarne opzettelijk bij hunnen naam vermeld hebben, in onderscheiding van de namen hunner halve broeders en zusters van onechten bedde. M a e s S h o g h e n (d. i. T h o m a s d e s H o o g e n, de zoon van den man, die, om de eene of andere reden den toenaam van d e H o o g e of H o o g gevoerd had) — M a e s S h o g h e n verkeerde in dit geval; hij had eenen wettigen en eenen natuurlijken zoon. De volle benaming van den laatsten, van J a n v a n B e r l a e r, hebben wij reeds hierboven op deze bladzijde medegedeeld. Die van den eerstvermelden, den wettigen zoon, was A r t v a n G h e e l, w i t t i g e s o e n w i l e n M a e s S h o e g h e n (1419).

Bijzonder belangrijk en merkwaardig is de Helmondsche naamlijst nog wegens een groot aantal schoone, ja edele, oude, volledige, volkseigen-Germaansche namen die daar op vermeld staan: namen, die ten deele nog wel onder de hedendaagsche Nederlanders voorkomen, vooral in de Friesche gewesten, maar

die voor een ander deel ook geheel verouderd zijn en bij het
tegenwoordige geslacht niet meer in gebruik. Namen, die heden
ten dage door allerlei onredelijke en leelijke, voor Nederlanders
geheel onvoegzame, Fransche en Engelsche namen en naamsvormen verdrongen zijn, zeer tot schande onzer volkseigene
zake. Zulke oude en edele namen, die wij den hedendaagschen
Helmondenaren, en den Brabanderen in het algemeen, voor-
houden en aanbevelen om weêr in gebruik genomen en in hun
eere hersteld te worden (immers onder de Brabanders in het
bijzonder zijn vreemde, Fransche namen veelvuldig in zwang) —
zulke namen dan zijn:

Gosewyn, voluit Godeswin, beteekenende: Godsvriend.
Deze naam komt in verschillende vormen en verkortingen voor, als
Goeswyn (Goeswyn Heilwighen soen van Gherwen
(1389), en Goeswyn Schuermans (1419); als Goswyn
(Goswyn Wevers (1402); samengetrokken als Goessen,
heden ten dage Goossen: Goessen Scorten (1460).

Godart, voluit Godhard (Godhart). Deze naam komt
op de naamlijst zeer menigvuldig voor. In zijnen vollen
vorm is hij heden ten dage nagenoeg uitgestorven onder ons
volk; slechts in sommige oud-adellijke geslachten is hij, ook
in den vorm Godert, nog erfelijk. Buitendien komt hij, in
samengetrokken vorm, en met gewijzigden klank, als Geurt,
dat is Gö(d)ert, en Guurt nog hier en daar ten platten
lande voor. In Noord-Holland is de vrouwelijke vorm Guurtje
(Godeharda) niet zeldzaam. — Godart Vrancken (1418),
in 1439 Godart Vrankensoen genoemd; Godart van
der Capellen (1460); Roever Godart Meussoenssoen
(1419); Godert van Bistervelt (1348); Godert Bants
(1435).

Alaert, ook Alairt geschreven; voluit Adelaart, Adelhart, Athalhard, in de Friesche gewesten nog heden als Allard
en Allert, ook Aldert, geenszins zeldzaam. — Jansoen Aert
Alaerts (1481), dat is: Jan (Johannes), zoon van Aert
(Arnout), die een zoon was van Alaert (Adelhard); Lambrecht Alairts Salensoen van Bakel (1416).

Ghevart, dat is Gevart of Geevaert, Hoogduitsch
Gebhard. — Ghevart Lutensoen (1401).

Ysbout, Isbald. — Ysbout Dirx Snoexsoen van der Zantvoert (1416).

Reyner, voluit Raginheri, ook als Reinier voorkomende, en in de Friesche gewesten nog heden als Reiner en Reinder. — Reyner van den Wintmoelen (1348) en Reynier Haengreve (1389).

Vranck, in betere spelling Frank, een schoone, Oud-Nederlandsche naam, zóó, en als Franke, nog heden bij de Friezen in gebruik, even als oudtijds ook bij Hollanders en Zeeuwen (Frank van Borsselen). — Vranck van den Dijck (1462) en Vranc Thuyns (1435).

Rabout, voluit Radbout, Radbold of Redbald. — Met eenige verwoudering, maar tevens met veel genoegen vinden wij dezen schoonen, tamelijk zeldzamen, Oud-Frieschen koningsnaam nog in de 15ᵉ eeuw in Brabant (of in Limburg? Neder-Rijnland?) in gebruik: Rabout heeren Rabouts soen van Vloedorp (1425). Dit Vloedorp is toch zeker het hedendaagsche Vlodorp of Vlodrop in Limburg, bij Roermond, op de grens van Neder-Rijnland.

Rymbout, waarschijnlijk eene misschrijving voor Reynbout, voluit Reginbold of Raginbald, eveneens een schoone Oud-Germaansche mansnaam. — Rymbout Henrixsoen van den Berge (1444).

Nevens deze en meer andere merkwaardige mansnamen levert de Helmondsche namenlijst ons ook eenige bijzondere vrouwennamen op, die eveneens heden ten dage volkomen of geheel buiten gebruik zijn geraakt, maar die ook eveneens als schoone, volledige Oud-Germaansche namen onze belangstelling ten volsten waardig zijn. Ook deze namen worden bijzonderlijk den hedendaagschen Brabanderen voorgesteld en aanbevolen om daar hunne jonggeborene dochterkens, in oud-vaderlandschen, in oud-volkseigenen geest mede te noemen.

Ermgarde, ook Ermgaert, Irmingard; zóó heetten, onder anderen, Boergondische koninginnen in de 9de en 11de eeuw. — Ermgarde Jan Beliensoensdochter (1401), dat is: Ermgarde, dochter van Jan, die een zoon was van Belie (zie bladzijde 183 hiervoren).

Aleyt, Aleida, voluit Adelheid, ook een naam die oudtijds

door Germaansche koningsvrouwen en dochters gedragen is, en dien de Franschen tot *Adelaïde* hebben verknoeid. A l e i t, A l e i d a was ook in de middeleeuwen in Holland geenszins zeldzaam (A l e y t v a n P o e l g e e s t). — Te Helmond A l e y t M o e r k e n s (1395) en A l e y t A r t s C r e p p e n d o c h t e r (1427).

L u y t g a r t of L u y t g a e r d e, L u t g a r d i s, een welluidende en liefelijke naam, de naam van S i n t e-L u u t g a a r d e van Tongeren, bij de Roomsch-Catholyken bijzonderlijk als Beschermheilige der Nederlandsche (Dietsche, Vlaamsche) taal vereerd, wier gedenkdag op den 16den Juni valt. L u y t g a e r t H o u b e n (1394), wier naam in den jare 1400 als L u y t g a r t H u b e n d o c h t e r voorkomt.

E n g e l, in Friesland nog als E n g e l t j e (veelal uitgesproken I n g e l t s j e), en elders in Noord-Nederland in den wansmakelijk-opgesmukten vorm E n g e l i n a voorkomende. — E n g e l v a n d e n D o r e n P e t e r s d o c h t e r v a n d e n V e h u s e (1419).

W a n d e l, ook W e n d e l, W e n d e l a. — W a n d e l J a n E m b r e c h t s d o c h t e r (1419).

H e i l w i g. — H e i l w i g d o c h t e r w i l e n H e r m a n s D i r c s G u e d e l e n s o e n s (1443). De oude naam G u e d e l e, G o e d e l a, G u d u l a, in deze benaming voorkomende als eigen aan de groot-moeder of overgrootmoeder van H e i l w i g, is mede een Oud-Neder-landsche naam, te Brussel welbekend.

Den bijzondersten en merkwaardigsten naam van de Oud-Helmondsche benamingen hebben wij voor het lest bewaard. Het is die van S w e n e l t w i l e n H e n r i c s M o r t e l s d o c h t e r (1436); S w e n e l t, verloopen in vorm en klank uit den ouden, volledigen vorm S w a n h i l d e, een welluidende en overschoone naam, die zoo menige herinnering aan den Oud-Germaanschen sagen- en heldentijd onzes volks opwekt.

Zeer ongewoon, ten deele ook mij onverklaarbaar, ofschoon niet onbekend, zijn nog enkele andere namen van onze lijst. Bij voorbeeld die van U d e m a n v a n T h e f e l e n (1439); (U d e-m a n is een bijvorm van den bekenden mansnaam U d o, in Friesland nog heden ten dage in verkleinvorm O e d t s e n, O e d s, O e t s); van B r u y s t e n Y s e h o u t s s o e n (1426) en van D y r c C n o o p s o e n v a n Z o e m e r e n (1389.) De namen B r u y s t e n, B r u s t e n of B r u s t y n en C n o o p komen ook elders in de

Nederlanden voor, in de middeleeuwen en later nog. Den laatstgenoemden naam, ook als K n o o p, treft men nog heden als
maagschapsnaam aan; ook in patronymicalen vorm: K n o o p s,
C n o o p s, en verlatijnscht als C n o p i u s.

Halve, ingekorte, samengetrokkene, vervloeide en versletene
naamsvormen, als zoogenoemde vleinamen ontstaan en bekend,
komen ook menigvuldig en in allerlei gedaanten in de Helmondsche lijst voor. Sommigen daarvan hebben wij reeds medegedeeld en verklaard: M a e s, voluit T h o m a s; R o e f en R o-
v e r k e = R o v e r t, R o d f r e d, R o d f r i e d, enz. Verder vermelden wij hier nog H e n n e k e n = J o h a n n e s, voorkomende
in de benamingen van H e n n e k e n J a n D e y n e u s o e n (1478);
H e n n e k e n R o e s e l m a n s M e l y s b r u e d e r (1439); en H e n-
n e k e G e r r i t C e l e n s o e n (1460). R u e l k e n, in de Friesche
gewesten nog wel, zonder den verkleinvorm, voorkomende als
R o e l, een verkorte of afgekapte naamsvorm van R o e l o f,
R o l o f, R o d l o f of R o d o l f (bij letterkeer), R u d o l f, H r o d o l f;
wij vinden dezen naamsvorm bij R u e l k e n d i e S c o e m e k e r
L a m b r e c h t R u e l k e n s s o e n (1401). L e m m e n, bij L e m m e n
v a n d e L a e r (1416), geldt heden ten dage in de Vlaamsche
gouwen voor eene verbastering van W i l l e m, W i l h e l m; in
de Friesche gewesten, waar L e m en L e m k e ook voorkomen,
heeft deze vleinaam waarschijnlijk eenen anderen oorsprong.
Eene andere verbastering van W i l l e m of van eenigen anderen
met den naamsstam *wil* samengestelden naam (W i l b a l d of
W i l l e b o u t, W i l m a r, W i l b r e c h t) is W i l l e k e n, zoo als
W i l l e k e n v a n G h e m e r t (1410) heette. Dat op gelijke wijze
de naam L o d e k e n, de dagelijksche benaming van L o d e k e n
v a n L o f e n (1410), eene verkorting in verkleinvorm is van den
naam L o d e w ij k, blijkt hieruit dat bovengenoemde L o d e k e n
acht jaren later in eene oorkonde van 1418 voorkomt als
L o d e w i c h L o d e w i c h s s o e n v a n L o e f f e n. Ook nog van
eene andere verkorting en vleivorm geeft onze naamlijst eene
oplossing. Te weten van A e r n o u t, A r n o l d, A r n w a l d, een
naam die in de laatste middeleeuwen veelvuldig in gebruik
was. Deze naam, in Holland en andere Noord-Nederlandsche
gewesten gemeenlijk tot A r e n d en ook nog wel korter tot
A a r t versleten (in Friesland zelfs wel tot A a n), was onder de

Helmondsche burgerij in den regel tot A r n t en A r t ingekort. Bij voorbeeld bij A r t P e t e r M e e u s s o e n (1418); A r t v a n d e n P a e p e n d o n c k (1439); A r t v a n G h e e l (1419); A r n t L y s e n L y s k e n s s o e n (1392); A r n t E b b e n (1395) enz. Van deze reeds ingekorte en saamgetrokkene naamsvormen A r n t en A r t had men oudtijds te Helmond nog den vleinaam A y e of A y e n gemaakt. Dit wordt ons bewezen uit de benamingen van A r t g e h e y t e n A y e n n a t u r l i k e s o e n H e r m a n s v a n E y n d h o u t s (1418). Het schijnt in der daad als of deze man, dien wij nog in eene oorkonde van den jare 1420 ontmoeten als A r n t g e h e y t e n A y e n H e r m a n s n a t u e r l i c s o e n▸ v a n E y n d h o u t s (1420), en in eene andere van 1421 als A r n t g e h e y t e n A y e n a t u e r l i c s o e n w i l e n H e r m a n s v a n E y n d h o u t s, bij zijne tijdgenooten schier uitsluitend en vast algemeen als A y e n of A y e bekend was, zoo dat deswegen die omslachtige omschrijving van zijn persoon in zijne benaming noodzakelijk was.

Dat ook de vrouwennamen alzoo verbasterd werden leert ons de namenlijst in de benamingen van H e y l e v a n d e n P u t (1394), van J u t t e v a n R i j t h o v e n (1416) en van J u t t e G o b b e l s (1436). H e y l e is een vleinaam van den eenen of anderen volledigen, met den naamsstam *heil* samengestelden vrouwennaam — van H e i l w i g waarschijnlijk. Als H e i l t j e is deze naamsvorm nog heden ten dage in de Friesche gewesten geenszins zeldzaam. En J u t t e is een zonderlinge vleivorm van den naam J o h a n n a. In de middeleeuwen kwam deze naam J u t t e ook in Holland en in andere onzer gewesten voor; thans is hij, voor zoo verre mij bekend is, ganschelijk bij ons volk buiten gebruik geraakt.

Aangaande de gewone ook hedendaags nog gebruikelijke verkortingen en verbasteringen van gewone namen, zoo als J a n van J o h a n n e s, K l a e s, C l a u s van N i c o l a a s, G e r i t of G h e r y t, G e r r i t van G e r h a r d, L y s b e t van E l i s a b e t h, enz. die ook rijkelijk vertegenwoordigd zijn in de Helmondsche namenlijst, behoef ik hier wel geen woord ter verklaring te verspillen.

Heden ten dage komen onder de Nederlanders veel vreemde,

vooral Fransche namen voor, en tevens veel lieden, die met
twee, drie, vier, ja met nog meer vóórnamen zijn opgepronkt.
Zóó te doen is eene wanzede. In de zuidelijke Nederlanden, bij
Brabanders en Vlamingen is dit misbruik juist meest inheemsch.
Hoe noordelijker in de Nederlanden, hoe minder men zulke
vreemde namen aantreft. In de Friesche gewesten zijn ze zeldzaam.
Ten platten lande in Friesland komen vreemde namen en dubbele
of veelvoudige namen slechts uiterst zeldzaam, schier nimmer
voor. Deze zelfde Oud-Germaansche reinheid en eenvoud van
zeden in de namen der menschen heerschte in de laatste middeleeuwen ook nog te Helmond. In onze gansche lange lijst van
ruim twee-honderd namen vind ik slechts één Fransche en één
dubbele naam: Louis Orssen (1481), in 1477 voluit Louis
Aert Orssen soen genoemd; en Marie Luytgarde des
Visschers dochter (1404).

Als bijzonder opmerkelijk kunnen wij er nog op wijzen, dat
twee soorten van toe- of geslachtsnamen, die nog heden ten dage
bijzonder eigen zijn aan de Brabantsche gewesten, ook in de
middeleeuwsche Helmondsche namenlijst niet ontbreken. Wij be-
doelen de geslachtsnamen, die op *mans* eindigen, in Brabant
ongemeen talrijk vertegenwoordigd; en die, welke gevormd zijn
door eene *s*, als overblijfsel van het verbogene lidwoord *des*, vóór
den eigentlijken naam geplaatst. Die zelfde *s* wordt bij plaatsnamen zeer te recht nog afzonderlijk geschreven, als 's; bij voorbeeld 's-Gravenhage, 's-Hertogenbosch, 's-Heerenberg.
Bij de geslachtsnamen is zij echter reeds onafscheidelijk met
den eigentlijken naam verbonden, in één woord; bij voorbeeld
Smulders, eigentlijk 's-Mulders, des mulders (zoon), de
zoon van den molenaar; Smertens, dat is: 's-Mertens, des
Mertens (zoon), de zoon van den man die Merten, Marten,
Martinus heette; Smeuninckx, de zoon van den monnik, enz.
De namen op *mans* eindigende, en als Mosmans, Sijstel-
mans, Heuvelmans, Pellemans, Muyldermans, Borg-
mans, Roymans, enz. enz. zoo menigvuldig in Brabant voorkomende, dat zij als 't ware eenen eigenen stempel drukken op
de Brabantsche namen in het algemeen, zijn echte of ook on-
eigentlijke patronymica, afgeleid van doopnamen die reeds op

man eindigen, als H e r m a n, H a r t m a n, T i e l m a n, U d e m a n,
of van bij- of toenamen met dien uitgang; bij voorbeeld R o y-
m a n, (de roode, roodharige man, of de man die aan eene *rode*
[*rooi*], aan eene uitgerode, van boomen ontbloote plaats in het
bosch woonde), W i e l m a n, B e r g m a n, S c h u u r m a n, enz.

Onze naamlijst vermeldt de namen van L a m b r e c h t L a u w-
r e y z e n T ï e l m a n s s o e n (1460 — L a m b r e c h t, de zoon van
L a u w r e y s [L a u r e n s], die een zoon was van T i e l m a n);
W i l l e m G h e v a r t s L u t e n M e d e m a n s s o e n s s o e n (1401);
J o h a n n e s R o e s e l m a n s s o e n (1400); C l a e s C l a e s W i e l-
m a n s s o e n (1418); L i s e b e t h H a r c m a n s d o c h t e r (1388);
L y s b e t h e n d e H i l l e d o c h t e r e n A r t s S t i p p e l m a n s (1417).
Bij deze vijf eerste namen is het woord *soen* (zoon) of *dochter*
nog achter den *vaders*naam gehecht gebleven; den oorsprong van
deze namen duidelijk aangevende. Andere *mans*namen in onze
lijst hebben dat kenmerk reeds verloren, en onderscheiden zich
in niets meer van de hedendaagsche geijkte maagschapsnamen
die op *mans* eindigen. Dat zijn de namen van P e t e r S t i p p e l-
m a n s (1460), van H e r m a n E y c m a n s (1439), P e t e r P e d e l-
m a n s (1416), G o e s w y n S c h u e r m a n s (1419 — deze naam,
oorspronkelijk als toenaam dienende voor mannen die een schuur
bij hun huis hadden, of misschien wel in eene schuur woonden,
is zeer algemeen, niet alleen in de Brabantsche, maar ook,
meestal als S c h u u r m a n en S c h u u r m a n s, in alle andere
Nederlandsche gewesten). Verder nog J a n C o f f e r m a n s
(1436), H e n n e k e n R o e s e l m a n s (1439 — zie bladzijde 182), enz.

Namen met voorgevoegde *s* vinden wij bij H u b r e c h t s o e n
H a p p e n S m o l n e r s (1435 — H u b r e c h t zoon van H a p p e den
molner of molenaar); D i r c U d e m a n s S w o l f s s o e n (1435);
M a t t h y s J a n S p a p e n s o e n v a n Z o m e r e n (1417 — M a t t h i j s,
zoon van J a n [bijgenaamd P a a p? of P a a p = Priester?] van
Zomeren); H e r m a n S w e v e r s (1492 — des Wevers); S o p h i e
van G e l d r o p D i r c s S j o n c h e r e n s o e n s d o c h t e r (1400).
Twee zonen, een wettige en een natuurlijke, van M a e s H o g e
of H o e g h e, d. i. van T h o m a s d e H o o g e, onder de benamingen
A r t v a n G h e e l wittige s o e n w i l e n M a e s S h o e g h e n
(1419) en J a n v a n B e r l a e r n a t u e r l i c s o e n w i l e n M a e s
S h o g e n (1419); G o e s s e n S c o r t e n, dat is: G o o s s e n of

Gosewyn of Godeswin, zoon van den man die de Corte werd genoemd, enz. Duidelijk komt deze naamsvorm ook aan het licht in de benamingen van Willem den Weder wilen Dirc Sweederssoen (1428), met Dirc die Weder (1481) en Margriet Swedersdochter (1421).

Indien nu door het lezen en betrachten van deze verhandeling over Oud-Helmondsche namen, deze of gene Brabander (hoe meer hoe beter!) genoopt werd weêr de schoone en liefelijke, de welluidende en voegzame, de eerbare en volkseigene Oud-Germaansche namen zijner voorouders in hunne volledige vormen zijnen kinderkens te geven, hij zoude deswegen den eerenaam van een kloek en degelijk volks- en vaderlandsgezind man mogen dragen, en de schrijver van dit opstel zoude zich daarin van harten verblijden.

V

FRIESCHE NAMEN.

»Gaudete, charissimi Frisonides, quia
Nomina vestra in hoc libro reducta sunt
ad originalem typum. Imo potius gaudete, si Nomina vestra scripta sunt in
coelis."

REGNERUS BOEGHERMAN, *De Nominibus Frisonum.*

Het Friesche volk heeft zich, van ouds her en tot op den
dag van heden, door vele eigenaardigheden in taal, zeden,
kleeding, enz., steeds bijzonder onderscheiden van andere, naburige en stamverwante Germaansche volken. De bijzondere
namen der Friezen, zoowel hunne vóórnamen als hunne ge-
slachts- en plaatsnamen, die grootendeels van de vóórnamen zijn
afgeleid, nemen onder die eigenaardigheden almede eene eerste
plaats in.

Veel van 't gene in den tegenwoordigen tijd voor bijzonder
en eigenaardig Friesch geldt, is dit van ouds niet steeds geweest.
In tegendeel, veel van die zaken was oudtijds zoowel Sassisch
en Frankisch als Friesch, was algemeen Germaansch eigendom.
Voor tien en vijftien eeuwen, bij voorbeeld, was er tusschen
de taal der Friezen en die der Sassen bij lange na niet dat
groote onderscheid 't welk thans bestaat tusschen het hedendaagsche Friesch en de Sassische gouwspraken van Twente en
den Gelderschen Achterhoek, van Westfalen en andere gouwen
in noordwestelijk Duitschland. Ook het Angelsassisch, de moeder-

taal van het hedendaagsche Engelsch, stond in die eeuwen, in hoofdzaak, vrij nabij het toenmalige Friesch.

Iets soortgelijks valt ook bij de kleeding op te merken. Immers de vrouwen der Angelsassen en van andere Neder-Germaansche volken en stammen droegen algemeen het oorijzer (natuurlijk in andere, min of meer gewijzigde, en altijd zeer smalle 'ormen), gelijk de Friezinnen en alle vrouwen die in de Nederlanden van Frieschen stam zijn, nog heden doen. [1] Ook vele zeden en gebruiken, die thans als bijzonder Friesch gelden, waren oudtijds allen Neder-Germaanschen volken gemeen. Maar bij de Friezen bleven al zulke oude zaken in stand, terwijl ze bij de verwante volken en stammen, gedeeltelijk reeds sedert de invoering van het Christendom, gedeeltelijk gedurende den loop der middeleeuwen, ten deele ook nog bij, en kort na de kerkhervorming verdwenen, somtijds zelfs met geweld werden uitgeroeid. De Friezen hebben zich daar steeds tegen verzet. Zij bleven, zoo veel maar immer mogelijk was, aan het oude en volkseigene, dat door hunne voorouders hun overgeleverd was (voor zoo verre het ook goed was), „hou ende trou" en in liefde gehecht. Dit is hun eene eere!

En zoo is het ook met de bijzonder Friesche mans- en vrouwen-vóórnamen. Veel van wat thans in deze zaak als eigenaardig Friesch geldt, is van ouds algemeen Germaansch geweest. Oorspronkelijk toch hebben de Friezen geen afzonderlijke, slechts uitsluitend aan hen eigene namen gehad. De namen, die de oude Friezen droegen, hadden zij gemeen met de stamverwante volken. Maar bij de Friezen hebben deze namen, zoo in hunnen volledigen vorm, als in uiterst talrijke vervormingen, stand gehouden tot op den dag van heden. Bij de andere Nederlanders, bij de Engelschen en bij de Nederduitschers, hebben zij grootendeels plaats gemaakt voor namen van Bijbelschen en Kerkelijken oorsprong, en voor namen uit allerlei vreemde talen overgenomen. Ook dit vasthouden aan de oude, schoone en eervolle namen hunner roemruchtige voorouders strekt den Friezen tot eere, en is een bewijs van hunnen alouden Germaanschen adeldom.

[1] Zie over deze zaak mijne verhandeling *Haarringen, Hoofdbeugels en Oorijzers*, voorkomende in het werk *Oud Nederland*, 's Gravenhage, 1888.

De Friesche namen hebben, sedert de 16de eeuw, veelvuldig
de aandacht getrokken en de belangstelling gewekt van geleerden
en van navorschers op het gebied der taal- en volkenkunde.
Sommigen van dezen hebben min of meer uitvoerige, maar toch
in geenen deele ook maar eenigermate volledige lijsten van die
namen samengesteld. Maar die lijsten zijn slechts dorre opsom-
mingen van namen; meer niet. Ze zijn zonder nadere aan-
duidingen, en zonder veel oordeel samengebracht, waarbij dan
ook de oorsprong der namen, hunne oorspronkelijke, volledige
vormen, hunne vlei- en verkleinvormen, hunne afleidingen tot
geslachts- en plaatsnamen, het onderlinge verband dat er tusschen
de verschillende namengroepen bestaat of ook niet bestaat, volstrekt niet in het licht gesteld wordt, noch tot gelding komt.
Eerst in deze eeuw verscheen een eerste werkje, dat op eenigermate wetenschappelijke wijze, zij het dan ook nog slechts uiterst
oppervlakkig, de Friesche namen behandelt. Het is opgesteld
door Prof. Ev. WASSENBERGH, hoogleeraar te Franeker, en komt
voor, onder den titel *Verhandeling over de Eigennamen der Friezen*,
in de *Taalkundige Bijdragen tot den Frieschen tongval*, Leeuwarden,
1802. In deze verhandeling worden ook de Friesche naamlijsten
uit vorige eeuwen, die van UBBO EMMIUS, van HUNDIUS, van
BOEGHERMAN, vermeld, overgenomen, en nader besproken.

Verder zijn in de verschillende jaargangen van het tijdschrift
De Navorscher en ook in die van den *Frieschen Volksalmanak* onderscheidene kleine opstellen over sommige bijzondere Friesche
namen opgenomen, die grootendeels door mij zelven geschreven
zijn. Eenigszins uitvoeriger zijn in het tijdschrift *De Vrije Fries*,
deel XIII en XIV, sommige Friesche namen, vooral geslachtsnamen, behandeld, in een opstel van mijne hand, *Een en ander
over Friesche Eigennamen*. Ook vindt men in mijn werk *De Nederlandsche Geslachtsnamen*, Haarlem, 1885, vele zaken vermeld en
behandeld, die in het bijzonder op Friesche namen rechtstreeks
betrekking hebben. Dit is eveneens het geval met het voor
Friesche namenvorschers allerbelangrijkste hoofdstuk over *Zaansche
Eigennamen*, voorkomende in het werk van DR. G. J. BOEKEN-
OOGEN, *De Zaansche Volkstaal*, Leiden, 1897. Eindelijk bevat het
werk *Nomina geographica Neerlandica*, Amsterdam, 1882 en vervolgens, nog eenige opstellen, door mij geschreven, over Friesche

plaatsnamen, en in het bijzonder eene uitvoerige, en leerrijk toegelichte lijst van oude *Friesche plaatsnamen, tegelijk eene bijdrage tot de oude aardrijkskunde van Friesland*, geschreven door DR. F. BUITENRUST HETTEMA. Het laatst verschenen werk op Friesch naamkundig gebied is mijne *Friesche Naamlijst* (*Onomasticon frisicum*) Leeuwarden, 1898, eene volledige, stelselmatig geordende en beredeneerde lijst van Friesche eigennamen, zoo mans- en vrouwen-vóórnamen als geslachts- en plaatsnamen, in hunnen onderlingen samenhang en met toelichtingen voorgesteld.

Ook mogen hier niet onvermeld blijven drie werken van Oost- en Wezer-Friezen; namelijk een van BERNH. BRONS JR., *Friesische Namen und Mittheilungen darüber*, Emden, 1877, dat uitvoerige lijsten van Friesche eigennamen bevat, hoofdzakelijk uit Oost-Friesland; een van DR. KARL STRACKERJAN, *Die Jeverländischen Personennamen mit Berücksichtigung der Ortsnamen*, Jever, 1864, 't welk van groote geleerdheid en navorschingsijver getuigt. En eindelijk een opstel van AUG. LÜBBEN, *Einiges über Friesische Namen*, voorkomende in HAUPT's *Zeitschrift für Deutsches Alterthum*, 1856.

Ten slotte moet hier nog genoemd worden een boek, waarin ook de Friesche namen en naamsvormen bijzonderlijk behandeld worden (in het hoofdstuk *Ueber besondere Friesische Namensformen und Verkürzungen*); namelijk DR. FRANZ STARK, *Die Kosenamen der Germanen*, Weenen, 1868. In dit werk worden de eigenaardige algemeen Germaansche en bijzonder Friesche vleivormen der oorspronkelijk volledige namen duidelijk in het licht gesteld.

Evenmin als de Friesche taal, oudtijds geenszins, en ook heden ten dage nog niet, uitsluitend eigen was en is aan Friesland tusschen Flie en Lauwers, zoo min zijn ook de Friesche eigennamen, uit die taal voortgesproten, uitsluitend beperkt tot dat hedendaagsche Nederlandsche gewest Friesland. Integendeel. Immers komen ze eveneens voor, zij het dan soms ook in min of meer gewijzigde vormen, in de andere Oud-Friesche gouwen, dus in West-Friesland (noordelijk Noord-Holland), Groningerland, Oost-Friesland, Wezer-Friesland, Noord-Friesland, enz. Evenwel, gelijk de Friesche taal in het Nederlandsche gewest Friesland nog heden, als van ouds, hare grootste ontwikkeling,

ook hare grootste zuiverheid, eigenheid en waarde, en tevens
hare grootste verbreiding heeft, meer dan in de andere gouwen,
zoo zijn ook in dat Nederlandsche Friesland de Friesche eigennamen
het menigvuldigst en het bijzonderst in hunne vormen, ook het
meest verspreid en het meest in gebruik, van ouds her en nog
heden ten dage.

Oudtijds, toen de Friesche taal in hare eigenheden, in hare
eigene klanken en eigene vormen, en in de eigene plaats die
zij inneemt tusschen de talen der andere volken, weinig of ook
in het geheel niet bekend was bij de geleerden buiten Friesland,
en veel minder nog bij de ongeleerden, heeft men wel gemeend,
en dit ook verkondigd, dat de bijzonderheden der Friesche namen
slechts te verklaren waren door aan te nemen dat die namen
van Hebreeuwschen, van Trojaanschen, van Griekschen of van
Romeinschen oorsprong moesten wezen. Dit behoeft heden ten
dage geene wederlegging meer. Maar dat de Friesche namen
zuiver Germaansch zijn, en in hun oorspronkelijk wezen niet
verschillen van de namen der andere Germaansche volken, dit
is nog geenszins van algemeene, en nog geenszins van voldoende
bekendheid. De waarheid echter dezer stelling blijkt ruimschoots,
en wel in de eerste plaats uit die Friesche mans- en vrouwen-
vóórnamen, die nog hunne volledige, of anders slechts weinig
ingekorte, slechts weinig versletene, oorspronkelijke vormen
vertoonen; bij voorbeeld, de mansnamen A d g e r (voluit A l d g a r),
A d s e r, A e l d e r t, in Nederlandsche spelling A a l d e r t, oorspronkelijk voluit A d e l h a r t)[1], enz. allen nog hedendaags ge-

---

[1] A e l d r i k (in Nederlandsche spelling Aaldrik, oorspronkelijk voluit Adelrik),
A e l w y n (in Nederlandsche spelling Aalwijn, oorspronkelijk voluit Adelwin = Edele
vriend), A y o l d, A l b e r t (oorspronkelijk voluit Adelbrecht), A l d e r t (de zelfde
naam als Aaldert, bovenvermeld), A l e f en A l o f (oorspronkelijk voluit Adelelf, Adel-
lof, Adelwolf), A l f e r t (Alfred, Adelfred, Adelvrede), A l g e r (oorspronkelijk voluit
Adelger, Adelgar), A l m e r (Adelmar), A r e n d (Arnwald of Arnhold, de zelfde naam als
Arnout), B a r e l d (Barwald), B i n d e r t en B i n n e r t (Bernhard), B r o n g e r, E a d s-
g e r, E d s e r, E d s e r t, E d z a r d en I d s e r t; dan E g b e r t, E i l a r d (Agilhart), E i-
l o f (Agilolf), E v e r t (Everhart), F o l k e n (Folkwin), F o l k e r t (Folkhart), F r e a r k of
F r j e r k (Freerk, Frederik), G e r l o f of G e e r l o f, bij samentrekking G e l f (Gerolf,
Gerwolf), G e r b e n en G e r b r e n (Gerbern); G e r b r a n d; G e r r o l t, bij samentrekking
G r e a l t, G r e o l t of G r e u l t (Gerhold), G e r m e n (German), G y s b e r t (Giselbrecht),

bruikelijke namen. Uit de oude en verouderde, hedendaags bij de Friezen reeds uitgestorvene namen blijkt dit eveneens; bij voorbeeld, uit A d e l b a l d (in versleten vorm A l b a d, A l b e t), A d e l b r i c, A d e l d a g, A d e l r i c, A l d g r i m [1], enz. En niet minder uit de vrouwennamen, zoo hedendaagsche (A e l t s j e, in Nederlandsche spelling A a l t j e, de ingekorte en verkleinvorm van A e l h e y t of A d e l h e i d) — A e l m o e d, in Nederlandsche spelling A a l m o e d, oorspronkelijk voluit A d e l m o d, — A e r l a n d, in Nederlandsche spelling A a r l a n d) [2]; als verouderde (A d e l g a r d e, A d e l b u r g, A d e l h a r d a) [3], enz.

Dit zijn allen echt Germaansche namen, die in de zelfde of

G i s o l d, G o d s s k a l k (in Nederlandsche spelling Godschalk), H a r t g e r, H a r t m a n, H a t t e m of H a t t u m (Harthelm), H i l b e r t (Hildbrecht), H i l b r a n d of H i l l e b r a n d (Hildbrand), I d s e r t (zie hier voren bij Edser), Y s b r a n d, J e l g e r (Ethelgar), J e l m e r (Ethelmar), J i l d e r t of J i l l e r t, J o d s e r d, J o r r i t (Everhart), J o u w e r t, L a m m e r t (Lambert, Landbrecht), L e f f e r t (Liafhart), L u b b e r t (Hludbrecht), M e i n d e r t en M e i n e r t (Meginhart), N i t t e r t (Nidhart), O l f e r t (Olfhart, Wolfhart), R e i n h a r d, R e i n e r t en R e i n d e r t (Reginhart), R i c h o l t, R y k e n (Rikwin), R i t s e r t (Richard, Rikhart), R o d m e r (Hrodmar), S i b r a n d (Sigbrand), S i b r e n of S y b r e n (Sigbern), S i b o u t (Sigbald), S y m e n (Sigman), T e t m a n, T s j a l f (in Nederlandsche spelling Tjalf, oorspronkelijk voluit Thiadlef), W i b r a n d (Wigbrand), W i b r e n of W y b r e n (Wigbern), W i g b o l d, W i l l e m (Wilhelm), enz.

[1] A l e m (voluit Adelhelm, als Hattem en Willem gevormd), A l m a n (Adelman), A l w a r t (Adelwart), A s w y n (vriend der Goden), B o r n l e f, B e r n l e f of B e r n o l f, B r o t r y c k, E d g a r, E d l e f f, E g i l b a l d, E i l b r a n d, F o l c b r a t, F o l k m a r, F o l k w a r t, G a r d o l f, G a r h e l m, G a r l e f, G e r b a l d, G e r h o l d, G e r w a l t, G o d s f r i u n d, G o n d e b a l d, H a d l e f, H a r a l d, H a r t m o d, H a t e b r a n d, H e y l g a r, H e l l i n g b e r n, H e l m r i k, H e r b e r n, H e r b r a n d, H e r d r a d, H i l d e g r i m, H i l d e r i k, H i l d m a r, H i l d u l f, H i l d w i n, I b r a n d, L i a f w i n, L i n d r a d, L i u d g e r, L i u d m u n d, L i u d r i c, L i o b b r e n, L u d e l e f (Ludelf, Ludolf, Lulof, Hludwolf), M e i n b e r n, M e y n u m (Meginhelm), M e i n w a r d, N o t g r i m, O d e l b a l d, R a d b a l d, R a d b a d, R a d b o d, R a b b o d, R a b b o l d (Radbout), R a n d o l f, R a t g e r of R e d g e r, R e d l e f, R e d w a r d, R e i n b e r n, R i c b a l d, R i c b e r n, R i c f r e d, R i k l e f, R i c w a r d, R o b e t (Hrodbald), R o d b e r n, T a n c m a r, T e t h a r d, T h i a d l e f (Tsjalf; zie hier voren), U l f b o l d, W a l d g e r, W e r i n h a d, W i c h o l t, W i l b r a n d, W o l b e r n, W o l b r a n d, W o l b r e c h t, enz.

[2] B e r n o u, E d w e r, E e d w e r of I d w e r, E l a n d (Edelland), F e r d o u, F a r d o u of F r e d o u, G e r l a n d, H a d e w e i (Hedwig), J i l d o u, J e l d o u of J o l d o u, L u d e w e i (Hlodwige), M e i n o u, R e i n o u, W e l m o e d, enz.

[3] A d e l g o n d a, A l d b u r g a, A r m g a r d, H a t h e b u r g i s, H e r b i l d a, I r m g a r d, I r m t r u d e, Y s l a n d, L i a f b u r g, M a c h t e l d, R i k o u, S w a n e l t (Swan hìlda; (zie Swenelt op bladzijde 190 hiervoren), S w i t h b u r g a, T h i a d l i n d i s, W i g m o d, enz.

in nagenoeg gelijke vormen aan alle andere Germaansche volken
ook eigen zijn. Wel vertoonen enkelen dezer namen sommige
bijzonder-Friesche eigenaardigheden, maar hun karakter van
algemeen-Germaansche namen gaat daardoor geenszins verloren.
Sommigen van deze namen, A l b e r t , E v e r t , F o l k e r t , L a m-
m e r t , W i l l e m zijn evenzeer algemeen-Nederlandsch als bij-
zonder-Friesch eigendom. Opmerkelijk is het betrekkelijk veelvuldig voorkomen van namen met *bern* samengesteld, bij de
mannen: B e r n o l f , B e r n l e f , G e r b e r n , H e l l i n g b e r n ,
H e r b e r n , L i o b b r e n (H l i o d b e r n), O l b r e n , R e i n b e r n ,
R i c b e r n , R o d b e r n , S y b r e n (S i g b e r n), U l b e r n , W y b r e n
(W i g b e r n), enz.; bij de vrouwen, met *land* en *ou* samengesteld:
A l a n d en E l a n d , G e r l a n d , Y s l a n t , U b l a n t — B e r n o u ,
E d o u , F e r d o u , F o l k o u , G a d o u , J i l d o u , M e i n o u ,
R e i n o u , R i k o u , enz. Sommigen van deze volledige namen
zijn door afslijting en inkorting bijna onkenbaar geworden. Als
zoodanigen zijn hier voren reeds vermeld A l e m , F r e a r k , G e l f ,
G r e a l t , H a t t e m , J e l m e r , J o r r i t , T s j a l f , enz. Andere soortgelijken zijn nog S j o e r d (S i g u r d), S i e r k of S j i r k (S i g r i k),
T s j e r k (T h i a d r i k , T h e o d o r i k , — Volkrijk — dezelfde naam
als D i e t r i c h in 't Hoogduitsch, D i e d e r i k of D i r k in 't Neder-
duitsch), T s j a e r d , T s j e a r d , S e a r p , W o r p , M e r k , M u r k ,
S j u k , J a r i c h , G j a l t , T s j e r n e , O r k , enz. Deze soort van
namen heeft almede aan de Friesche namen in 't algemeen dien
eigenen stempel verleend, waardoor ze zoo bijzonder, schijnbaar
zoo geheel eenig zijn onder de namen der andere Germaansche
volken.

De vleivormen der namen, zoo overrijk onder de Friesche
namen vertegenwoordigd, hebben almede eenen zeer bijzonderen
stempel op die namen gedrukt. Die vleinamen worden verder
in deze verhandeling nader behandeld en verklaard.

De Friesche vrouwennamen — behalve die welke reeds op
de vorige bladzijde zijn vermeld, en nog een honderdtal
andere dergelijken — de Friesche vrouwennamen zijn in den
regel rechtstreeks van de mansnamen afgeleid, door achtervoeging van verkleinende uitgangen. Het vormen, het afleiden,
op deze wijze, van vrouwennamen uit mansnamen, ofschoon
ook bij andere Germaansche volken voorkomende, is toch bij

geen van dezen zoo algemeen in gebruik als bij de Friezen. Het grootste gedeelte der Friesche vrouwennamen bestaat dus eigenlijk uit mansnamen in verkleinvorm, soms in eigenaardigen verkleinvorm. Zoo komen van de mansnamen A l d e r t, D o u w e, M i n n e en O f f e, door achtervoeging der verkleinende aanhangsels *je*, *tse* of *tsen*, *tsje* (tje) en *ke*, de vrouwennamen A l d e r t s j e (A l d e r t j e), D o u w t s e n, M i n t s j e (M i n t j e) en O f k e.

Evenzeer als van den volledigen, zij het dan ook ingekorten en eenigermate verbasterden naam A l d e r t (A d e l h a r t), van D o u w e, en van de vleinamen M i n n e en O f f e, zoo zijn ook van de verkleinnamen die reeds als mansnamen dienst doen, bij voorbeeld van B a u k e, I b e l e, O e p k e, R i n s e, W y t s e, door achtervoeging van weêr andere verkleinvormen vrouwennamen gemaakt: B a u k j e, I b e l t s j e (Y b e l t j e), O e p k j e, R i n s k e, W y t s k e. Deze namen zijn dus oneigenlijk gevormd, bij tautologie, door dubbele verkleiningsachtervoegsels. Zulk eene opeenhooping van verkleinvormen komt zelfs wel voor als samenkoppeling van drie achtervoegsels; bij voorbeeld: de vrouwennaam R e i n s k j e, die ontleed wordt in R e i n (dat is de mansnaam R e i n, inkorting van den eenen of anderen met *Rein*, *Regin* samengestelden volledigen naam — R e i n g e r of R e g i n g a r, R e i n d e r t of R e g i n h a r t), in *se*, *ke* en *je*, alle drie verkleiningsuitgangen, dus *Rein-se-ke-je*.

Deze liefhebberij der Friezen voor verkleinvormen achter hunne namen komt ook aan 't licht bij die vrouwennamen, die uit eenen oorspronkelijken, volledigen naam bestaan, met een geheel overtollig, de schoonheid des naams schadend verkleiningsachtervoegsel; bij voorbeeld: G e r l a n d t s j e (G e r l a n d j e) nevens G e r l a n d, S i b r i c h j e nevens S i b r i c h (S i g b u r g), W e l m o e d t s j e (in Nederlandsche spelling W e l m o e d j e) nevens W e l m o e d, enz.

De namen der menschen staan geworteld in hunne taal. De oude Israëlieten droegen Hebreeuwsche namen, de oude Grieken en Romeinen Grieksche en Latijnsche, de oude Germanen Germaansche namen. Anders gezegd: zij droegen namen die samengesteld waren uit woorden, welke oorspronkelijk in hunne volkstalen eene beteekenis hadden, iets beduidden. De Hebreeuwsche naam A b r a h a m beteekent: vader der menigte, dus stamvader.

De Grieksche naam Andreas beduidt: de mannelijke, de man-
hafte. De Latijnsche naam Victor beteekent: overwinnaar. Zoo
ook beduiden de Germaansche namen Everhart (Everaart of
Evert), Wybren (Wiberen, Wibern, Wigbern), en
Godsschalk (Gosse): de man die een hart of een aard ('t is
het zelfde) heeft als een ever of wild zwijn, het kind des ge-
vechts, en Gods knecht.

De eigenaardigheden van de Friesche taal spiegelen zich af in
de bijzonderheden der Friesche eigennamen. Anders uitgedrukt:
de bijzonderheden der Friesche namen zijn ontstaan uit de bijzonderheden der Friesche taal. Sierk of Sjirk bij voorbeeld
is een hedendaagsche Friesche mansvóórnaam, die wel algemeen
voor een bijzondere, eigenaardig Friesche naam zal worden gehouden. Nogtans is Sierk van ouds een algemeen Germaansche
naam, zij het dan ook in Frieschen vorm. Sierk immers is
eene verbastering, bij uitslijting of inkrimping, een versletene
vorm dus, van den oorspronkelijken, vollen vorm Sigerik.
Dit Sigerik is een samengestelde naam, bestaande uit de Oud-
Friesche, tevens algemeen Oud-Germaansche woorden *sige*,
overwinning; en *rik* of *ryk*, rijk. Dus is Sigerik in hedendaagsch
Nederlandsch overgezet: rijk door overwinning. De naam is al
oud; immers reeds in de vijfde eeuw na Christus droeg hem
een koning der Goten. Dit Oud-Friesche woord *sige* hadden de
oude Hollanders als *zege*, nog gebruikelijk in de uitdrukking
de zege behalen, en deel vormende van de woorden *zegepraal* en
zegevieren. Den Oud-Frieschen mansnaam Sigerik hadden de
oude Hollanders als Segerik (Zegerijk) in gebruik, en de
oude Hoogduitschers als Siegrich. Mannen die Zegerik of
Siegrich heeten, treft men onder de hedendaagsche Hollanders
en Hoogduitschers uiterst weinig of in het geheel niet meer aan.
Maar in den samengetrokken vorm Sierk is het Oud-Friesche
Sigerik nog heden bij de Friezen in volle gebruik gebleven.
Zal men nu beweren: Sierk is een geheel eigenaardige Friesche
mansvóórnaam? Wel neen! Men moet zeggen: Sierk is de
hedendaagsche versletene vorm van den vollen, algemeen Oud-
Germaanschen mansnaam Sigerik, Segerik, Siegrich.

De hedendaagsche Friesche mansnaam Freerk (in Friesche
uitspraak Frjerk of Frjeark) verkeert in het zelfde geval

als Sjirk of Sierk. Immers Freerk is eene samentrekking van den vollen vorm Frederik. Opmerkelijk is het dat de Hollanders met de andere Nederlanders in het algemeen, met Franschen, Engelschen, Denen, enz. juist den Frieschen vorm van dezen naam als Frederik, *Fréderic*, Fredrik in gebruik hebben. Want in goed Hollandsch moest de naam Frederik als Vrederijk luiden en gespeld worden, omdat hij *vrede-rijk*, *rijk* aan of door *vrede* beduidt. De oude Hollanders uit de 17e eeuw schreven dezen naam dan ook wel, juist overeenkomstig hun taaleigen, als Vreerijck. En de Hoogduitschers hebben dezen zelfden naam, ook in overeenstemming met hun taaleigen, als Friedrich. De oude Hollanders hadden den geheel ingekrompen vorm Freerk ook wel in gebruik. In zuidelijk Holland en in Zeeland gaat men met verkorten nog wat verder. Die aldaar Frederik heet wordt in het dagelijksche leven veelal Freek genoemd. Maar dien vorm Freek heeft men dáár niet als *schrijf*naam in gebruik genomen, gelijk de Friezen — eigenlijk ten onrechte — hun vorm Freerk zoo wel *schrijven* als *noemen*. — Zal men nu echter zeggen: Freerk is een bijzondere Friesche naam? Neen! Freerk is zoo min eigen en afzonderlijk Friesch, als Sierk het is, en als Gosse, Bartele, Sjaerd, Tsjerk, Eelke, met Aafke, Reintsje en Meintsje, Sjoerdtsje en Wytske het zijn. Alle deze namen en nog honderden anderen, zijn oorspronkelijk algemeen Oud-Germaansche eigennamen, maar in bijzonder Friesche vormen, afkortingen, verbasteringen.

Honderden bijzondere namen zijn als mans- en vrouwenvóórnamen heden ten dage bij de Friezen, zoo wel bij de Nederlandsche Friezen als bij de Duitsche en Deensche (Oost- en Noord-Friezen), als ook bij de Friso-sassische mengelstammen van Groningerland, Drente, Oldenburg en vele andere gouwen in noordwestelijk Duitschland in gebruik. En al die namen, die men bij al de andere volksstammen van de lage landen aan de Noordzee te vergeefs zoekt, zijn oorspronkelijk algemeen Germaansche namen. De oorsprong van deze namen kan nog heden bij velen duidelijk worden aangetoond. Maar ook bij velen van deze namen ligt de oorspronkelijke vorm niet zoo klaarblijkelijk voor de hand, ja schijnt bij een groot aantal in het geheel niet meer aangewezen

te kunnen worden. Nader onderzoek echter, uitgaande van eenen
man die de Oud-Friesche taal kent en verstaat, die welbelezen en
welervaren is in middeleeuwsche geschriften en oorkonden, kan
hier nog veel licht verspreiden en tot verrassende ontdekkingen
leiden.

Wat zoudt Gij, mijn waarde Lezer! wel maken van den mansnaam S j o e r d? een naam die algemeen bij de Friezen in gebruik
is, en die heden ten dage als een bijzonder Friesche naam geldt.
Dezen naam immers, of eenen naam die er op gelijkt, vindt
men bij geen enkel ander volk in gebruik — meent Gij? Hij
moet dus wel bijzonder en eigen Friesch zijn! — Toch is dit
niet het geval. Wel is de hedendaagsche vorm slechts den
Friezen eigen, maar d'oorspronkelijke vorm van dezen naam is
algemeen Germaansch. Het Friesche S j o e r d is toch volkomen
een en de zelfde naam als het Hoogduitsche S i e g f r i e d, als
het Oud-Hollandsche S i e v e r t of S i e u w e r t, 't welk een versletene vorm is van S i e g f e r t, S e g e v e r t. Onder den vorm
S i e v e r t en S i e u w e r t komt deze naam nog heden wel in
noordelijk Noord-Holland voor. Daar zijn ook de geslachtsnamen
S i e u w e r t s z en S i e w e r t s inheemsch, die zoon van S i e v e r t
beteekenen. S i e v e r t of S i e g f r i e d beteekent *zege-vrede*, overwinning door vrede, een naam van schoone beteekenis. In het
Oud-Friesch, tevens in het Oud-Noorsch luidt deze naam S i g u r d,
dat is: *sige*, zege of overwinning, en *urd*, vrede. Dat hier
urd = vrede is, bevreemdt hem niet, die weet dat de letter *v*
oorspronkelijk anders niet is als eene *u*, namelijk de *u* die een
woord of lettergreep opent. De Ouden verwisselden zoo wel in
geschrifte als in uitspraak de *u* en de *v*. Men schreef *wt*, en
sprak *uut*; de *w* is eene dubbele *v* of dubbele *u*. Van *vrede*, *urede*, tot
urde, *urd* is de stap uiterst klein, en niet grooter dan van het
Nederlandsche *avond (evond, e-u-ond, i-u-ond)* tot het Friesche
joun of *jond (i-u-ond)*. In dit oude woord *urd* = vrede sprak men
de *u* natuurlijk op de Oud-Friesche, de Hoogduitsche, de
algemeen Oud-Germaansche wijze uit, als de hedendaagsche
Hollandsche *oe* in het woord *boer*. Dus *Sigoerd*. De *g* is eene
letter die de oude Friezen veelvuldig als *j* uitspraken, en de
hedendaagsche Friezen met de hedendaagsche Engelschen doen
dit nog in sommige woorden. Het Nederlandsche woord *gift* of

gave luidt in het Oud-Friesch als *jeftha*, in het hedendaagsche Friesch als *jefte*, *jeft*; b.v. in het woord *sketjeft*. Het Nederlandsche woord *garen* luidt in het Friesch als *jern (jen)*, in het Engelsch als *yarn*; het Nederlandsche *gister* in 't Friesch als *jister* of *juster*, in 't Engelsch als *yester (day)*. Een kromme hoek van het oude Jacobiner-kerkhof te Leeuwarden heet: „het kromme Gat." Maar de oude Leeuwarders spreken dezen naam nog heden uit als: „'t kroeme jat." De hedendaagsche Berlijners, al zijn ze zoo min Friezen als Engelschen, zeggen ook *Jott* in plaats van *Gott*, en *jans* in stede van *gans*. Zoo zeiden ook de oude Friezen *Si-joerd* voor S i g u r d (*Si-goerd*). Bij vlugge uitspraak in het dagelijksche leven werd *Si-joerd* al spoedig tot S j o e r d. Het onderscheid is geheel onwezenlijk en ter nauwer nood hoorbaar.

Zoo is van het oorspronkelijke S i g u r d der oude Friezen en Noren het hedendaagsche S j o e r d gekomen, bij de Friezen; en het hedendaagsche S j û r d (ook als *Sjoerd* uitgesproken) bij de bewoners van de Färör, een Oud-Noorsche volksstam. De letter *r* is in dezen naam, volgens de gewone uitspraak der Friezen, zeer zwak en nauwelijks hoorbaar, en slijt er gemakkelijk uit tot *Sjoe'd*, *Sjoed*, gelijk men gemeenlijk spreekt. De Oost-Friezen en de Friezen die verder oostwaarts op aan de monden van Wezer, Elve en Eider wonen, hebben die *r* niet enkel in uitspraak, maar ook in geschrifte volkomen verwaarloosd, maar de oorspronkelijke *u* (in Hoogduitsche uitspraak) hebben ze behouden in dezen naam. Van daar dat bij hen de volle oude naam S i g u r d heden ten dage, in uitspraak en geschrifte, als S i u t voorkomt; in patronymicalen vorm, als geslachtsnaam, S i u d t z en S i u t z. Het Oost-Friesche S i u t luidt volkomen zoo als het *Sjoe'd* der Nederlandsche Friezen, en de geslachtsnamen S i u d t z en S i u t z als S j o e r d s ten onzent.

Het schijnt dat de Friezen van de 16ᵉ en 17ᵉ eeuw, die, zoo zij geestelijken, leeraars of anderszins geleerden waren, hunne namen zoo graag vergriekschten en verlatijnschten, nog min of meer duidelijk den ouden vollen vorm en de beteekenis van den naam S j o e r d kenden. Althans zij, die van H e t t e maakten H e c t o r, van D o u w e Dominicus, van T s j i b b e Tiberius, van- S i b b e l t s j e S y b i l l a, enz., maakten S u f f r i d u s van S j o e r d. In S u f f r i d u s, S u f f r i e d is nog eene aanduiding van Siegfried = Sigurd te herkennen. Nog heden is deze in schijnbaar Latijnschen vorm verdraaide naam Suffridus in sommige Friesche maagschappen in gebruik.

De vrouwelijke vorm, eigenlijk de verkleinvorm of zoogenoemde kleengedaante, van den naam Sjoerd is Sjoerdtsje (Sjoerdtje, ook wel Sjoerdje en Sjoertje in Nederlandsche spelling). Daar zijn er genoeg Friezinnen die Sjoerdtsje heeten, maar weinigen die zoo genoemd worden. De Friezen zijn groote liefhebbers om hunne namen te verkorten, te verdraaien en te verknoeien. Zoo maken zij ook, in 't dagelijksche leven, Sjutte, Sjutsje of beter Sjuttsje, en zelfs Sjute van den naam Sjoerdtsje. Zulke verdraaide namen zijn in der daad leelijk, en het is waarlijk geen wonder dat menige schoone Friesche maagd zich niet graag aldus hoort noemen, of dat zij op lateren leeftijd, misschien als grootmoeder, er zich tegen verzet dat haar kleindochterke of haar nichtje dien naam gegeven worde. Zoo gaan er wel, door onverstand, schoone oude namen te loor, die men zekerlijk niet zoude verwaarloosd hebben, zoo men den ouden, vollen vorm en de dikwijls schoone, altijd eervolle en eerbare beteekenis daar van gekend hadde. Dat dan de man die niet meer Sjoerd, en de vrouw die niet meer Sjoerdtsje of Sjutte wil heeten, noch ook deze namen aan hunne kinderen geven willen, niet tot de opgesmukte namen van vreemden vervallen, of hunne namen op belachelijke wijze verdraaien (van Sjoerdtsje bij voorbeeld Sjoerdina maken, of van Romkje Romelia)! Dat men liever de oude, schoone vormen herstelle, Sjoerd weêr tot Sigurd terug brenge, en Sjoerdtsje als Sigurda in gebruik houde! (Men lette er op de *u* op Oud-Friesche of Hoogduitsche wijze uit te spreken, en den vollen klemtoon op de lettergreep *gurd* te laten vallen.) Zoo blijft men Friesch, ook in zijne namen; zoo houdt men de schoone, beteekenisvolle namen der edele voorouders in eere en in gebruik, gelijk het waren Stand-Friezen past.

Dat de schoone naam Sigurd bij de oude Friezen in eere en veelvuldig in gebruik was, even als bij de Skandinavische volken, blijkt ook hieruit, dat er nog heden zoo vele Friezen zijn die Sjoerd heeten. Die algemeene verspreiding blijkt ook uit het groote aantal geslachtsnamen, nog heden onder de Friezen voorkomende, die van den mansnaam Sjoerd afgeleid zijn. Dat zijn Sjoerda en ook Sjoorda, Sjoerdinga, Sjoerdema, Sjoerdsma, Sjoerds, enz. Behalven de maagschapsnamen Sieuwertsz en Siewerts, Siudts en Siutz bovengenoemd, nog Siewertz, Sieverts, Sievertsz, Siewertsen, Siewertsz in noordelijk Holland, het aloude Friesland bewesten Flie, en Sivertz, Siurtz, Siuts in de Friesche gouwen beoosten Eems. De Hollanders die een looden pijp en een gouden ketting 'n *looie peip* en 'n *chouwe ketting* noemen, laten veelvuldig, gelijk deze voorbeelden reeds aantoonen, de *d* uit de woorden slijten. Zoo doende is de geslachtsnaam Sjoerds buiten Friesland tot Sjoers geworden. De letter *r*, die bij de Friezen zoo los in den zadel zit, hebben de-Hollanders in dezen patronymicalen geslachtsnaam behouden, maar de *d* hebben zij verwaarloosd.

In oude oorkonden uit de jaren der 15e en het begin der 16e eeuw, toen men de Friesche taal in Friesland ook nog in ambtelijke geschriften bezigde, komt de naam der maagschap Sjoerdsma gewoonlijk als Siwrdisma en Siwrdesma, ook wel als Siuwrdsma voor. Bij deze spelling Siwrd, voor Sjoerd, komt de samenhang met den Oud-Hollandschen vorm Siwert bijzonder aan 't licht. En tevens blijkt uit deze oude spelwijzen dat men toenmaals de *u*, de *v* en de *w* als onze hedendaagsche *oe*klank in 't woord *boer* uitsprak.

Al de bovenstaande geslachtsnamen zijn patronymica of vaders-namen. Zij zijn allen éérst gevoerd geworden door mannen wier vaders den vóórnaam Sjoerd droegen; zij beteekenen allen, zonder onderscheid, zoon van Sjoerd, van Sigurd, van Siegfried.

Uit al het bovenstaande blijkt hoe veel er van eenen enkelen Frieschen naam kan gezegd worden. Zulk eene beschouwing van alle hedendaagsche Friesche personennamen zoude ongetwijfeld zeer veel belangrijke en merkwaardige zaken op het gebied van taalkunde, geschiedenis en oudheidkunde aan het licht brengen. Maar een schat van tijd en een schat van vlijt en toewijding is daar toe noodig! Wie heeft zulke schatten steeds te zijner beschikking?

Reeds is in dit opstel met een enkel woord vermeld dat van ouds her bij de Friezen het gebruik bijzonder sterk in zwang was om de namen te verkorten, te verdraaien, te verknoeien. Aan den eenen kant zekere gemakzucht van de tonge, waardoor men lange namen schuwde, en namen van twee of drie volle lettergrepen reeds te lang vond — en aan den anderen kant de neiging der menschen, vooral van vrouwen in 't algemeen en van moeders in het bijzonder, om aan de voorwerpen hunner liefde kleine, _mooie, zoete, lieve naamkes te geven (*poppe-nammen*, zoo als de Friezen, *kepnamen*, zoo als de West-Vlamingen, *kosenamen*, gelijk de Duitschers zeggen), dit zijn de oorzaken van het ontstaan dezer misvormde namen. Trouwens deze neiging is niet slechts den Friezen eigen, maar algemeen onder de volken van Germaanschen bloede verspreid. De Hollanders die Kees maken van den volledigen vorm Cornelis, Klaas van Nicolaas en Mie van Maria, de Vlamingen en Brabanders die Sefke maken van Josef, Cies van Franciscus en Treeske van Theresia, de Engelschen die Bob maken van Robert, Dick van Richard, James van Jacob en Bess van Elisabeth, de Duitschers eindelijk die Fritz maken van Friedrich, Kuntz van Konrad en Meta van Margaretha, die allen handelen in deze zaak juist zoo als de Friezen die Gosse maken van Godsskalk, Kei van Gerrit (Gerhard), en Gertje of in de wandeling Gjet, van Gerharda of van Gertruda. Gelijk ook Sibe van Sibrand (Sigebrand), Wobbe van Wolbrecht, Pibbe van Sibbeltsje, enz. Maar Hollanders, Vlamingen, Engelschen en Duitschers gebruiken zulke verkorte en verdraaide namen in den regel slechts in de dagelijksche spreektaal, en geenszins in geschrifte. Zij weten in allen gevalle wat de volle, oorspronkelijke vormen van die verbasterde namen zijn. De Friezen in tegendeel hebben die *poppenammen* ook in hunne schrijftaal overgenomen. Bij hen hebben die vleinaamkes geheel de plaats der volle, oude vormen ingenomen, en de oorspronkelijke beteekenis dier namen is bijna volkomen verloren gegaan, althans uit de gedachtenis en herinnering des volks, ten eenen male verdwenen.

Dit is in der daad de hoofdoorzaak van de hedendaagsche bijzonderheid en eigenaardigheid der Friesche namen.

Zie hier een algemeen overzicht van de vleivormen en van de verkleinvormen der namen, zoo als die bij het Friesche volk in gebruik zijn.

De vleivormen zijn wel te onderscheiden van de samenge-trokkene en ingekorte naamsvormen, zoo als bij voorbeeld G e a r t en F r e a r k of F r j e r k (in Nederlandsche spelling G e e r t en F r e e r k), dat samengetrokkene vormen zijn van G e r h a r d en F r e d e r i k; nevens H i l l e en B r a n d, dat ingekorte vormen zijn, eigenlijk slechts halve namen, van den volledigen en oorspronkelijken mansnaam H i l l e b r a n d (H i l d e b r a n d).

De vleivormen zijn bij alle Germaansche volken in gebruik. Op de vorige bladzijde zijn, als voorbeelden, eenige van die vleivormen opgenoemd. Anderen zijn nog bij de Duitschers E d e voor E d u a r d, H a n s voor J o h a n n e s, bij de Hollanders K o o s voor J a c o b, A r i en A a i voor A d r i a a n, H e i n en H e n k voor H e n d r i k, K e e t j e voor C o r n e l i a, bij de Engelschen B i l l voor W i l l i a m, F a n n y voor F r a n c i s c a, enz. De Engelsche naam J o h n is, even als de Nederlandsche naam J a n, de Fransche naam J e a n, de Spaansche naam J u a n, enz. op zijn beurt eigenlijk ook maar een vleivorm van den volledigen Bijbel-schen naam J o h a n n e s.

Bij geen enkel Germaansch volk echter zijn de vleivormen der namen zoo veelvuldig, zoo algemeen in gebruik als bij de Friezen. Hier komt nog bij dat die vleivormen bij de Friezen volle burgerrecht hebben verkregen als geijkte namen, zoo wel bij de doopvont, als in de registers van den burgerlijken stand; terwijl bij de andere Germaansche volken die vleivormen (immers bijna zonder uitzondering) slechts in hunne oorspronkelijke kracht van bestaan in gebruik zijn, slechts als vriendelijke namen in den huiselijken kring, maar geenszins als geijkte namen in het openbare leven. De vleivormen der namen zijn bij de Friezen zoo menigvuldig en zoo algemeen in volle gebruik gekomen en genomen, dat zij de oorspronkelijke, volledige vormen der namen, in menige gevallen, schier volkomen uit het gebruik hebben verdrongen. In zulker voegen, dat van verre weg de meesten dezer thans als geijkt geldende vleivormen de oorspron-kelijke, de werkelijk volledige vormen niet meer bekend zijn; of althans, dat de samenhang is verloren gegaan, dat men niet·

meer weet van welken oorspronkelijken, volledigen naam deze
of gene hedendaags als volledige naam geldende vleivorm eigenlijk
is afgeleid. Van sommigen weet men het wel; van W o b b e (om maar
een enkele te noemen) kan men aantoonen dat deze hedendaags als
geijkt en volledig geldende naam slechts een vleivorm is van
den oorspronkelijken, volledigen naam W o l b r e c h t; van P i b e,
dat deze naam oorspronkelijk voluit S y b r e n is, even als
T o l l e komt van F o l k e r t; B e n n o en B i n n e van B e r n-
h a r d, E k k e van E g b e r t, A l e en E l e van den eenen of
anderen met den naamsstam *adel* of *edel* samengestelden naam,
bij voorbeeld A d e l b r e c h t, E d e l m a r, enz. Maar bij andere vleinamen kan men er hedendaags slechts met meer of minder goed
geluk naar raden, van welke oorspronkelijke en volledige namen
ze zijn afgeleid. Als voorbeelden uit deze overgroote afdeeling
van Friesche mansvóórnamen kunnen dienen: A b b e, A b e,
A d d e, A g e, A g g e, A l e, A l l e, A m e, A m m e, A n e,
A t t e, B a u w e, B e n n e en B i n n e, B o a y e (in Nederlandsche
spelling B o o y e en B o y e), B o e l e, B o k k e, B o n n e, B o t e,
B o t t e, B o u w e, D e d d e, D j o e r e of D j u r r e, D o a y e
(naar Nederlandsche spelwijze D o o y e), D o e d e, D o u w e, E a b e,
E a d e, E a g e, E a l e, E a u w e (in Nederlandsche spelling
E e u w e), E b e, E d e, E g g e, E k k e, E l e, E n n e en
E n n o, E p p e, F e d d e, F e y e, F e k k e, F o e k e, F o k k e,
F o p p e, G a b b e, G a b e, G a l e, G o a y e (naar Nederlandsche
spelwijze G o o y e, G o y e), G o f f e, G o s s e, G u r b e, H a e y e (in
Nederlandsche spelling H a a y e of H a y o), H a l b e, H a r r e,
H e m m e, H e n n e, H e p p e, H e r e, H e r r e, H e t t e, H i d d e,
H o b b e, H o l l e, I b e of Y b e en I e b e, I d e en I e d e, I m e
en I e m e (deze drie laatste, op het oog eenzelvige namen en
naamsvormen, zijn volgens hunnen oorsprong, en volgens de
Friesche wijze van uitspraak, geheel verschillende namen).
I n n e, I p e of Y p e, I w e of I v o of J o u (dit is, hoe vreemd
het ook schijne, geheel één en de zelfde naam), J e l l e, J i s s e,
J o l l e, K e i m p e, L i e u w e, L o l l e, M e l l e, M e n n o
en M i n n e, M o l l e, N a n n e, O b b e, O e g e, O e n e, O f f e,
O k k e, O n n e, O t t e, P a b e, P i b e, P o p p e, S j o l l e,
T a m m e, T i e d e, T i e t e, T s j a l l e, T s j a m m e, T s j e b b e,
T s j i t t e (in Nederlandsche spelling T j a l l e, T j a m m e, T j e b b e,

Tjitte), Walle en Wobbe en nog vele anderen meer, van gelijksoortigen oorsprong en vorm. Van alle deze op eene toonlooze *e* uitgaande namen valt op te merken, dat zij eveneens, maar minder algemeen, voorkomen met eene *o* op het einde: Abbo, Deddo, Hero en Heero, Hiddo, enz. zoo als trouwens bij een paar dezer namen in bovenstaand lijstje reeds is aangegeven.

De bovenstaande vleivormen van oorspronkelijk volledige namen hebben op hun beurt weêr het aanschijn gegeven aan verkleinvormen, die dan ook weêr bij de Friezen als geijkte namen gelden en dienst doen. En wijl deze verkleinnamen gevormd zijn door het aanbrengen van verschillende verkleinende achtervoegsels (namelijk *se*, *te*, *le*, *tse*, *ke* en *tsje*, dat is in Nederlandsche spelling *tje*) achter deze vleivormen of vleinamen, zoo is hierdoor het ·reeds bestaande overgroote aantal namen nog aanmerkelijk vermeerderd, ja wel verdriedubbeld ten minste. Door verwantschappelijke en vriendschappelijke genegenheid gedreven, hebben de Friezen van alle eeuwen steeds gaarne zulke verkleinende aanhangels achter de volledige namen hunner bloedverwanten en vrienden gevoegd; en zij doen dit nog heden ten dage, al kunnen die hedendaags ontstane en in gebruik genomene verkleinvormen nu niet meer, gelijk vroeger, als geijkte namen opkomen, noch ook geijkte geldigheid erlangen.

De bovenvermelde verkleinende achtervoegsels *se*, *te*, *le*, *tse*, *ke* en *tsje (tje)* zijn in de Friesche taal gegrondvest, zijn anders niet dan Friesche taalvormen. Maar de drie eerstgenoemden zijn in de taal volkomen verouderd, uit de spreek- en schrijftaal geheel verloren gegaan; de vierde is in deze eeuw sterk verouderende, reeds nagenoeg uitgestorven; terwijl de beide laatste achtervoegsels ook nog in de levende taal, in haren hedendaagschen vorm bestaan,

Om de zaak den onfrieschen lezer duidelijker te maken stellen wij hier dat de algemeen-Nederlandsche vleivormen in verkleinvorm Keesje, Koosje, Heintje voor jongetjes die eigenlijk in de boeken van den burgerlijken stand Cornelis, Jacob(us) en Hendrik heeten, en Kaatje, Keetje, Jansje voor meisjes die eigenlijk als Catharina, Cornelia, Johanna te boek staan,

ook de Duitsche namen F r i t z c h e n en L i e s c h e n, in stede
van F r i e d r i c h en E l i s a b e t h, geheel overeenkomen met
Friesche namen als B i n s e en Y n s e, J e l t e en H o a i t e
(H o o i t e), A n d e l e en L i k e l e, A t s e en F e i t s e, A u k e en
D o c k e, B o n t s j e en E e l t s j e (B o n t j e en E e l t j e), enz.
Onder dit voorbehoud, dat de bovengenoemde algemeen-Neder-
landsche vleivormen in verkleinvorm slechts gelden in 't dage-
lijksche leven en in den huiselijken kring, terwijl de soortgelijke
Friesche namen volkomen geijkte geldigheid hebben, ook in het
openbare leven.

Als voorbeelden van zulke Friesche mans- en vrouwen-vóórnamen, die eigenlijk slechts vleinamen in verkleinvorm zijn,
vermeld ik hier de volgende namen:

1⁰. Op *se* eindigende, waar nevens ook de vorm op *sen* (slechts
een bijvorm) voorkomt: A e l s e en A e l s e n (in Nederlandsche
spelling A a l s e en A a l s e n), A i s e of A i s o, A l s e, A m s e,
B e n s e met B i n s e, B i e n s e en B j i n s e, B o d s e, B o n s e n,
E a d s e, E a l s e, E d s e, E e l s e, E i d s e, E i s e, H a e i s e
(volgens Nederlandsche spelwijze H a a i s e), H e n s e, I n s e, Y n s e
en Y n s e n, L i n s e, M e n s e, M e n s o en M i n s e, O e n s e,
R i n s e, en vele dergelijken meer.

2". Op *te* (oudtijds ook *ta*) eindigende: A i t e, A l t e, B e n t e en
B i n t e, B o a i t e (in Nederlandsche spelling B o o i t e en B o i t e),
B o e t e, B o l t e, B o n t e, D o a i t e (volgens Nederlandsche spel-
wijze D o o i t e), E e n t e en E e n t o, E i t e, E n t e en I n t e,
F e i t e, H e i t e, H e n t e, Y n t e, J e l t e, J o u t e, M o n t e,
H a e i t e (in Nederlandsche spelling H a a i t e), H o a i t e (volgens
Nederlandsche spelwijze H o o i t e), enz. enz.

3". Op - *le* eindigende: A m e l e, A n d e l e, B a r t e l e of
B a r t l e, B e s s e l e, D o c k e l e, E a b e l e, E a g e l e, E b b e l e,
F o k k e l e, H e a b e l e, H e b b e l e, H e h e l e, H e s s e l, I b e l e
of Y b l e, I g l e, I k e l e, I m e l e, J a k k e l e, J i s l e, L y k e l e
of L y k l e, N a m m e l e, O e b e l e, O k e l e, R e d l e, R i n-
g e l e, S i b b e l e of S i b b l e, T e a k e l e, W e s s e l, W i g-
g e l e, W o b b e l e, en nog anderen desgelijks.

4 . Op *tse* of *tsen* uitgaande: A e t s e (in Nederlandsche spelling
A a t s e), A i t s e, A t s e, B e i n t s e, B e i t s e, B e t s e, B i e n t s e,
B i n t s e en B i n t s e n, B j i n t s e n; B o a i t s e en B o a i t s e n

(in Nederlandsche spelling B o o i t s e, B o i t s e en B o o i t s e n),
D o a i t s e (volgens Nederlandsche spelwijze D o o i t s e), D o u w t s e n,
E a l t s e, E a t s e, E e l t s e, E i t s e, F e i t s e, F e t s e, G a t s e,
G e r t s e en G e r t s e n, G o a i t s e en G o a i t s e n (in Nederlandsche
spelling G o o i t s e en G o o i t s e n), H a e i t s e (volgens Nederlandsche spelwijze H a a i t s e), H e n t s e, H e r t s e en H e r t s e n,
H o a i t s e (in Nederlandsche spelling H o o i t s e), H o a t s e (volgens Nederlandsche spelwijze H o t s e), Y n t s e en Y n t s e n, Y t s e n,
J e l t s e en J e l t s e n, J e t s e, J i t s e, L ú t s e n (in Nederlandsche spelling L u i t s e n), M i n t s e, O e n t s e, R e i t s e, S y t s e
(eigenlijk S y t t s e, S y t-t s e, dat is: de verkleinvorm *tse* achter den
vleivorm S i t e, S y t), S w e i t s e, T s j i t s e (volgens Nederlandsche
spelwijze T j i t s e), W a t s e, W y t s e, (W y t-t s e; zie bij S y t s e,
en ook T s j i t s e, hierboven); en vele anderen van deze soort.

5" Op *ke* (of op eene enkele *k*) uitgaande: A m k e, A u k e, B a u k e,
B i n k e, B o a i k e (in Nederlandsche spelling B o o i k e en B o i k e),
B o l k e, B o u k e, D o a i k e (volgens Nederlandsche spelwijze
D o o i k e), D o e k e of D u c o, E a l k e, E b k e, E e l k e of E e l c o,
E p k e, F e i k e, F o p k e, G a l k e, G e r k e of G e r k,
H a e i k e (in Nederlandsche spelling H a a i k e), H a r k e of H a r k,
H e e r k e, H e m k e, H e p k e, H e r k e, J e l k e, J i s k, J o u k e,
L o l k e, M e n k e of M e n c o, O e p k e, P o p k e, R i n k e,
R o u k e, S j o u k e, S o l k e of S o l c o, T s j a l k e (volgens Neder-
landsche spelwijze T j a l k e), T s j e p k e (in Nederlandsche spelling
T j e p k e), en nog een groot aantal soortgelijken.

6" Op *tsje* (in Nederlandsche spelling *tje*) uitgaande: A t s j e
(volgens Nederlandsche spelwijze A t j e), B i n t s j e, B o a i t s j e,
B o e l t s j e, B o n t s j e, E a l t s j e, E e l t s j e, G a l t s j e, G o a i t s j e,
H a e i t s j e, J e l t s j e, M i n t s j e, O e n t s j e (in Nederlandsche
spelling B i n t j e, B o o i t j e, G o o i t j e, H a a i t j e, O e n t j e, enz.),
en vele dergelijken meer.

Ook bij al deze namen in verkleinvorm wordt de toonlooze *e* op
het einde eveneens wel door eene volklinkende *o* vervangen, zoo als
in sommige gevallen reeds in bovenstaande lijstjes aangetoond
is. De namen worden hierdoor in der daad klankrijker en
schooner, en verliezen niets van hunne zuiverheid; integendeel,
zij winnen er bij. Maar de namen op *tsje* eindigende, op den
jongsten verkleinvorm, die voortspruit uit eenen nog hedendaags

geldenden taalvorm, maken hierop, althans in Friesland tusschen
Flie en Lauwers, eene uitzondering. Die krijgen nooit eene *o*
achter zich, in de plaats van de toonlooze *e*. Dit zoude dan
ook al te sterk indruischen tegen het fijn ontwikkelde taalverstand
en taalgevoel, den echten Friezen in den regel eigen. Maar
Groningerlanders en Oost-Friezen vervormen ook wel die toonlooze *e*
van hunne verkleinnamen op *tje* in eene *o*. Namen als A l t j o,
E l t j o, E n t j o, R e l t j o, R e n t j o zijn bij hen niet zeldzaam.
    De vleinamen, die aan alle deze verkleinnamen ten grondslag
liggen (bij voorbeeld A l e bij A e l s e [A a l s e], A y e bij A i t e,
A g e bij A g e l e, B i n n e bij B i n t s e, A b b e bij A b b e k e,
A t t e bij A t s j e) zijn gemakkelijk te herkennen, en staven dan
mijn bovenvermeld inzicht aangaande de vorming en den oorsprong dezer namen. Van sommige vleinamen zijn verkleinnamen
afgeleid in alle of schier alle boven vermelde verkleinvormen.
Van den vleinaam H a y o, bij voorbeeld, zijn afgeleid de verkleinnamen H a e i s e, H a c i t e, H a e i t s e, H a e i k e en H a e i t s j e
(in Nederlandsche spelling H a a i s e, enz.); van B o a y e (B o y e)
komen B o a i t e, B o a i t s e, B o a i k e, B o a i t s j e (volgens Nederlandsche spelwijze B o i t e, enz.); van J e l l e zijn afgeleid J e l s e,
J e l t e, J e l t s e, J e l k e, J e l t s j e, enz.
    Nog een andere naamsvorm is van de vleinamen afgeleid; te
weten: de patronymicale vorm op *ing* eindigende. Deze vorm,
het echte, het ware Oud-Germaansche patronymicum aanduidende,
kan dus van oorsprongswegen geene eigenlijke mansvóórnamen
in 't leven roepen; hij duidt veeleer een maagschapsnaam aan,
en is dan ook, als *inga*, *ink* of *ing*, veelvuldig bij de Friesche,
de Sassische en de Frankische volksstammen, die gezamenlijk
het Nederlandsche volk uitmaken, als uitgang van maagschaps-
of geslachtsnamen in gebruik. Niettemin, sommigen van deze
patronymicale, op *ing* eindigende namen zijn heden ten dage,
als bij misverstand ('t welk in dezen zin ook bij andere Germaansche volken voorkomt), nog bij de Friezen als mansvóórnamen in volle geijkt gebruik. Als zoodanigen mogen hier vermeld worden: A l i n g, A m e l i n g, A s i n g en A s i n g a, B a l i n g,
B a l l i n g, B o a y i n g (B o o y i n g), E b b i n g, E l i n g, H a r i n g,
H e m s i n g, H e n n i n g, N a n n i n g, T s j a l l i n g (T j a l l i n g),
W a l i n g en nog enkele anderen.

De hedendaagsche Friezen hebben de gewoonte hunner voorouders om de mans- en vrouwenvóórnamen te verminken en te vervormen door vleivormen en verkleiningsvormen (overigens geenszins eene navolgenswaardige gewoonte), getrouwelijk aangehouden. Zij breiden dit gebruik zelfs nog meer uit. Niet enkel dat zij die verkorte en verknoeide namen hunner voorvaders trouw in gebruik houden, als of die wannamen heel wat eigens en bijzonders waren, maar zij blijven ook nog steeds voortgaan met dit verknoeien hunner namen in vlei- en verkleinvormen. Vele reeds zeer verkorte en verdraaide namen, vooral vrouwennamen, mishandelen zij rustig verder, zoo dat die namen ten langen leste gansch onkenbaar worden. Van de volledige namen Catharina en Margaretha, beiden van Griekschen oorsprong en beiden van schoone beteekenis (te weten: „de reine" en „de perel"), was bij de Friezen in den loop der eeuwen reeds Tryntsje en Grytsje (Trijntje en Grietje) geworden. Maar het schijnt als of voor de hedendaagsche Friezen die namen nog niet genoeg verkort en verbasterd waren. Immers maken zij in het dagelijksche leven de wannamen Tine of Tynke en Nine of Nynke van Tryntsje of Catharina, en Kike van Grytsje of Margaretha. Even zoo verknoeit men Dirk of Durk (voluit Diederik) wel tot Duye, de vrouwennamen Dirkje (beter Diederika) tot Dukke, Sibbeltsje tot Pibbe, Jelle wel tot Jeye, Jeltsje tot Jei of Jeike, Aeltsje (Aaltje) en Baukje tot Aeye en Baeye, Aukje en Barteltsje tot Akke en Bakke, Hylkje en Hiltsje tot Hike en Hikke, Eelkje tot Eke; Tsjeardtsje (Tjeerdtje) tot Kekke, Lutske tot Lukke of Lokke, Jitske tot Jikke, Romkje tot Pomme, Froukje tot Poi, (Sjoerdtsje) tot Sjutte, enz., enz. Deze nieuwerwetsche en leelijke naamsmisvormingen van den laatsten tijd worden thans in den regel niet meer in de schrijftaal opgenomen, ofschoon Akke, Baeye (Baaye) en Jeike ook al een enkele maal in de boeken van den burgerlijken stand vermeld staan. Intusschen — ware 't honderd of twee-honderd jaren vroeger opgekomen om Romkje te mismaken tot Pomme en Sibbeltsje tot Pibbe, licht hadden wij thans ook Friezinnen die als Pomme en Pibbe in het kerkelijke doopregister en bij den burgerlijken stand te boek stonden. En

de geleerden, die honderd jaren na ons zullen leven, zouden
zich dan mogen inspannen zoo veel ze wilden en navorschen
wat ze wilden, de oorsprong en de beteekenis van de namen
Pomme en Pibbe en Poi, dan zekerlijk als zeer eigenaardig
Friesch vermeld, zoude hun een raadsel moeten blijven.

Nemen wij als een enkel voorbeeld om aan te toonen hoe
zeer de oude, volledige namen heden ten dage in Friesland
verbasterd zijn, den naam Eke in behandeling. Eke, zoo
heeten eenige mij bekende Friezinnen, althans zoo worden zij
in het dagelijksche leven genoemd. Eene enkele staat ook werkelijk
in de kerk en ten gemeentehuize als Eke geboekt. In den regel
echter, die Eke genoemd worden, staan als Eelkje te boek.
Eke! korter kan het niet! Want dat ke is slechts een aanhangsel dat den verkleinvorm maakt; lam of laem, bij voorbeeld,
wordt lamke, lammetje, in het Friesch. Neemt men dat aangehangene
ke weg, dan blijft er van den naam Eke anders niet over als
eene enkele E. Is dat nu een naam, een eigene Friesche naam?
Wel neen! Eke is een vleivorm, een poppenamme van Eelkje,
dat weet men nog. En de naam Eelkje is op zijn beurt
weêr een verkleinvorm, door achtervoeging van het aanhangsel
je, van den mansnaam Eelke. Zoo maakt men, door ze den
verkleinvorm te geven, vrouwennamen van mansnamen: Pyttsje,
(Pietje) van Piet (Pieter, Petrus), Baukje van Bauke
(Bavo), enz. Met Eelke zijn wij intusschen nog lang niet
waar wij wezen moeten. Immers de mansnaam Eelke is
op zich zelven ook weêr een verkleinvorm, door achtervoeging
van ke gemaakt. De Friezen toch, hierin onderscheiden van
andere Germaansche volken, die slechts hunnen knapen, zoo
lang ze nog kleine kinderkens zijn, met verkleinnamen noemen
— de Friezen hielden en houden die namen in verkleinvormen
ook in gebruik als de kinderen tot knapen en jongelingen,
zelfs tot mannen zijn opgegroeid. Nevens Eelke staat Eeltje,
het eerste met den Frieschen, het laatste met den Hollandschen
verkleinvorm; beide mansnamen beteekenen het zelfde, beiden
zijn het verkleiningsvormen van Ele. In der daad worden
zij, die Eelke of Eeltje heeten, in den dagelijkschen
omgang dan ook wel Ele genoemd. Maar met Ele zijn wij

ook nog niet tot den oorspronkelijken vorm des naams gekomen. Ook E l e is weêr een verkorte, een versletene vorm. E l e staat in de plaats van E d e l e, en is door zeer gewone uitslijting van de *d (de)* ontstaan. Ook in het Hollandsch zegt men wel *eêl* voor *edel*, *vereêlen* voor *veredelen*, vooral in dichterlijken stijl. E d e l e is de volle vorm van dezen naam, die onder ons nog in zoo menigen verschillenden verklein- en vleivorm voorkomt. E d e l e is een naam die eene beteekenis heeft, die eenen zin te kennen geeft. Immers de naam E d e l of E d e l e beteèkent in der daad de edele, de edele man. E d e l of E d e l e is de nieuwere vorm van den Oud-Frieschen mansnaam A t h a l, dat is A d e l. Zoo heette, volgens de overlevering, de tweede Prins van Friesland, de zoon van den eersten, van F r i s o, en hij leefde 245 jaren voor Christus' geboorte. En A t h a l of A d e l, dien naam hebben vele oude Friezen gedragen. Ook is de naam van het roemruchtige Oud-Friesche geslacht A d e l e n er van afgeleid, en niets als een patronymikum van A d e l. [1] De vrouwelijke vorm van A t h a l of A d e l is A t h a l a of A d e l a, en dezen naam hebben zekerlijk vele Friezinnen in den ouden tijd gedragen. Welke vader gaf niet gaarne zulken schoonen naam, schoon in beteekenis en schoon in klank, aan zijn dochterke? Ook was deze naam niet alleen bij de Friezen, maar bij alle Oud-Germaansche volken in gebruik. Ook bij de oude Franken, die gedeeltelijk de Germaansche voorouders der hedendaags geheel verwaalschte Franschen geweest zijn. De naam A d e l a der Frankische vrouwen- is nog als *Adèle* bij de hedendaagsche Fransche dames in gebruik. Andere volken, niet het minst ook de Hollanders, hebben ook hier in, als in zoo menige andere zaak, de Franschen nagevolgd, en zoo is nu *Adèle* vrij wel een kosmopolitische naam geworden.

De Friezen echter, trouw gehecht aan hunnen Germaanschen volksaard, hebben zich steeds te edel geacht om zulke en

[1] De eenig goede uitspraak van dezen naam is dan ook met den vollen klemtoon op de eerste lettergreep, op de *A*, terwijl de tweede lettergreep *de* toonloos is; en geenszins als *Adeelen*, met de stemsate op de tweede lettergreep die dan als *dee* wordt uitgesproken, gelijk Hollanders, uit onverstand, wel spreken en schrijven. Zie bij voorbeeld Mr. J. van Lennep, *De Roos van Dekama*, in welken roman een der hoofdpersonen den verknoeiden naam *Seerp van Adeelen* draagt.

andere Fransche en verfranschte namen en naamsvormen te dragen. Zij hebben ze steeds, met betamelijke minachting, van zich gewezen. Maar zoo er nu eene Friezin is, wier verknoeide naam E k e haar verdriet, of zoo er eene Friesche moeder of grootmoeder is, die er iets op tegen heeft dat haar kind of kleinkind E e l k e of E e l t j e zal heeten zoo het een knaap is, of E e l k j e als het een meiske is — wel nu — met die, en met honderden andere soortgelijke verkorte en verknoeide namen staat of valt haar Friesdom niet. Dat men dan de vollè, onverbasterde, oude en schoone namen A d e l en A d e l a, vol beteekenis, weêr in gebruik neme en in eere herstelle! Bij dien vrouwennaam hoede men zich echter wel dat men er geen Fransche *Adèle* van make! Men late, bij 't uitspreken, den klemtoon of de stemsate rusten op de eerste en op de derde lettergreep, op *A* en *a*. Zoo draagt men eenen echten Frieschen naam, in volledigen, schoonen vorm.

Bij 't verknoeien en verbasteren van de oude, oorspronkelijke Friesche mans- en vrouwennamen spelen de verkleinvormen eene zeer groote rol. Wij hebben boven reeds gezien dat de namen E e l k e en E e l t j e, E e l k j e en E k e alle vier verklein-vormen vertoonen door de aanhangsels *ke*, *tje*, en *je*, en deze vormen vinden wij terug in een zeer groot aantal hedendaagsche namen, zoo wel van mannen als van vrouwen. Bij voorbeeld in A u k e en B a u k e, in E p k e, H a r k e en Y k e, in W i l k e en U u l k e (U i l k e), in F o l k e en T s j e p k e (T j e p k e), in S i p k e en W o p k e; dan in H a e n t s j e (H a a n t j e) en H a n t s j e, in J e n t s j e en Y n t s j e, in L u u t s j e, R i n t s j e en W i l t s j e, (H a n t j e, enz.) allen mansnamen. En in A u k j e en B a u k j e, Y m k j e en S j o u k j e, F r o u k j e en H o u k j e, F e i k j e, F o e k j e en F o k j e, H i s k j e en L i s k j e, H y l k j e en L i e u w k j e, L o l k j e en N a m k j e met O f k e en O e d s k e, M a e i k e en M i n k e, R i e m k e en R i n s k e, S y t s k e en W y t s k e, S a e p k e (S a a p k e) en S w o b k j e, T e a t s-k e en Y f k e, allen vrouwennamen. Deze en soortgelijke namen er-kent nog iedereen als verkleinvormen, omdat de aanhangsels *ke*, *tje* en *je* nog heden zoowel in de schrijf- als in de spreektaal in volle gebruik zijn. Anders is het met de Friesche namen die uitgaan op verkleinende aanhangsels welke in de hedendaagsche spreek- en schrijftaal niet meer voorkomen. Slechts de man die de Oud-Friesche taalkunde in het bijzonder heeft beoefend, *verstaat* dat er verkleinvormen schuilen in de namen A t s e en W a t s e, S y t s e en W y t s e, R e i t s e, W e i t s e en S w e i t s e, D o a i t s e en H o a i t s e, H o a t s e en H a i t s e, F e t s e en J e t s e, T j i t s e en R i t s e, in R i e n t s, B i e n t s en G r a e t s, in U u l t s e n en L u u t s e n, in Y t s e n en M o n t s e n, in D o u w t s e n, J e l t s e n en M a r t s e n; verder in A b e l e en H e a b e l e, A n d e l e en B a r t e l e, E a b e l e en D o e k e l e, L y k l e en R y k l e, S e a k e l e en S i b b l e, J a k k e l e, N a m m e l e en O e b e l e. En toch is dit het geval. Het aanhangsel *tse (ts, tsen)* is een Oud-Friesche verkleinvorm, en *le* eveneens. Dit blijkt ook hier uit dat velen dezer namen nog heden ook in onverkleinde vormen bij ons in gebruik zijn. Bij voorbeeld: A t t e (de vrouwelijke verkleinvorm A t s j e is vooral niet zeldzaam), F e i t e, H a i t e en H o a i t e, T j i t t e of T i e t e, M o n t e, A b e, E a b e, B a r t, D o e k e, N a m m e n (uit den verkleinvorm N a m m e l e is de *n* van den oorspronkelijken vorm N a m m e n gesleten, omdat de *n* en de *l* te veel op elkanderen stooten), O e b e (O b b e of U b b o), enz. Het Oud-Friesche verkleinende aanhangsel *ts* is volkomen een en het zelfde als het Nieuw-Friesche aanhangsel *ke*. Immers zijn *k* en *ts* of *tsj* wisselletters in het Friesch. De *ts* of *tsj* neemt in het Friesch en Engelsch dikwijls de plaats in van de *k* in de verwante Germaansche talen. Men denke aan *tsjerke* en *church* tegenover *kerk* en *kirche*, aan *tsjüs* en *cheese* tegenover *kaas* en *käse*.

De hedendaagsche Friesche uitspraak van het Hollandsche verkleinende aanhangsel *tje* als *tsje*, bij voorbeeld *bytsje* voor *beetje*, *potsje* voor *polje*, *Pytsje* voor *Pietje*, enz. is eigenlijk en oorspronkelijk *tjse*, *tse*, of *ke*. Zoo dat men eigenlijk *byttsje (byt-tsje = bytke)* moest schrijven, met *Pyttsje*, *pottsje*, enz. Immers de woorden *byt*, *pot*, *Pyt* eindigen uit zich zelven reeds op *t*, en 't aanhangsel *tje* of *tse* of *tjse* begint er mede. Even eens moest men A t t s e *(At-tse = At-ke = At-tje =* de kleine A t t o) schrijven, met T s j i t t s e, L u u t t s e n, enz., in plaats van A t s e, T s j i t s e, L u u t s e n. Die aangaande deze *ts = k*, en *tse* of *tjse = ke* als verkleinend aanhangsel iets naders weten wil, leze eene zeer belangrijke aanteekening van onzen taalgeleerde J. H. HALBERTSMA, bij zijn verhaal *De treemter fen it Sint-Antoni-Gasthuws*.

Ook een zeer oud verkleinend aanhangsel is *le*, dat achter namen als **Eabele**, **Doekele**, **Nammele** geplaatst is. Oorspronkelijk is het volkomen een en het zelfde als het verkleinende achter-voegsel *lyn* bij de oude Hollanders en Vlamingen, als *lein* bij de hedendaagsche Hoogduitschers, in de woorden *maegdelyn*, *oogelyn*, *vogellyn* (niet *vogelijn*), en *blümlein*, *röslein*, *aeuglein*.

Achter den verkleinvorm *ke* eischt de Oud-Hollandsche, alsook de Hoogduitsche uitspraak eene *n* (b.v. *roosken*, *meisken*, en *röschen*, *mädchen*), waar de Friesche uitspraak die *n* achterwege laat: *roaske*, *fanke*. En zoo is het ook met den uitgang *lyn* of *lein*, die in het Friesch, zonder *n*, als *le* luidt. Zoo als de oude Friezen in deze zaak deden, spreken nog heden de Zwaben in Opper-Duitschland, die *rösle*, *mädle* zeggen; terwijl de Zwitsers in hun *röseli*, *maidli* de *i* nog laten hooren, maar de *n* ook niet.

Eene bijzondere oorzaak van het verval der Friesche namen is gelegen in het onverstand van allerlei vreemde, onfriesche predikanten en pastoors, schoolmeesters, notarissen, ambtenaren van den burgerlijken stand, enz. in Friesland. Van ouds schreven de Friezen natuurlijk hunne Friesche namen volgens de Friesche spelling en niet volgens de Hollandsche of eene andere. Trouwens, eene andere schrijfwijze is ook niet mogelijk, ten zij men er niet om geve zoo men onzin voor den dag brengt. Die Friesche spelling van Friesche namen en woorden is de eenig goede, en is door alle Friezen, die slechts een weinig gevoel voor taal-zuiverheid, slechts een weinig kennis van spelling en letterwaarde hebben, dan ook steeds gevolgd tot in deze eeuw. Sedert de helft dezer eeuw zijn er al meer en meer vreemde, onfriesche, meest Hollandsche onderwijzers, predikanten, pastoors en ambte-naren in de Friesche gewesten aangesteld geworden. Sommigen van deze vreemdelingen, ja bijna allen, geven der Friesche taal geenszins de eere die haar toekomt, waardeeren haar niet of minachten haar, omdat zij haar niet kennen, omdat zij haar dwazelijk uit der hoogte aanzien voor een verbasterd en leelijk volksdialect. Anderen zelfs haten haar, haten de Friesche taal omdat zij hun moeielijkheden in den weg legt in hun verkeer met het Friesche volk, haten haar omdat de Friesche taal hen dwingt zich in te spannen en nog wat te leeren — een zware eisch voor waan-

wijze betweters. Die willen dan wel het Friesch schoeien op
de Hollandsche leest, het Friesch dwingen in het Hollandsche
spoor, met andere woorden: zij willen Friesche namen en woorden schrijven volgens Hollandsche spelregels en — begaan dan
domheden, waar mede zij den waren Friezen ergeren. Deze
schadelijke invloed van vreemdelingen op de Friesche taal,
waartegen de Stand-Friezen dienen te waken en zich krachtig
te verzetten, blijkt ook uit de dwaze spelling waarin heden
ten dage sommige Friesche namen in nieuwsbladen en andere
openbare geschriften voor 't licht komen. Daar vindt men wel
S i e t s c h e en W i e t s c h e, J e t s c h e en V e t j e met V o k e l t j e
en V r o u w k j e, Z w o p k j e en Z w e i t s e, R i n z e en B i n z e,
T a e k e en T a e t s c h e, Z ij t z c en V o l k e r t geschreven, in
plaats van S y t s k e en W y t s k e, J e t s k e en F e t s j e (F e t j e),
F o k e l t s j e (F o k e l t j e) en F r o u k j e, S w o b k j e, S w e i t s e,
R i n s e, B i n s e, T e a k e, T e a t s k e, S y t s e en F o l k e r t.
Die tweeklank *ie* in plaats van den enkelen klank dien de Friezen
met *y* afbeelden, die *ie* waarmede de Hollanders meenen de Friesche
zuivere, lange *i (y* of *i)* te kunnen weêrgeven, is in namen als
S i e t s e en W i e b r e n in het geheel niet op zijne plaats. De *ie* is
in het Friesch immers duidelijk een tweeklank, gelijk zij oorspronkelijk in het Hollandsch ook was, en nog heet. De Friezen
laten in hunne uitspraak dan ook zeer te recht nog duidelijk
hooren dat de *ie* een tweeklank is, in tegenoverstelling met
de Hollanders die deze oude en zuivere uitspraak verloren hebben, en geen onderscheid meer kennen tusschen *ie* en *i* of *y*.
Immers in het woord *wiet* (nat) laten de Friezen eenen gants anderen
klank hooren als in W y t(s k e), een onderscheid dat het ver-
stompte gehoor der Hollanders niet meer schijnt te kunnen
vatten. — De *sch* in woorden als *school, schoen, schip, visch,*
wasschen wordt in het Friesch, even als in de Noordsche talen,
als *sk* uitgesproken: *skoale, skoe, skip, fisk, waskje.* Door deze
Friesche uitspraak in de war gebracht, meenen sommige waan-
wijze vreemdelingen ook de *sk* in de namen W y t s k e, G e l s k e,
A n s k e, enz. als *sche* te moeten verhollandschen, en er W i e t s c h e,
G e l s c h e, A n s c h e van te moeten maken. Intusschen, de *sk*
in W y t s k e, G e l s k e, A n s k e komt geenszins overeen met
de Hollandsche *sch.* O neen! Immers in deze en soortgelijke

namen is *sk* slechts eene toevallige samenvoeging van letters. Hier
staan de *s* en de *k* slechts bij toeval naast elkanderen, en vormen
geenszins eene bijzondere letterverbinding. Hier behoort de *s* aan de
lettergrepen W y t s, G e l s en A n s (A n s o), en de *k* is de eerste
letter van het verkleinende aanhangsel *ke*. Dus W y t s-k e
(W y t s-k e, de kleine — of vrouwelijke — W y t s e), en niet
Wyt-ske, *Wyt-sche* of *Wiet-sche*. — De Friesche taal kent geen
letter *ij*, zooals de Hollandsche tongval en het hedendaagsche
geijkte Nederlandsch. Men kan, of liever mag dus niet W ij t s e,
S ij t s e, W ij b r e n, S ij b o u t schrijven. W y t s e, S y t s e, W y-
b r e n, S y b o u t of S i b o u t moet het wezen. Ook kent de
Friesche taal niet de letters *v* en *z*. Die halve, verloopene,
vloeiende en suizende medeklinkers zijn te flauw en te
zwevende voor de Friesche tonge; zij worden in het Friesch
door *f* en *s* vervangen. Dat men dus niet Z ij t z e, B i n z e,
Z w e i t z e en Z w o p k j e, noch ook V e t j e, V r a n k, V e d d e,
V o l k e r t of V o l m e r schrijve, maar F e t s j e (F e t j e), F r a n k,
F e d d e, F o l k e r t, F o l m e r met S y t s e, B i n s e, S w e i t s e
en S w o b k j e. Even min schrijve men de bijzondere Friesche
en Engelsche tweeklank *ea* (in de woorden *brea* of *bread*, *dea*
of *dead*), waar deze klank in Friesche persoonsnamen voorkomt,
als *ae*, als of het een Oud-Hollandsche lange *a* ware. Dus niet
A e b e, T a e k e, T a e t s c h e, A e d e, P a e z e n s gelijk men
heden ten dage wel doet, maar E a b e, T e a k e, T e a t s k e,
E a d e (of Æ b e, Æ d e) en P e a s e n s.

Mogen zulke misvormde namen nooit meer worden geschreven!
Dat de Friezen zich niet door allerlei vreemdelingen allerlei
knollen voor citroenen in de handen laten stoppen. Maar dat
zij zuiver Friesch mogen blijven, ook in de goede Friesche spelling
hunner Friesche namen! Immers, men kan geen Friesche woorden
en namen, geen Friesche klanken met Hollandsche letterteekens
afbeelden. Die dit nochtans doet, die W i e t s c h e schrijft en
Z ij t z e, T a e k e en V e t j e, handelt even dwaas als de man
die Engelsche, Duitsche en Fransche namen met Hollandsche
klanken en letterverbindingen afbeeldt — die dus *Dzjeems*,
Loedwieg en *Zjaak*, of *Swensie*, *Karrelsroe* en *Bordo* schrijven
zoude, in stede van J a m e s, L u d w i g, J a c q u e s, S w a n s e a,
K a r l s r u h e en B o r d e a u x.

Alles wisselt, verandert, verslijt, teert uit, sterft af, in 't ondermaansche. Alles! Ook de bijzonderheden in zeden, taal en kleeding der Friezen, al hoe trouw anders de Friezen in den regel ook gehecht zijn aan de eigenaardigheden, door hunne edele en roemrijke voorouders hen overgeleverd. In deze zaken toch zijn de hedendaagsche Friezen geenszins meer de zelfden, die ze van ouds geweest zijn, die ze nog voor honderd en voor vijftig jaren waren. Zelfs kan de opmerkzame veel korter tijdsbestek noemen, om veranderingen aan te toonen. Ook in de Friesche mans- en vrouwennamen doet zich deze wisseling en verslijting, dit afsterven of buiten gebruik raken bemerken — al is dit ook betrekkelijk gering en weinig, veel minder dan bij onze stamverwante volken met hunne volkseigene namen geschiedt. Maar toch droeg deze en gene onder onze voorouders in de middeleeuwen en later eenen naam die thans onder ons niet meer gehoord wordt. Ja zelfs in de vorige eeuw nog kwamen onder de Friezen sommige namen, goed Oud-Friesche namen voor, die men thans slechts uiterst zeldzaam of in het geheel niet meer aan kinderen geeft, 't en zij dan in veranderden vorm, als R i c h j e voor R i x t a, L u t s k e voor L u x t a, J e l t s j e voor J i l d o u, R e i n t s j e voor R e i n o u. Ook in deze zaak heerscht — — de mode! Sedert de helft dezer eeuw vooral schijnt het alsof de Friesche namen sommigen ontaarden Friezen niet meer goed genoeg zijn. Die verbasterden en verbijsterden tooien hun kroost, dwaas genoeg! liever met de romantische namen van allerlei vreemde lui, vooral liefst met Fransche en Engelsche namen, dan met de eenvoudige en eerlijke namen der eigene voorouders. Hier en daar is er onder ons eene ijdele moeder en een zwakke vader die aan zoontje of dochterke niet den Frieschen naam geven van hunnen eigenen vader, van hunne eigene moeder, gelijk de Friesche zede dit van ouds eischt, maar eenen vreemden, eenen zoogenoemd *mooien* naam. Daartoe wordt dan de Friesche naam, die het kind rechtmatig toekomt, verknoeid en verdraaid, zoogenoemd verfraaid, maar in der daad misvormd en onkenbaar gemaakt. Of wel — men bedenkt maar eenen geheel vreemden naam, hoe vreemder en romantischer, hoe mooier; bij voorbeeld : A u r e l i a voor A u k j e; E l l a voor J e l t s j e; H e n r i voor H a r k e; G e o r g voor G o s s e; T i t u s voor T i e t e of T s j i t t e, enz.

15

Dwaas, die zoo handelen! Onwaardig, onfriesch, die zoo doen!
Zal men den kinderen de oude en eervolle namen der eigene
ouders en voorouders onthouden, die kenmerken hunner Friesche
afstamming, de edelste onder de Germanen? Zal men ze tooien (?)
met de soms verachtelijke namen van vreemde schurken en
schelmen, hoeren en snoeren misschien? Neen immers! Geen
ware Fries, geen Stand-Fries zal aldus zijn kroost ontadelen.

Behalve deze dwaze en treurige gezindheid, die het vreemde,
opgesmukte, opzichtige, gekunstelde in alle opzichten verkiest
boven het eigene, eenvoudig-schoone, degelijke, — eene gezindheid die gelukkiger wijze onder de Friezen nog weinig voorkomt, minder dan bij eenig ander volk — is daar nog eene andere
reden die het uitsterven en verbasteren van Friesche namen ten
gevolge heeft. Die reden is gelegen in de meening welke niet
weinigen, overigens goed Frieschen Friezen eigen is, dat de
Friesche namen leelijk zijn, leelijk klinken, dat het slechts zin-
looze klanken zijn, en dat zij den dragers van die namen iets
onbeschaafds, iets weinig *gedistingueerds* (basterd-woorden passen
bij verbasterde gezindheden) zouden verleenen. En fijn beschaafd
en *gepolitoerd* (op zijn Fransch, God betere 't!), ook *gedistingueerd*
(al is het dan ook valsch) willen er heden ten dage zoo velen zijn!

Nu — ik wil hier ook niet ten eenen male ontkennen dat
sommige Friesche namen, zoo wel van mannen als van vrouwen,
in der daad niet schoon van klank en vorm zijn. Ik kan mij
zeer wel voorstellen dat deze of gene, met een fijn ontwikkeld
gehoor en met goeden smaak begaafd, namen als S j e r p, N a m-
m e l e, O e g e, O e b e l e, G o a i t s e n, D u r k, H a r m, F r e a r k,
O l f e r t, H o a t s e, J i s k, G o u k e, G u r b e, W o p k e, namen als
E k e, B a e y e, A k k e, W o b b e l t s j e, G a t s k e, J i s s e l t s j e,
N a m m e n t s j e, M u r k j e, J a e i k e, S j o e r d t s j e, leelijk, zeer
leelijk, op den duur ondragelijk vindt. Maar aan deze, in zich
zelven reeds misvormde, verkorte namen is men immers ook
niet gebonden! Men kan die namen in hunnen oorspronkelijken,
volledigen, onverbasterden vorm herstellen. Dan zijn ze niet
leelijk, noch zonder zin. Hier boven hebben wij dit reeds aangetoond bij 't behandelen der namen E k e of E e l k j e, E e l k e
of E e l t s j e met S j o e r d en S j o e r d t s j e, F r e a r k en S i e r k
enz. Als eene kleine proeve, hoe men in deze zaak te handelen

hebbe, wil ik aan het einde van deze verhandeling een lijstje
geven van eenige hedendaagsche, verbasterde en verkorte Friesche
namen, met hunne Oud-Friesche, volledige vormen daar achter.

Al geef ik toe dat eenige, zelfs vele hedendaagsch Friesche
namen leelijke, wanklinkende, onbehagelijke vormen vertoonen,
dit is toch geenszins bij allen het geval. De mansnamen A l l e r t,
E d s a r d of I d s e r t, A l e f, A l g e r, A y o l t (meest in Groninger-
land in gebruik), B r u c h t, F r a n k, J i l d e r t, W y b r a n d,
S y b r a n d en G e r b r a n d, O n n o, G e r l o f, T s j a l l i n g, H a y o,
H i l l e b r a n d, H u b e r t, H e r o, I v o, M e i n e r t, R e i n d e r t,
T a c o, H a r t g e r, en de vrouwennamen B r e c h t j e, Y m k j e,
S i b r i c h en W i b r i c h, A u k j e, M i n k e, W y t s k e en S y t s k e,
W y p k j e, R i n s k e, E l s k e, G e e s k e zijn namen die, al zijn het
ten deele ook slechts verdraaide en verkorte namen, toch geenszins leelijk van klank en vorm zijn te noemen. Deze en vele
soortgelijke namen hebben in de mansnamen iets krachtigs, edels,
manhaftigs, in de vrouwennamen iets liefelijks, ongekunstelds,
dat Fries en uitman behaagt. Maar, het zij dat men nu deze
namen in deze vormen aanhoude of afschaffe, het zij men ze
tot hunne oorspronkelijke zuivere vormen terug brenge, men
wachte zich wel die namen nog meer te verdraaien, in de meening
ze te verfraaien. Ware misbaksels en monsters van namen zijn
er al, door dat zoogenoemde „mooier maken", door weinig be-
lezene en weinig beschaafde, door smakelooze menschen tot
stand gebracht. Die R o m k j e tot R o m e l i a, W o b k j e tot
W o b b i n a, G e e s k e tot G e z i e n a, E l s k e tot E l z i e n a,
A a l t j e tot A l i d a, J e l t j e tot J e l l i n a, S j o e r d t j e tot
S j o e r d i n a, F o k e l t j e tot F o k e l i n a, of D o e d e tot D o e-
d e r u s, S i b b l e tot S y b i l l u s, A n n e tot A n n e e, F e d d e tot
F e d d e r u s, E a b e l e tot A b e l i u s, T i m e n tot T i m o t h e u s,
B a r t e l e tot B a r t h o l o m e u s, J e n t j e tot G e n t i u s, H e s s e l
tot H e s s e l i u s, J i l l e r t tot J i l l a r d u s maakt, geeft daar door
een bewijs van onverstand en wansmaak. Gelukkig is deze dwaas-
heid bij ons Friesche volk tusschen Flie en Lauwers, dus bij
de kern des geheelen Frieschen volks, veel minder in zwang
dan bij de andere Friesche stammen, vooral bij Groningerlanders
en Oost-Friezen. Dezen maken van R o e l f k e, S w a a n t j e,
G e r k j e, G e e r t j e, L a m m e c h i e n en L u b b e c h i e n (in 't

eigenlijke Friesland L a m k j e en L u b k j e), van F r o u k j e, enz.
R o e l f i n a, S w a a n t i n a, G e r c o l i n a, G e e r t j e d i n a, L a m-
m e c h i e n a en L u b b e c h i e n a, F r o u k e l i n a, enz.; de Oost-
Friezen van H a i k e (de vrouwelijke vorm van H a y o), H a y o u e t t a
en H a y o l i n a, van G e e s k e, H i l k e en L u b k e wel G e e s k e a,
H i l k e a en L u b k e a. Dit zijn ware monsters van namen, wannamen, die hoe eer hoe liever buiten gebruik moeten gesteld
worden, en die geen waarlijk beschaafd man zijnen kinderen
geven zal. Dan nog maar liever geheel vreemde namen, zoo
als zij doen die eenen knaap, welke naar zijnen grootvader
H e t t e of T i e t e moest heeten, H e c t o r of T i t u s noemen,
of een meiske dat den naam van hare grootmoeder A u k j e of
H e i l t j e toekwam, A u r e l i a of H e l e n a noemen — al geeft
zulke handelwijze dan ook getuigenis van onfriesche gezindheid,
van weinig gevoel voor de eere van 't eigene volk, van de eigene
voorouders. Dat men echter oorspronkelijk onfriesche namen als
K l a a s, T h ij s, P i e r, J a n en K e e s, als N e e l t j e, L e e n t j e,
T r ij n t j e, G r i e t j e, A n g e n i e t j e, M a r t j e, enz., die grootendeels ook bij de Hollanders en andere Nederlanders in deze
vormen voorkomen, terug brengt tot de oude volle vormen N i c o-
l a a s, M a t t h e u s, P e t r u s, J o h a n n e s, C o r n e l i s, C o r-
n e l i a, M a g d a l e n a, C a t h a r i n a, M a r g a r e t h a, A g n e s
en M a r t h a, daar kan niemand wat op tegen hebben. Dat
druischt niet in tegen den goeden smaak. In tegendeel, die volle
namen zijn verre weg te verkiezen boven de hier vermelde
verdraaide en ingekorte verbasteringen daar van.

Reeds in de vorige eeuw is men begonnen sommige Frieschen
mansnamen, die op eene toonlooze *e* eindigen (H o b b e, Y n t e,
H a r k e), welluidender, aannemelijker te maken door die *e* met
eene *o* te verwisselen, en dus van bovengenoemde namen H o b b o,
I n t o, H a r c o te maken. Deze namen, op *o* eindigende, vertoonen
in der daad, volkomen of ten naasten bij, de Oud-Friesche vormen, waarvan de namen op toonlooze *e* slechts verbasteringen,
afslijtingen uitmaken. Men handelt dus zeer redelijk zoo men
die oorspronkelijke *o* weêr in zijn recht herstelt. Ook zijn deze
naamsvormen, op *o* uitgaande, eigenlijk nooit geheel buiten gebruik geweest, ook in de zestiende en zeventiende eeuw niet.

In sommige aanzienlijke maagschappen hield men dien vorm op *o* steeds in gebruik, al was het dat bij boeren, burgers en geringe lieden de toonlooze *e* in plaats van die *o* getreden was. In Oost-Friesland en Groningerland is deze *o* nooit zoo algemeen door de *e* verdrongen geweest, als in Friesland bewesten Lauwers. Ook heden nog treft men in die gewesten meer Friesche namen in hunnen oorspronkelijk op *o* uitgaanden vorm aan, dan in 't eigenlijke Friesland. Men kan veilig de namen, op toonlooze *e* eindigende, in beteren vorm herstellen door eene *o* de plaats van die *e* te doen innemen; door bij voorbeeld van A i s e en van S i b e, van H a l b e en van W y t s e, van R i n s e en van M i n n e, van A t s e en van L y k e l e te maken A i s o en S i b o, H a l b o en W y t s o, R i n s o en M i n n o of M e n n o, A t s o en L y k l o. Maar men doet beter, men handelt in taalkundig opzicht wetenschappelijker, men bereikt in den regel ook beter zijn doel (te weten het herstellen der namen in zuiverder en welluidender vormen), zoo men die namen welke op *tse* en *le* uitgaan (A t s e, F e t s e, S e a k e l e, L y k e l e, O e b e l e) en die, gelijk op bl. 213 en vervolgens reeds is aangetoond, eigenlijk slechts verkleinvormen zijn — eerst herstelle in den oorspronkelijken, onverkleinden vorm, en er dan de *o* achter plaatse. Zoo men dus van A t s e en F e t s e (A t-t s e en F e d-t s e, de kleine A t t e en de kleine F e d d e) maakt A t t o en F e d d o; van S e a k e l e en O e b e l e, S a c o en U b o (men spreke O e b o). Zie hier, als verdere voorbeelden, eenige Friesche mansnamen in den hedendaags meest gebruikelijken, versletenen vorm, met den oorspronkelijken Oud-Frieschen vorm er achter.

Abbe — Abbo.
Abe, Abele, Eabe, Eabele, — Abo.
Adde — Addo.
Ade, Eade, Ede — Ado, Edo.
Age — Ago.
Agge, Egge — Aggo, Eggo.
Aike — Aico.
Ailke — Ailco.

Aise, Eise — Aiso, Eiso.
Ale, Alle — Alo, Allo.
Eppe, Epke — Eppo, Epco.
Ate, Atte — Ato, Atto.
Auke — Auco, Avo.
Bauwe, Bauke — Bavo.
Bouwe, Bouke — Buvo.
Bote — Botho.
Bruin — Bruno.
Doede — Dodo.
Doeke, Doekele — Duco,

in zuiverder, onverkleinden
vorm echter Dodo,
Ede — Edo.
Eelke, Eeltje — Eelco;
in zuiverder, onverkleinden
vorm echter Adel.
Feye, Feike—Feyo, Feico.
Fokke, Foeke — Focco,
Fucco.
Folke — Fulco.
Haye, Haike, Haite,
Haitse — Hayo, Haico;
de laatste vorm is niet te
verkiezen.
Here, Heere, Heare, Hjerre,
— Hero.
Oeds — Odo, Udo (spreek
Oedo).
Oene — Onno, Uno (spreek
Oeno).
Poppe, Popke — Poppo,
Popco; de laatste vorm is
niet te verkiezen.
Sake, Sakele, Sekele, Sea-
kele — Saco.
Take, Teake, Teke, Te-
kele, Teakele — Taco.
Schelte — Scelto.
Solke — Solco.
Tade, Teade — Tado.
Tiede, Tiete, Tjitte
Tjitse — Thiedo of
Theodo.
Sibe, Sibbe, Sippe, Sipke,
Sibbele — Sibo, Sibbo.
Wibe — Wibo.
Uilke, Uiltje, Uiltzen —
Ulo.
Wite, Witte, Wytse —
·Wito.
Wobbe, Wop, Wopke —
Wubbo.

Van deze soort van eenvoudige, zoogenoemde stamnamen zijn
Hayo, Hugo, Onno, Otto, Menno, Benno, enz. steeds
in gebruik geweest, ook bij de andere volksstammen in de Nederlanden en Duitschland.

Geheel in overeenstemming met de bovengenoemde mansnamen
kan men de toonlooze *e*, waarop vele hedendaagsch Friesche vrouwennamen eindigen, veranderen in eene *a*. Die namen herkrijgen
daar door veelal hunnen ouden, oorspronkelijken vorm, en worden
tevens welluidender en aannemelijker. Zoo kan men van Tet,
Tette of Tetsje maken Tetta, van Ath of Atsje Atta, en
Minna van Minke of Mintsje.

De Friesche vrouwennamen komen heden ten dage meest in
verkleinvormen voor; gaan dus veelal op *je, tje, kje, ke* uit.
Zoo men deze onnoodige, meestal leelijke verkleinvormen eerst
van de namen afneemt, en dan eene *a* voegt achter den over-

blijvenden naamsstam, dan verkrijgt men in den regel den oorspronkelijken vorm van den naam. Zoo men dus van Y t s j e of I t s j e (eigenlijk I d - t j e of Y d - t j e) den verkleinvorm *tje* wegneemt, en achter den overblijvenden naamsstam *Id* of *Yd* eene *a* voegt, is de naam in zijnen oorspronkelijken en schoonen vorm I d a hersteld.

Zie hier, als verdere voorbeelden, eenige Friesche vrouwennamen in den hedendaags meest gebruikelijken vorm, met den oorspronkelijken Oud-Frieschen vorm daar achter.

Detje — Dedda.
Elske, Elsje — Elsa.
Froukje — Frouwa, Frowa; de laatste is de beste vorm.
Heiltje — Heila.
Hiltje, Hikke, Hyltje, Hylkje, Hike — Hilda.
Houkje, Holkje — Holda.
Ynskje — Ina.
Jeltje, Jeike — Jella.
Bontje — Bonna.
Botje — Botha.
Meintje — Meina; in den alleroudsten vorm Megina of Magina.
Fetje, (Fed-tje) — Fedda.
Fokje, Foekje, Fokeltje — Focca, Fucca, Foca.
Ymkje, Imkje, Emkje — Ima, Imma, Emma.
Eadske, Atje — Ada.
Reintje — Reina; in den alleroudsten vorm Regina of Ragina, waarbij men echter niet aan het Latijnsche woord *regina* (koningin) te denken hebbe.
Geesje, Geeske — Gesa. De meer bijzonder Oud-Duitsche vorm Gisela (ook een verkleinvorm), kan ook zeer wel in de plaats van Geeske genomen worden.
Epkje, Epje — Eppa.
Aafke — Ava.
Doetje (d. i. Doed-tje), Doekje, Doekeltje — Doda.
Doutje, Douwtsen—Duva.
Dieuwke, Dieuwertje — Diuva, Dietwara, Thiadware.
Haitske, Haikje. Haitje — Haya.
Geeltje, Gealtje — Gela.
Hitje (Hid-tje) — Hidda.
Tietje—Thieda of Theoda.

De namen A d a, E m m a, I d a zijn van ouds her ook bij andere Germaansche volken buiten Friesland in gebruik gebleven. De meeste overigen hebben alleen de Friezen behouden.

Ten slotte nog geef ik hier eene lijst van Friesche persoonsnamen in hunnen hedendaagschen, verbasterden en verkleinden
vorm, met de oude, oorspronkelijke, volle vormen daar achter.
De letters *m* en *v* achter de namen duiden aan of zij mans- of
vrouwennamen zijn.

Aart, Arent, Aan m. —
Arn of ook Arnold.
Alger. m. — Adelgar.
Allert. m. — Adelhart.
Andele. m. — Ando.
Aafje, Aafke. v. — Ava
of ook Aba.
Aaltje. v. — Adela.
Anske. m. — Anso.
Auke. m. — Audo, Auco
of Avo.
Aukje. v. — Auda of Ava.
Bean, Baart, Beert,
Berend, Barend, m. —
Bernhard.
Baartje, Baatje, Berendje
(Berendina). v. — Bern-
harda.
Bauwe. m. — Bavo.
Baukje, Baaie. v. — Bava.
Bartele, Bartle. m. — Bart
of Brecht en Barthold.
Barteltje, Bartje,
Brechtje, v. — Bartha
of Bertha, of Brechta
en Bartholda.
Bouwe. m. — Buvo.
Boukje. v. — Buva.
Binne, Binse,
Bente, m. — Benno.
Bentje, Benskje, Bints,
Binke, Bintje, Bintske,

v. — Benna.
Bennert, Binnert. m. —
Bernhard.
Boete, Botte, Bote. m. —
Botho.
Boele, m. — Bolo.
Brechtje· v. — Brechta,
Bertha.
Eelke, Eeltje. m. — Adel.
Eke, Eelkje. v. — Adela.
Dirk, Durk, Derk, Duye.
m. — Diederik of Theo-
dorik of Thiadrik.
Dirkje, Durkje, Derkje,
Dukke. v. — Diederica,
Theodorica of
Thiadrika.
Dedmer. m. — Dethmar,
Ditmar, Dietmar.
Evert. m. — Everhart.
Evertje·(Everdina). v. —
Everharda.
Egbert, Eibert. m. — Eg-
brecht, Ekbrecht.
Freerk. m. — Frederik.
Freerkje. v. — Frederika.
Gerrit, Geert. m. — Ger-
hart.
Gerritje, Geertje, Gertje,
Getje. v. — Gerharda.
Gerben, Gerbren. m. —
Gerbern.

Gerbentje. v. — Gerbern.

Gerbrich. v.—Gerbrechta.

Gelf, Gellif, Gellof, m. — Gerlof of Gerolf.

Gerlt, Gelt. m. — Gerhold.

Gerlske, Gelske. v.—Gerholda.

Govert. m. — Godferth

Govertje (Goverdina) v. — Godfreda.

Edger. m. — Edgar.

Eilert. m. — Eilhart of Agilhart.

Elger. m. — Adelgar of Athalgar.

Elbrich. v.—Adelbrechta.

Folkert. m. — Folkhart.

Femkje, Femke, Fimke v. — Femma.

Gosse. m. — Godsschalk of beter Godsskalk.

Greult, Greold, Greelt. m. — Gerhold.

Heine, Heinse. m.—Hagen.

Harm, Harmen. m. — Herman.

Harmke. v. — Hermanna (niet Hermina).

Koen. m. — Kuno (spreek Koeno),

Koert. m. — Koenraad, Kunrad.

Lammert. m.—Landbrecht.

Lambert. m.—Landbrecht.

Lubbert. m. — Ludbrecht.

Lutske. v. — Luda of Lutgarda.

Meine. m. — Magin of Megino.

Meinert, Meindert, Minnert, Mindert. m. — Meinhart of Meginhart.

Hauke. m. — Hauk of Havik.

Hille. m. — Hildo.

Hiltje, Hikke, Hylkje, Hike. v. — Hilda.

Ime, m. — Imo, Immo.

Jorrit. m. — Everhart.

Oege. m. — Ugo (Oego).

Rein. m. — Reino, Regino of Ragin.

Reintje, v. — Reina, Regina.

Reinert, Reindert, Rinnert. m. — Reinhart.

Reintje, Reinske, Reinskje. v. — Reinharda.

Ruurd. m. — Rudhart.

Roelof. m. — Rudolf.

Rommert, Romke. m. — Rombrecht.

Sybren, Sibren. m. — Sigbern.

Sybrand. m. — Sigbrand.

Sjoerd. m. — Sigurd.

Sjoerdtje, Sjutte, v. — Sigurda.

Sybrichje. v.—Sibrechta. Sigbrechta.

Sjaard. m. — Sighart.

Sierk. m. — Sigerik.

Wemeltje. v. — Welmoed. Wolmoed.

Wimer. m. — Wigmar.

Wibren, Wybren. m. — Wigbern.

Wybrand. m. —Wigbrand.

Wytse. m. — Wito.

Wytske, v. — Wita.

Wibrichje. v. — Wigbrechta.

Willem. — Wilhelm.

Willemke. v. — Wilhelma (niet Wilhelmina).

Wobbe, Wopke. m. — Wolbrecht.

Wopkje. v. —Wolbrechta.

Wouter. m. — Walther.

Er zijn heden ten dage honderden van bijzondere mans- en vrouwennamen, in allerlei versletene en verkorte vormen, bij de Friezen in gebruik. Het gaat natuurlijk niet aan, al die namen hier in hunne oorspronkelijke vormen te herstellen. Ruimte en tijd laten dat niet toe. Maar die van andere Friesche namen de oorspronkelijke vormen wil kennen, kan zeer velen daar van vinden in Dr. Ernst Förstemann's *Altdeutsches Namenbuch*, deel I, *Personennamen* (Nordhausen, 1856).

Niemand leide uit deze verhandeling, uit deze naamlijsten af, dat ik het mijne heb willen toebrengen tot het jammerlijke in onbruik stellen onzer edele en schoone Oud-Friesche mans- en vrouwennamen. O! zulk streven, den Stand-Fries onwaardig, is verre van mij! Juist het tegenovergestelde heb ik beoogd. En wat mijzelven persoonlijk aangaat, mij dunken de Friesche namen ook in hunné hedendaagsche verbasterde vormen, schooner, althans den waren Fries, der echte Friezinne passender, in allen gevalle eigenaardiger en volkseigener, als de oude, oorspronkelijke vormen. Ik voor mij hoor eenen Fries liever Greult en Frjeark noemen als Gerhold en Frederik, eene Friezinne liever Harmke en Romkje als Hermanna en Rombrechta, al zijn dan ook de eerstgenoemde namen slechts verbasterde en verkorte vormen van de laatsten. Maar niet iedereen denkt aldus. En zoo hoop ik dan met dit opstel te bereiken dat deze of gene Fries, die zijnen kinderen niet met de oude Friesche namen zijner eigene ouders en verwanten noemen wil, omdat die namen hem niet meer behagen in hunne hedendaagsche vormen, dan daarvoor in de plaats geen vreemde, onfriesche, vaak ongermaansche namen neme, noch ook die oude namen op dwaze en gansch onredelijke wijze verbastere en verderve, maar dat die man die namen in hunne oude, oorspronkelijke, volle, schoone en zinrijke vormen, volgens bovenstaande handleiding, herstelle.

Een zeer beknopt algemeen overzicht van de Friesche geslachtsnamen, van de verschillende vormen die de wezenlijke eigenaardigheden der Friesche geslachtsnamen uitmaken, moge aan de volgende verhandeling voorafgaan, tot beter verstand en inzicht bij het hier vervolgens behandelde onderwerp.

Volgens hunnen oorsprong en hunne beteekenis vervallen de eigenaardige Friesche geslachtsnamen in twee hoofd-afdeelingen; ten eersten, in geslachtsnamen die van mansvóórnamen zijn afgeleid; ten tweeden, in zulken die van plaatsnamen afstammen.

De geslachtsnamen, waaraan een mansvóórnaam ten grondslag ligt, zijn

a. die, welke op den Oud-Frieschen patronymicalen vorm *inga* uitgaan. Dit *inga* komt ook in versleten vorm als *enga* voor, en in Oost-Friesland, door Hoogduitschen invloed, als *unga*. Voorbeelden hier van zijn de geslachtsnamen: Bottinga en Bottenga (van den mansnaam Botte), Sibinga en Sybenga (van Sibe, vleivorm van Sibrand, Sigbrand), Boyenga, Booyenga, Booienga, in Oost-Friesland Boyunga (van den mansnaam Boaye, Boye, Booye). Zoo beteekent dan Bottinga, Sibinga, Boyenga zoon of afstammeling van eenen man, van eenen stamvader, die Botte, Sibe of Boaye heette.

b. die, welke op *ia* eindigen. Dit *ia* is een vorm die uit *inga* is samengetrokken, volgens eene kenmerkende bijzonderheid van het Friesche taaleigen. Zoo is bij voorbeeld de geslachtsnaam Sinia oorspronkelijk voluit Sininga, en beteekent zoon of afstammeling van Sine, van den man, den stamvader, die den naam Sine droeg. Andere zulke namen zijn nog (Van) Bothnia, voluit Bottinga, van Botte; Unia, voluit Uninga, van Une of Oene, enz.

c. die op eene enkele *a*, een Oud-Frieschen tweede-naamvalsvorm uitgaan. Bij voorbeeld: Alberda en Albarda, dat is: Alberts, Albert's zoon, de zoon van den man, den stamvader, die Albert (Adelbrecht) heette. Verder Andela, van Andele; Tsjaerda (in Nederlandsche spelling Tjaarda), zoon van Tsjaerd (Tjaard).

d. die op het aanhangsel *ma* (man) eindigen, op den ouden, oorspronkelijken vorm, of op *sma*, eenen daaruit ontstanen vorm, van jongere dagteekening (samengesteld uit den tweeden naamvals-vorm *s*, en uit *ma*). Bij voorbeeld, M i n n e m a, P o p m a, S y t s e m a, of S y t s m a, zoon, afstammeling of hoorige van M i n n e, van P o p p e, van S y t s e. En T j e e r d s m a, M e i n d e r s m a, W i-g e r s m a, van T s j e a r d (in Nederlandsche spelling T j e e r d), M e i n d e r en W i g e r (T h i e d h a r t, M e g i n h e r en W i g h e r).

e. die op *na* en *sna* uitgaan (in de zelfde verhouding tot elkanderen staande als *ma* en *sma*, onder letter *d* hierboven vermeld). Dit zijn eigenlijk Oost-Friesche vormen, die echter ook wel eene enkele maal in ons Friesland voorkomen. Bij voorbeeld: F r a n k e n a en J o r n a, zoon van F r a n k en zoon van J o r r e. Intusschen, men kan met evenveel recht aannemen, dat deze twee geslachtsnamen tot de onder letter *c* hier voren vermelde groep (op enkele *a* eindigende) behooren, en dus moeten ontleed worden als *Franken-a* en *Jorn-a*; dat is dan: zoon van F r a n k e n of F r a n k w i n, en zoon van J o r n, dat is E v e r w i n.

f. die op den nieuweren, algemeen geijkt Nederlandschen tweeden-naamvalsvorm op *s* uitgaan, of op den verouderden, nog slechts hier en daar (ook in Holland) in den volksmond levenden tweeden-naamvalsvorm op *en*, *n*. Bij voorbeeld Y p e s, G o s l i n g s, J e l l e s, H e e r e s, R o m k e s, en P o p p e n, Y b e n, K a m p e n, namen die voor iedereen die de Friesche mansvóór-namen I p e of Y p e, G o a s l i n g of G o s l i n g, enz. kent, duide-lijk en verstaanbaar zijn.

De tweede hoofd-afdeeling van oorbeeldige Friesche geslachts-namen is niet uit mansvóórnamen, maar uit plaatsnamen gevormd, en komt overeen met de geslachtsnamen, samengesteld uit het voorzetsel *van* en eenen plaatsnaam (v a n V e l s e n, v a n A s s e n), die in de andere Nederlandsche gewesten zoo menigvuldig voor-komen. Deze afdeeling vervalt nader in twee groepen:

a. Geslachtsnamen die slechts eene enkele *a* achter den plaats-naam hebben; bij voorbeeld: F e r w e r d a, H o l w e r d a, R a u-w e r d a, S a l v e r d a, afgeleid van de plaatsnamen F e r w e r d, H o l w e r d, R a u w e r d, Friesche dorpen, en van den plaatsnaam S a l w e r d, eigen aan een gehucht bij Franeker.

b. Namen, die op *stra* eindigen: L e m s t r a, D r a g s t r a (eigen-

lijk voluit Drachtstra), Joustra, Balkstra, Troelstra, van
de plaatsnamen de Lemmer, Drachten, de Joure, Balk en
Ter-Oele, aan Friesche vlekken en dorpen eigen. Hier bij komen
nog de talrijke geslachtsnamen, die bestaan uit het achtervoegsel
stra en een woord van algemeen-aardrijkskundigen aard, dat als
't ware staat in de plaats van eenen echten plaatsnaam. B.v. *dyk*,
syl, *terp*, die aan de geslachtsnamen Dijkstra (eigenlijk Dykstra),
Zijlstra (eigenlijk Sylstra) en Terpstra ten grondslag liggen.

De Friesche taalgeleerde, Prof. EVERWYN WASSENBERGH, die in
het begin dezer eeuw Hoogleeraar was aan de Hoogeschool te
Franeker, zegt in zijne *„Verhandeling over de Eigennamen der Friezen"*
(voorkomende in zijne *„Taalkundige Bijdragen"*, Leeuwarden, 1802),
waar hij spreekt van de Friesche geslachtsnamen, zooals die in
het laatst der achttiende eeuw veelvuldig bij de eenvoudige
burgerlieden, bij de neringdoenden en de handwerkslieden, en
ook wel bij de boeren (voor zoo verre ze geen eigenerfden
waren), in Friesland in zwang kwamen, het volgende:

„Een bakker noemde zich Baksma; een slager Bijlsma of
Schraagsma; een timmerman Latsma of Schaafsma;
een mandemaker Tiensma; een bleeker Osinga. Hiertoe
behooren nog Smedema, Hoornsma, Ratsma, Hammersma, Draadsma, Ramkama, Pompsma, Pekelsma".

Deze woorden bevatten waarheid. Maar volledig waar, in alle
opzichten waar — dat zijn ze niet. Zoo men deze uitspraak niet
cum grano salis opvat, zoo men haar niet met onderscheiding en
met goed verstand aanneemt, maar integendeel haar houdt voor
slechtweg waar, voor ten volsten waar in alle opzichten, dan
komt men, in zake de verklaring van vele Friesche geslachtsnamen, op een dwaalspoor.

In der daad hebben sommige Friezen in de vorige eeuw zich
van geslachtsnamen voorzien, op zulk eene onredelijke, willekeurige en zonderlinge wijze, als Professor WASSENBERGH mededeelt in zijne bovenaangehaalde woorden. En nu, honderd en
meer jaren nadat die eigenaardige soort van geslachtsnamen zijn
opgekomen, meenen sommige Friezen, dat juist die wijze om geslachtsnamen te vormen, de regelmatige manier was, de wijze
die schier uitsluitend, althans zeer menigvuldig, gevolgd werd.

Zij meenen dat het werkelijk een timmerman moet geweest zijn, die zich het eerst L a t s m a, H a m m e r s m a of B o r e n g a noemde; werkelijk een bleeker die den naam O s i n g a eerst aannam; of een slachter die zich zelven den naam L a m k e m a of R a m k e m a toelegde. Dit nu is niet waar. Het moge misschien waar zijn van sommigen der geslachtsnamen, door Professor WASSENBERGH opgenoemd; bij voorbeeld van S c h r a a g s m a, S c h a a f s m a, D r a a d s m a, P o m p s m a, P e k e l s m a. Maar van *al* die opgenoemde namen geldt dit niet.

Men versta mij wel. Ik wil niet ontkennen dat er een timmerman geweest kan zijn, die zich zelven eerst den naam L a t s m a of B o r e n g a of H a m m e r s m a toeëigende, of een bleeker die zich O s i n g a, een bakker die zich B o l l e m a noemde. Maar zelf bedacht, zelf gevormd heeft die timmerman, die bleeker, die bakker die namen niet. Die namen bestonden reeds, waren reeds eeuwen lang door Friesche maagschappen gedragen geworden; door maagschappen, die volstrekt niet eenen timmerman, noch eenen slachter of bakker tot stamvader hadden. Die namen waren, althans ten deele, toenmaals nog het eigendom van oude, veelal adellijke of eigenerfde, nog bestaande geslachten. Of anders, zoo die namen werkelijk reeds uitgestorven waren met de geslachten, waaraan ze van ouds her hadden toebehoord, dan bestonden nog wel de staten en de saten van die geslachten, die hunne oorspronkelijke, aloude woonsteden, hunne stamzetels waren geweest (bij voorbeeld O s i n g a-s t a t e, L a t s m a-s a t e); en zoo waren die geslachtsnamen den volke nog bekend en mondsgemeen.

Nemen wij als voorbeeld den naam O s i n g a (met zijne bijvormen, slechts in spelwijze daarvan verschillende, O s e n g a, O z i n g a, O z e n g a, oudtijds ook O e s i n g a en O e s i n g h a geschreven) — een zeer oude naam, eigen aan eene wijd vertakte maagschap van eigenerfde Friezen, die ook nog heden bestaat, en door menige loot uit den ouden stam gedragen wordt. Ook O s i n g a-s t a t e n zijn er in aanmerkelijken getale over het geheele Friesche land verspreid: te Kimswerd, te Hallum, te Langweer, op Sottrum onder Schettens, te Grouw, te Dronrijp. Buitendien is er nog een O s i n g a-h û s onder Oosterend, terwijl een gehucht onder Heeg den naam van O s i n g a-h u z e n draagt. De naam O s i n g a is een zoogenoemd

patronymicum of vadersnaam; dat is: hij is, door achtervoeging
van den uitgang *inga* (die kindschap of afkomst van zekeren
stamvader aanduidt), afgeleid van, ontleend aan eenen mansnaam; in dit geval aan den Oud-Frieschen mansnaam O s e of
O s i (O s i n g a van O s e, gelijk W y b i n g a van W i b e, E i s i n g a
van E i s e, I d s i n g a van I d s, S c h e l t i n g a van S c h e l t e).
Of anders (deze zaak is niet volkomen zeker), is O s i n g a een
versletene, verbasterde vorm van den oorspronkelijken, volledigen vorm O e d s i n g a, afgeleid van den mansnaam O e d s. In
oude geschriften toch vindt men den naam van het gehucht
O s i n g a-h u z e n, boven vermeld, geschreven als O e s s i n g a-
h u y s s e n en O e d s y n g a h u y s e n. Ook de oude schrijfwijzen
O e s i n g a en O e s i n g h a, in plaats van O s i n g a, wettigen dit
vermoeden. Maar hoe dit ook zij, de een of andere bleeker, in
het laatst der vorige eeuw levende, en eenvoudig W i b r e n
S j o e r d s heetende, (naar zijnen vader S j o e r d W i b r e n s),
maar eenen geslachtsnaam begeerende te bezitten, dacht aan een
deel van zijn dagelijksch werk, te weten aan het. *ozen*, dat is:
het water uit de slooten rondom zijn bleekveld, met lange en lang-
gesteelde *oosfetten* (hoosvaten) over het te bleeken liggende lijnwaad
spreiden en sproeien. Hij dacht, in zijn onverstand, en zoo op
den klank af oordeelende, dat dit woord *ozen* deel uitmaakte
van den ouden, hem welbekenden geslachtsnaam O s i n g a, en
vond nu niets gereeder, niets geschikter, dan zich eenvoudig
O s i n g a te noemen, dan dien reeds sedert eeuwen bestaanden geslachtsnaam zich maar toe te eigenen. Maar zelf dien naam bedacht
en uitgevonden, dat had hij niet. Evenmin als bij voorbeeld de
boer, die zich B o s c h m a noemde, omdat hij op de B o s c h-
p l a a t s (bij voorbeeld op de B o s k p l e a t s (M i n i a-R o o r d a-
s a t e) te Grouw, of op de B o s k p l e a t s (T h e t i n g a-s a t e) te
Wieuwert) woonde; of die anderen die zich T i l l e m a, B r u g-
g e m a, P o l l e m a, S t a t e m a, Z ij l m a noemden, omdat ze
bij eene *tille* of eene brug, op eene *pôlle* (klein eilandje of klein
heuveltje), op eene *state* of bij eene *syl* of sluis woonden. Immers
ook die namen, en honderd andere dergelijken, bestonden reeds
eeuwen vóór dien tijd, dat de eene of andere in de vorige of
in 't begin dezer eeuw ze zich wederrechtelijk toeëigende. Het
zijn patronymicale, van mansnamen afgeleide maagschapsnamen;

zoo goed, en zoo zeker, áls Osinga, Hammersma, Latsma dat zijn.

De geslachtsnamen, die, evenals Osinga, schijnbaar aan
het eene of andere bedrijf, aan het eene of andere werktuig, aan de eene of andere werkzaamheid, daartoe behoorende, herinneren, komen zeer menigvuldig, bij honderden in getale, onder de Friezen voor. Inderdaad, de handwerkslieden en de neringdoenden onder hen, en ook de
boeren, schippers, enz., die in de vorige, en in het begin van
deze eeuw zich eenen geslachtsnaam, toepasselijk op hun bedrijf,
wilden toeëigenen, hadden die namen maar voor het uitzoeken,
maar voor het grijpen. En velen onder hen misbruikten dan
ook op die wijze sommige oude, reeds eeuwen bestaande, van
mansnamen afgeleide, zoogenoemde patronymicale geslachtsnamen.
Zoo kon een visscher zich Aalsma noemen of Vissia; een
brouwer Bierma, een bakker Bollema of Boltjes, een
scheepstimmerman Bootsma of Scheepma, een boekhandelaar Boekema, een landbouwer Boerma of Boersma, een
kleermaker Broeksma of Buisma, een houtkoopman Hout-
sma of Balkema, een stalhouder of rijtuigverhuurder Stal-
linga, een varkensslachter Bargsma, een verwer Ferwerda,
een wolkammer Cammenga (oorspronkelijk Cammingha),
die aan eene brug of aan eenen dijk woonde Bruggema of
Brugsma, Dijkema of Dijksma noemen. Inderdaad, het
kost weinig moeite zulk soort van namen nog bij honderdtallen
hier aan te voeren, ter uitbreiding van het lijstje, dat Professor
Wassenbergh heeft gegeven, en dat aan het hoofd van dit opstel
is medegedeeld. Ook kost het weinig moeite om aan te toonen,
om te bewijzen, dat alle deze namen oorspronkelijk niets met
den visscher noch met den bloemkweeker, met den bakker
noch met den brouwer, met den kleêrmaker noch met den
boekhandelaar te maken hebben, noch ook met den man die op
eene *state* of op eene *pôlle* of op eene *boskpleats*, aan eene *tille*
of eene *brug*, of bij eene *syl* of eenen *dyk* woonde, iets hebben
uit te staan.

Natuurlijk gaat het niet aan, zoude het veel te veel van de
beperkte ruimte in dit boek innemen, wilde ik den waren
oorsprong van al deze geslachtsnamen hier nader ontvouwen en

aantoonen. De opmerkzame vindt dien oorsprong, vindt dien oorspronkelijken samenhang dezer geslachtsnamen met oude Friesche mansvóórnamen, vindt menigmaal ook het bewijs hunner aloudheid in mijne *Friesche Naamlijst* (Leeuwarden, MEYER en SCHAAFSMA, 1898). Toch wil ik mij zelven het genoegen gunnen (en, zoo ik hoop, daar mede den lezer niet ongevallig zijn), een paar dezer namen te ontleden. Nemen wij L a t s m a en H a m m e r s m a, die door Professor WASSENBERGH als timmermansnamen worden voorgesteld.

L a t s m a, — wel verre van in de vorige eeuw door eenen timmerman eerst te zijn bedacht (al blijft het mogelijk dat een timmerman dien naam zich toenmaals opzettelijk, maar wederrechtelijk heeft toegeëigend) — L a t s m a is een zeer oude, reeds eeuwen en eeuwen bestaande geslachtsnaam, die samengesteld is uit den mansnaam L a t s e, en het bekende, veelvuldig in Friesche geslachtsnamen voorkomende achtervoegsel *ma* (even als W y t s m a en S y t s m a, R i n s m a en B i n s m a van W y t s e en S y t s e, van R i n s e en B i n s e ontleend zijn). L a t s e is een zoogenoemde verkleinvorm, even als W y t s e en S y t s e, R i n s e en B i n s e dit ook zijn. Neemt men het verkleinende achtervoegsel *se* achter L a t s e weg, dan blijft er de oorspronkelijke vorm L a t t e over, even als S i t e en W i t e, R i n n e en B i n n e overblijven van S y t s e en W y t s e, R i n s e en B i n s e. S i t e en W i t e, R i n n e en B i n n e komen nog wel als mansnamen onder de Friezen voor; zij het dan ook zeldzaam, vooral de drie eerstgenoemden. Maar L a t t e is mij nooit te voren gekomen, als mansnaam, 't zij dan nieuw noch oud, en zoo min geschreven als gesproken. Toch is zonder twijfel L a t t e in ouden tijd een mansnaam bij de Friezen geweest, even als W i t e en S i t e, R i n n e en B i n n e (nevens W y t s e en S y t s e, R i n s e en B i n s e) dit nu nog heden zijn. Dat de naam L a t t e bestaan heeft, wordt onomstootelijk bewezen door den verkleinvorm L a t s e, en tevens door den nog heden onder de nakomelingen der oude Friezen beoosten Lauwers, onder de hedendaagsche Groningerlanders levenden geslachtsnaam L a t m a. (L a t m a van L a t t e, even als B o u m a van B o u w e, A l m a van A l l e, P o p m a van P o p p e ontleend is.) De verkleinvorm L a t s e zelve schijnt ook onder de hedendaagsche Friezen buiten gebruik geraakt te zijn. In deze

16

eeuw althans is mij deze mansnaam nooit te voren gekomen. Maar oude geschriften uit vorige eeuwen vermelden hem niet zeldzaam, ook in verouderde spelling, als Lattzie, Lattie, Lattia. De geslachtsnaam Latsma bestaat nog heden; in oude oorkonden is hij mij voorgekomen als Latzema en Lattziema. Buitendien bestaat nog te Siksbierum de eeuwenoude, aanzienlijke Latsma-sate, de stamsate van het geslacht der eigenerfde Friezen die dezen naam droegen, in herinnering aan hunnen stamvader Latse. En deze sate strekt tot een onomstootbaar bewijs, dat het geenszins een achttiende-eeuwsche timmerman was die zich eerst Latsma noemde; al blijft het mogelijk dat zulk een man dien alouden geslachtsnaam aannam, in geestelooze toespeling op de latten, die hij bij zijn dagelijksch bedrijf gebruikte.

De hamer, een werktuig dat hedendaags slechts voor vreedzame doeleinden in gebruik is, was oudtijds ook al een wapen, een oorlogstuig. Inderdaad, een zware hamer, door eene krachtvolle vuist omklemd, door eenen gespierden arm gezwaaid, was geen te verachten wapen, en heeft zeker menigen vijand den schedel verpletterd. Men denke ook aan den hamer, het wapen van den Oud-Germaanschen Thor. Evenals de benaming van ander wapentuig, van den helm, den speer (*ger* of *geer*), het schild, het harnas (*bron*), zoo was ook het woord hamer, op zich zelven of in samenstellingen, bij de oude Germanen tot eenen naam geworden, dien men jonggeborenen knaapkens gaf. FÖRSTEMANN, in zijn „*Altdeutsches Namenbuch*", geeft eenige voorbeelden van zulke mansnamen op: Hamarard, Hamerrich, Hamarolf. Ook de oude Friezen, als echte Germanen, volgden deze zede. Mij is deze naam, in drie vormen, Hamar, Hamer, Hammer, voorgekomen in oude geschriften, als eigen aan Friesche mannen. Waarschijnlijk is de hedendaags onder de Friezen nog gebruikelijke mansnaam Hamke, Hamko, Hamco (met de daarvan afgeleide geslachtsnamen Hamkema en Hamkes en het verlatijnschte Hamconius, met den Groningerlandschen geslachtsnaam Hammeka, en den Helgolandschen geslachtsnaam Hammekens) van dien ouden hamernaam nog wel een vlei- en verkleinvorm. Dat Hammer of Hamer onder de oude Friezen als mansvóórnaam in gebruik geweest is, bewijzen voorts nog de van hooge oudheid getuigende geslachtsnamen H a m e r i n g a en H a m r i n g a (samengetrokken vorm van H a m m e r i n g a), in Oost-Friesland nog meer verbasterd tot H a m m e r g a. Verder de geslachtsnamen H a m m e r s m a en H a m e r s m a, met H a m m e r s en H a m e r s, die van jongere dagteekening zijn. Ook de H a m m e r s t i l l e, nog in de vorige eeuw eene brug onder Westergeest, bewijst het voorkomen van H a m m e r als mansnaam onder de Friezen; evenals de plaatsnamen H a m m e r u m, (oorspronkelijk H a m-m e r-h e m, de omvredigde woonplaats van H a m m e r), dorp in Jutland; H a m a r i t h i (thans H e m e r t), dorp in Gelderland; H a m a r e s h u s u n (H a m e r s h u s e n, thans H u m m e r s e n), dorp in Lippe, Duitschland, dit bewijs leveren bij andere, den Friezen verwante volken, bij Jutten, Batavers en Sassen.

De geslachtsnamen H a m m e r s m a en H a m e r s m a zijn dus reeds eeuwen en eeuwen oud, en daar behoefde waarlijk geen achttiende-eeuwsche timmerman te komen, om die namen te bedenken. Maar dat zulk een man, in gezochte toespeling op een werktuig dat hij dagelijks gebruikte (evenals de timmerman S c h a a f s m a, die zich naar zijne schaaf zoo noemde), dien ouden naam zich wederrechtelijk heeft toegeëigend — dit blijft mogelijk, en dit willen wij, op de bewering van Professor WASSENBERGH, gaarne als zeker aannemen.

Volgens het bovenstaande zijn dus in de achttiende eeuw, en in het begin van dit nog loopende negentiende jaarhonderd, in Friesland vele oude, sedert eeuwen reeds bestaande geslachtsnamen aangenomen door lieden, die daarop geen recht hadden, maar die dit deden wijl ze meenden, dat in die namen de eene of andere toespeling op hun bedrijf besloten lag. Het omgekeerde kwam ook voor; namelijk, dat iemand zijnen ouden, van zijne voorouders overgeërfden geslachtsnaam verwaarloosde en in onbruik liet geraken, juist omdat hij, ten onrechte alweêr, meende, dat die naam eene toespeling op de eene of andere levensbijzonderheid, hem zelven betreffende, inhield. Misverstand en onverstand, waardoor men de ware beteekenis dier namen niet verstond, hunnen ouden oorsprong niet kende, speelde een rol, zoowel bij den eenen als bij den anderen. Het volgende geval is hiervan een voorbeeld, en toont aan hoe willekeurig men oudtijds wel met de geslachtsnamen handelde.

Een burgerman te Leeuwarden, in de laatste helft der vorige eeuw, droeg, evenals zijne voorvaderen vóór hem, den geslachtsnaam B o o t j e m a (in de zestiende en vijftiende eeuw ook B o t i e m a geschreven). Deze naam is een oorbeeldig Friesche geslachtsnaam, ontleend aan den mansnaam B o o t s j e (B o o t j e), en „zoon van B o o t s j e" beteekenende. B o o t s j e is een verkleinvorm van B o t e, een naam die nog heden onder de Friezen in volle gebruik is. B o o t j e m a, van B o o t s j e. verkleinvorm van B o t e, evenals B o n t j e m a van B o n t s j e, verkleinvorm van B o n n e, en B o u k e m a van B o u k e, verkleinvorm van B o u w e.

Onze man nu (wij willen hem voor 't gemak P i e t e r Y p e s noemen), was een groot liefhebber van spelevaren en zeilen, evenals zijn vader en zijn grootvader vóór hem geweest waren, evenals zoovele Leeuwarders vóór hem, in zijnen tijd, en nu nog heden ten dage. Hij hield er dan ook een vaartuigje, eene boot op na, om aan die liefhebberij te voldoen. Hij bracht schier al zijnen vrijen tijd, ter uitspanning, in zijn vaartuigje door. Dan zeiden zijne buren en stadgenooten dikwijls in scherts: *„Bootsjema sit wer yn syn bootsje"*. Dat verveelde den man. Immers ook hij zelf wist. in zijnen naam anders niets te vinden, dan eene toespeling op zijne liefhebberij, en die van zijnen vader en grootvader; hij dacht werkelijk dat zijne voorvaders dien naam B o o t j e m a hadden gekregen wegens hunne liefhebberij in 't bootjevaren. Dies verwaarloosde hij opzettelijk zijnen alouden geslachtsnaam, en wilde niet anders dan P i e t e r Y p e s genoemd worden, als zoon van Y p e P i e t e r s. Ten jare 1811, toen al de geslachtsnamen werden vastgesteld, liet hij (of zijn zoon of zijn kleinzoon — ik weet het niet nauwkeurig — maar dat doet er ook niet toe) — liet hij zich dan ook niet als B o o t j e m a in de Registers van den Burgerlijken Stand inschrijven, maar als Y p e s. En de nakomelingen van dezen man heeten nog heden aldus, terwijl de naam B o o t j e m a uitgestorven is.

Terwijl dus de een en de ander in die dagen eenen ouden, reeds eeuwen bestaanden geslachtsnaam (O s i n g a, L a t s m a, enz.) zich wederrechtelijk toeëigende, liet weêr een ander zijnen ouden, hem van rechtswege toekomenden naam varen; beiden

uit onverstand, wijl ze de ware beteekenis van die namen niet
kenden, of die verkeerd opvatteden.

Al heb ik hier van sommige Friesche geslachtsnamen aangetoond, dat zij werkelijk reeds van overoude tijden dagteekenen,
en aan overoude Friesche mansnamen ontleend zijn, al schijnt
het dan ook dat zij toespelingen bevatten op allerlei nering en
bedrijf, op allerlei levensomstandigheden der menschen — ik
moet, ten slotte, nog betuigen, dat dit alles geenszins op alle
soortgelijke geslachtsnamen toepasselijk is. Om bij de weinige
namen door Professor WASSENBERGH opgesomd, en op bladzijde
237 hiervoren vermeld, te blijven, erken ik gaarne dat S c h r a a g-
s m a en S c h a a f s m a, D r a a d s m a, P o m p s m a en P e k e l s m a
werkelijk namen zijn, eenvoudig bedacht door eenen slachter,
eenen timmerman, eenen wever, eenen pompmaker en eenen
inzouter (van pekelvleesch bij voorbeeld, voor scheepsgebruik),
in toespeling op het bedrijf dezer lieden; en dat deze namen
geenszins met Oud-Friesche mansvóórnamen samenhangen, noch
ook daarvan zijn afgeleid.

Deze vijf namen kunnen nog met een zeer groot aantal anderen,
soortgelijken, aangevuld worden, allen nog heden ten dage bij
de Friezen voorkomende. Zie hier eenigen daarvan: Z a a g s m a,
voor eenen timmerman; B r e e u w s m a voor eenen schuitmaker;
D r a a i s m a voor eenen pottebakker (naar het pottebakkerswiel,
dat de man dagelijks draait); K o e s t r a of S c h a a p s t r a voor
eenen veehouder; G r a s m a voor eenen greidboer; P l o e g s m a
voor eenen bouwboer; G r a a n s m a, K o o r n s t r a, Z a à d s m a
voor eenen graankoopman; P r a a m s m a voor eenen schipper;
S c h r ij f s m a voor eenen klerk; S l o t s m a voor eenen slotemaker; P r u i k s m a voor eenen pruikmaker; P r u i m s m a voor
eenen vruchtenventer; T e r p s m a voor den man wiens huis op
of nabij eene terp staat; en vele tientallen dergelijken meer.
Immers toen de lieden, die eenen geslachtsnaam wilden of moesten
aannemen, eenmaal op dit dwaalspoor gekomen waren, was er
schier geen einde aan het bedenken van dit soort fantasie-namen.

En dat inderdaad de grootvaders en overgrootvaders, in het
begin dezer eeuw, zich zulke eigen-bedachte namen, die nooit
te voren gehoord, noch in gebruik geweest waren, hebben toe-

geëigend, in toespeling op hun bedrijf of op hunne levensomstandigheden, dat weten nog enkele nakomelingen van die mannen,
heden ten dage, met zekerheid; 't zij dan bij mondelinge overlevering, 't zij uit aanteekening in de geslachtsregisters op de
schutbladen van huisbijbels en kerkboeken. En te meer nog
komen deze bijzonderheden in het licht, als de kleinzonen nog
heden het zelfde bedrijf uitoefenen, als hunne groot- en overgrootvaders vóór hen gedaan hebben, en dus nog heden die
toepasselijke namen dragen — gelijk wel voorkomt. Zoo is mij
een houthandelaar bekend, die H o u t s m a heet, evenals zijn
grootvader die ook houthandelaar was, en die zich dien naam
toeëigende, ofschoon de toen reeds oude geslachtsnaam H o u t-
s m a van den verouderden mansnaam H o u t s e, verkleinvorm
van H o u t e, H o u t (H o l t) is afgeleid. Zoo weet ik van eenen
boer wiens huis bij eene wier staat, en die W i e r s m a heet,
even als zijn grootvader, die reeds in dat zelfde huis woonde,
en die dien naam had aangenomen, in toespeling op die omstandigheid (even als zijne standgenooten B o s c h m a, S t a t e m a,
P o l l e m a, Z ij l s m a, enz.); ofschoon W i e r s m a (even als
W i e r i n g a, W i e r e m a, W i e r m a) reeds een zeer oude, lang
bestaande geslachtsnaam was, ontleend aan den verouderden,
maar aantoonbaren mansnaam W i e r. Verder is mij nog een
blauwverwer bekend geweest, die B l a u w s t r a heette, ofschoon
die naam oorspronkelijk afgeleid is van de sate B l a u w onder
Sint-Nicolaasga; een wolkammer, die C a m m e n g a heette, even
als zijn grootvader die ook wolkammer geweest was, en die dezen
naam in het laatst der vorige eeuw aannam, ofschoon C a m-
m i n g h a juist de oudst bekende Friesche geslachtsnaam is, voor
duizend jaren reeds aan eene adellijke maagschap eigen. Dan
nog een verwer F e r w e r d a, wiens naam met verwen niets te
maken heeft, maar voor eeuwen en eeuwen reeds is afgeleid van
den dorpsnaam F e r w e r d, even als H o l w e r d a van H o l w e r d,
J o r w e r d a van J o r w e r d, R a u w e r d a van R a u w e r d, enz.

De zakelijke inhoud nu van het bovenstaande betoog, in het
kort samengevat, is:
De geslachtsnamen, in de vorige en in het begin dezer eeuw,
door sommige burgers en boeren in Friesland aangenomen, in

toespeling op hun bedrijf of hunne levensomstandigheden, zijn grootendeels Oud-Friesche, reeds eeuwen lang bestaande, patronymicale (dat is: van vaders-, van. mansnamen afgeleide) geslachtsnamen, die toenmaals ten deele reeds uitgestorven (ofschoon den volke nog bekend), ten deele ook nog in leven waren. Een kleiner gedeelte van die eigenmachtig aangenomene namen is willekeurig bedacht en gevormd, in toespeling op het bedrijf of de levensomstandigheden dier lieden. In mijne *Friesche Naamlijst* kan men nazien welke van deze namen tot de eerste, welke tot de tweede groep behooren, wijl hun samenhang met Oud-Friesche mansvóórnamen daar is aangetoond; of anderszins deze geslachtsnamen daar op zich zelven vermeld staan.

De volgende verhandeling over de vleinamen der Friezen is eene uitbreiding van 't gene reeds voorloopig, op bladzijde 211 hiervoren, van die zaak is vermeld geworden.

Het woord vleinaam (of vleivorm van eenen naam) is door mij bedacht geworden, en eerst in gebruik genomen, in navolging van het Hoogduitsche woord *Kosename (Koseform eines Namens)*, waarmede de Duitschers hetzelfde begrip aanduiden. Ook *Kosename* is een kunstmatig gevormd woord, door eenen geleerde bedacht, en niet door de spraakmakende gemeente; het is niet in den levenden volksmond ontstaan. Waar Duitschers en Nederlanders dus tot eenen kunstmatigen vorm hunne toevlucht nemen moeten, om zeker begrip aan te duiden, daar kan de nooit volprezene Friesche taal, die zoo overrijk is in kernachtige, de zaken duidelijk en op volksaardige wijze omschrijvende woorden, maar vrijelijk putten uit haren woordenschat. De Friezen toch gebruiken, om hetzelfde begrip aan te duiden, dat Duitschers en Nederlanders met *Kosename* en vleinaam weêrgeven, het woord *poppenamme*; afgeleid van *poppe*, schootkindje. Dit woord *poppenamme* is zooveel te kernachtiger, duidelijker en beter, drukt zooveel te juister uit wat men er mede wil te kennen geven, als *poppe* juist niet een schootkindje in het algemeen en in alle voorkomende gevallen beteekent, maar bepaaldelijk het woord is waarmede teedere moeders, in moederlijke troetelliefde, hare kleine kinderen liefkoozenderwijze noemen.

Een vleinaam dan is die vorm van den eenen of anderen vóórnaam, zooals die door kinderen, welke nog niet goed spreken kunnen, worden verbasterd, en zooals die dan door moeders, welke hare schootkinderen liefkoozen en vertroetelen, in 't gebruik worden overgenomen en behouden. Menig klein meiske van tweejarigen leeftijd kan haren naam A e l t s j e (in Nederlandsche spelling A a l t j e) nog niet duidelijk uitspreken, maar noemt zich-zelve A e y e (in Nederlandsche spelling A a y e). De moeder, in deze kinderlijke uitspraak behagen vindende, noemt haar kind, door moederlijke teederheid gedreven, ook A e y e (A a y e). De vader volgt haar hierin wel na, en de oudere kinderen, met de overige huisgenooten en de nabestaanden, eveneens. Weldra wordt het kind, ook al wordt het grooter en grooter, en al kan het al lang ten duidelijksten A e l t s j e (A a l t j e) zeggen, in den huiselijken kring, en ook daar buiten, nooit anders genoemd dan A e y e (A a y e). En als het kind volwassen geworden is, ook dan nog blijft (in menig geval — niet als vaste regel, altijd en overal) die vleivorm van haren eigenlijken naam haar eigen en bij, en uitsluitend in gebruik; en op 't laatst weet schier niemand anders, of de maagd, de vrouw, heet werkelijk A e y e (A a y e), haar heele leven lang.

In oude tijden, toen vele menschen weinig of nooit lazen en schreven, en velen dit zelfs niet konden doen, hadden de vlei-vormen nog veel meer geldigheid dan heden ten dage. Toen gebeurde het wel dat de eene of andere A a y e, grootmoeder geworden, haren naam in dezen vleivorm (en niet in zijne oorspronkelijke gedaante, als A a l t j e — voluit, van ouds, A d e l a) aan haar kleindochterke overerfde, dat de ouders van dat kleinkind werkelijk de jonggeborene als A a y e, en niet als A a l t j e, lieten doopen, en in het doopboek (in lateren tijd ook in de registers van den burgerlijken stand) lieten inschrijven. Zoo is het gekomen dat heden ten dage de eene A a y e als A a l t j e te boek staat (dit is de regel), en dat de andere A a y e werkelijk onder dezen naamsvorm in het doopboek der Kerk, in de registers van den burgerlijken stand ten gemeentehuize van hare geboorteplaats, staat ingeschreven.

Zoo als dit hier nu met den vrouwennaam A a l t j e, en zijnen vleivorm A a y e is aangeduid, zoo is het ook gegaan met

zoo menigen anderen Frieschen vóórnaam. Zie hier een lijstje
van eenige Friesche vóórnamen, met hunne vleivormen. Daar
zijn er wel meer. Maar velen van die namen hebben meer het
karakter van verkortingen, en van samengetrokkene naamsvormen; ware vleivormen zijn dat niet. Het onderscheid tusschen
deze soorten van naamsverbasteringen is niet altijd, of in alle
gevallen, even gemakkelijk aan te toonen Dies heb ik hier
slechts enkele, slechts de meest bekende vleivormen willen
opsommen.

Mansnamen.

Eelke. Verkleinvorm van Ele, dat een vervloeide vorm is
van Edel, bijvorm van Adel, in ouder vorm Athal, een
samenstellend deel van volledige namen Athalbercht (Adelbrecht, Albert), Athalbrand, Athalger (Alger). In
vleivorm Eke. Zie bladzijde 218.

Gerrit (Gerhard), in vleivorm Kei.

Dirk, Durk (Diederik, Thiadrik), in vleivorm Duye,
Dye, Dukke.

Jelle, in vleivorm Jeye.

Reitse, in vleivorm Reye.

Sibren, in vleivorm Pibe.

Folkert, in vleivorm Tolle.

Willem, in vleivorm Wim of Pim.

Dit zijn alle acht bijzonder Friesche, maar in hunnen oorsprong
goed algemeen Germaansche namen. Onder de mansnamen van
vreemden oorsprong, maar die onder de Friezen burgerrecht verkregen hebben, zijn er ook enkelen met vleivormen. Te weten:

Johannes, in vleivorm Jan, Hanne en Kanne, weer
verkleind tot Jancko (verouderd) en Hanke.

Frans, in vleivorm Panne.

Cornelis, in vleivorm Kees.

Klaas (samengetrokken en ingekorte vorm van Nicolaas),
in vleivorm Kaeye (Kaaye).

Jurjen (oorspronkelijk Georgius), in vleivorm Jui.

Uit den aard der zaak zijn de vrouwennamen, die in vleivorm
voorkomen, grooter in aantal dan de mansnamen.

Vrouwennamen.

Aeltsje (Aaltje), Adela, in vleivorm Aeye (Aaye).

Aukje,	"	Akke.
Barteltsje (Barteltje),	"	Bakke.
Baukje,	"	Baeye (Baaye).
Dirkje, Durkje,	"	Dukke, Duye, Dye, Didde, Dirre.
Eelkje,	"	Eke, Eekje.
Fokeltsje (Fokeltje),	"	Po.
Froukje,	"	Poai, Poi.
Hylkje,	"	Hike.
Hiltsje (Hiltje),	"	Hikke.
Jeltsje (Jeltje),	"	Jei, Jeye; weer verkleind tot Jeike.
Rinske,	"	Kinge.
Romkje,	"	Pomme.
Sibbeltsje (Sibbeltje),	"	Pibbe.
Sibrechtje of Sibrichje,	"	Pibe.
Sjoukje,	"	Koai, Koi.
Tsjeardtsje (Tjeerdje) en Geartsje (Geertje),	"	Kekke.
Tjetske,	"	Jekke.
Tjitske,	"	Jikke.
Uulkje,	"	Uke en Oeke.
Wytske,	"	Wike.
Willemke,	"	Wim, Wimke, Pimke.

Vrouwennamen

met vleivormen, van vreemden oorsprong, zijn:

Elisabeth, in vleivorm Lyske, Like, Lite.

Grytsje (Grietje), Margaretha,	"	Kike.
Jurjentsje (van Jurjen = Georgius afgeleid),	"	Jui of Juike.
Maria, Maryke,	"	Maeike (Maaike).
Pytsje (Pietje) (van Pieter = Petrus),	"	Pike.

Tryntsje (Trijntje), Catharina, in vleivorm Nynke en
Nine. In de steden ook Tine en Tynke.
Johanna, in vleivorm Hanne, Kanne en Kanke.

Te Leeuwarden, en misschien ook elders in Friesland, komen
nog onder de ingezetenen, van ouds, de vreemde vrouwennamen
Beatrix en Deborah voor, die als vleivormen Baetsje
(Baatje) en Deetsje (Deetje) hebben.

Onder de bovengenoemde vleinamen zijn er eenigen, die enkel
maar in mondeling gebruik zijn, maar nooit geschreven worden,
en nooit als geijkte namen voorkomen. Dat zijn bij voorbeeld
Koai en Poai, Pomme en Pibbe, Kinge en Bakke bij de
vrouwennamen; Kei en Kaeye en Panne bij de mansnamen.
Dezen, en eenige anderen, zijn nog heden louter als echte vleivormen, louter als noemnamen (sit venia verbo), en niet als
schrijfnamen in gebruik. Maar Akke en Baeye (Baaye), Eke
en Uke, Hike en Jikke, al zijn ze den volke nog genoegzaam
als vleivormen van Aukje en Baukje, enz. bekend, komen
toch ook wel als geijkte namen voor in doopboek en register
van den burgerlijken stand, op de wijze als dit hier voren, bij
Aeltsje en Aeye is aangetoond. En dat de mansnamen Pibe,
Jeye, Duye eigenlijk slechts vleivormen zijn van Sibren,
Jelle en Durk of Dirk (om van Jan = Johannes, Pieter
= Petrus, Klaas = Nicolaas niet te gewagen) — dit is
maar weinigen bekend, omdat deze namen even menigvuldig
als de ware en oorspronkelijke namen, in geijkten zin, voorkomen.

Slechts zeer kortelijk en zeer oppervlakkig, slechts als ter
loops heb ik de zaak der Friesche vleinamen hier te berde gebracht, ofschoon er juist van dit onderwerp zoo oneindig veel
ter verklaring van de eigenheden en bijzonderheden der Friesche
namen in het algemeen, te zeggen valt. Ik heb slechts voorloopig willen aanduiden, dat vele Friesche mans- en vrouwen-
vóórnamen anders niet zijn dan zulke vleivormen, afgeleid of verbasterd van volledige, oorspronkelijke namen, die de Friezen met
andere Germaansche volken gemeen hebben of hadden. (Zie ook
bl. 205). Pibe bij voorbeeld is reeds sedert vele eeuwen onder de

Friezen in gebruik in geijkten zin, dus schijnbaar als een echte, een volslagene mansvóórnaam; en toch is deze naam ontwijfelbaar een vleivorm van Syþren (Sigbern), en anders niet; evenals Jeye en Reye slechts vleivormen zijn van Jelle en Reitse, Pim en Kei van Willem en Gerrit, enz. Die dit niet weet, moet Pibe wel houden voor eenen onverklaarbaren, geheel bijzonder Frieschen naam, die zijn weêrga bij andere Germaansche volken niet heeft. En zoo moet hij ook denken over dat zeer groote aantal Friesche namen, die reeds sedert eeuwen en eeuwen, en nog heden ten dage, onder ons in zwang zijn, en die, evenals Pibe, onder de Germaansche namen geheel op zich zelven schijnen te staan, geheel bijzonder Friesch schijnen te wezen. Toch is niets minder waar, dan dit. Honderden Friesche namen zijn eigenlijk slechts zulke vleivormen van volledige, algemeen Germaansche namen. (Zie bladzijde 211). Maar dit kan niet altijd en in alle gevallen met zekerheid worden aangetoond. In-tegendeel, het is veelal hoogst moeilijk om het bewijs daarvan te leveren, ja ondoenlijk, uit gebrek aan oude oorkonden en bescheiden, waar dit uit zoude kunnen blijken. Immers die vleivormen zijn reeds sedert eeuwen, velen reeds sedert 1000 jaren, in volle, geijkte gebruik; zij werden reeds in de vroege middeleeuwe, veelvuldig als zoodanig, en niet in hunne oorspronkelijke, vol-ledige, onverbasterde vormen geschreven. Bij de Friezen kwam dit zeer menigvuldig voor, terwijl Sassen en Franken en andere den Friezen naverwante volken, in geschrifte, in den regel de volledige, onverbasterde namen hun recht gaven, ook al hadden ze, even als de Friezen, in het dagelijksche leven vleivormen van die volle namen in gebruik.

Ik heb eens eene oude oorkonde, een koopbrief, in het Friesch geschreven, en uit de 15.ᵈᵉ eeuw dagteekenende, in handen gehad en gelezen. Dat stuk begon alzoo: „*Ick Wolbrecht Hayesin* „*hlye end dwa cond mei dissen jenwirdigen breve, dat ic in* „*caep jowen habbe*”, enz. Verder op, in dezen koopbrief, noemt de schrijver, die zich in den aanvang voluit Wolbrecht, de zoon van Haye, had genoemd, zich eenvoudig en plat weg: Wobbe („*Ic Wobbe voersein*”). Wobbe geldt dus hier ontwijfel-baar voor den dagelijkschen noemnaam dezes mans Wolbrecht, en was ontwijfelbaar de vleivorm zijns naams, die hem nog van

moeders schoot af was bijgebleven. W o b b e was de naamsvorm,
waarbij W o l b r e c h t dagelijks genoemd werd, en bij iedereen
bekend was. Toch wist de man, dat zijn naam, in volledigen
vorm eigenlijk W o l b r e c h t was, en zóó noemt hij zich dan
ook te recht, in den aanvang van de voor hem gewichtige
oorkonde, die hij_schreef.

Evenals wij nu weten, dat de volledige naam S y b r e n (S i g-
b e r n) tot P i b e en ook (minder verbasterd) tot S i b e geworden
is, en dat W o b be (met den verkleinvorm W o b k e, misschreven
als W o p k e) als vleivorm van W o l b r e c h t is afgeleid, zoo
mogen wij met alle waarschijnlijkheid, schier met zekerheid
stellen, dat de Friesche mansnaam A b b e zulk een vleivorm is
van A l b e r t (oudtijds voluit A d e l b r e c h t, A t h a l b e r c h t).
En waar wij nu weten, dat de oorspronkelijke vorm A d e l b r e c h t
niet enkel tot A l b r e c h t, A l b e r t is geworden, maar (bij de
oude Hollanders vooral) evenzeer tot A a l b e r t (A e l b r e c h t);
waar ook de oorspronkelijke, volle naam A d e l h a r t bij de
Friezen zoowel tot A l d e r t als tot A a l d e r t is vervormd, daar
mogen wij toch wel aannemen, dat ook A b e, zoowel als A b b e,
een vleivorm is van A l b e r t of A a l b e r t. A b b e nu en
A b e behooren al tot de oudst bekende Friesche mansnamen.
Zij komen, al de laatst verloopene acht eeuwen door, in verschillende schrijfwijzen of spellingen, in oude geschriften voor,
hebben ook aan talrijke geslachtsnamen en plaatsnamen oorsprong
gegeven, en leven nog heden onder ons. Dit alles wordt in
mijne *Friesche Naamlijst* aangetoond.

Mij zelven is wel nooit, onder het Friesche volk, ter
oore gekomen, dat een knaapke, als A l b e r t gedoopt en ingeschreven, door zijne moeder, „uit lievigheid" A b b e (of
A b k e) werd genoemd (ofschoon dit zeer mogelijk is); maar wel
hoorde ik dat eene Hollandsche moeder haar zoontje, A l b e r t
geheeten, liefkoozenderwijze A p p i noemde, en dat hare andere
kinderen hun broerke evenzóó heetten. Heden ten dage zal nu
niemand in Holland den naam van dit kind ook als „A p p i"
schrijven. Maar de oude Friezen, in dezen hunnen schier al te
nuchteren zin voor huiselijken eenvoud ook in het openbare leven,
schreven wel W o b b e als de man voluit W o l b r e c h t heette,

of Pibe en Sibe voor Sybren, Wibe voor Wybren (Wigbern), Tjamme voor Tjadmer (Thiadmar), enz.

Dit een en ander is slechts eene vingerwijzing, slechts eene
oppervlakkige aanduiding ter verklaring van zoo vele honderden
bijzondere, bij de verwante Germaansche volkeren niet voorkomende Friesche namen — namen, die juist door hunne bijzonderheid, velen taalgeleerden navorscheren, oudtijds en nog
heden ten dage, zoo veel hoofdbrekens gekost hebben, en zoo
menigmaal tot averechtsche beschouwingen aanleiding hebben
gegeven, en die toch zoo eenvoudig en geleidelijk als vleivormen
van volledige algemeen Germaansche namen ontleend zijn.

VI

DE NAMEN DER INGEZETENEN VAN LEEUWARDEN
ten jare 1511.

— ······

De oorsprong, de beteekenis van zeer velen onzer hedendaagsche namen is onduidelijk, ja vaak, in schijn, volkomen
onverklaarbaar. De oorzaak daar van is hier in gelegen, dat de
hedendaagsche vormen der namen veelal zeer verbasterd, ont-
aard, ingekort, ook door onwetende schrijvers in hunne spelling
verknoeid, schier onkenbaar gemaakt zijn. Met de Friesche
namen is dit vooral en in sterke mate het geval. Dies is de
kennis van de oude en oudste, van de oorspronkelijke, volledige
of althans slechts weinig verkorte, weinig versletene vormen
onzer namen, gelijk die in oude oorkonden uit oude tijden ons
overgeleverd zijn, ons dringend noodig, zoo wij een helder inzicht in den oorsprong en in de beteekenis onzer namen ons
willen eigen maken. Gelukkig vloeit die bron onzer kennisse
niet zuinig — gelukkig leveren vele oorkonden die ons ten dienste
staan, het zij dan in 't oorspronkelijke, het zij in afschrift of
in afdruk, ons eenen waren schat op van de doopnamen, de
vadersnamen of patronymica en de maagschapsnamen onzer voor-
geslachten, en van hunne woonplaatsen, in steden en dorpen,
in huizen, burchten en stinsen, staten en saten, van akkers en wei-
den, enz. enz. Zulk eenen rijk beladenen boom van kennisse
vinden wij onder anderen in de zoogenoemde *„Registers van den
Aanbreng"*, die in vier deelen, ten jare 1880, door het Friesch

Genootschap van Geschied-, Oudheid- en Taalkunde zijn uitgegeven, en die uitgebreide lijsten bevatten van de bebouwde en
onbebouwde eigendommen, huizen en landerijen, in sommige
steden en grietenijen van Friesland, met de namen der eigenaars
of der pachters en huurders daarbij. Die registers, opgesteld
door de regeering tot regeling der belasting, zijn van veel belang
voor den taal- en naamkundigen navorscher in het bijzonder;
maar eveneens in het algemeen voor iedereen die belang stelt
in de kennis van het leven onzer voorouders, van de omgeving
en van de toestanden waar in zij verkeerden. Zij vormen inderdaad eene leerrijke bladzijde in het boek van de beschavings-
geschiedenis der Friezen in het begin der zestiende eeuw, in
een belangrijk tijdsgewricht dus, toen daar nog geen sprake was
of gedachte van de groote omwentelingen op kerkelijk en staatkundig gebied, welke die 16de eeuw in haar verder beloop
gekenmerkt hebben — een tijdsgewricht dat nog ten volsten
gerekend moet worden als tot de middeleeuwen te behooren.

De persoonsnamen, voorkomende in een dezer *„Registers van
den Aanbreng"*, te weten: in dat der stad Leeuwarden, willen
wij als het onderwerp onzer beschouwing nemen.

De personen, die in dat Register genoemd worden als eigenaars
van landerijen, gelegen onder den zoogenoemden „Klokslag" of het
rechtsgebied der stad Leeuwarden, of ook als pachters en anderszins
gebruikers daarvan, of als eigenaars en als huurders en anderszins
bewoners van huizen binnen de wallen der Friesche hoofdstad,
behooren tot allerlei rang en stand. Wij vinden daaronder zoo
wel de aanzienlijkste en de rijkste edellieden als de armste
bedelaars vermeld, zoo wel de aanzienlijke regeeringsambtenaren
als de kleine handwerkslieden, zoo wel de groote kooplui en
neringdoenden als de geringste daglooners, zoo wel de eerwaarde
geestelijken, hoog en laag, en de deftige geleerden, als de
beoefenaars der schoone kunsten — kortom de gansche bevolking
der stad, rijk en arm, groot en klein. Bij de beschouwing van
de namen al dezer personen valt in de eerste plaats op te merken,
dat slechts de edelingen ware geslachts- of maagschapsnamen
dragen, de aloude patronymica, in bijzonder Friesche vormen,
die van zeer oude dagteekening zijn, en vermoedelijk nog wel

uit den Heidenschen tijd des volks stammen; bij voorbeeld: de namen van Frans Mennama (Minnama), Tiard Burman- nie (in onze hedendaagsche spelling Tjaard Burmania), Peter Kamminga (Cammingha) en anderen. Maar de onedelen, al waren het ook zeer aanzienlijke lieden, hadden in 1511 te Leeuwarden nog geene vaste geslachtsnamen, zoo min als ergens in de Friesche gewesten. Of, zoo zij, als bij uitzondering, wel zulke maagschapsnamen hadden (en dit was in der daad met vele eigenerfden ten platten lànde het geval, en ook met sommige oud-ingezetene geslachten in de Friesche steden), dan voerden zij die namen in het dagelijksche leven toch niet. Zij worden dan ook niet onder hunne maagschapsnamen, die even als de geslachtsnamen der edelen bijna uitsluitend Oud-Friesche patronymica zijn, in ons register vermeld. Waar, als bij groote uitzondering, een onedele met eenen waren of schijnbaren geslachtsnaam genoemd wordt, blijkt het, juist uit den vorm van dien naam, dat die man geen Fries — dat hij een vreem- deling was; bij voorbeeld: Thomas Schleyswick, Jan Hollander, Geert van Dorsten.

Feitelijk bestond in 1511 te Leeuwarden de zelfde toestand, die tot in onze dagen vooral ten platten lande in Friesland heeft voortbestaan; namelijk, dat men iemand noemde bij den doop- of vóórnaam, en dan, ter onderscheiding van andere, gelijknamige personen, den vadersnaam in den tweeden naamval, dus als een waar patronymicum, daar achter voegde — terwijl men den eigenlijken geslachtsnaam geheel verwaarloosde. Ja, dit gebruik in de benaming heeft nog tot in onze dagen onder de Friezen stand gehouden. Menig man wordt nog heden door de lieden in zijne omgeving nooit anders genoemd als bij zijnen doop- of vóórnaam (dat is eigenlijk ook *de* naam bij uitnemendheid) en zijn vadersnaam daar achter; bij voorbeeld: Tsjalling Hiddes, Folkert Oenes, Hoatse Sjuks, enz. De geslachtsnaam Algra, Romkema, Brongersma, of hoe ook, blijft dan volkomen buiten spel, en schijnt slechts in aanmerking te komen, als de volle naam, in geijkten zin, geschreven worden moet. Zoo gebeurt het nog wel heden, dat men, op de vraag naar den naam van dezen of genen man — *ho hjit er?* — ten antwoord bekomt: Sjirk Obbes, of Fokke Franks, of

17

Hayo Rommerts, zonder meer. Wil men daarenboven den geslachtsnaam van dien man weten, dan moet men vragen: *ho skriuwt er him?* Eerst daarop wordt dan Andla, Homminga, Weerstra of eenige andere maagschapsnaam ten antwoord gegeven.

Deze eenvoudige wijze van benaming, naar Oud-Friesche zede, was in 1511 te Leeuwarden nog ten vollen in zwang. Een zeer groot deel van de namen in ons register komt op die wijze voor. Zie hier eenigen daarvan: Wigle Sywrdz (dat is in onze hedendaagsche spelling: Sjoerdszoon of Sjoerds), Tiard Bauckez (Tjaard Baukes), Dowe Ryoerdsz (Douwe Ruurds), Syds Wybez, Rinthie Sibrenz (Rintsje), Botte Obbez, enz. [1]. Dit zijn allen oorbeeldig Friesche namen en naamsvormen. Ook andere namen, algemeen Germaansche, en Bijbelsche, of zulken die van Kerkelijken oorsprong zijn, waren oudtijds, zoo wel als nog heden, nevens de eigene Friesche namen, bij de Friezen, in dit geval bijzonderlijk bij ingezetenen van Leeuwarden, in zwang. Wij vinden ze in de benamingen van Willem Albertz, van Herman Dirckz, Willem Heyndrickxz, alle zes algemeen Germaansche namen. Bijbelsche namen of Kerkelijke (te weten: namen van Heiligen die niet in den Bijbel voorkomen), dragen Claes Thysz (Claes, Klaas, Nicolaas is een Kerkelijke, en Thys, Matthijs, Mattheus een Bijbelsche naam), Matthys Gerrytz, Peter Janz (Petrus en Johannes, twee Bijbelsche namen), Wolter Janz, Adam Albertz, Claes Heynez, Ysbrant Claesz, Joest Willemsz, [2] enz.

---

[1] Wilke Folkerts, Aesge Aesgesz (in betere spelling Easge), Sywrd Sickez, Gerlef Abbez, Abele Jeltez, Herke Feykez, Wybe Saecklez (Seakle of Seakele), Haya Sywrdz, Tzalingh Tiebbez (Tjalling Tjebbes), Janke Fongerz, Tyesse Mennes, Doythye Feyckez (Doaitsje of Doaitsen), Tiethe Tiercks (Tiete Tjerks), Dowe Bottez, Heerke Takaz (Take of Teake), Botte Aukenz, Gerbren Sackez (Sake), Gerleff Abbez, Iw Eekez (Iw = Ivo, Iuw, Juw, Jou, Jouke), Jarich Hiddes, en zeer vele andere dergelijken meer

[2] Gerryt Jacobz, Peter Lambertz (St. Lambert, in ouden oorspronkelijken vorm Landbrecht, is de naam van eenen Heilige), Willem Albertz (ook St. Albert, Adelbert, Athalbrecht is de naam van eenen Heilige, maar tevens, even als Lambert en vele andere dergelijken, een algemeen Germaansche naam), Frans Claesz, Claes Laurens, Albert Pouwels, Tryn Heyn-

Mansnamen op eene toonlooze *e* eindigende (J e l l e, H o b b e, R i n s e), in den tweeden naamval staande en als patronymica voor-komende, werden oudtijds in de Friesche gewesten dikwijls met *is*, in plaats van met *es* geschreven; dus J e l l i s, H o b b i s, in stede van J e l l e s, H o b b e s, zoo als de hedendaagsche spelling voor-schrijft. Dit gebruik, dat nog wel in de vorige eeuw in Fries-land voorkwam [1], is daar tusschen Flie en Lauwers thans vol-komen uitgestorven, maar heeft zijne sporen nagelaten in sommige West-Friesche of Noord-Hollandsche geslachtsnamen (vooral aan de Zaan). Die namen, oorspronkelijk zulke vadersnamen zijnde, worden thans nog met *is* geschreven; bij voorbeeld A v i s, D u y v i s (overeenkomende met D o u w e s), G a l i s, H e i n i s, T a n i s, W a r r i s, enz. Voorbeelden van die spelwijze en naamsvorming leveren in ons register de benamingen van A l b e r t W i l k i s, T i e p k e J e l l i s (T j e p k e, T j e b b e k e), W y b e S a e c k i s z (S a k e s), H i l k e G a b b i s; ook J a n S i o e r d i s z (S j o e r d s) en anderen.

Ware geslachtsnamen, en wel in het bijzonder oorbeeldig Friesche maagschapsnamen op *a* eindigende, komen er in ons register slechts weinig voor. Dit moge aanvankelijk eenige be-vreemding wekken — de oorzaak daar van is echter wel uit te vinden. Immers zulke geslachtsnamen bestonden er toen wel evenzeer als vroeger en als heden, al is het ook dat er in de achttiende eeuw en in het begin van deze eeuw vele zulke namen in Oud-Frieschen vorm door de Friezen willekeurig ge-maakt en aangenomen zijn (Zie bl. 237). Zoo waren daar, ten tijde dat ons register opgesteld werd, te Leeuwarden even als elders in de Friesche gouwen, ongetwijfeld vele Oud-Friesche maagschappen, ook al waren ze niet van edelen bloede noch van eigenerfden staat, zelfs niet van aanzienlijken huize, maar tot eenvoudigen en geringen levenskring behoorende, die eenen eigenen Oud-

dricks (T r y n, voluit C a t h a r i n a is de naam van eene Heilige; de naam is Grieksch, en beteekent de reine, de kuische), J o h a n n e s J o r r e t z, T i a l l e H a n s s, J a c o b A d s e r t s, B a r e n t G e r b r e n z (B a r e n t. B e r e n t, verbastering van B e r n a r d B e r n h a r t, een algemeen Germaansche naam, tevens de naam van S t. B e r n a r d u s) enz.

[1] Mijne grootmoeder bij voorbeeld, eene dochter van J o h a n n e s S c h a a p, die in het laatst der achttiende eeuw stads-bouwmeester te Leeuwarden was, schreef haren naam als J e l t j e J o h a n n i s S c h a a p.

Frieschen naam voerden. Maar die namen werden veelvuldig verwaarloosd, in het dagelijksche leven werden ze zeldzaam, slechts als bij uitzondering gebruikt. Dien ten gevolge werden zij ook in geschrifte en in geijkten zin dikwijls veronachtzaamd en buiten spel gelaten, vooral als men met eene oppervlakkige aanwijzing der personen, bij hunne dagelijksche benamingen, volstaan kon, gelijk dit bij de „*Registers van den Aanbreng*" het geval was. Wij mogen dus veilig aannemen, dat vele personen, die in deze registers slechts met hunnen vóórnaam en met hunnen vadersnaam als patronymicum worden aangeduid, toch wel degelijk ook eenen eigenen, Oud-Frieschen, op *a* eindigenden geslachtsnaam hadden. Maar slechts zeer weinigen worden werkelijk ook met zulk eenen maagschapsnaam aangeduid; het zijn Wybren Bowtsma (Boutsma), Jelck Lywama, Hessel Intema.[1] Voor de hand houd ik deze lieden niet voor edelingen. Maar het kan zeer wel zijn, dat ik mij hier in vergis (weinig ervaren als ik ben in de kennis der Oud-Friesche adellijke maagschappen), en dat de personen, die deze namen voerden, wel degelijk tot den adeldom behoorden. En zoo dit in der daad het geval is, dan vervalt daar mede de bijzonderheid dezer namen. Immers de leden der adellijke geslachten worden in ons register wel degelijk met hunnen Oud-Frieschen geslachtsnaam genoemd; althans in den regel. Zoo vinden wij vermeld: Frans Mennama (Minnama, Minnema), Tiard Burmannie, Peter Kamminga de voorstander der Oud-Friesche taal, Hessel en Doeke Martena, Jow Jowsma, Jow (ook Iw geschreven) Dekama, Wytz Jongema, Tryn Hermane, enz.

Nog eene andere reden is er, waarom Oud-Friesche, op *a* uitgaande maagschapsnamen zoo zeldzaam zijn in het Leeuwarder register. In het begin der 16de eeuw toch, toen het register geschreven werd, verliep de Oud-Friesche taal, verloor zij hare oude, volle uitgangen op *a* en *o*, die door eene toonlooze *e* werden vervangen. De uitspraak en de spelling van woorden en namen als *pundameta*, als *to ermora ende elindighera liodena bihoff*, als *om Buwa ende Beyka beda willa*, als Syard *upper*

---

[1] Doed Juyssma (Juwsma, Jousma?), Eelck Onsta, Tierck Bonga, His Taeckema, Lywe Kampstera, Jelte Bonge, Poppe Obbema.

Wasa, als Mamma Mammingha, Kampo Abbama,
Beneko Syuxzama, enz. [1] die in de 15de eeuw nog volle
kracht en geldigheid had gehad, verliep in de 16de eeuw. En
bij den aanvang der 17de eeuw sprak en schreef men nog slechts
van *pûnmiëtte*, van *to bihoef fen earme end elindige liuwe*, van
omme wille fenne bede fen Bouwe end Beike, van Sjaerd *oppe
Wease*, van Mamme Mamminga, Kampe Abbema,
Beneke Sjuksma. Dit verloop der taal, dit verloren gaan
der volle *a*- en *o*-klanken op het einde van woorden en namen,
had in het begin ook invloed op de geslachtsnamen, die eveneens hunne eind-*a* in spreken en schrijven moesten missen. Maar
terwijl de vóórnamen en de algemeene woorden dien *a*-klank voor
goed verloren hebben, is die oorspronkelijke en schoone uitgang, wat de geslachtsnamen aangaat, later, in de 17de eeuw
vooral, weér hersteld geworden, zoo dat zij allen dien vorm,
als een kenmerk van hunnen Oud-Frieschen oorsprong, nog
heden, in geijkten zin vertoonen. Onze lijst geeft ons, in de
spelling van sommige Oud-Friesche geslachtsnamen, voorbeelden
van deze aanvankelijke wijziging der taal. Reeds hebben wij
hier boven eenen Tiard Burmannie en eene Tryn Hermane, leden van de maagschappen Burmania en Hermana ontmoet. Pieter Kamminga (Cammingha) komt
in ons register ook als Peter Kamingh voor. Vooral als de
namen in verbogenen vorm staan, als zij dus, naar den eisch der
oude taal, ook eenen verbogenen uitgang vertoonen, is daarbij
de *a* verloren gegaan. Zoo vinden wij in het register den naam
van Pieter Cammingha verbogen als: „*van* Peter Ka-
minghen" en „*den Steed* (van) Peter Kammingen". Verder „*van Her* Fedden" = van Heer Feddo, „*van* Feycke
Doetinge", „*van* Renick Emingen" (Eminga), *den
Steden* Abingen" en „Aebingen" (*van* Abinga of Eabin-
ga), enz.

Het is geheel volgens Oud-Friesche zede dat de benamingen
in het register over het algemeen zoo kort en eenvoudig mogelijk

---

[1] Deze voorbeelden zijn genomen uit *Oorkonden der Geschiedenis van het Sint-Anthony-
Gasthuis te Leeuwarden*, allen in de Oud-Friesche taal opgesteld en uit de 15de eeuw
dagteekenende.

zijn, eensdeels zonder geslachtsnamen, anderdeels zonder bij- of
toenamen ter onderscheiding, of ook zonder bijzondere titels
van edeldom of rang. Slechts zeldzaam komen zulke toenamen
en zulke titels voor. Alles geheel anders als in andere Nederlandsche gewesten, bij voorbeeld in het hoofsche Brabant,
waar men zich met zeer lange en omslachtige benamingen uit-.
sloofde. [1] Ja, men ging in Friesland nog wel verder in dien
eenvoud, en liet ook den vadersnaam achterwege, zoo dat enkel
de eigentlijke naam, de doop- of vóórnaam overbleef. Dit was
vooral het geval bij zeer geringe of bij geheel arme lieden,
die ook nog heden onder de Friezen veelal enkel en alleen bij
hunnen vóórnaam genoemd worden. Zoo vinden wij in de
Leeuwarder naamlijst „Lambert een knecht." Verder een Alef,
een Jarich, een Hommo, een Tiebbe (Tsjebbe), een
Ocko, een Fedde, een Rolof, zonder meer. Dit waren geringe lieden; zij bewoonden slechts eene „camer". Dit zelfde
was het geval met sommige arme vrouwen als ·Fem, Baeff,
Eelck, Aeff, Foeck, Lubbrich, die „alheel Paupers"
(armen) worden genoemd, en, zekerlijk om Gods wil (of
„propter Deum" gelijk herhaaldelijk in het register voorkomt), „camers" bewoonden, die aan Sint-Vyt, aan de
hoofdkerk van Oldehove, toebehoorden. Zoo ook Ariaen,
Wybe, Jesel, Rynths, Gosso, Griet, Geert, Focko,
Feyck, Jeths, allen geringe en arme lieden, zoo mannen als
vrouwen, die „cameren" bewoonden. Nog heden noemt men in
Friesland eene kleine en geringe woning, die slechts één vertrek
bevat, een *keamer*, en spreekt men niet van huis- of woning-
huur, maar van *keamerhier*.

Ter nadere onderscheiding van zulke éénnamige lieden, en
zoo men daartoe geen gebruik wilde maken van het gewone
redmiddel in zulke gevallen, het bijvoegen van den vadersnaam,
had .men eenen bij- of toenaam noodig. Zulke namen vinden
wij dan ook in het register vermeld, als Groote Jeldert,
Olde Wybrant, Witte Dirck, Blynde Gertza, enz.
Deze bijvoegsels tot den naam zijn gereedelijk te verklaren; ze

---

[1] Zie *Helmondsche namen in de middeleeuwen*, bl. 171.

zijn nog heden wel in gebruik, b.v. B l y n e B a u k e, G r e a t e
H a n t s j e, L y t s e S i p k e, R e a d e T s j e r k, enz. Bij de benamingen van N y e G e r r y t en van L e e u w e r d e r J e l l e is
die verklaring niet zoo gereedelijk. Was die G e r r y t (nog heden
wordt deze naam in het Friesch uitgesproken als G e r r y t, met
duidelijk hoorbaren, zuiveren, openen *i*-klank in de tweede
lettergreep) — was die G e r r y t *ny*, nieuw, te Leeuwarden
komen wonen en had die omstandigheid aanleiding gegeven tot
zijnen bijnaam? Maar waarom J e l l e, te midden van duizenden
Leeuwarders levende en wonende, in het bijzonder den toenaam
van „L e e u w e r d e r J e l l e" verdiende, blijft mij een raadsel.

De onderscheiding met oud en jong, waarvan O l d e W y b r a n t
ons een voorbeeld geeft, ligt, bij twee gelijknamige personen,
bijzonder voor de hand. Wij vinden die onderscheiding dan ook
herhaaldelijk in het register toegepast; bij voorbeeld, bij O l d e
P e t e r S y m o n s z en J o n g e P e t e r S y m o n s z, bij O l d e
H e r D o w e en J o n g e H e r D o w e, bij O l d e H e r A l b e r t, enz.

Eene andere onderscheiding voor sommige gelijknamige personen werd ontleend aan het huis, waar in zij woonden, of
naar den naam, naar het teeken van dat huis. Die onderscheiding
was ten jare 1511 te Leeuwarden nog weinig in gebruik; hadden
misschien de huizen aldaar toen nog weinig eenen bijzonderen
naam, een eigen huisteeken of uithangbord? Het register vermeldt
slechts eenen E w t i n t A n c k e r, eenen E w a l d, die in het
huis h e t A n k e r woonde. Was dit het zelfde huis aan de
Voorstreek bij de Korfmakerspijp te Leeuwarden, dat nog heden
een anker als teeken, en dus ook als naam draagt? Opmerkelijk,
dat de hedendaagsche eigenaar en bewoner van dat huis, de
Heer OTTEMA, bijna vier eeuwen later, ook nog wel in de
wandeling als „O t t e m a i n 't A n k e r" wordt aangeduid. —
Verder noemt het register nog eenen H e r J o h a n n e s i n t
G a s t h u u s.

De bovenstaande benamingen van O l d e P e t e r S y m o n s z,
van O l d e H e r D o w e en O l d e H e r A l b e r t luiden zoo
vertrouwelijk, zoo gemoedelijk en ongekunsteld, niet waar? Zij
worden in die eigenschappen nog overtroffen door de benamingen,
waaronder sommige rijke en aanzienlijke, bij het volk om hare
deugden en milde, moederlijk weldadige eigenschappen beminde

oude vrouwen, ware *matronae*, bekend waren. Te weten:
Tialcke moer, Heill moer en Tyethsmoer (Tsjalkje,
Heiltsje en Tsjetske naar onze spelling). En dat deze eer-
waardige vrouwen onder die eenvoudige, gemeenzame, maar
van achting en eerbied getuigende benamingen in het register
vermeld staan, strekt nog heden tot hare eere.

Nevens deze matronen worden nog een paar aanzienlijke of
welgestelde vrouwen in het register vermeld, die echter, ongehuwd
en kinderloos, met het vertrouwelijke *moer* niet konden worden
aangeduid. Dies worden zij genoemd en beschreven met het
woord dat haren ongehuwden staat in eere aanduidt, als Greet
Jonefrow en Aecht Jonckfrouw. Eene andere, waarschijnlijk minder aanzienlijke, ongehuwde vrouw wordt als
Lysch Menne dochter (Lisk of Lyskje, de dochter van
Menno of Minne) vermeld.

Overigens worden de betrekkelijk weinige vrouwen die in het
register voorkomen, in den regel enkel met haren vóórnaam
genoemd, gelijk boven reeds vermeld is; of anders met vóórnaam
en vadersnaam. Zulke benamingen dragen Tryn Gaeles, Aeff
Willems, Auck Piers, [1] enz.

Bij de benamingen der weduwen wordt haar staat steeds
bijzonderlijk vermeld, gemeenlijk als toevoegsel bij haren enkelen
vóórnaam; bij voorbeeld Amck wedue, Lysbeth wedue,
Aef wedue, Lyoeths wedue. Deze laatste vrouw was eigenaresse
van vele huizen; zij komt dus herhaaldelijk in het register
voor, ook als Lyoets wedue en als Lyoeds wedue. Andere
weduwen voeren ook nog den naam van haren overleden
echtgenoot: Styn Reinerts wedue; dat is: Stijn (Chris-
tina), de weduwe van Reinert of Reinhart; Ymck
Joenke wedue, Mincka Ghyse wedue, Bauck Jans
wedue en Rynths Sypt Unama wedue, anders gezeid:

---

[1] Frouck Martens, Rinscka Doekes, die op dezelfde bladzijde als Reynsck
Doekes voorkomt, Griet Heynes, Dew Gowerts (Dieuwke), Aleyt
Hayes, Follzw Piers, Tryn Gernants (de bijzondere namen van deze twee
laatstgenoemde vrouwen zullen nog nader in dit opstel besproken worden). Griet
Backer voert eenen schijnbaren geslachtsnaam, en Tryn Hermane (Hermana)
eenen waren, Oud-Frieschen, patronymicalen maagschapsnaam, terwijl Auck Mester
Sywcks in hare benaming nog den titel van haren vader behouden heeft.

Rynths (Rinske) de weduwe van Sypt Unama (Sibalt Oenama). Eene enkele wordt in het geheel niet bij haren eigenen naam, enkel bij dien van haren man vermeld; het is Powels Fleyskers wedue, de weduwe van Paulus de vleeschhouwer.

De geestelijken der Christelijke Kerk werden door de Friezen, vóór de hervorming, steeds getrouwelijk met den titel van Heer (*Her*) vereerd. Geestelijken worden niet zeldzaam in ons register genoemd, steeds met dien titel, welke meestal, naar Oud-Friesche zede, bij hunnen enkelen vóórnaam gevoegd is: Her Dowe (Heer Douwe), Her Hotthio, elders Her Hottye genoemd (Heer Hoatse), Her Feddo, Her Syffriet (waarschijnlijk een Duitscher, Siegfried — of anders is dit Syffriet de gebruikelijke verlatijnsching [Suffridus] van den mansnaam Sjoerd; zie bl. 217), Her Sipke, Heer Albert. enz. Soms komen deze namen ook met toevoegsels voor: Her Johannes Jorretz, dus met zijn patronymicum; Her Douwe sacrista, Her Peter commissarius, Her Pier to Leckum en Her Dythio by Galilee (het klooster Galilea bij Leeuwarden, waar nu nog de buurt Olde-Galileën haren naam af draagt), enz. De kloosterlingen worden met de toenamen *Broer* en *Suster* onderscheiden (in het register is herhaaldelijk sprake van eene, zekerlijk rijke nonne in het klooster Fiswert, Suster Ansck); terwijl een rijke kloosterpater een en ander maal, zonder eigennaam en zonder nadere aanduiding, als de Pater wordt vermeld.

De titel Meester (*Mester*) kwam den mannen toe, die wetenschappen en kunsten beoefenden en uitoefenden, en hij werd, op de zelfde wijze als dit met den titel *Her* het geval was, bij den enkelen doopnaam gevoegd: Mester Bucho, Mester Hemmo, Mester Andries; ook wel in Latijnschen vorm: Magister Sybrand. Het waren vooral ook de wondartsen of chirurgijns, en zij die dergelijke ambten uitoefenden, en waar bij oudtijds ook het baardscheren gevoegd was, welke in het bijzonder met den titel van Meester werden vereerd. [1] Zoo meldt

---

[1] Nog heden onderscheidt het volk hier en daar in Holland, onder anderen te Haarlem, nauwkeurig »den Meester" (wondarts, chirurgijn) van »den Docter".

het register de benamingen van Mester Joest Wondtartz, die elders als Mester Joest Barbier voorkomt; Mester Tzem Barbier, Mester Jancke Barbier, Mester Feycke den olden Barbier, en ook Mester Pieter pudibunda Snyder. Welke *pudibunda* Meester Pieter sneed, van menschen of van dieren, blijft onzeker; waarschijnlijk wel die van dieren. Eindelijk nog Mester Augustyn Apoteker, de eenigste artsenybereider die in het register genoemd wordt. Ook komt daarin slechts één maal de titel *Doctor* voor, eigen aan Doctor Dionisius Dodo, elders enkel Doctor Dodo genoemd, waarschijnlijk een arts.

Deze titels en namen voeren ons geleidelijk tot die soort van benamingen die aan een handwerk ontleend zijn, en die zeer menigvuldig in het register voorkomen. Het schijnt omstreeks den jare 1500 te Leeuwarden gebruikelijk geweest te zijn om den handswerkman, 't zij hij aanzienlijk ware of gering, een kunstrijke beeldsnijder bij voorbeeld, of een nederige ketellapper, te noemen met zijnen enkelen vóórnaam en daar den naam van zijn handwerk als toenaam achter. Ook anderen, die geen eigentlijk handwerk uitoefenden, maar die met de handwerkslieden in hunnen burgerlijken stand werden gelijk gesteld, de kleine koopman of kramer, de sjouwerman en de houtzager, zoo wel als de koster en de stadsbode — zij allen voerden hunne benamingen op die wijze: Adam Scomaker en Upke Smidt, Obbe Scriuwer en Pybe Rogdrager. Als de zoon het zelfde handwerk uitoefende als zijn vader, 't welk dikwijls voorkwam (vroeger by 't bestaan der gilden nog meer dan tegenwoordig), dan ging de toenaam van den vader natuurlijk ook op zijnen zoon over, waardoor deze toenamen wel den aard van ware geslachtsnamen verkregen, en als zoodanig ook nog heden veelvuldig voorkomen. Zie bl. 179: Maes den Hantscomeker soen Maes Hantscomekers.

Gelijk van zelve spreekt, zijn de meest gewone handwerksbedrijven, timmerman, smid, metselaar, bakker, schoen- en kleêrmaker, ook het meest vertegenwoordigd onder de benamingen der Leeuwarder burgerij. Zeer talrijk zijn benamingen als Take Tymmerman, Peter Janz Smidt, Syoucke Metzeler, Tzomme Backer, Wigle Scomaker, Rouke

Scroer,[1] enz. De *skroaren* (kleêrmakers) echter niet zoo talrijk als men zoude verwachten. Maar toen ten tijde behoorde het maken der kleedingstukken, ook van die der mannen, veelal tot den plicht der huisvrouwen. De wevers daarentegen waren zeer talrijk in die dagen, toen de groote stoomweverijen van den tegenwoordigen tijd nog verre te zoeken waren: Hero Wever, Willem Wever, Sybren Wever, en soortgelijke benamingen, bij tientallen. Opmerkelijk, maar gereedelijk te verklaren uit de omstandigheid dat de Friezen in de middeleeuwen veel pelswerk droegen, gelijk de oude afbeeldingen van lieden uit die tijden nog aantoonen — opmerkelijk is ook het groot aantal pelswerkers of bontwerkers, in de middeleeuwen *pelsers*, *pelssers* en *pelsters*, ook wel, bij letterkeer, *peltsers* genoemd. Deze handwerkslieden waren zoo talrijk dat geheele straten, waar zij hoofdzakelijk hunne woningen hadden, naar hen werden genoemd: zooals de Pelser- of Pelsterstraten te Groningen en te Emden. Dat zij ook te Leeuwarden geenszins ontbraken, bewijzen de voorkomende namen, als Jelke Pelser, Renick Pelszer, Luthie Pelsser, enz. Talrijk waren, blijkens hunne namen, te Leeuwarden omstreeks den jare 1500 ook de goudsmeden, even als dit steeds, en ook nog omstreeks de helft dezer eeuw het geval was, als een gevolg van de vele gouden en zilveren sieraden, die zoo menigvuldig door de Friezinnen werden en nog worden gedragen, en waarom zij reeds in de middeleeuwen vermaard waren: Jarich Goltsmit, Menno Goldsmidt, Wilcke Goltsmid, en anderen.

Zeer vele andere handwerken en bedrijven vinden wij nog in de benamingen van Leeuwarder burgers vertegenwoordigd: Syword Scutemaker (de schuitmakers komen talrijk voor), Zierck Wagenmaker (het handwerk der wagenmakers wordt, even als dat der kleêrmakers of *skroaren* (*scroer*), ook wel in het Friesch vermeld: Jelle Weynmaker), Meynt Wielmaker, Gosse Kuper, Dirck Glaes-

---

[1] Powels Tymmerman, Wybe Tymmerman, Gysbert Tymmerman, Albert Smidt, Ryoerdt Smidt, Tyalle Smid, Gaele Metzelaer, Gauke Metzeler, Aelthie Metzler, Paesche Backer, Eme Backer, Hessel Backer, Dowe Scomaker, Syrick Scomaker, Wybrant Scomaker, Menno Scroer, Botte Scroer, Herman Scroer, enz.

maecker, Abbe Ferwer, Dowe Decker, Frans Ley-
decker (de makers van leien daken op de huizen), Jacob
Lyndeslagher (touw- of lijnslager), Wybe Kistemaker
(de kistemakers, later noemde men ze schrijnwerkers, nu
meubelmakers, waren zeer talrijk te Leeuwarden), Jucke
Holtsnyder, Gerbren Beeldesnyder, Herman Mesmaker, Hercke Koeperslager, Nanninck Yser-
man (deze laatste behoort zeker ook tot de smeden — of was
hij misschien een ijzerkramer?); Harinck Slotemaker,
Symon Zweertslager, elders in het register Symon
Swertfeger genoemd: Herke Ketelboter, misschien de
zelfde man, die elders Hercke Koeperslager genoemd wordt;
Allert Kannemaker, Gerrolt Steenbicker (steenbikkers
komen talrijk voor; waren het de lieden die baksteenen bebikten,
bekapten, beslepen? zooals in de middeleeuwen wel gebruikelijk
was); Jan Saelmaker (zadelmaker), Bruyn Sydensticker
(die zijden kleedingstoffen, of stoffen voor kerkelijk en ander
siergebruik bestikte); Arent Hoedmaker, Dirck Crans-
maker, Marten Brower, Tierck Tapper, Peter
Casteleyn, Oeswalt Kokenmester, elders in het register
Oeswalt Koeckenmester genoemd (was dit een kok?);
Menthe Kremer, Peter Moelker (môlker, moolker is nog
de hedendaagsch Friesche benaming voor den man die mool
meel, verkoopt); Aesge ende Wybe Molner (molenaar),
Powels Olyslager, Govert Bokebinder, Obbe Schri-
ver (de schrivers, ook in het Friesch als scriuer genoemd, komen
niet zeldzaam voor; waren dit openbare schrijvers, lieden die,
om loon, voor hen die niet schrijven konden, brieven en dergelijke
stukken schreven, of schrijvers bij een regiment soldaten of
burgerwacht, zoo als dezen ook later werden genoemd?); Dirck
Stadbode en Bucho Koster. Verder Willem Fleys-
houwer en Jacob Lammeslager, Bonthie Fisker,
Peter Tyeusker, elders in het register als Peter Tiesker
voorkomende, (was dit een tysker of tüesker? iemand die allerlei
dingen inruilt en tegen andere verruilt, een soort uitdrager
dus, of een hynstetysker, te Leeuwarden peerdetüesker, een paarde-
koopman of paarderuiler?); Tierck Scherrier (Friesch skerjer
— een lakenscheerder, zoogenoemde wandskeer, of eenvoudig

een baardscheerder?); Ede Wagenaer (een wagenmaker, of een wagenverhuurder? gelijk misschien Gerryt Weynman ook); Willem Porter, ook Willem Poerther genoemd (deurwachter of portier?); Saeka Drager (een sjouwerman of vrachtdrager); Pybe Rogdrager (de roggedragers worden steeds afzonderlijk en uitdrukkelijk met dien naam van de andere dragers of sjouwers onderscheiden; zij vormen te Leeuwarden nog heden een afzonderlijk gilde; rogge is het Friesche brood-koorn bij uitnemendheid); Jucke Kalcmaker, Herman Straetmaker; Gercke Holtsager, Claes Spoelman (speulman, speelman, muzikant of toonkunstenaar), Foppe Hornblaser, [1] enz.

Herhaaldelijk komen in het register mannen voor, die den toenaam Scuteferger of Scutefergier voeren: Claes Scuteferger, Hille Scuteferger, Upke Scutefergier, Jetthie (Jetse) Scutefergier. Dit is een Friesch woord en het luidt naar onze hedendaagsche uitspraak en schrijfwijze als *skûtefarjer*, schuitenvaarder. Dat waren lieden die koopwaren en andere vrachten, om loon, in hunne schuiten vervoerden, gelijk nog heden de zoogenoemde schuitenvoerders te Amsterdam; dus het zelfde te water, wat de "*Wagenaers*" te lande waren? Deze "*skûtefarjers*" waren wel te onderscheiden van de aanzienlijkere "*scippers*", de eigenaars van groote schepen, tjalken en "*cagen*" of koggen, waar mede zij, in dienst van den

---

[1] Baucke Scutmaker, Wattie Scutmaker (Watse), Peter Scut-maker, Sybren Wielmaker, Hed Wielmaker, Hanz Wyelmaker, Gerryt Kuyper, Inthie Kuper, Egbert Kuper, Arys Glaesmaker, Gosse Glaesmaker, Alle Ferwer, Jacob Decker, Jan Decker, Hilthyen Leydecker (Hiltje of Hyltje, Hylke), Wynthie Ley-decker, Gale Kistemaker, Wybren Kistmaeker, Sibet Kiste-maker, Romke Holtsnyder, Foppo Holtsnider, Bartolt Mesma-ker, Thomas Mesmaker, Wolter Slotemaker, Reyn Kannemaker, Claes Steenbicker, Arent Brouwer, Ede Kremer, Gerryt Kra-mer, Jan Cramer, Jelle Kremer, Sywert Molner, Ide Moller, Gheert *ende* Jancke Molner, Verbout Boeckbinder, Roloff Schri-ver, Jancke Scriuer, Rothger Schriver, Hille Coster, Jan Fleys-houwer, Herman Fleyshouwer, Anthonius Fyscker, Renick Drager, Claes Drager, Ysbrant Drager, Anscke Rogdrager, Wilke Rogdrager, Wythie Calcmaker, Jelle Holtsager, Baucke Holt-sager, Romert Wagenaer, Ydssche Wagenaer, Sybet Wagener.

handel, reizen ondernamen naar andere plaatsen en landen over Zuider- en Noordzee, en elders. Het schijnt dat deze schippers zeer bekende mannen waren bij de Leeuwarder ingezetenen; immers zij worden in het register enkel bij hunnen vóórnaam vermeld met het woord *Scipper* daarvoor, als of het een titel ware, gelijk *Her* en *Mester*, op bladzijde 265 hiervoren aangetoond. In het register worden S c i p p e r H o m m o, S c i p p e r E e m e, S c i p p e r S y b r e n, S c i p p e r O e n t h i e (O e n t s j e) en anderen meer genoemd. Opmerkelijk is het dat ook nog heden, nu het noemen der lieden naar hun beroep of bedrijf nagenoeg geheel buiten gebruik gekomen is, bij de schippers toch nog wel, juist als voor vier eeuwen, de naam van hun bedrijf aan hunnen eigenen naam, 't zij vóór- of geslachtsnaam, wordt gekoppeld: „S k i p p e r D a m s m a" bij voorbeeld, S k i p p e r d e J o n g, S k i p p e r S k e l t e, enz.

Vrouwen, genoemd naar een beroep dat zij uitoefenen, komen uit den aard der zake zeldzaam voor. Te Leeuwarden, ten jare 1511, waren zij zeer zeldzaam. Trouwens, de tijd der zelfstandige, ongehuwde, allerlei ambt en bedrijf uitoefenende, naar gelijkheid met den man strevende vrouwen was in den goeden tijd van 1500 gelukkig nog lang niet aangebroken! In ons register vinden wij geene andere vermeld als S a c k D e k e n n a i s t e r (S a c k = S a a k j e; nog omstreeks de helft dezer negentiende eeuw was er te Leeuwarden eene „dekennaaister", eene oude vrouw die er in het bijzonder haar werk van maakte om dekens te naaien, over te kleeden, door te stikken); verder eene A l e y t W e e f s t e r, eene H i l c k N a a i s t e r, eene J o e s t N a i s t e r en eene S a p e B a k s t e r. Bij deze twee laatste benamingen valt het zonderlinge gebruik op te merken, dat in de middeleeuwen niet enkel in Friesland, maar ook evenzeer in Holland en in de andere Nederlandsche gewesten voorkwam, en dat zelfs heden ten dage nog niet geheel in Friesland uitgestorven is, namelijk dat eene vrouw eenen mansnaam of anders den mannelijken vorm van eenen naam draagt, bij voorbeeld J a c o b, en niet J a c o b a. De Hollandsche gravinne J a c o b a v a n B e i e r e n komt in oude oorkonden als V r o u J a c o b voor; en zulke voorbeelden zijn bij honderden aan te wijzen (zie bl. 184). Zoo ook worden deze Oud-Leeuwarder naaister en bakster J o e s t (J o o s t)

en Sape genoemd, in stede van Joestken of Joestyne
(Joostje, Justine) en Saepkje. Verder doet het register
ons nog eene Lysbeth Olyslager en eene Griet Backer
kennen. Omdat deze bedrijfsnamen in den mannelijken en niet
in den vrouwelijken vorm staan, dien ze anders toch moesten
vertoonen in overeenstemming met de vrouwelijke vóórnamen,
zoo vermoed ik dat Lysbeth en Griet het olieslagers- en
het bakkersbedrijf slechts waarnamen als weduwen (bij Lysbeth worden hare *kinden*, kinderen, vermeld) van eenen olieslager en van eenen bakker, en niet uit en op zich zelve. Ten
slotte vinden wij in het register nog eene Gheert Froedmoer
(Geartsje — Geertje) vermeld, de eenigste vroedvrouw die
destijds te Leeuwarden was, naar het schijnt; even als het register
ons ook maar één apotheker en één doctor noemt. Ook onder
de ingezetenen van Dokkum vinden wij ten jare 1511 slechts
ééne vroedvrouw, Ken Froedmoer.

Even als men de beroepsnamen wel als toenamen, ter onderscheiding en ter nadere aanduiding, achter de persoonsnamen
voegde, zoo plaatste men ook wel, voor dat zelfde doel, eenen
plaatsnaam achter den persoonsnaam. Dat was dan de naam van
stad of dorp, waarvan de betrokken persoon herkomstig was.
Die plaatsnaam werd dan onmiddellijk achter den persoonsnaam
gevoegd, of door bemiddeling van het woordeken *van* daaraan
gehecht. Zulke benamingen, waaruit zeer vele hedendaagsche
geslachtsnamen ontstaan zijn, waren vooral in Holland en in
andere Nederlandsche gewesten zeer gebruikelijk; veel meer dan
in Friesland. Ons register vermeldt dan ook slechts weinigen
van zulke benamingen. Het zijn die van Johannes Goch,
van Henrick Bylefelt en van Thomas Schleyswick
(Sleeswijk, nog heden in Friesland als geslachtsnaam voorkomende); verder Marten van Straesborch (Straatsburg)
en Geert van Dorsten. Dit zijn allen namen van buiten-
landsche plaatsen. Binnenlandsche en bepaaldelijk Friesche
plaatsen hebben oorsprong gegeven aan de benamingen van
Jacob van Franicker, Sybe van Hallum, Henrick
van Sloten, Jacop van Wyringen, Sywert van Hol-
wert, Jacob van Scalsen (Schalsum), Jan van Horen,
Peter van Harlingen en Betthie van Staueren. Ook

de namen van Jan Hollander en Hans Hess moeten tot deze afdeeling gerekend worden; misschien ook die van Claes Flammingh (Vlaming?), en, in zekeren zin, ook die van Leeuwerder Jelle (zie bladzijde 263), met die van Jan van den Gouwkamer, een naam die ik niet nader verklaren kan.

Allerlei andere woorden, soms als bijnamen en zelfs als spotnamen, werden oudtijds ter nadere onderscheiding achter den eigenlijken persoonsnaam gevoegd, en ook deze namen kregen veelvuldig de geldigheid van ware maagschapsnamen. Als zoodanigen levert het register de benamingen op van Dirck Steenwerper en van Grythie (Grietje) Onbeleefd, van Jan Wytbroot en van Jan Hoysack. Verder Mester Ghysbert Spalman, Matthijs Beck, Jan Rattaler, Arien Busschut (de naam van een schutter, *Schütze*, die met een bus of buks, *Büchse*, schiet). Eindelijk nog Bernert Lucht, Hans Cruysschar, Peter Trap en Rolof Gryp.

Wat nu de vóórnamen op zich zelven aangaat, enkel uit een taalkundig oogpunt beschouwd, zoo leveren de benamingen der Oud-Leeuwarder ingezetenen, gelijk zij in het *Register van den Aanbreng* voorkomen, ook nog menige bijzonderheid en merkwaardigheid op.

Grootendeels zijn deze vóórnamen bijzonder Friesche namen, en de zelfden die ook nog heden algemeen bij de Friezen in gebruik zijn. Natuurlijk, wat hunne spelling aangaat, wijken zij eenigermate af van de hedendaagsche rechtschrijving, en stemmen zij overeen met de spelwijze, gelijk die omstreeks den jare 1500 in Friesland gebruikelijk was: Duyff in plaats van Duif (Duifje), Tzalingh in plaats van Tjalling, Reynsck voor Reinske, Gerryt en Heyndrick in stede van Gerrit en Hendrik. De mansnamen die thans in den regel op eene toonlooze *e* uitgaan, maar die in de middeleeuwen op eene *o*, en toenmaals bij de Friezen bijzonderlijk veelvuldig op eene *a* eindigden, worden in het Register bijna zonder uitzondering reeds met eene *e* geschreven: Epe, Gabbe, Menne, Hette, Wilke. Omstreeks den jare 1500 was daar juist eene kentering in de Friesche taal; zij verloor hare oude, volle vormen op *a (an)* *en* *o (on)*,

niet enkel in de namen, maar eveneens in de gemeene woorden,
en nam daarvoor, op het voetspoor der Nederduitsche (Hollandsche,
Vlaamsche en Brabantsche, en Nedersassische of Platduitsche)
taalvormen van de andere Nederlandsche gewesten en van Duitschland, eene toonlooze *e* in de plaats. Het schijnt, dat in de stad
Leeuwarden, door vreemden invloed, ten jare 1500 en wat later,
die kentering reeds grootendeels haar beslag gekregen had. Maar
in het Oud-Friesch, gelijk dat toen nog ten platten lande in
wezen was, bleven ook de oude, volle taalvormen langer in
gebruik. Zoo vinden wij in onze registers de namen der dorpe-
lingen nog veelvuldig met eene *a* of met eene *o* geschreven:
(A e s g a S y c k a z, dat is: E a s g e, S i k k e-zoon of S i k k e s,
te W i r d u m, en E g g a J e l l a z o e n te S w i c h u m; S a s k o o p d e
D i c k te B l y a, en B u w k o o p W e s t e r f e l d e n te H o l w e r t),
terwijl dit te Leeuwarden nog maar weinig voorkwam. De naamlijst vermeldt aldaar slechts een H a l b a en een H a y a; verder
F o p p o, O c k o, J e l t o, enz. nevens H a l b e en H a y e,
F o p p e, O c k e, J e l t e en anderen.

Oude spelwijzen, bij voorbeeld *ow* in plaats van *ou*, treffen
wij aan bij de namen van D o w e, P o w e l s (P o u l u s, P a u l u s),
J o w k w e d u e (J o u k j e); *tz* in stede van het hedendaagsche
tsj, verhollandscht tot *tj*, bij T z a l i n g h, T z o m m e, T z e m
(T s j a m, T j a m, T j a m m e, de weinig gebruikelijke mans-
naam, waarvan het meer gebruikelijke T s j a m k e, T j a m k e,
oudtijds T z a m c k, de vrouwelijke vorm is). Verder *ti* (*ty* of *thi*
en *thy*) in plaats van *tsj*, *tj* bij de namen van T i e b b e (T s j e b b e,
T j e b b e), T i e p k e (T s j e p k e, T j e p k e, eigentlijk T j e b k e),
T i e r c k (T s j e r k, T j e r k), T y e s s e en T h y e s s e (T s j e s s e,
T j e s s e), T i a r d, T y a r d en T y a e r t (T s j a e r d, T j a a r d),
T y a l l e (T s j a l l e, T j a l l e), S y o u c k e (S j o u k e) en H e r
S y w c k P e t e r s (S j u k); en *ae* (dat verwarring oplevert met
ae = *aa*) in stede van *ea*, bij die van A e s g e, S a e c k l e,
A e b b e (E a b e) en A e p k e (E a b k e). In plaats van den uit-
gang *ts* (*tz*, ook verhollandscht tot *tj*) vinden wij *tie*, *tye*, *thie*, *thye*
geschreven, in namen als M y n t h y e en R y n t h y e (M i n t s j e
en R i n t s j e als mansnamen), W a t t i e (W a t s e), H a n t h i e,
I n t h i e, G e e r t h i e, W y n t h i e voor H a n t s j e, I n t s j e of
Y n t s j e, enz. Ook L u y t i e n en L u t h i e voor L u u t s e n, L u i t-

18

sen, Luutsje; Wythie voor Wytse; Doythye voor
Doaitsen; bijzonderlijk ook Jaythye Hilbrantz, want
deze naam Jaitsje of Jaeitsje, Jaitje of Jaaitje is geen
vrouwennaam, maar een mansnaam, zooals blijkt uit de aanteekening „*Jaythye Hilbrantz van zijn wijffs wegen*"; en Tyatye
Martena (Tsjaedje? de kleine Tsjade? of Tsjaerd?). Iw,
Juw en Jowke met Jouke, een en de zelfde naam (Jou is
de bijzonder Friesche vorm van den algemeen Germaanschen naam
Ivo) in verschillende spelling. Sirck, Zierck en Syrick
voor het hedendaagsch Sierk of Sjirk, en Sywrd, Syord
en Syword voor Sjoerd vertoonen ook geheel verouderde
schrijfwijzen, even als Renick (Rienk), Rioerd (Ruurd),
Lywe (Lieuwe) en anderen.

Ingekorte vrouwennamen, die in de middeleeuwen zoo veelvuldig, schier algemeen in gebruik waren, en ook nu nog in
geijkten zin te Hindeloopen en elders in den Zuidhoek voorkomen,
gelijk ze ook overal in Friesland in de dagelijksche spreektaal
nog in zwang zijn, vinden wij vertegenwoordigd in namen als
Beyths, Wytz, Bauck, Fokel, Sibbel, Doed, Tryn,
Ath, Auck, Hylck, Jel, enz. In Lysch staat de Hollandsche
sch in plaats van de Friesche *sk*: Lysk, Lisk, Lyskje. Daarentegen vertoont de vrouwennaam Metta (hedendaags Metsje)
juist den vollen, ouden vorm.

Aanmerkelijk is ook een tamelijk groot getal oude namen,
die heden ten dage ten deele reeds geheel verouderd en uit der
lieden gebruik verdwenen zijn, ten deele ook zeer zeldzaam zijn
geworden, of in eenen vorm, met eenen klank voorkomen, dien
wij hedendaags anders hebben. Zulke namen zijn die van Nemck
wedue, tegenwoordig Namkje, en Mester Tzem, thans
Tsjam, Tsjammo; Petrick, tegenwoordig de zeldzame vrouwennaam Pietrikje; Dode, hedendaags meestal Doede; Nan-
nick en Helmich, Wold en Ayle, Hed en Paesche
(Paeske = Paschasius? een Kerkelijke naam), Gale (de
naam waarvan de oude maagschapsnaam Galama is afgeleid; hedendaags meestal Geale), Lyork en Ryperd (de
naam die oorsprong gaf aan den geslachtsnaam Ripperda of
Ryperda), Ropke (Robke, verkleinvorm van Robbert,
Rodbrecht?) en Lanke (in den maagschapsnaam Lankema

en in den plaatsnaam L a n k u m voorkomende) zijn ook verouderde mansnamen en naamsvormen. Zij vinden hunne tegenhangers in vrouwennamen als O e d, L y o e t s ook als L y o e t h s
en als L y o e d s voorkomende (heden ten dage L u t s, L u t s k e),
H e n, R o e l c k en D u y f f. Deze laatste naam eischt eenige
toelichting. D u i f, D u i f j e, in ouden vorm D u v e k e, was in
de middeleeuwen in Holland als vrouwenvóórnaam niet zeldzaam.
Nevens deze „D u y f f w e d u e'', deze Leeuwarder vrouw van
1511, is ons ook nog een Leeuwarder man bekend, die een
menschenleeftijd later leefde, en die eveneens D u i f heette bij
vóórnaam; te weten : D u y f f J e l l e s, ten jare 1582. [1] Het Friesche
woord voor het Hollandsche *duif* (vogel) is *dou*; en zoo komt
ook de Hollandsche mansnaam D u i f (D u y f f) overeen met den
Frieschen mansnaam D o u w e, en de vrouwennaam D u i f j e
(D u y f f, D u v e k e) met D o u w t s e n of D o u t s j e. Nog heden
zijn D o u w e en D o u w t s e n algemeen gebruikelijke vóórnamen in
Friesland; maar eenen D u i f of eene D u i f j e is mij daar nooit
te voren gekomen, oud nochte nieuw — behalve dan bovengenoemde twee te Leeuwarden, in de 16de eeuw. Ik vermoed dus
dat wij deze twee *Duif*namen te beschouwen hebben als overzet-
tingen in het Hollandsch van de Friesche namen D o u w e en
D o u w t s e n. Dat de naam van den Fries D o u w e S i k k e s, die
in de 15de eeuw leefde, te dien tijde in het toen nog voor een
deel Friesche Haarlem als D o u S i x z (*dou* = duif, vogelnaam)
werd geschreven, [2] kan almede licht geven in deze zaak.

Vier bijzondere namen, die hier eene afzonderlijke vermelding
en nadere bespreking eischen, komen nog in de Leeuwarder
naamlijst voor. Het zijn twee mans- en twee vrouwennamen :
G o d f r i o n d en G e r n a n t, met L w d w en F o l z o w.

De eerstgenoemde, G o d f r i o n d (ook als G o d s f r j o n d,
G o e d s f r e o n d, enz. voorkomende) [3] is een bij uitstek Friesche

---

[1] Zie *Oorkonden der Geschiedenis van het Sint-Anthonij-Gasthuis te Leeuwarden.*
Deel II, bladzijde 720.

[2] Zie *De Navorscher*, Deel XLI, bladzijde 203.

[3] Hoe zeer deze naam oudtijds onderhevig was aan allerlei spellingen en misspellingen
(even als het Friesche woord *frjeon* nog heden), leert ons de naam van eenen boer te
Wons, in 1511. Die naam wordt op drie onderscheidene plaatsen van de *Registers van
den Aanbreng* (deel III, bl. 321, 341 en 350) geschreven als J o h a n n e s G o e d s v r i e n t s,
J o h a n n e s G o e d s f r i o e n s en J o h a n n e s G o e d s v r i o n d.

naam. Hij wordt ook in andere Friesche oorkonden van de 15de en de 16de eeuw wel aangetroffen; maar nooit menigvuldig. Heden ten dage zal er wel niemand meer zijn onder de Friezen, die zóó heet. Mij althans is deze naam zoo min in de vorige eeuw, als bij het thans levende geslacht te voren gekomen. In de 17de eeuw leefden er in Friesland nog dragers van dezen naam. Immers de dichter GYSBERT JAPICX geeft hem aan eene zijner verdichte persoonlijkheden in zijn gedicht *Tydkirttige pittear lânze wey twissche Egge, Wynering in Goadsfrjuen.* Ik noem dezen naam bij uitstek Friesch, omdat hij samengezet is met een woord in zuiver Frieschen vorm, met het woord *frjeon*, ook *friund*, *frjon*, *frjeun* en *frjuen* geschreven, en dat *vriend* beteekent. Dus G o d s f r i u n d of G o d s f r e o n d is te zeggen *Gods vriend.* In Holland, noch elders bij eenig Germaansch volk, is mij nooit eenen mansdóópnaam G o d s v r i e n d, G o t t e s f r e u n d, G o d s f r i e n d voorgekomen. De Friezen zijn eenig met dezen schoonen naam. Trouwens, de Oud- en Algemeen-Germaansche mansvóórnaam G o d s w i n beteekent geheel het zelfde als G o d s v r i e n d, naardien *win* (Oud-Hoogduitsch *wini*, Gothisch *vinjis*) in de Oud-Germaansche talen de beduidenis van *vriend* had. In de Skandinavische talen beteekent *ven*, *vän* (men spreke *v* = *w*) nog heden *vriend*. En deze naam G o d s w i n, G o d e s w i n was oudtijds ook den Friezen eigen, en komt onder de samengetrokkene, versletene vormen G o e s w i n, G o e s e w y n, G o e s s e n, G o o s s e n wel voor (zie bl. 162). Waarschijnlijk is in de 15de eeuw de Friesche naamsvorm G o d s f r e o n d opgekomen en in gebruik genomen, als eene vernieuwing, als eene overzetting in nieuwen taalvorm, toen men *win* = vriend, toen men den naam G o d s w i n niet meer verstond.

De mansvóórnaam G e r n a n d, in ons register voorkomende als de naam van den vader eener vrouw die met de patronymicale benaming van T r y n G e r n a n t s bekend staat, is een zeer bijzondere naam, die in zijn tweede samenstellend deel *nand* verwant is aan de namen W i n a n d en F e r d i n a n d. Deze naam schijnt bij de Germaansche völken steeds een zeer zeldzame geweest te zijn. Dr. ERNST FÖRSTEMANN in zijn *Altdeutsches Namenbuch* vermeldt hem uit de 8ste, 9de en 10de eeuw; en BERNHARD BRONS, in zijn werk *Friesische Namen*, vermeldt een G e r n a n d in Oost-

Friesland, in de 17de eeuw. En anders is deze schoone en volledige naam mij nooit voorgekomen.

Wat nu de twee bijzondere vrouwenvóórnamen L w d w én F o l z o w aangaat, moet ik vooraf opmerken dat er onder de bijzonder Friesche namen eene kleine groep voorkomt ·an vrouwennamen, die uitgaan op *ou* (ook geschreven *ouw, au*, en oudtijds wel *uw* of enkel *w*); zie bl. 201. Deze namen, allen tamelijk zeldzaam, sommigen zeer zeldzaam voorkomende, zijn:

J i l d o u (J i e l d o u, J e l d o u, J o l d o u), de bekendste, al was het maar omdat G a b e S c r o a r eene nicht had die zoo heette: „n i f t J i e l d o u w, f e n A l d e g e a."

M e i n o u en R e i n o u, tegenwoordig dikwijls verkeerdelijk als M e i n o en R e i n o geschreven, en, met J i l d o u, niet zóó zeldzaam als de volgenden:

E d o u, E d o u w.

B e r n o u, B e r n w.

F a r d o u, ook F e r d o u, heden ten dage, bij misverstand, ook wel F a r d o en F e r d o geschreven. Nog kort geleden leefde er eene vrouw, F a r d o P i e t e r s B o e r s m a geheeten, te Beetsterzwaag.

K e n o u, door de Hollanders meestal K e n a u geschreven, bekend door K e n a u S i m o n s d o c h t e r H a s s e l a e r, de Haarlemsche heldinne, in den tijd (16de eeuw) toen Haarlem nog voor een goed deel Friesch was.

F e r k o u, M e r k o u of M e r c k w, G e l d o u en G a d o u, waarvan de eerste en de laatste door LEENDERTZ in zijne naamlijst (Navorscher XVIII) vermeld worden, maar die mij anders nooit zijn voorgekomen. Eindelijk nog L u d o u, een naam die in de vorige eeuw nog geenszins bijzonder zeldzaam was, en toen ook nog wel in noordelijk Noord-Holland, onder anderen te Hoorn en aan de Zaan voorkwam in den vorm L u y d u w. Deze naam L u d o u of L u y d u w is de zelfde dien wij onder de Leeuwarder vrouwennamen van 1511 als L w d w vinden opgeteekend. De spelwijze L w d w moet een hedendaagsch Nederlandsch oog zekerlijk wel zeer vreemd voorkomen. Maar deze bijzonderheid, ja schijnbare ongerijmdheid verdwijnt, als men bedenkt dat de oude *w* eigenlijk eene dubbele *u* is, zoo als zij dan ook nog in het Engelsch en in het Friesch heet, en dat

de *u*, de *v*, de *uu*, de *w* oudtijds zoo wel den klank van onze
hedendaagsche Fransch-Nederlandsche *u*, als dien van de Algemeen-Germaansche *u* = *oe*, en van *ou (ow)* had.

Vertegenwoordigt dus de 16de eeuwsche Leeuwarder L w d w
geen onbekende naam, dit is wel het geval met den vrouwenvóórnaam F o l z o w, dien wij almede, bij de benaming van „F o l z o w
P i e r s", in ons register vinden. Mij althans en ook anderen
namenkenners en namenvorschers, bij wien ik onderzoek daar
naar gedaan heb, is de naam F o l z o w (F o l z o u) nooit ontmoet.
Het is niettemin een oorbeeldig Friesche naam, die wis tot de
groep der *ou*namen behoort. Ik reken dezen naam zoo veel te
meer als bijzonder Friesch, omdat het eerste gedeelte van den
naam den bijzonder Frieschen vorm *Folts* vertoond, die in de
16de eeuw nog volle gelding had, maar heden ten dage in het
Friesch meest tot *Folk* verloopen is. Immers de *z* van F o l z o u hebben wij zekerlijk voor eene Hoogduitsche *z* = *ts* te houden,
dus F o l t s o u; en *Folts* = *Folk* (*ts* = *k*, *tserke* = kerk)
vinden wij terug in vele andere mans- en vrouwenvóórnamen.
Bij voorbeeld in F o l k e r t (F o l k h a r t) waar van de geslachtsnamen F o l k e r t s m a, F o l k e r d a en F o l k r i n g a (F o l k h a r-
d i n g a), met de plaatsnamen F o l k e r d a-b u r c h t te Noordwolde
bij Bedum in Hunsegoo, F o l k e r t s w e e r, verdronken dorp in
den Dollart, F o l k e r s h u s e n, gehucht bij Seeriem in Harlinger-
land (Oost-Friesland), F o l k e r t s w e r f, gehucht op de hallig
Hooge in Noord-Friesland, enz. afstammen. Verder F o l m e r,
voluit F o l k m a r; F o l b e d, voluit F o l k b a l d, waarvan de
oude maagschapsnaam F o l k b a l d a, tot F o l b a d a, thans tot
V o l b e d a verloopen; F o l g e r, dat is F o l k g a r, nog overig in
den geslachtsnaam F o l g e r a, enz. enz. Al deze Friesche namen
hangen weêr samen met soortgelijke namen, aan Hollanders,
Vlamingen, Neder- en Hoog-Duitschers in Duitschland, aan
Engelschen en Skandinaviërs eigen; bij voorbeeld aan geslachtsnamen als F o l k e r t s, V o l k e r s, V o l k a e r t s, V o l m e r i n c k,
V o l l b e d i n g, F o l e r s, V o l k e r i n g, V o l q u a r d t s e n, en
met plaatsnamen als V o l b r i n g e n (F o l k b r e c h t i n g e n), een
dorp bij Soest in Westfalen; V o l m e r i n k, eene sate bij Ahaus
in Westfalen; V o l l m a r i n g e n, een dorp bij Horb in Zwaben;
V o l k e r i n k h o v e, dorp in Fransch-Vlaanderen, Frankrijk,

(Departement du Nord); V o l k e r s w u r t h, gehucht bij Meldorf in Dithmarschen; V o l k w a r d i n g e n, dorp bij Soltau in Hanover, en vele anderen meer. Dit alles strekt maar om den lezer de belangrijkheid en den omvang der Friesche namen-studie in het algemeen als met eene enkele vingerwijzing aan te toonen.

VII

DE HEL IN FRIESLAND.

De oude Germanen in het algemeen, en dus ook de oude
Friezen, hadden in hunnen heidenschen tijd eene voorstelling
van de hel, van de plaats waar de onzalige geesten of zielen
verblijven, als van een duister, koud en vochtig oord. Zij dachten
zich deze plaats, deze hel (reeds door hen aldus genoemd) als
een groot hol ergens in het binnenste der aarde, onder de wateren. Holen en spleten en kloven in bergen en rotsen, geheim-
zinnige bronnen (in de bergachtige streken), of, in de lage landen
aan zee, gelijk Friesland er een is, diepe, schier onpeilbare
putten met water gevuld, diepe poelen of kleine meerkes, of
ook diepe kolken in stroom of zeegat, waar de golven bruisten
en de stormwind loeide, gaven, naar hunne meening, toegang
tot het onzalige oord. Dat waren de helsdeuren, en de randen
van zulken put, de boorden van zulken poel, waren de randen,
de boorden van de hel.

Deze voorstelling uit het heidendom kon eerst langzamerhand
door het Christendom uit de gedachtenis der lieden verdrongen
worden. Ja, nog heden vindt men, overal in Germaansche
landen, de sporen van die oude voorstelling, de herinnering
aan die heidensche denkwijze in de namen, aan sommige plaatsen
eigen. Ook in Friesland ontbreken die niet.

Het woord of de naam hel is toegepast geworden, in verloop
van tijd, op de putten, poelen, meertjes, stroomen, die oorspronkelijk slechts als helsdeuren, als toegangen tot de eigenlijke

hel beschouwd geweest waren. En als later nevens zulk eene zoogenoemde hel een stins werd gebouwd, eene sate gesticht, of ook eene buurt of zelfs wel een dorp ontstond, dan ging die naam hel ook op die stins, die sate, die buurt, dat dorp over. Zoo bestaat daar nog heden ten dage eene sate in het Heiden-schap onder Workum, die de Hel heet, en daar nevens eene andere, de Lytse Hel, Kleine Hel genoemd. Oudtijds was daar nabij deze sate een poel, gelijk daar nog heden zeer velen in die krite gevonden worden. Aan dien poel, sedert drooggelegd, kwam van ouds en eigenlijk die helnaam toe, als hels-deur of toegang tot de hel.

Opmerkelijk is het, dat deze oude hel of helsdeur juist in It Heidenskip gevonden wordt, in die laag gelegene, water-rijke, weinig vruchtbare en weinig bewoonde krite, die, ten Oosten van Workum zich uitstrekkende, tot den zoogenoemden Klokslag, tot het oude Rechtsgebied dier stad behoort, en van aanmerkelijken omvang is. Men mag veilig aannemen, dat juist bij de bewoners van dit eenzame en afgelegene oord het heiden-dom langer in stand gebleven is als in de naast bij gelegene plaatsen Workum en Koudum, die reeds vroeg aanzienlijke Christenkerken moeten gehad hebben; en dat de zonderlinge naam It Heidenskip aan die omstandigheid zijnen oorsprong dankt. Ook bij Grouw, oostwaarts van het dorp, over de Pik-meer, draagt zulk eene lage krite van magere hooilanden, die lang woest gelegen heeft, dien naam van It Heidenskip. Tevens is daar zulk eene krite, met gehucht, het Heidenschap, bij het dorp Garmerwolde in Groningerland. Beiden zijn zeker-lijk uit de zelfde oorzaak zoo genoemd, die ook bij het Wor-kumer-Heidenschap den naam gegeven heeft. In het Workumer-Heidenschap, zoo min als in de beide anderen, is dan ook nooit eene parochie-kerk gesticht geweest, ten bijzonderen dienste der bewoners, al hebben de laatst verloopene jaren daar een hoogst eenvoudig preekhuisje zien verrijzen. Daar is dus ook nooit een eigenlijk dorp ontstaan, al besloeg die krite ook vele uren gaans in omtrek. Maar wel bestond daar in de laatste middeleeuwen een kloosterke [1], het Klooster van Sinte-Ursula, in de volks-spreektaal It Sinte-Orsele-Kleaster genoemd, nabij eenen

---

[1] Ook in het Garmerwolder Heidenschap was in de middeleeuwen een klooster gesticht.

poel die nog heden den naam draagt van Sinte-Orsele-Poel, St-Ursula of St-Urselpoel.

Daar woonden dan *in heur cleyn cloisterkyn* die vrome, nederige zusterkens van Sinte-Ursula, de donkere, grove wollene pij in breede, zware plooien om de slanke leest, de witte huive het hoofd omhullende, liefde, vrede en eenvoud als weêrspiegelende in hare stille, liefelijke gelaatstrekken; en zij brachten, in begeesterde toewijding, door leer en leven, "de Blijde Boodschap" in de hutten en de harten der ruwe, schier nog heidensche landzaten. Daar klonk het fijn tinkelende kloosterklokje over de woeste vlakte en over de donkere, diepe poelen, en noodde het volk tot zonden-belijdenis en gebed. Ook dit is voorbij gegaan. Maar nog heden bewaart eene sate, daar ter plaatse, naam en gedachtenis aan *it lytse kleasterke fen Sinte Orsele*. En nog heden draagt hier of daar eene enkele Friezin den naam der Heilige Ursula, zij het dan ook in de verbasterde, schier onkenbare vormen Orseltsje en zelfs Osseltsje.

Niet verre van de Workumer-Hel is nog een poel, die den wel wat bijzonderen naam draagt van De Liachte-Mar, de Lichtemeer. Of deze naam ook in eenig verband (of tegenstelling?) staat met dien zwarten helnaam, kan ik niet beslissen, maar acht ik wel waarschijnlijk.

Intusschen, wij moeten nog verder terug uit het licht tot de duisternis, uit het Christelijke klooster naar de heidensche hel.

Eene andere hel bestaat er, of bestond er, in de Trynwouden, nabij het dorp Oudkerk. Welk van de vele poeltjes daar in den omtrek in het veld verspreid, van ouds voor de eigenlijke helsdeur is gehouden geworden, weet men nu niet meer. Maar het gehucht Helbird aldaar, dicht bij Oudkerk gelegen, maar ambtelijk tot Roodkerk behoorende, houdt die oude hel in aandenken. Helbird (*Hella birda*), heden ten dage, en reeds in de vorige eeuw veelal verkeerdelijk als *Healbird* geschreven (alsof het Halfboord of zelfs Halfbaard ware) — Helbird beteekent eenvoudig de *bird*, de boord, de oever, de rand van de hel.

Het komt mij niet onwaarschijnlijk voor, dat de namen der twee dorpen, die het naaste bij deze Trynwouder-hel liggen, in verband staan met dat oud stuk heidendom. Oudkerk als de

oudste, de eerste, langen tijd de eenigste Christenkerk in deze
Wouden, reeds vroegtijdig of terstond na de invoering des
Christendoms in dat oord, juist dáár gesticht als tegenwicht
tegen het heidendom, dat daar, bij dat helle-oord, bijzonderlijk in bloei stond.

En R e a d t s j e r k of Roodkerk, als Christelijke tegenhanger
tegen de zwarte hel der heidenen, gelijk R e a d h e l, R e a h e l,
R a h o l of R o h e l, waarvan verder in dit opstel sprake zal zijn.

Eene derde hel was er, of is er, in Ferwerderadeel, alweêr
in het lage land, onder Hallum, in de zoogenoemde Hallumer-
Mieden. Daar heet nog een stuk land, zekerlijk vroeger een
poeltje, d e H e l; en een ander in de nabijheid, door een dijkje
half omgeven, en hierdoor nog zooveel te meer het voorkomen
van een droog gelegd poeltje vertoonende, draagt nog den vollen
ouden naam van d e H e l s d o a r, de Helsdeur.

Dezen volledigen naam treffen wij ook elders aan. Zoo was
daar nog in de vorige eeuw een poel of kolk nabij het dorp
Birdaard in Dantumadeel, die den naam van d e H e l d o a r
droeg, op de kaart van Schotanus als *Healdoor* misschreven.
In de 16de eeuw lag bij deze hellekolk eene sate die in eene
oorkonde van den jare 1581 vermeld staat als *„de sate genoemt
de Helldoer te Berdaert"* [1], en in eene andere van 1580 als *Hel-
door* Sedert is die kolk dicht gemaakt en tot land geworden,
en die oude naam is daardoor bij het volk in vergetelheid gekomen. Maar in den naam K o l k h u z e n, heden ten dage eigen
aan twee saten aldaar, blijft de herinnering aan deze hellekolk,
aan deze helsdeur bewaard. [2]

De naam Helsdeur komt ook nog voor in het naburige gewest
West-Friesland, bewesten Flie. Hij is aldaar eigen aan eenen

---

[1] Zie: OOSTERGO, *Register van Geestelijke Opkomsten van Oostergo*, bewerkt door
Prof. Dr. J. REITSMA, Leeuwarden, 1888, bladz. 162.

[2] Ook in het dagelijksche leven is nog heden bij het Friesche volk het woord *helsdoar*
niet vergeten, maar komt nog in de volksspreektaal voor. Bij voorbeeld: Iemand heeft
zekere zaak niet dan met uiterst veel moeite kunnen verkrijgen, waarbij hij hevigen
tegenstand van anderen had te bestrijden; dan zegt hij wel: *Ik moast it foar de helsdoarren wei skûrre.* Of anderszins, als een boos wijf, door helsche drift vervoerd,
begint te razen, te schelden en te rachen, en haren tegenstander, onder groot misbaar,
met beschuldigingen en verwijtingen begint te overladen, dan zegt men: *It is eft de
helsdoarren iepen komme.*

fellen stroom, in het groote West-Friesche zeegat tusschen het eiland Texel en den hedendaagschen vasten wal van Noord-Holland, ook door de Friesche zeelieden steeds de Helsdoar genoemd. (HALBERTSMA, *Lexicon frisicum*, bladz. 407). En ook in den naam van De(n) Helder (*Heldoar, Hella-dora*), eene zeer oude buurt aldaar aan den vasten wal, die thans wel eene stad mag heeten, is een toegang tot de onderwereld nog te herkennen.

Verder op in Holland en in andere Nederlandsche gewesten (Hel of Maasmond, door de Romeinen tot Helium verlatijnscht — Hellevoet, den Briel of Brielle — Brie-Helle, de Breede Hel? enz. enz.) zullen wij de helnamen maar niet vervolgen, maar tot Friesland weêrkeeren.

Eene bijzondere helleplaats bestaat er nog in Wonseradeel, tusschen de dorpen Pingjum, Witmarsum en Wons. Daar draagt een laag gelegen stuk land, waar in oude tijden eene kolk was, nog heden den naam van Okkehel, Okke-Hel, de hel van Okke, van den man die Okke heette. Die kolk was eertijds uit zee, uit het Flie, toegankelijk, en diende als haven van Pingjum. En die Okke was een zeeman, een ruwe heiden, die vloekte en God lasterde, en die, tot straf daarvoor, met zijn schip, door den bliksem diep in die kolk werd weg geslagen, zoodat hij, door die hellepoort, onmiddellijk ter helle voer. Zoo bericht ons nog heden de sage, aan deze overoude plek verbonden. Deze sage is door den Frieschen dichter SALVERDA in dicht gesteld (*Scipper Ocke*, in SALVERDA's *Hiljuwns Uwren* — Ljeauwerd, 1858), en door S. KOOPMANS nader beschreven, en van geschied-kundige aanteekeningen voorzien (*De Middelzee in verbinding met den Fliestroom langs Bolsward*, in den *Friesche(n) Volksal-manak* voor 1890, Leeuwarden). Nog in deze eeuw werd het aandenken aan deze sage levendig gehouden door een paaltje, dat midden in het stuk land De Okkehel, in den grond gedreven stond. Dat was voor de kinderen en eenvoudigen van harte (liefelijke zielen in deze eeuw van ontkenning!) nog het topje van den mast van Okke's schip. —

Is daar niemand, die zulk een paaltje daar weêr herstelt? Eene zichtbare, tastbare prediking zoude 't den volke weêr zijn, over het derde gebod des Heeren:

„Gy en sult den name des Heeren uwes Godts niet ydelick

„gebruycken; want de Heere en sal niet onschuldigh houden,
„die synen name ydelick gebruyckt."

De sage spreekt van overoude tijden, toen het heidendom in
Friesland nog geenszins ten volle door het Christendom vervangen
was, en dit maakt den heidenschen oorsprong van dezen hellenaam zooveel te zekerder.

Volgens eene aanteekening bij genoemd opstel van KOOPMANS,
op bladz. 127, zoude het woord *hel*, in den naam O k k e h e l, *hil*
of heuvel beteekenen; eene duiding, waar mede juist de lage,
holle ligging van het stuk land, waaraan nu nog den naam van
O k k e h e l gehecht is gebleven, in zichtbare tegenspraak is.
Trouwens, dit wordt ook in die aanteekening erkend. Maar de
duiding *hel* als *waterkolk* stemt overeen met de nog hedendaags
zeer duidelijk waarneembare gesteldheid van den bodem daar
ter plaatse.

In den bijzonderen tongval van de Friesche taal, gelijk die
in den Zuidwesthoek van Friesland gesproken wordt, en die
oudtijds over geheel het land bezuiden Bolsward en Sneek, en
bewesten de Joure verspreid was, terwijl die eigenaardige uitspraak heden ten dage hoofdzakelijk slechts tot Hindeloopen,
in mindere mate tot Molkwerum, Workum en geheel de Heme-
lumer-Oldefert en Noordwolde met Gaasterland beperkt is, — in dat
zoogenoemde Zuidhoeksch-Friesch luidt, in menig woord en naam,
de *e* als *o*. Zoo heeten de lieden daar J o l l e en J o l t s j e, ook
J o l m e r, J o t t s j e, enz.; die elders J e l l e en J e l t s j e, J e l m e r
en J e t s e heeten, en het Gaasterlandsche dorp S o n d e l heet in de
gewone, algemeen Friesche uitspraak S i n d e l, dat is eigenlijk
S e n d e l. Zoo spreekt of sprak men daar van *spjolde*, *fjold*, *kjolt*,
jolne, van *kol* en *dol*, van *sotte* en *notten*, van *fon*, enz., terwijl
men in het middengedeelte, in het Noorden en Oosten van Fries-
land deze woorden als *spjeld*, *fjild*, *kjeltme*, *jelne*, *kel* en *del*, *sette*
en *(fisk)-netten*, als *fenne* of *finne* uitspreekt. Deze zelfde uitspraak
geldt ook voor het woord *hel*, dat in het Oud-Zuidhoeksch als
hol luidt. Zelfs GYSBERT JAPICX gebruikt het woord *hel* nog in
dien vorm, 't welk niet vreemd is als men bedenkt dat die uitspraak in de zeventiende eeuw nog in zwang was in het zuidelijke deel van Wonseradeel, tot Bolsward toe. Zoo dicht hij:

Dear me opslingret oonne wolcke,
In fen dear delduwckt ynn' kolcke,
As fenne Hymmel ynne Hol. [1]

Deze oude woordvorm vinden wij dan ook nog heden terug in sommige plaatsnamen van Zuid-westelijk Friesland, volkomen in de zelfde beteekenis als in de hellenamen uit het overige deel des lands, hier voren reeds vermeld.

Zoo heb ik de zelfde poelen en de zelfde saten in het Workumer-Heidenschap, die men thans d e H e l en de L y t s e H e l noemt, in eene oorkonde uit het begin der vorige eeuw gevonden als H o l en L y t t i c k H o l. Verder maakt dit woord *hol* deel uit van de samengestelde namen H o l l e g r ê f t, dat is de Helle-gracht, zoo als een vaarwater heet tusschen de Geeuw en de Dolte *(Delte)*, onder Uitwellingerga; d e H o l l e b r e k k e n (een naam dien men als Hellebroek zoude kunnen verhollandschen; broek, *brekken* = moeras of gebroken land), een poel onder Wijkel, en na bij Slooten [2] gelegen; de H o l l e m a r of H o l m a r, Holle- of Hellemeer, vaarwater van Workum naar de voormalige Workumer-meer, eigenlijk het verlengstuk van de Diepe-Dolte te Workum. De zeer oude, diepe gracht die het Sint-Pieters-kerkhof te Grouw omringt, draagt den naam van H o l s g r ê f t. Door den grooten Frieschen taalgeleerde Dr. J. H. HALBERTSMA, wordt deze naam te recht geduid als *infernus canalis*, de gracht der onderwereld, de hellegracht, even als ook de bovengenoemde H o l m a r door hem als *infernus lacus* wordt overgezet. [3] De plaats, waar zekerlijk reeds terstond of althans vroeg na de invoering des Christendoms in Friesland de Sint-Pieters-kerk gesticht werd aan den oever van den Grouwstroom, was hoogst waarschijnlijk

---

[1] Zeer opmerkelijk is het, dat zelfs GYSBERT JAPICX nog van de hel spreekt, verge-lijkender wijze, als van eene diepe waterkolk.

[2] Immers zóó, met twee letters *o*, moet de naam dezer Friesche stede geschreven worden, naar dien die naam in de Friesche taal *Sleat* is, het welk overeenkomt met het woord *sloot* in het Nederlandsch, waarvan de vorm Slooten den locativus voorstelt. De vorm Sloten zoude een locativus zijn van het woord *slot*, kasteel, en het sprekende wapen der stad, een slot (kasteel) en twee sleutels, begunstigt deze opvatting van den oorsprong des naams. Maar de Friesche naam *Sleat* weêrspreekt dit ten stelligsten, en heeft alleen gelding.

[3] *Lexicon Frisicum*, bladz. 407.

reeds onder het heidendom eene geheiligde plaats geweest, gelijk dit met vele oude kerkplaatsen in Friesland en elders het geval is; bij voorbeeld, met de stede waar oudtijds de Sint-Vitus-kerk stond en waar thans nog de toren van Oldehove te Leeuwarden staat; met de terp waarop Sint-Martens-kerke te Dokkum gebouwd is, enz. Dit maakt de duiding van HALBERTSMA, Holsgrêft = Hellegracht, zooveel te aannemelijker.

Opmerkelijk is het, dat wij dus, zoo noordelijk en oostelijk als Grouw gelegen is, die oude uitspraak van hel als *hol* nog aantreffen, eene uitspraak die daar ter plaatse en in den omtrek thans geheel niet meer voorkomt noch bekend is. Immers in de zeventiende eeuw moge zij zich tot Bolsward en Sneek hebben uitgestrekt, benoorden en beoosten die steden werd zij toen ter tijde, en zeker eeuwen vroeger reeds niet meer gehoord.

Bezuiden Sneek komt nog heden een bijzondere hellenaam voor, eene aardige weêrga van de Heldoarren bij Birdaard en bij Hallum. Dat is de Holpoarte, de Hellepoort, zooals eene sate heet, die al weêr in een waterrijk oord, even benoorden het dorp Jutrijp gelegen is. Daarnevens is nog een poel, heden ten dage de Holpoartepoel geheeten. Deze poel is ongetwijfeld, in de meening der heidensche Friezen, de eigenlijke Hellepoort geweest; maar de naam is van het water, van den poel overgegaan op de sate, op het huis dat later daar nevens is gesticht geworden, juist zoo als ook bij de Workumer-Hel en elders heeft plaats gegrepen.

Ik vond ook nog een oude hellenaam, die thans niet meer bekend is, naar het schijnt; te weten: de Skraerder-Hol of Schraarder-Hel, in eene oorkonde van den jare 1543 Scraerdera hol genoemd, in Wonseradeel, tusschen Pingjum, Surich en Wons.

Sedert het heidendom onder de Friezen plaats gemaakt had voor het Christendom, kreeg ook eene andere voorstelling van de verblijfplaats der onzaligen ingang bij het volk. Hadde men tot dusverre die verblijfplaats zich gedacht als een duister, koud en vochtig oord, de Christelijke voorstelling is die van eenen vuurpoel, hevig en onophoudelijk brandende. Onder het heidendom had men gesproken van „de zwarte hel"; de Christenen

spraken voortaan van „de roode hel, *reade hel*, *rade hol*, *rea'
hel* of *ra'hol*." En sommige reeds lang bestaande oude helnamen
kregen sedert dit voorvoegsel rood, *read*, *ra* onafscheidelijk bij
zich, alsof men daarmede de oud-heidensche voorstelling ver-
wierp, de oud-heidensche hellenaam verkerstelijkte. Zoo heet
nog heden ten dage eene sate nabij Bolsward gelegen, onder
den Klokslag dier stad, voluit de R e a d e H e l, Roode-Hel; en
ook de Workumer-Hel wordt wel zoo genoemd. En deze zelfde
naam, meestal in den versleten vorm R e a h e l, Nederlandsch
Rohel, is nog aan verschillende andere plaatsen eigen. Vooreerst
aan een dorpje dat aan de Tjeukemeer ligt, in den zuidweste-
lijken uithoek van Schoterland. In het Zuidhoeksche Friesch,
dat oudtijds ook tot hiertoe zijn gebied uitstrekte, heet dit plaatske
R a h o l, en het draagt ook wel den naam van N y e g e a of
Nijega. Dan aan een gehucht bij Augustinusga; de poel daar
ter plaatse, die oorspronkelijk den naam R e a h e l droeg, was
in de vorige eeuw nog aanwezig, maar is sedert gedempt. Eindelijk
is er nog eene sate onder Slappeterp, die R e a h e l of Rohel heet.

De laatste der mij bekende Friesche hellenamen is die van
de F e t s e h o l. Dezen naam draagt een poel of een meertje,
gelegen in het Noorden van Doniawarstal, tusschen Langweer
en Uitwellingerga, aan de samenvloeiing van vier stroomen, de
Geeuw, het Slingerrak, het Stobberak en de Langweerder-vaart;
alweêr in een zeer laag gelegen en waterrijk oord.

Deze naam F e t s e h o l brengt mij geleidelijk tot eene kleine,
bijzondere groep van Friesche plaatsnamen, die eveneens met
water in verband staan, en die ik hier nog even, als ten slotte,
nader wensch te behandelen. Immers hebben wij dien naam
F e t s e h o l niet te beschouwen als samengesteld uit den mansnaam F e t s e en het woord *hol* of *hel*, zooals bij voorbeeld de
plaatsnaam O k k e h e l wel uit den mansnaam O k k e en het
woord *hel* bestaat, en niettegenstaande HALBERTSMA, *Lexicon*
411, Fetsehol vertaalt met *Fetsii inferi*. Neen — maar F e t s e
heeft hier eene gansch andere beduidenis, te weten: die van
bron of wel, plaats waar water uit den bodem opwelt. Dit woord
is Oud-Friesch, en, in algemeenen zin, bij de hedendaagsche
Friezen niet meer bekend noch in gebruik. Trouwens, bronnen,
wellen, in de eigenlijke beteekenis dezer woorden, zijn in de

lage landen, waaruit Friesland hoofdzakelijk bestaat, dan ook
zeldzaam. Wel vindt men overal in Friesland zoogenoemde welputten; maar dit zijn geen ware bronnen, waar het water diep
uit de aardlagen naar boven zoude komen. Integendeel, het water
dat in die welputten staat is bijna altijd maar zakwater, water
dat van de oppervlakte der aarde naar beneden in eenen kunstmatig gegraven put of kuil, door de bovenste aardlaag heen
gesijpeld is. Toch zijn er enkele ware bronnen of wellen, bornputten of welputten in Friesland. Men denke hierbij echter
niet aan bronnen, gelijk die in bergachtige landen uit de spleten
en kloven en holen der rotsen en berghellingen springen en
vloeien; maar aan diepe putten, 't zij dan kunstmatig met muren
van baksteen ingevat, 't zij open en bloot in het veld liggende.
Men kent deze bornputten aan de eigenaardigheid dat het water,
't welk zij bevatten, van bijzonder zuivere hoedanigheid is, en
ook in den droogsten zomertijd niet vermindert, veel min nog
opdroogt, maar steeds aanwezig blijft, hoe veel men daar ook
van gebruiken moge. Het schijnt dat men zulke bornputten, zulke
borndobben in het Oud-Friesch bij voorkeur met den naam van
Fetsa of Fetse heeft bestempeld. Dit woord hangt ongetwijfeld
samen, of is oorspronkelijk één en het zelfde met het Noord-
Friesche woord *fething*, ook, volgens sommiger uitspraak *fäthing*
of *fäding* geschreven (de *th* lispelend, als in het Engelsch, uit
te spreken). Maar al is *fetse* en *fething* van oorsprongswegen één
en het zelfde, het laatstgenoemde woord heeft nu toch in Noord-
Friesland eene gewijzigde beteekenis erlangd. Immers zoo noemt
men aldaar nu eene opene kuil of dobbe in het veld, vooral
voorkomende op de zoogenoemde Halligen of onbedijkte eilandjes
in de Noord-Friesche Wadden. Die *fethingen* zijn ten deele met
regenwater, ten deele ook met zakwater gevuld, maar zijn geen
bronnen of wellen. Zij voorzien op die kleine eilandjes, rondom
open in de zoute zee liggende, mensch en vee van zoet drinkwater. Ook de overoude en bekende, met sagen versierde Saps-
kuhle op het eiland Helgoland is zulk eene *fething*. In sommige
dorpen op het Zeeuwsche eiland Zuid-Beveland zag ik opene
waterkommen, van tamelijken omvang, midden op het dorps-
plein; zij dienen den ingezetenen tot allerlei gerief, als wasch-
plaats voor wagens en landbouwgereedschappen, als paardewed,

19

enz., misschien ook wel, in tijd van nood, om drinkwater te verschaffen, en dragen den naam van „*vœte*". Op het eiland Over-Flakee zag ik eene ruime en diepe, opene waterkom, bij het dorp Dirksland, benoorden de dorpsbuurt, aan den voet van den linker-havendijk, gevuld met zuiver en zoet water, niettegenstaande het water in de haven, vlak daarnaast, zeer brak is. In den zeer drogen zomer van het jaar 1893 voorzag deze „*fetse*", door de omwonenden „*'t vœœtje*" (in verkleinvorm) genoemd, den Dirkslanders en andere eilandbewoners ver in den omtrek, volop van drinkwater voor mensch en vee. Ongetwijfeld hangt deze Zeeuwsche benaming „*vœte*" of „*vœœtje*" samen met de Friesche woorden *fetse* en *fáthing*. Trouwens, het woord *vat*, Friesch *fet*, in algemeenen zin een voorwerp beteekenende, dat eene holte om*vat*, is zekerlijk de stam, waaruit deze verschillende woorden en woordvormen gesproten zijn. *Fetse* is dus eigenlijk *fet-tse*, verkleinvorm van *fet*, letterlijk het zelfde als het Flakeesche woord „*vœœtje*", vaatje.

Om na dezen taalkundigen uitstap naar de Fetsehol terug te keeren, zoo houd ik het er voor, dat deze naam eene *hol* of *hel* (eigenlijk helledeur of hellepoort) beteekent, die de bijzondere eigenschap van een *fetse*, van eene bron vertoont. Die oude naam *fetse* treffen wij nog heden op vier andere plaatsen in Friesland aan. Vooreerst in het oude Dokkum, waar, op korten afstand van elkanderen, twee van die bronnen gevonden worden, hoewel slechts aan eene van die twee de *fetse*naam verbonden is. Door eenen schrijver, die in het laatst der jaren 700 na Chr. leefde, worden deze Dokkumer bronnen reeds, in hunne bijzondere vermaardheid, vermeld. En volgens sommigen zoude de Romeinsche schrijver PLINIUS daarvan reeds gewag maken. [1]

De eerste is de vermaarde Sint-Bonifacius-bron of -fontein, eene opene dobbe in een weiland even buiten de Woudpoort te Dokkum. En de tweede is de Fetse, als bij uitnemendheid zoo genoemd, een weinig minder vermaarde bron midden in de stad, op de kruin van de terp, waarop Sint-Martens-kerk gebouwd

---

[1] Zie MR. J. DIRKS, *Geschiedkundig Onderzoek van den Koophandel der Friezen.* Utrecht, 1846, blz. 69.

is, nabij het koor, dus ten oosten van die kerk gelegen, en
nog heden daar aanwezig, vroeger als een opene put, thans gesloten, gedekt, en met eene pomp voorzien. Zonder twijfel zijn
deze twee Dokkumer bronnen van hoogen ouderdom en reeds
voor duizend en meer jaren, als de Friezen nog heidenen waren,
bekend en in gebruik geweest, waarschijnlijk wel als plaatsen
waar godsdienstige plechtigheden gehouden werden. Ook bij den
tempel van Fosete, een der afgoden van de Friezen in hun heidendom ('t zij die dan op 't eiland Ameland of op 't eiland Helgoland — de S a p s k u h l e? — bestond), was zulk eene heilige bron.

De eene Dokkumer bron is bijzonderlijk door den Apostel
der Friezen, door den Heiligen Bonifacius, als 't ware gewijd,
gekerstend geworden. De overlevering doet die bron op wonder-
dadige wijze ontstaan of eerstmaal opborrelen onder den hoefslag
van het ros, dat de Heilige bereed. Ik vermoed dat men op
deze wijze het heidensche karakter aan de bron heeft willen
ontnemen, maar dat deze welle zelve veel ouder is. De dwaze
volksmeening, dat de naam Bonifacius eigenlijk in het Friesch
„goede Fetse" zoude zijn (F e t s e komt nog heden als mansvóórnaam onder de Friezen voor), heeft misschien eenen grondslag in het
woord *fetse*, waarmede men destijds ook wel deze bron zal hebben
genoemd. Intusschen, de mansnaam F e t s e en het woord *fetse*,
bron, staan, in taalkundigen zin, in geenerlei verband met
elkanderen.

Een tweede *fetse* bestaat er nog heden in West-Dongeradeel,
waar eene sate dien naam draagt (d e F e t s e), zuidwaarts van
den dorpe Ternaard gelegen, aan de T s j e t t e l f e a r t of Ketel-
vaart, ook een naam, die eenen oud-heidenschen oorsprong
(van den offerketel?) vermoeden doet. Deze naam F e t s e vindt
men ook wel als F e t z e, F e d s e, F e d z e gespeld, en, volgens
de bijzondere uitspraak der Donger-Friezen, als F i t s e; op de
kaart van SCHOTANUS, F i t z e. Eene tweede hofstede, nevens de
eigenlijke Fetse gelegen, doet beide saten als een gehucht zich
voordoen, waaraan men den naam van F e t s e- of F i t s e-
b û r r e n geeft, evenals ook te Dokkum de naam van de Fetse
overgegaan is op de straat, die daar langs loopt, en die als
d e F e t s e of d e F e t s e s t r a a t (bij SCHOTANUS „o p d e F e t z e")
bekend is.

De derde *fetse* is te Dronrijp: eene oude state, even benoorden de Tsjerkebûrren aldaar gelegen, en, in geijkten zin, meestal in den Oud-Frieschen vorm als de Fetsa of Fetsa-state voorkomende. En de vierde *fetse* is te Siksbierum; maar hier af weet ik geen nader bescheid.

Zeer zeker hebben de sate te Ternaard en de state te Dronrijp hare namen aan zulke *fetsen* of bronnen ontleend. Of die *fetsen*, misschien in den vorm van oude, diepe bornputten met eenen onuitputtelijken voorraad van zuiver drinkwater nog bij die plaatsen aanwezig zijn, is mij niet bekend, maar acht ik wel waarschijnlijk. Anderen, die daar beter toe in de gelegenheid zijn dan ik, mogen dit onderzoeken, en ook verder nog veel betreffende de *hel-*, *hol-* en *fetse*namen in Friesland aan het licht brengen. Want ongetwijfeld valt hier nog een schat van merkwaardige zaken uit den overouden tijd na te vorschen en op te diepen.

REGISTER.

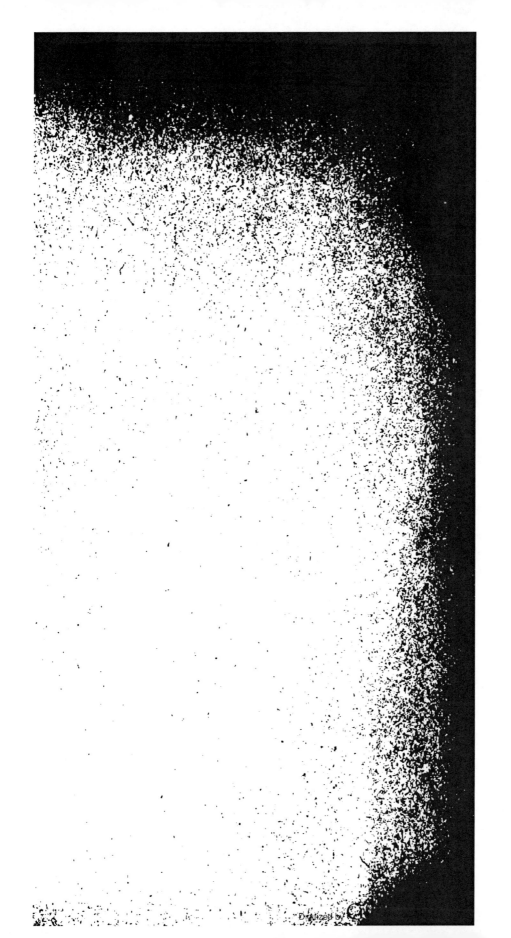

LaVergne, TN USA
14 October 2010
200836LV00004B/14/P